Adolf Thiel

Kleines Kompendium zum kirchlichen Arbeitsrecht

Katholische Kirche

Kleines Kompendium zum kirchlichen Arbeitsrecht

Katholische Kirche

Von

Adolf Thiel
Oberrechtsrat a.D., ehemals am Erzbischöflichen Generalvikariat Köln,
Referent für Schulungen zum Mitarbeitervertretungsrecht

Luchterhand 2011

Bibliografische Information der Deutschen Nationalbibliothek
Die Deutsche Nationalbibliothek verzeichnet diese Publikation in der Deutschen Nationalbibliografie; detaillierte bibliografische Daten sind im Internet über http://dnb.d-nb.de abrufbar.

ISBN 978-3-472-07461-8

www.wolterskluwer.de
www.luchterhand-fachverlag.de

Umschlagkonzeption: Martina Busch, Grafikdesign, Fürstenfeldbruck
Satz: Integra software Services Pvt. Ltd., Pakkamudiyanpet Pondicherry, India
Druck und Weiterverarbeitung: Wilhelm & Adam OHG, Heusenstamm

Gedruckt auf säurefreiem, alterungsbeständigem und chlorfreiem Papier.

Inhaltsübersicht

Teilzeit- und Befristungsgesetz (TzBfG)
Verbot der Benachteiligung
Klagefristen §§ 21, 17 S. 1
BAG, 9.2.2011 – 7 AZR 221/10, NZA 2011, 854
Schwerbehinderter

A. Einführung

I. Kirchlicher Dienst

Kirchlicher Dienst im engeren Sinn vollzieht sich auf drei Gebieten, nämlich Verkündigung des Evangeliums mit Glaubenslehre (can. 747 ff. CIC), Feier der Eucharistie und der anderen Sakramente sowie im Dienst am Menschen im Sinne der christlichen Nächstenliebe (Caritas). Deshalb ist Caritas Lebensvollzug der Kirche durch Diözesen und Pfarreien, die verbandlich organisierte Caritas, kirchliche Verbände, Gruppen und Ordensgemeinschaften. Die verbandlich organisierte Caritas gliedert sich in Ortscaritasverbände, Diözesancaritasverbände mit korporativer Mitgliedschaft der letzteren im Deutschen Caritasverband. Entsprechend den drei Grunddiensten finden sich unterschiedliche Berufe zur Mitarbeit im kirchlichen Dienst ein; dazu gehört auch die ehrenamtliche Caritas in der Gemeinde.

Im Dienst der Kirche und ihrer Sendung stehen Kleriker und Laien (can. 207 § 1 CIC). Kleriker sind Bischöfe, Priester und Diakone (can. 1009 § 1 CIC). Diakone nehmen einen Dienst innerhalb der vorgenannten Dienste wahr. Laien können Ordensleute sein, die nicht die heilige Weihe empfangen haben; sie sind Laien in einem besonderen Stand (can. 207 § 2, 588 CIC).

1. Die Beschäftigten

In allen drei Gattungen kirchlichen Dienstes werden Laien beschäftigt. Sie werden in der Regel durch Arbeitsverträge im Sinne staatlichen Rechts unter Einbeziehung kirchlicher Arbeitsvertragsregelungen in Dienst gestellt, wobei die besondere Stellung der Kleriker in Verkündigung und Liturgie unangetastet bleibt. Die vorgenannten Dienste können von Klerikern und Laien allerdings nur in unterschiedlichen Funktionen wahrgenommen werden. Laien dürfen gemäß Beauftragung durch die kirchliche Autorität nur Aufgaben wahrnehmen, für die eine Weihe für den Status als Kleriker nicht erforderlich ist (z.B. can. 517 § 2, 230 § 3, 766, 776, 834 § 2, 1168, 1112 § 2, 910 § 2, 911, 943 CIC). Der Weihe bedürfen Diakone, Priester und Bischöfe. Für Ordensleute, die entweder Laien – in allen Fällen Ordensfrauen – oder Priester sein können, gelten besondere Bestimmungen des Ordensrechts gemäß CIC und Statuten der jeweiligen Ordensgemeinschaften.

Laien stehen entweder in einem Arbeitsverhältnis im Sinne des staatlichen Rechts – das gilt auch für Chefärzte und Geschäftsführer einer GmbH (BAG, 19.5.2010 – 5 AZR 253/09, NZA 2010, 939) – oder seltener in einem Beamtenverhältnis nach kirchlichem diözesanen Recht unter Inbezugnahme näher benannten staatlichen Beamtenrechts (z.B. Gesetz über eine Beamten-Ordnung mit Änderung der Mitarbeitervertretungsordnung und Errichtung eines Disziplinargerichts – Beamtenordnung für die Beamten im Bistum Fulda, Kirchliches

Amtsblatt für die Diözese Fulda 2010 Nr. 85 S. 55). Vom echten Beamtenverhältnis zu unterscheiden sind beamtenähnliche Anstellungsverhältnisse, bei denen Grundlage der Mitarbeit im kirchlichen Dienst ein Arbeitsvertrag ist, durch den beamtenrechtliche Bestimmungen staatlichen Rechts im Arbeitsvertrag in Bezug genommen werden, wobei u.a. die beamtenrechtliche Versorgung bei Freiheit von der gesetzlichen Rentenversicherungspflicht eine Rolle spielt (§ 5 SGB VI).

Die weitaus größte Gruppe der Mitarbeiterinnen und Mitarbeiter im kirchlichen Dienst sind Laien in Arbeitsverhältnissen nach staatlichem Recht unter Einschluss kirchlicher Bestimmungen. Der Eintritt in den kirchlichen Dienst erfolgt aufgrund einer Rechtswahl (BVerfGE 70, 138). Mit der Rechtswahl zugunsten des Arbeitsvertrages wird die Mitarbeit von Laien im kirchlichen Dienst möglich und weitgehend vollzogen, soweit sie nicht in unentgeltlichen oder gar ehrenamtlichen Funktionen tätig werden. In kirchlichen und caritativen Einrichtungen werden überdies Praktikanten, Auszubildende (Berufsbildungsgesetz) und andere Personen beschäftigt, für die besondere Bestimmungen für ihren Status nach staatlichem Recht gelten, wie z.B. Mitarbeiterinnen und Mitarbeiter in Jugendfreiwilligendiensten. Einen Überblick über die verschiedenen Berufe in Arbeitsverhältnissen bieten die Kataloge der Tätigkeitsmerkmale zur Eingruppierung in Entgelt- bzw. Vergütungsgruppen in den kirchlichen Arbeitsvertragsregelungen (z.B. Anlagen 2, 2a, 2b, 2c, 2d, 20, 21, 30, 31, 32, 33 zu den AVR-Caritas; Anlage 1 Teil II der KAVO der (Erz-)Diözesen in Nordrhein-Westfalen).

Eine besondere Gruppe bilden solche Personen, die im Rahmen staatlicher Gesetze in Einrichtungen im Sinne der Bestimmungen zur Eingliederung schwerbehinderter Menschen in die Gemeinschaft beschäftigt werden; mit ihnen werden besondere Verträge, aber keine Arbeitsverträge abgeschlossen. Zu den arbeitnehmerähnlichen Personen gehören z.B. auch die so genannten Ein-Euro-Jobber (§ 16 d S. 2 SGB II).

Werden Leiharbeitnehmer eingesetzt, gelten die Bestimmungen des Arbeitnehmerüberlassungsgesetzes und der Vertrag zwischen Verleiher und Entleiher.

Ordensleute sind in ihrer Beziehung zum Ordensinstitut keine Arbeitnehmer. Werden sie im kirchlichen Dienst außerhalb ihres Instituts beschäftigt, so erfolgt das in der Regel im Wege eines Ordensgestellungsvertrages zwischen dem Orden und dem jeweiligen kirchlichen Rechtsträger, der die Ordensperson in einer seiner Einrichtungen beschäftigen will.

2. Arten der Einrichtungen

Kirchlicher Dienst erstreckt sich nicht nur auf Verkündigung und Liturgie (Seelsorge). Er entfaltet sich unter Einschluss der Caritas als solcher und durch unterschiedliche Unternehmungen. Hierzu gehören u.a. kirchliche Wirtschaftsbetriebe, Handwerksbetriebe, Museen, Bibliotheken, Verwaltungen, Kirchengerichte, Dombauhütten, Krankenhäuser, Altenheime, Pflegestationen, Tagungshäuser für die Erwachsenenbildung (Akademien), Exerzitienhäuser, Familienzentren,

Beratungsstellen, Jugendbildungsstätten, Kindertagesstätten, Heime, Bildungswerke, Schulen, Hochschulen, wobei es sich sowohl um unselbständige Einrichtungen kirchlicher Rechtsträger als auch rechtlich verselbständigte Unternehmen in unterschiedlichen Rechtsformen handeln kann. Die rechtliche Zuordnung einer religiösen oder caritativ-sozialen Zwecken dienenden Einrichtung (Verein, Stiftung, Anstalt, GmbH, Aktiengesellschaft) zur katholischen Kirche – im Unterschied zu einer privaten Initiative von Katholiken – ist aus der Sicht des kanonischen Rechts gegeben, wenn folgende drei Voraussetzungen zusammen vorliegen:

1. statutenmäßige Selbstverpflichtung des Trägers auf die katholische Identität, so etwa durch die verbindliche Festlegung des kirchlichen Zwecks (vgl. can. 114 § 2, 298, 1254 § 2 CIC);
2. Sicherung der inneren katholischen Identität durch die statutengemäße Ermöglichung und Sicherung der Erreichung der Zwecke, so etwa in Form von Ernennungs- und Kontrollrechten der kirchlichen Autorität;
3. ausdrückliche oder stillschweigende Anerkennung der Einrichtung und ihrer Zwecke durch die zuständige kirchliche Autorität, z.B. durch Statutenrekognoszierung oder Verleihung der Rechtspersönlichkeit.

Unverzichtbar ist jedenfalls der Bestand eines rechtlichen Bandes derart, dass die kirchliche Autorität und Einrichtung gegenseitig die kirchliche Identität der Einrichtung bestätigen. Das hat Bedeutung für so genannte ökumenische Einrichtungen, die von katholischen und evangelischen Rechtsträgern gemeinsam betrieben werden. Im Falle eines Gemeinschaftsbetriebs muss geregelt sein, welches kirchliche Arbeitsrecht auf welchem Gebiet Maßstab für das individuelle und kollektive kirchliche Arbeitsrecht sein soll. Kirchliche Stiftungen werden gebildet auf der Grundlage von Landesrecht und diözesanem Kirchenrecht. Sie unterliegen der Aufsicht der kirchlichen Stiftungsbehörde über katholische Stiftungen (vgl. z.B. § 6 Stiftungsordnung für den nordrhein-westfälischen Teil des Bistums Münster 2011 Art. 86 S. 106 ff.).

II. Gliederung der Kirche

1. Diözesen

Die katholische Kirche ist u.a. gegliedert in Diözesen (can. 368, 369 CIC). In Deutschland bestehen 27 Diözesen, von denen sieben Erzdiözesen sind. (Erz-) Diözesansitze sind Aachen, Augsburg, Bamberg, Berlin, Dresden-Meißen, Eichstätt, Erfurt, Essen, Freiburg, Fulda, Görlitz, Hamburg, Hildesheim, Köln, Limburg, Magdeburg, Mainz, München und Freising, Münster, Osnabrück, Paderborn, Passau, Rottenburg-Stuttgart, Regensburg, Speyer, Trier, Würzburg. Teil der Diözese Münster ist der Offizialatsbezirk Vechta (oldenburgischer Teil des Bistums Münster). Kirchlicher Gesetzgeber einer jeden Diözese ist ihr Diözesanbischof als Ordinarius (auch als Ortsbischof bezeichnet). Folglich ist das kirchliche Arbeitsvertragsrecht und das kollektive Arbeitsrecht diözesan geregelt, so dass es eine Fülle von Rechtsvorschriften für den kirchlichen Dienst je nach Diözese gibt. Hinzu kommen Gesetze und Dekrete der Deutschen Bischofskonferenz.

Eine besondere Stellung nimmt die Militärseelsorge ein. An ihrer Spitze steht der Militärbischof, dessen Kurie das Katholische Militärbischofsamt ist. Es ist nach den für die Diözesankurien maßgebenden Normen (can. 469, 474 CIC) am Sitz der Bundesregierung errichtet. Das Militärbischofsamt ist zugleich eine dem Bundesministerium der Verteidigung unmittelbar nachgeordnete Bundesoberbehörde und nimmt die mit der Militärseelsorge zusammenhängenden staatlichen Verwaltungsaufgaben wahr. Es wird geleitet von dem Militärgeneralvikar.

Arbeitsvertragsordnungen werden je nach regionalen Gegebenheiten von mehreren Diözesanbischöfen gemeinsam abgestimmt für ihre jeweilige Diözese erlassen, um zu einheitlichen Regelungen für ein größeres Gebiet zu gelangen. Davon zeugen die Beschlüsse der Kommissionen zur Regelung des Arbeitsvertragsrechts (vgl. Art. 7 Abs. 1 GrO) für näher genannte Regionen (z.B. Bistümer in Bayern, Nordrhein-Westfalen, in der Region Nord-Ost), vor allem die Beschlüsse der Kommissionen im Sinne der Ordnung der Arbeitsrechtlichen Kommission des Deutschen Caritasverbandes. Auf die diesbezüglichen Sammlungen kirchlichen Arbeitsvertragsrechts und Textausgaben sei an dieser Stelle hingewiesen (siehe *Frey/Bahles*, Dienst- und Arbeitsrecht in der katholischen Kirche, Loseblattsammlung, Luchterhand). Neben den diözesanen Kommissionen und Regionalkommissionen zur Regelung des Arbeitsvertragsrechts bestehen bei bestimmten kirchlichen Rechtsträgern zur Regelung einrichtungsbezogener Arbeitsvertragsordnungen besondere Kommissionen, deren Beschlüsse der In-Kraft-Setzung des zuständigen Diözesanbischofs bedürfen.

Diözesen sind gegliedert in Pfarreien und Dekanate (can. 374 CIC). Die Pfarrei ist eine bestimmte Gemeinschaft von Gläubigen, die in einer Teilkirche auf Dauer errichtet ist und deren Hirtensorge unter der Autorität des Diözesanbischofs einem Pfarrer als ihrem eigenen Hirten anvertraut wird (can. 515 § 1 CIC). Für mehrere Pfarreien können Gemeindeverbände gebildet werden, die überpfarrliche Träger von Einrichtungen sind.

2. Caritas

Die größte Gruppe der Mitarbeiterinnen und Mitarbeiter im kirchlichen Dienst wird infolge ihrer Tätigkeit im Bereich der Caritas (Krankenhäuser, Alten- und Pflegeheime, Behindertenwerkstätten, Sozial- und Erziehungsdienst, ambulante Pflege, Rettungs- und Krankentransport, Beratung; siehe Anlagen 2, 2a, 2b, 2c, 2d sowie zu berufsgruppenspezifischen Regelungen Anlagen 21, 30, 31, 32, 33 zu den AVR-Caritas) individualarbeitsvertraglich von den Richtlinien für Arbeitsverträge in den Einrichtungen des Deutschen Caritasverbandes (AVR) erfasst (§ 2 AVR-Caritas, Allgemeiner Teil). Zuständig für den Inhalt der AVR-Caritas ist die Arbeitsrechtliche Kommission des Deutschen Caritasverbandes (AK) als ständige Kommission besonderer Art der Delegiertenversammlung des Deutschen Caritasverbandes, die auf der Grundlage des Art. 7 GrO gebildet ist.

Die Arbeitsrechtliche Kommission ist gegliedert in eine Bundeskommission und sechs Regionalkommissionen, die je nach Bedarf auch Unterkommissionen zur Beschlussfassung über einrichtungsspezifische Regelungen bilden. Auf die Ordnung der Arbeitsrechtlichen Kommission des Deutschen Caritasverbandes (AK-Ordnung) sei hingewiesen.

Zur In-Kraft-Setzung der Beschlüsse aller Kommissionen als Kirchenrecht sind gemäß Art. 7 Abs. 1 GrO die jeweiligen Diözesanbischöfe zuständig. Dazu bestehen besondere diözesane Verfahrensvorschriften. Die Richtlinien zur Inkraftsetzung der Beschlüsse der AK einschließlich ihrer Regionalkommissionen sind in dieser Ausgabe abgedruckt (S. 116).

3. Schulen, Hochschulen

Das Arbeitsvertragsrecht für Mitarbeiterinnen und Mitarbeiter im Schuldienst richtet sich im Wesentlichen nach den Bedingungen, die aus dem für öffentliche Schulen geltenden Tarifrecht und Beamtenrecht resultieren. Die Beschäftigungsverhältnisse werden ergänzend durch kirchliche Vorschriften geregelt (GrO und schulspezifische kirchliche Gesetze, z.B. Kirchliche Anforderungen an die Religionslehrerbildung, Spiritualität und berufliche Identität, Würzburger Diözesanblatt 2011 S. 265, 275 ff., 296 f.). Tarifvertragsrechtliche und beamtenrechtliche Bestimmungen werden in der Regel entsprechend den Beschlüssen der zuständigen Kommissionen gemäß Art. 7 Abs. 1 GrO für das Lehrpersonal arbeitsvertraglich in Bezug genommen, falls nicht in einigen Diözesen und anderen Körperschaften öffentlichen Rechts (z.B. Schulwerke in Bayern) Beamtenverhältnisse (z.B. Bistum Limburg) begründet werden. Die Grundordnung des kirchlichen Dienstes im Rahmen kirchlicher Arbeitsverhältnisse (GrO) ist für die Beamten im Kirchendienst nur insoweit verbindlich, als die kirchlichen Beamtenordnungen sie für anwendbar erklärt haben.

Der Dritte Weg wird infolge der Begründung von Beamtenverhältnissen nicht beschritten, weil die Beamten nicht in einem Arbeitsverhältnis stehen. Dasselbe gilt bei Klerikern, die aufgrund ihrer Weihe in einem Inkardinationsverhältnis gemäß can. 266 CIC stehen, wozu besondere kirchenrechtliche Vorschriften bestehen (can. 265 ff. CIC), so dass u.a. auch ihre Vergütung eigens zu regeln ist (can. 281 CIC). Dazu bestehen in den Diözesen besondere Besoldungsordnungen für Priester einerseits und für ständige Diakone (Dienstordnungen) andererseits, die in den diözesanen Amtsblättern veröffentlicht werden.

An den katholischen Hochschulen werden sowohl Beamte als auch Arbeitnehmer beschäftigt. Einzelheiten ergeben sich aus den Statuten. Die Deutsche Bischofskonferenz hat mit ihrem Beschluss zu Partikularnormen zur Apostolischen Konstitution Ex Corde Ecclesiae den Rahmen für katholische Hochschulen kirchengesetzlich abgesteckt, indem sie den Auftrag der Hochschulen und ihr Gepräge vorschreibt und dazu zur Trägerschaft, zu den Mitgliedern der Hochschule und zur kirchlichen Hochschulaufsicht nähere Bestimmungen erlassen hat. Die katholische Kirche hat – auch auf der Grundlage von Länderkonkordaten – das Recht eigene Hochschulen zu unterhalten (z.B. Vertrag zwischen dem Land

Schleswig-Holstein und dem Heiligen Stuhl vom 12.1.2009, GVBl. für Schleswig-Holstein 2009, 265; Archiv für katholisches Kirchenrecht 2009, 246).

Von den Hochschulen zu unterscheiden ist die Hochschulpastoral als Dienst der Kirche an den Universitäten und Fachhochschulen, die von Klerikern und Laien im Auftrag des zuständigen Diözesanbischofs ausgeübt wird. Unter den vielen Feldern des Apostolats und der Aktivitäten, für die die Kirche Verantwortung trägt, gehört die universitäre Kultur. Hochschulpastoral nimmt nicht nur reine seelsorgerische Betreuung von katholischen Studierenden und Wissenschaftlern, sondern auch die Hochschulen selbst als gesellschaftliche Institutionen in den Blick, die durch die Arbeit von Hochschulgemeinden und Hochschulzentren mitgeprägt werden sollen. Deutschlandweit ist die Kirche mit zzt. rund 125 Katholischen Hochschulgemeinden (KSG) und Hochschulzentren an den Universitäten und Fachhochschulen präsent. Für die Mitarbeiterinnen und Mitarbeiter der Katholischen Hochschulgemeinden besteht z.B. im Erzbistum Köln eine besondere Mitarbeitervertretung beim Erzbischöflichen Generalvikariat.

4. Ordensgemeinschaften

Die Kirche sieht in den Menschen des geweihten Lebens einen besonderen Stand. Sie sind als Mitglieder ihrer Gemeinschaften keine Arbeitnehmer, ihrer Gemeinschaft aber zum unentgeltlichen Dienst verpflichtet (can. 668 § 3 CIC). Die betroffenen Personen werden gemeinhin Ordensleute genannt. Dennoch ist zu unterscheiden zwischen Instituten des geweihten Lebens (Orden und Kongregationen) und den Gesellschaften des Apostolischen Lebens (can. 573 ff. und can. 731 ff. CIC). Aus dem Verhältnis zur Ordensgemeinschaft resultiert der Sinn des Gestellungsvertrages, wonach für Dienste von Ordensangehörigen außerhalb ihres Ordens der Orden für die Gestellung eines Mitglieds vom Empfänger der Gestellung ein Gestellungsgeld erhält, dessen Höhe jährlich über den Verband der Diözesen Deutschlands neu festgesetzt wird. Die Beträge werden in den diözesanen Amtsblättern veröffentlicht.

Institute des geweihten Lebens sind auch Säkularinstitute mit der Besonderheit, dass ihre Mitglieder ein Leben unter den gewöhnlichen Bedingungen der Welt gemäß den Konstitutionen des Instituts führen. Arbeiten Mitglieder für das Institut, werden durch das Eigenrecht des Instituts dessen Verpflichtungen wirtschaftlicher Art gegenüber den Mitgliedern festgelegt (can. 718 S. 2 CIC). In einer Rechtsform des staatlichen Rechts sind die Institute nach staatlichem Recht als Rechtspersonen vermögensfähig und können Arbeitgeber solcher Personen sein, die bei ihnen ein Arbeitsverhältnis eingehen.

5. Wirtschaftsbetriebe

Kirchliche Wirtschaftsbetriebe (z.B. Bierbrauerei, Gastronomie), die aufgrund ihrer Tätigkeit nicht erzieherischen und karitativen Einrichtungen zugeordnet werden können, beschäftigen in der Regel Arbeitnehmer; sie sind im konkreten

Einzelfall Ausbilder im Sinne des Berufsbildungsgesetzes und unterliegen den Bestimmungen des staatlichen Arbeits- und Sozialrechts hinsichtlich ihrer Beschäftigten. Ob sie auch der diözesanen Arbeitsvertragsordnung unterliegen, ergibt sich aus den Bestimmungen zum Geltungsbereich der jeweiligen Arbeitsvertragsordnung. Andererseits bestimmt staatliches Betriebsverfassungs- und Personalvertretungsrecht, dass das zutreffende staatliche Recht nur dann nicht Anwendung findet, wenn das Unternehmen selbst eine Religionsgemeinschaft ist oder die Einrichtung karitativen oder erzieherischen Zielen dient (§ 118 Abs. 2 BetrVG, § 112 BPersVG), wie etwa eine Druckerei, in der religiöses Schrifttum hergestellt wird. Ist das nicht der Fall, gilt die kirchliche Mitarbeitervertretungsordnung (MAVO) nicht. Es kann also den Fall geben, dass im kirchlichen Wirtschaftsbetrieb die Beteiligung der Mitarbeiter zur Regelung ihrer kollektiven Arbeitsbedingungen gemäß Art. 7 Abs. 1 GrO erfolgt, nicht aber die MAVO als kirchliches Betriebsverfassungsrecht (Art. 8 GrO) angewendet wird.

6. Arten der Mitarbeit im kirchlichen Dienst

Die katholische Kirche unterscheidet zwischen ehrenamtlich bzw. unentgeltlich Tätigen (z.B. can. 230 § 1 CIC) und entgeltlich Beschäftigten. Zur letzteren Gruppe gehören Kleriker und – je nach Vertrag – Laien (can. 231 CIC; can. 281 CIC). Geht es um die Beschäftigung von Arbeitskräften, haben die zuständigen Vermögensverwalter weltliches Arbeits- und Sozialrecht zu beachten (can. 1286 Nr. 1 CIC) und denjenigen, die arbeitsvertraglich Arbeit leisten, gerechten und angemessenen Lohn zu zahlen (can. 1286 Nr. 2 CIC). Diese Vorschriften bedürfen der Interpretation. Denn gemäß can. 1290 CIC ist im kanonischen Recht mit denselben Wirkungen hinsichtlich der der Leitungsgewalt der Kirche unterworfenen Angelegenheiten zu beachten, was das weltliche Recht in einem Gebiet über die Verträge im Allgemeinen und im Besonderen und über deren Erfüllung bestimmt hat. Voraussetzung ist allerdings, dass göttlichem Recht nicht widersprochen wird oder das kanonische Recht nicht eine andere Bestimmung trifft (can. 1290 CIC). Konflikte ergeben sich da, wo staatliches Recht etwa die Lohnfortzahlung bestimmt, Kirchenrecht jedoch den Tatbestand für die Lohnfortzahlung mit Strafe belegt, wie z.B. die gemäß § 3 Abs. 2 Entgeltfortzahlungsgesetz zu erfolgende Entgeltfortzahlung bei Arbeitsverhinderung, die infolge eines nach staatlichem Recht nicht rechtswidrigen Abbruchs der Schwangerschaft eintritt (can. 1398 CIC). Gemäß Art. 5 Abs. 2 erster Spiegelstrich GrO gilt Abtreibung (auch nach staatlichem Recht) als Grund zur Kündigung des Arbeitsvertrages durch den kirchlichen Dienstgeber (BVerfGE 70, 138). Zu den Mitarbeiterinnen und Mitarbeitern im kirchlichen Dienst zählen ebenfalls Praktikanten und zu ihrer Berufsausbildung Beschäftigte, für die es besondere diözesane Vertragsordnungen gibt.

Ehrenamtliche Mitarbeiter und Mitarbeiterinnen sind nicht Mitarbeiter im Sinne der Grundordnung des kirchlichen Dienstes im Rahmen kirchlicher Arbeitsverhältnisse. Sie sind deshalb auch nicht Mitarbeiter im Sinne der MAVO, so dass ihre Beschäftigung im kirchlichen Dienst nicht die Mitbestimmung der MAV gemäß § 34 MAVO ermöglicht.

Zu den Ehrenamtlichen gehören u.a. die Mitglieder von Pfarrgemeinderäten, Kirchenvorständen bzw. Kirchengemeinderäten, Ministranten, Mitglieder kirchenmusikalischer Gruppen, die Mitglieder von Schlichtungsstellen, Schlichtungsausschüssen, Einigungsstellen, kirchlichen Arbeitsgerichten.

a. Arbeitsverhältnis

Gemäß § 611 Abs. 1 BGB wird durch den Dienstvertrag derjenige, welcher Dienste zusagt, zur Leistung der versprochenen Dienste, der andere Teil zur Gewährung der vereinbarten Vergütung verpflichtet. Im Arbeitsrecht ist der Dienste zusagende Teil Arbeitnehmer, wenn er aufgrund eines privatrechtlichen Vertrages zu weisungsgebundener, wenn auch nur in geringem Umfang, Arbeit verpflichtet ist, so dass der Arbeitgeber (anderer Teil) ein Verfügungsrecht über die Arbeitskraft des Arbeitnehmers bzw. der Arbeitnehmerin hat. Der Arbeitnehmerbegriff ist gesetzlich nicht allgemeingültig definiert (vgl. z.B. §§ 105 ff. GewO), aber wesentlich für die Anwendung des Arbeitsrechts, gerade auch des Arbeitnehmerschutzrechts. Die Bezeichnungen Dienstvertrag (so AVR-Caritas) oder Honorarvertrag sind nicht zutreffend, wenn in der Sache weisungsgebundene Tätigkeit zu verrichten ist. Das in kirchlichen Arbeitsvertragsordnungen verwendete Begriffspaar Mitarbeiter und Dienstgeber ist abgeleitet aus dem Begriff kirchlicher Dienstgemeinschaft (vgl. z.B. § 1 AVR-Caritas; Art. 1 GrO), meint aber die arbeitsrechtlichen Bezeichnungen Arbeitgeber und Arbeitnehmer, wie das aus der Grundordnung des kirchlichen Dienstes im Rahmen kirchlicher Arbeitsverhältnisse hervorgeht, obwohl für den Begriff Arbeitnehmer der (Ober-) Begriff Mitarbeiter verwendet wird. In den Mitarbeitervertretungsordnungen werden die Begriffe Dienstgeber und Mitarbeiter mit Blick auf unterschiedliche Arten von Beschäftigungsverhältnissen als Sammelbegriffe verwendet, wobei je nach Funktion der Mitarbeiter zwischen ausführenden und leitenden Mitarbeitern und mit Blick auf das Wahlrecht zur Mitarbeitervertretung unterschieden wird (§§ 3, 6, 7, 8 MAVO). Der Rechtsbegriff Arbeitnehmer ist weder vertragsnoch tarifvertragsdispositiv. Das gilt auch aus der Sicht des Kirchenrechts (can. 1290 CIC) mit allen daraus erwachsenden rechtlichen Konsequenzen, gerade im Hinblick auf zwingendes staatliches Recht, das nicht verhandelbar ist (siehe auch Art. 30 EGBGB). Da in kirchlichen Einrichtungen die Arbeitsverträge nicht ausgehandelt werden (siehe z.B. schon Kirchlicher Anzeiger für die Erzdiözese Köln 1936 Nr. 190 S. 131), weil ihr Inhalt durch Arbeitsvertragsordnungen (Art. 7 Abs. 1 GrO) bestimmt ist, die im Einzelarbeitsvertrag formularmäßig in Bezug genommen werden (vgl. z.B. § 7 Abs. 1 Unterabsatz 1 AVR-Caritas), unterliegen solche Verträge gerichtlicher Vertragsinhaltskontrolle gemäß §§ 305 ff. BGB; die Arbeitsvertragsordnungen werden von der Rechtsprechung des Bundesarbeitsgerichts (BAG) als Allgemeine Geschäftsbedingungen gewertet; sie sind keine Tarifverträge und stehen ihnen deshalb nicht gleich. Auf dem Dritten Weg ordnungsgemäß zustande gekommene Arbeitsvertragsregelungen sind allerdings unabhängig davon, ob sie tarifvertragliche Regelungen des öffentlichen Dienstes ganz oder mit im Wesentlichen gleichen Inhalten übernehmen, wie Tarifverträge nur daraufhin zu überprüfen, ob sie gegen die Verfassung, gegen anderes höherrangiges Recht oder die guten Sitten verstoßen. Denn das Verfahren des Dritten Weges mit paritätischer Besetzung der Kommissionen i.S. des Art. 7 Abs. 1 GrO und Weisungsungebundenheit ihrer Mitglieder gewährleistet, dass die Arbeitgeberseite nicht einseitig ihre Interessen durchsetzen kann (BAG, 22.7.2010 – 6 AZR 847/07 und 6 AZR 170/08). Bedenken ergeben sich, wenn die Kommission als Betriebskommission nur mit dem Dienstgeber auf der einen und Vertretern seiner Mitarbeiter auf der anderen Seite paritätisch besetzt ist, weil die Weisungsungebundenheit vom BAG als Kriterium fehlender Einseitigkeit erachtet wird; es fehlt an der Überbetrieblichkeit der Kommission.

Eine Bezugnahmeklausel in einem Arbeitsvertrag, die nicht ausschließlich auf die auf dem Dritten Weg von einer paritätisch mit weisungsunabhängigen Mitgliedern besetzten Arbeitsrechtlichen Kommission beschlossenen Arbeitsvertragsregelungen Bezug nimmt, sondern darüber hinaus – etwa bei einem kirchenrechtlich vorgesehenen Letztentscheidungsrecht des Bischofs – auch einseitig von der Dienstgeberseite vorgegebene Regelungen erfasst und damit inhaltlich ein Vertragsänderungsrecht der Dienstgeberseite darstellt, dürfte nach Ansicht des BAG zu weit gefasst und damit insgesamt unwirksam sein, wenn die Klausel sprachlich nicht teilbar ist und sie deshalb nicht auf einen verständlichen, zulässigen Inhalt zurückgeführt werden kann (BAG, 22.7.2010 – 6 AZR 170/08 und 6 AZR 847/07).

b. Arbeitsvertragsregelungen

Die gemäß Art. 7 Abs. 1 GrO bestehenden Kommissionen sind zuständige Beschlussgremien zur Schaffung kirchlichen Arbeitsvertragsrechts, das kirchengesetzlicher Inkraftsetzung durch den jeweils zuständigen Diözesanbischof bedarf.

Dabei geht es zum einen um die AVR-Caritas mit

- Beschlüssen der Bundeskommission der Arbeitsrechtlichen Kommission des Deutschen Caritasverbandes (AK),
- Beschlüssen der Regionalkommissionen der AK,
- gegebenenfalls Beschlüssen von Unterkommissionen einer Regionalkommission, zum anderen um die Beschlüsse der gemäß diözesanbischöflicher Gesetzgebung gebildeten Regionalkommissionen (Regional-KODA), bezeichnet als
- Regionalkommission Nord-Ost,
- Regionalkommission Nordrhein-Westfalen,
- Regionalkommission Osnabrück/Vechta,
- Regionalkommission Bayern und die Beschlüsse der Bistumskommissionen (Bistums-KODA) für die (Erz-)Bistümer
- Freiburg, Fulda, Hildesheim, Limburg, Mainz, Speyer, Trier, und die Beschlüsse anderer Kommissionen auf Bereichs- oder Betriebsebene, für die eine kirchengesetzliche Legitimation besteht, und die Beschlüsse der Zentral-KODA gemäß Zentral-KODA-Ordnung.

Auf die entsprechenden Textsammlungen zu den KODA-Ordnungen in *Frey/Bahles* wird hingewiesen.

Weil die umfangreichen Texte der Beschlüsse der Kommissionen schnellem Wandel unterliegen, sind sie mit Blick auf das Ziel dieses kleinen Kompendiums nicht abgedruckt. Der Blick in die Amtsblätter der Diözesen und in die Publikationen des Deutschen Caritasverbandes (neue caritas) ist unerlässlich.

Wegen der Beschlüsse der Kommissionen auf Bereichs- oder Betriebsebene wird auf das für den Geschäftsbereich der Kommission zuständige diözesane Amtsblatt nach diözesanbischöflicher Inkraftsetzung des jeweiligen Beschlusses hingewiesen; dabei wird jedoch regelmäßig auf den Volltext des Beschlusses lediglich hingewiesen, während er in den Amtsblättern nicht erscheint.

Die für den Bereich aller Bistümer in Deutschland bedeutendste Arbeitsvertragsordnung – auch mit Blick auf die Anzahl der Beschäftigten – sind die AVR-Caritas, zu denen es eine regelmäßig erscheinende Ausgabe des Lambertus-Verlages in Freiburg gibt. Ergänzt werden die AVR durch die Kommentierung von *Beyer/Papenheim u.a.* unter dem Titel »Arbeitsrecht der Caritas« im Lambertus-Verlag, die als Loseblatt-Ausgabe erscheint. Darüber hinaus erscheint bei Wolters Kluwer die Luchterhand-Loseblattsammlung von *Frey/Bahles* unter dem Titel »Dienst- und Arbeitsrecht in der katholischen Kirche«, in der u.a. die Arbeitsvertragsordnungen der Diözesen, die AVR-Caritas, die KODA-Ordnungen, die Mitarbeitervertretungsordnungen der Diözesen, die Kirchliche Arbeitsgerichtsordnung sowie die Dekrete zur Errichtung der kirchlichen Arbeitsgerichte enthalten sind. Eine amtliche Textausgabe der Kirchlichen Arbeits- und Vergütungsordnung einschließlich der Ordnung für Berufsausbildungsverhältnisse und der Ordnung für Praktikanten für die (Erz-)Bistümer Aachen, Essen, Köln, Münster (nordrhein-westfälischer Teil) und Paderborn ist erschienen bei Wolters Kluwer Deutschland Information Services GmbH, Münster 2011.

Zahlreiche Dienstordnungen bestehen für bestimmte Berufsgruppen, wie liturgische und pastorale Dienste, Lehrer gemäß diözesanen Schulgesetzen bzw. Lehrerdienstordnungen (z.B. Lehrerdienstordnung für katholische Schulen in freier Trägerschaft in Bayern vom 1. Mai 2000), Personal der Tageseinrichtungen für Kinder gemäß Statuten der Diözesen (vgl. etwa Statut für die katholischen Kindertageseinrichtungen in den Diözesen in NRW, Amtsblatt des Erzbistums Köln 2008 S. 246 ff.); siehe auch Dienstordnung für pädagogische Fach- und Zweitkräfte an Kindergärten in den katholischen Tagesstätten für Kinder in den bayerischen Diözesen.

Gemeinsam für kirchliche Arbeitsvertragsordnungen ist ihre Orientierung an Tarifverträgen für den öffentlichen Dienst, um z.B. bei der Lohnfindung Maßstäbe setzen zu können. Vor der Einführung von TVöD und TV-L war schon der BAT (Bund/Länder oder BAT/VkA) Orientierungsrahmen für kirchliches Arbeitsvertragsrecht. Die Einleitungen zum ABD der bayerischen Diözesen und zur KAVO der Diözesen in Nordrhein-Westfalen bestätigen, dass das Tarifrecht für den öffentlichen Dienst Orientierungsrahmen für den kirchlichen Dienst geblieben ist. Das gilt besonders für den Schuldienst, der sogar je nach diözesanem und staatlichem Recht auf die vergleichbaren Regelungen für Lehrer an öffentlichen Schulen fixiert ist. So wurde für die Lehrkräfte an Schulen in kirchlicher Trägerschaft im Bereich der bayerischen Diözesen die A-Besoldung als Referenztarif gewählt, so dass sich deren Arbeitszeit und Vergütung nach den für die verbeamteten Lehrkräfte des Freistaats Bayern geltenden Bestimmungen richten, wobei die Beschäftigungsverhältnisse dem Arbeitsrecht (Angestelltenverhältnis) zugeordnet sind, falls nicht ausdrücklich Beamtenverhältnisse begründet worden sind, wie etwa beim Katholischen Schulwerk.

Wie BAT und auch der ihn ablösende TVöD enthalten kirchliche Arbeitsvertragsordnungen im Vergleich zu Tarifverträgen der Privatwirtschaft eine ausgesprochen hohe Regelungsdichte. Es geht um die Regelungsbereiche Einstellungsvoraussetzungen (Art. 3 GrO; zusätzlich ggf. Nr. 4 Rahmenordnung zur Prävention von sexuellem Missbrauch an Minderjährigen im Bereich der Deutschen Bischofskonferenz), Arbeitsvertrag, allgemeine Arbeitsbedingungen, Arbeitszeit, Beschäftigungszeit, Dienstzeit, Eingruppierung in eine Vergütungs- bzw. Entgeltgruppe nach näher formulierten Tätigkeitsmerkmalen, Höhe der Vergütung, Sozialbezüge, zusätzliche Alters- und Hinterbliebenenversorgung, Urlaub und Arbeitsbefreiung aus bestimmten Anlässen. Auf die allgemeinen und die besonderen Dienstpflichten der Mitarbeiterinnen und Mitarbeiter gemäß §§ 4 und 5 AVR-Caritas, Allgemeiner Teil wird hingewiesen ebenso auf die Pflicht des Dienstgebers zur Führung von Personalakten und das Recht des Mitarbeiters auf Einsicht in die Akten (§ 6 AVR; auch nach beendetem Arbeitsverhältnis: BAG, 16.11.2010 – 9 AZR 573/09, DB 2011, 822), die Vorschriften zur Einstellung mit einer nicht über sechs Monate hinausgehenden Probezeit (§ 7 AVR), ärztliche Untersuchungen während des Arbeitsverhältnisses (§ 8 AVR), Versetzung und Abordnung (§ 9 AVR), Arbeitsbefreiung (§ 10 AVR; siehe auch § 45 SGB V), Fort- und Weiterbildung (§ 10 a AVR). Die Anlagen zu den AVR-Caritas enthalten u.a. Bestimmungen zu Vergütung (Eingruppierung nach Tätigkeitsmerkmalen nach Maßgabe der gesamten auszuübenden Tätigkeit, Anlage 1 Abschnitt I ff. zu den AVR), Zulagen, Krankenbezügen, Weihnachtsgeld (Anlage 1), Werkdienstwohnungen (Anlage 1 Abschnitt IX a), Forderungsübergang bei Dritthaftung (Anlage 1 Abschnitt XII b), zusätzlicher Altersversorgung (Anlage 1 Abschnitt XIII), Vergütungsgruppen (Anlagen 2, 2 a, 2 b, 2 c, 2 d mit Tätigkeitsmerkmalen zur Eingruppierung), Vergütungstabellen gemäß Beschlüssen der Regionalkommissionen der AK, Arbeitszeit u.a. hinsichtlich der Arbeitszeit für Vollbeschäftigte, der zeitlichen Lage der Arbeitszeit und der Sonn- und Feiertagsarbeit, des Bereitschaftsdienstes und der Rufbereitschaft (Anlage 5 mit Bestimmungen zu Arbeitszeit, Ruhepausen, Ruhezeiten – § 1; Teilzeitbeschäftigung – § 1a; Arbeitszeitverkürzung durch freie Tage – § 1b; Nacht-, Wechselschicht- und Schichtarbeit, Sonn- und Feiertagsarbeit – § 2; Arbeitszeit an Samstagen und Vorfeststagen – § 3; Nichtdienstplanmäßige Arbeit – § 4; Kurzarbeit – § 5; Sonderbestimmungen bei Dienstreisen – § 6; Bereitschaftsdienst und Rufbereitschaft – § 7; Bereitschaftsdienst und Rufbereitschaft in Krankenhäusern und Heimen – § 8; Bereitschaftsdienst- und Rufbereitschaftsentgelt in Krankenhäusern und Heimen – § 9; Sonderregelung für Mitarbeiter in häuslichen Gemeinschaften – § 10; zum verfassungsrechtlich gebotenen Sonntagsschutz: BVerfG, 1.12.2009 – 1 BvR 2857/07, 2858/07, ZTR 2010, 137); Sonderregelungen zur Arbeitszeit (Anlage 5 a), Mobilzeit (Anlage 5 b), Langzeitkonto (Anlage 5 c), Überstunden (Anlage 6), Zeitzuschläge und Überstundenvergütung (Anlage 6a); Ausbildungsverhältnisse (Anlage 7), Versorgungsordnungen für zusätzliche Leistungen zur gesetzlichen Rentenversicherung (Anlage 8), vermögenswirksame Leistungen (Anlage 9), Ordnung für Beihilfen in Krankheits-, Geburts- und Todesfällen (Anlagen 11, 11 a), Bewertung der Unterkünfte der Mitarbeiter (Anlage 12), Umzugskostenvergütung und Trennungsgeld (Anlage 13), Reisekosten (Anlage 13 a), Erholungsurlaub, Urlaubsgeld, Sonderurlaub (Anlage 14), Übergangsgeld (Anlage 15), Jubiläumszuwendung (Anlage 16), Altersteilzeit (Anlage 17), Modellprojekte (Anlage 19), Besondere Regelungen für Mitarbeiter in Integrationsprojekten (Anlage 20), Besondere Regelungen für Lehrkräfte (Anlage 21), Besondere Regelungen für Ärztinnen und Ärzte (Anlage 30), Besondere Regelungen für Mitarbeiter im Pflegedienst in Krankenhäusern (Anlage 31), Besondere Regelung für Mitarbeiter im Pflegedienst in sonstigen Einrichtungen (Anlage 32), Besondere Regelungen für Mitarbeiter im Sozial- und Erziehungsdienst (Anlage 33). Den Regionalkommissionen der AK sind u.a. Rechte zu Beschlüssen zur Vergütung überlassen, wozu die Bundeskommission der AK so genannte Bandbreiten zur Abweichung von ihren Beschlüssen vorgibt (Anlage B).

Die Bestimmungen der kirchlichen diözesanen Arbeitsvertragsordnungen zur Vergütung der Arbeitnehmer sind geprägt durch das Entgeltschema im öffentlichen Dienst, wonach nach näher formulierten Tätigkeitsmerkmalen zu verrichtender Arbeit und beruflicher Vorbildung in die zutreffende Vergütungs- oder Entgeltgruppe die Eingruppierung des Mitarbeiters bzw. der Mitarbeiterin vorzunehmen ist; dazu hat gemäß § 35 MAVO die Mitarbeitervertretung der Einrichtung ein Mitbeurteilungsrecht zur beabsichtigten Entscheidung des Dienstgebers. Das gilt auch bei Umgruppierungen im Falle von Überleitungen von einem Tarifsystem in ein anderes. Sieht sich der Mitarbeiter bzw. die Mitarbeiterin falsch eingruppiert, ist der Rechtsweg zum staatlichen Arbeitsgericht eröffnet.

Für bestimmte Berufsgruppen, wie Lehrer, Pastoral- und Gemeindereferenten, Pastoral- und Gemeindeassistenten gelten zusätzliche diözesane Bestimmungen, wie auch Dienstordnungen, u.a. Dienstordnung für den Dienst der katholischen Gefängnisseelsorge in Nordrhein-Westfalen (Kirchlicher Anzeiger für die Diözese Aachen 2011 Nr. 2 S. 2). Zur Ausübung ihres Dienstes sind sie auf Arbeitsmittel wie Telefon und Kraftfahrzeug angewiesen, so dass es dazu besondere Bestimmungen etwa zur Einrichtung von dienstlichen Telekommunikationsanlagen und ihre Kostenerstattung (z.B. Amtsblatt des Erzbistums Köln 2008 Nr. 132 S. 130) gibt und ebenso Reisekostenregelungen für dienstlich notwendige Dienstgänge und Dienstreisen (Amtsblatt des Erzbistums Köln 2009 Nr. 195 S. 213, Nr. 196 S. 214).

Einige Arbeitsvertragsordnungen, wie z.B. die KAVO der Diözesen in Nordrhein-Westfalen, enthalten Bestimmungen zum Leistungsentgelt (vgl. § 26 KAVO i.V.m. Anlage 28) in Anlehnung an den TVöD. Die leistungsorientierte Bezahlung, gewährt als Leistungsprämie, soll dazu beitragen, die Arbeitsqualität, Effektivität und Effizienz in den kirchlichen Einrichtungen zu verbessern. Zugleich sollen

Motivation, Eigenverantwortung und Führungskompetenz der Mitarbeiter gestärkt werden. Die Leistungsbewertung geschieht durch Vergleichen von Zielerreichungen mit den in einer Zielvereinbarung angestrebten Zielen oder über eine systematische Leistungsbewertung. Zielvereinbarung ist eine freiwillige Abrede zwischen dem Vorgesetzten und einzelnen Mitarbeitern oder Mitarbeitergruppen über objektivierbare Leistungsziele und die Bedingungen ihrer Erfüllung. Die systematische Leistungsbewertung erfolgt auf der Grundlage eines in der Einrichtung vereinbarten Systems zur Feststellung der erbrachten Leistung nach möglichst messbaren oder anderweitig objektivierbaren Kriterien oder durch aufgabenbezogene Bewertung.

Das jeweilige System der leistungsbezogenen Bezahlung wird in der Einrichtung durch Dienstvereinbarung herbeigeführt. In der Dienstvereinbarung werden insbesondere geregelt:

- das Verfahren der Einführung von Leistungsentgelten,
- zulässige Kriterien für Zielvereinbarungen,
- Ziele zur Sicherung und Verbesserung der Arbeitsqualität, Effektivität und Effizienz der Einrichtung,
- Auswahl der Methoden sowie Kriterien der systematischen Leistungsbewertung und der aufgabenbezogenen Bewertung (messbar, zählbar oder anderweitig objektivierbar), ggf. differenziert nach Arbeitsbereichen,
- Anpassung von Zielvereinbarungen bei wesentlichen Änderungen von Geschäftsgrundlagen,
- Vereinbarung von Verteilungsgrundsätzen,
- Überprüfung und Verteilung des zur Verfügung stehenden Finanzvolumens (möglicherweise Begrenzung individueller Leistungsentgelte),
- Dokumentation und Umgang mit Auswertungen über Leistungsbewertungen.

c. Arbeitsvertrag

Arbeitsverträge werden gemäß kirchlichen Arbeitsvertragsordnungen schriftlich abgeschlossen (vgl. z.B. § 7 AVR-Caritas), seien sie befristet oder unbefristet. Die Schriftform schafft Klarheit über die in Bezug genommene kirchliche Arbeitsvertragsordnung und ihre verbindliche Anwendung auf das Arbeitsverhältnis (BAG, 16.3.2004 – 9 AZR 93/03, NZA 2004, 927). Gemäß Beschluss der Zentral-KODA vom 6.11.2008 ist in die Arbeitsvertragsformulare folgender Passus aufzunehmen: »Die Grundordnung des Kirchlichen Dienstes ist Bestandteil des Arbeitsvertrages.« Eine auf dem Dritten Weg zustande gekommene Arbeitsrechtsregelung wirkt nicht normativ in das staatliche Arbeitsrecht hinein, auch nicht wenn dies ein einschlägiges Kirchengesetz vorsieht (BAG, 8.6.2005 – 4 AZR 412/04, ZTR 2006, 270). Deshalb ist die für das Arbeitsverhältnis zur Anwendung zu bringende Arbeitsvertragsordnung zum Bestandteil des Arbeitsvertrages zu machen. Can. 11 CIC bestimmt, dass Kirchenrecht nur die Kirchenmitglieder bindet, während das Vertragsrecht staatlichen Vorschriften unterliegt (can. 1290 CIC). Zur Zulässigkeit befristeter Arbeitsverträge siehe § 14 TzBfG. In befristeten Arbeitsverträgen wird formularmäßig eine

Kündigungsklausel vereinbart. Siehe dazu auch §§ 15, 16 TzBfG. In den der kirchlichen Vermögensverwaltungsaufsicht unterliegenden Einrichtungen bedarf der Arbeitsvertrag grundsätzlich der kirchenaufsichtlichen Genehmigung, um nach außen wirksam zu werden. Das folgt z.B. aus entsprechenden kirchlichen Anordnungen zur Vermögensverwaltung der Kirchengemeinden. Einschlägig ist z.B. die Geschäftsanweisung für die Verwaltung des Vermögens in den Kirchengemeinden und Gemeindeverbänden der Erzdiözese Köln (Amtsblatt des Erzbistums Köln 2009 Nr. 178 S. 194 ff.) mit ihrem Art. 7 Nr. 1 Buchstabe h und Nr. 4 für den Bereich der kirchlichen Krankenhäuser und Heime hinsichtlich des Abschlusses und der vertraglichen Änderung von Dienst- und Arbeitsverträgen mit Mitarbeitern in leitender Stellung, insbesondere mit Chefärzten und leitenden Oberärzten, Verwaltungs-, Heim- und Pflegedienstleitern sowie Oberärzten (Abs. 1 Buchstabe b).

Ferner können Richtlinien zur aufsichtsrechtlichen Genehmigung bei Stellenausschreibungen/-besetzungen für das Personal der ortskirchlichen Rechtspersonen bestehen, die im Hinblick auf die Vorgaben der Grundordnung des kirchlichen Dienstes im Rahmen kirchlicher Arbeitsverhältnisse relevant sind (z.B. Kirchliches Amtsblatt Rottenburg-Stuttgart 2010 S. 302).

Von Bedeutung sind Bestimmungen für Mitarbeitergespräche zu den Aspekten Entwicklung, Beurteilung, Ziele, Regelungen; Leitfaden für das Beurteilungsgespräch (Kirchliches Amtsblatt Rottenburg-Stuttgart 2005 S. 221 ff.).

Die ordentliche dienstgeberseitige Kündigung – auch Änderungskündigung – von Arbeitsverträgen ist nach einer Beschäftigungsdauer von 15 Jahren bei ein und demselben Arbeitgeber frühestens nach Vollendung des 40. Lebensjahres ausgeschlossen (u.a. § 14 Abs. 5 AVR-Caritas), soweit nicht besondere Umstände betrieblicher Art die Weiterbeschäftigung hindern (§ 15 Abs. 1 AVR-Caritas). Die außerordentliche Kündigung ist bei Vorliegen eines wichtigen Grundes im Sinne von § 626 BGB fristlos zulässig (siehe auch § 16 AVR-Caritas). Zur Kündigung wegen Verletzung von Loyalitätsobliegenheiten siehe Art. 5 GrO. Die Kündigung hat schriftlich zu erfolgen (§ 623 BGB; siehe u.a. auch § 17 AVR-Caritas).

Einheitlich gilt gemäß kirchlichen Arbeitsvertragsordnungen, dass im Falle von Meinungsverschiedenheiten aus dem Arbeitsverhältnis zunächst die jeweils zuständige Schlichtungsstelle (u.a. § 22 AVR-Caritas) oder der Schlichtungsausschuss der Diözese anzurufen ist, damit aufgetretene Streitfälle dort friedlich beigelegt werden können. Die Behandlung eines Streitfalles vor der Schlichtungsstelle bzw. dem Schlichtungsausschuss schließt die fristgerechte Anrufung des staatlichen Arbeitsgerichts nicht aus (z.B. Kündigungsschutzklage gemäß § 4 KSchG).

Ansprüche aus dem Arbeitsverhältnis verfallen, wenn sie nicht innerhalb einer Ausschlussfrist von der jeweiligen Arbeitsvertragspartei schriftlich geltend gemacht werden, falls nicht in der Arbeitsvertragsordnung anderes bestimmt ist (z.B. § 23 AVR-Caritas). Die Ausschlussfrist beträgt in der Regel sechs Monate nach Fälligkeit des Anspruchs. Für denselben Sachverhalt reicht die einmalige Geltendmachung des Anspruchs aus, um die Ausschlussfrist auch für später fällig werdende Leistungen unwirksam zu machen. Von der Ausschlussfrist ist die allgemeine Verjährungsfrist von drei Jahren gemäß §§ 195, 199 BGB zu unterscheiden.

Sowohl nach der MAVO als auch z.B. nach den AVR-Caritas ist es möglich, von den allgemein geltenden Arbeitsvertragsregelungen zur Vergütung durch Dienstvereinbarung (§ 38 Abs. 1 Nr. 1 MAVO) oder sogar durch einzelvertragliche Abmachung abzuweichen (vgl. z.B. §§ 24 AVR-Caritas unter Wahrung eines Mindeststundenlohns für geringfügig Beschäftigte im Sinne von § 8 SGB IV) für näher benannte (Erz-)Bistümer, wenn eine entsprechende Öffnungsklausel solche Maßnahmen zulässt.

d. Besonderheiten

In den Arbeitsvertragsordnungen i.S. der AVR-Caritas als auch i.S. der Kirchlichen Arbeits- und Vergütungsordnung sind bestimmte Berufsgruppen von deren Geltung ausgeklammert. Hierbei handelt es sich um Ausnahmen vom Geltungsbereich der AVR-Caritas gemäß § 3 um

- Mitarbeiter, deren Leistungsfähigkeit infolge einer körperlichen, seelischen oder sonstigen Behinderung beeinträchtigt ist und deren Rehabilitation oder Resozialisierung durch Beschäftigungs- und Arbeitstherapiemaßnahmen angestrebt wird;
- Mitarbeiter, die nicht in erster Linie aus Gründen der Erwerbstätigkeit beschäftigt werden, sondern vorwiegend zu ihrer Betreuung, sofern die AVR nicht ausdrücklich schriftlich vereinbart ist;
- Mitarbeiter, die Tätigkeiten nach § 11 Abs. 3 SGB XII ausüben; Mitarbeiter, die Arbeitsgelegenheiten nach § 16 Abs. 3 SGB II ausüben;
- Leitende Ärzte (Chefärzte) und vergleichbare leitende Mitarbeiter, wenn ihre Arbeitsbedingungen einzelvertraglich besonders vereinbart sind oder werden;
- Mitarbeiter, die über die höchste Vergütungsgruppe der AVR hinausgehende Dienstbezüge erhalten. Die höchste Vergütungsgruppe ist die Vergütungsgruppe 1, die niedrigste die Vergütungsgruppe 12. Wegen der Einzelheiten wird auf die Anlagen 2, 2a, 2b, 2c, 2d, 3, 3a, 3b zu den AVR-Caritas verwiesen, abgedruckt in den jeweils aktuell vom Deutschen Caritasverband herausgegebenen Texten der AVR, Lambertus-Verlag, Freiburg.

Caritasdirektoren werden je nach Satzung des Caritasverbandes vom zuständigen Diözesanbischof berufen und abberufen (z.B. § 9 Abs. 3 Nr. 1 Satzung des Caritasverbandes für Stuttgart e.V., Kirchliches Amtsblatt Rottenburg-Stuttgart 2011 S. 122 ff.).

Der Geltungsbereich der KAVO der Diözesen in Nordrhein-Westfalen erstreckt sich einerseits nicht auf den Geltungsbereich der AVR-Caritas, andererseits nicht auf Mitarbeiter an Schulen in der Trägerschaft der Diözesen. Die abzuschließenden Arbeitsverträge mit den Lehrkräften unterliegen der Genehmigung der staatlichen Schulaufsichtsbehörde. Auf die Mitarbeiter an Schulen finden die Bestimmungen des TV-L bzw. die für verbeamtete Lehrer an öffentlichen Schulen geltenden Bestimmungen einzelarbeitsvertraglich entsprechende Anwendung.

Besondere Bestimmungen hat die Deutsche Bischofskonferenz mit Wirkung vom 1.9.2010 mit den Leitlinien für den Umgang mit sexuellem Missbrauch an Minderjährigen erlassen (Amtsblatt des Erzbistums Köln 2010 S. 197 ff.), die durch eine Rahmenordnung zur Prävention von sexuellem Missbrauch an Minderjährigen ergänzt worden ist (Amtsblatt des Erzbistums Köln 2010 S. 227 ff.), woraufhin weiter diözesane Ordnungen ergangen sind. Danach haben sich kirchliche Rechtsträger u.a. bei der Einstellung und im regelmäßigen Abstand von fünf Jahren von den eingesetzten Personen ein erweitertes Führungszeugnis nach § 30 a Abs. 1 des Bundeszentralregistergesetzes vorlegen zu lassen (z.B. § 3 Präventionsordnung des Erzbistums Köln, Amtsblatt des Erzbistums Köln 2011 Nr. 71 S. 143 ff.).

Keiner generellen Regelung unterliegen Gestellungen eines Dienstwagens an Mitarbeiter in leitender Stellung oder im Außendienst. Auf diözesane Bestimmungen für Mitarbeiter in Bischöflichen Ordinariaten bzw. Generalvikariaten sei daher ergänzend hingewiesen, wobei zu unterscheiden ist zwischen dienstlicher und privater Nutzung des Fahrzeuges. Von Interesse sind Job-Tickets für Mitarbeiter, die zur Erreichung ihrer Arbeitsstätte auf öffentliche Verkehrsmittel angewiesen sind und für die der Arbeitgeber mit dem Verkehrsunternehmen entsprechende Verträge zur Abnahme der Job-Tickets abschließt.

III. Staatliches Arbeits- und Sozialrecht

Mit Blick auf die Arbeitsverhältnisse im kirchlichen und caritativen Bereich sind staatliche Gesetze und Verordnungen mit arbeits-, arbeitsschutz- und sozialrechtlichem Inhalt einschlägig gültig. Dazu gehören (alphabetisch)

- Allgemeines Gleichbehandlungsgesetz (AGG), Bekanntmachungspflichten gemäß § 12 Abs. 5,
- Altersteilzeitgesetz; siehe auch § 315 BGB und § 106 GewO und u.a. Anlage 17 zu den AVR-Caritas: Der Arbeitgeber hat nach billigem Ermessen über die Verteilung der Arbeitszeit (Teilzeit- oder Blockmodell) zu entscheiden,
- Arbeitnehmerüberlassungsgesetz (siehe auch § 3 Abs. 1 S. 2 und § 34 MAVO),
- Arbeitsgerichtsgesetz, Aushangpflicht zu § 61 b gemäß § 12 Abs. 5 AGG; siehe weiter § 27 KAGO,
- Arbeitsplatzschutzgesetz,
- Arbeitsschutzgesetz (siehe u.a. § 1 Abs. 4 ArbSchG; ferner §§ 26 Abs. 3 Nr. 7, 36 Abs. 1 Nr. 10, 37 Abs. 1 Nr. 10, 38 Abs. 1 Nr. 12 MAVO),
- Arbeitssicherheitsgesetz,
- Arbeitsstättenverordnung,
- Arbeitszeitgesetz (gilt u.a. nicht für Chefärzte und den liturgischen Bereich der Kirchen, § 18 Abs. 1 Nr. 1 und 4 ArbZG); Aushangpflichten gemäß § 16 Abs. 1; Regelungsrechte der Kirchen § 7 Abs. 4, § 12 Abs. 2 i.V.m. § 7 Abs. 4 ArbZG; dazu BAG, 16.3.2004 – 9 AZR 93/03: Schließt das Kuratorium einer Katholischen Krankenhausstiftung mit der MAV einen »Hausvertrag« zur Verlängerung der Arbeitszeit über zehn Stunden werktäglich, ist das jedenfalls dann keine Regelung i.S.v. § 7 Abs. 4 ArbZG, wenn die kirchenrechtliche MAVO keine Delegation der Regelungsbefugnis für Abweichungen i.S.v.

§ 7 Abs. 4 ArbZG enthält; es besteht eine Ordnung für den Arbeitsschutz im liturgischen Bereich gemäß Beschluss der Zentral-KODA vom 1.7.2004 als Bestandteil kirchlicher Arbeitsvertragsordnungen, soweit nicht besondere diözesane Bestimmungen erlassen worden sind, wie z.B. in den bayerischen (Erz-)Diözesen und in der Diözese Limburg. Die Herausnahme des liturgischen Bereichs der Kirchen aus dem öffentlich-rechtlichen Arbeitszeitschutz ist durch Art. 4 Abs. 2 GG geboten, der die ungestörte Religionsausübung auch in zeitlicher Hinsicht gewährleistet.

- Aufwendungsausgleichsgesetz,
- befristete Arbeitsverträge mit Ärzten in der Weiterbildung,
- Berufsbildungsgesetz; kirchlicherseits bestehen zusätzlich eigene Ordnungen, wie z.B. für die (Erz-)Diözesen in Nordrhein-Westfalen mit der Ordnung für Berufsausbildungsverhältnisse; ferner gilt die Ordnung für Praktikanten im Bereich der genannten (Erz-)Diözesen für die Berufe Kinderpflegerinnen, Erzieher/Erzieherinnen, Sozialarbeiter/Sozialpädagogen/Heilpädagogen, Absolventen von Fachschulen oder Seminaren für Gemeindepastoral/Religionspädagogik und Fachhochschulen für praktische Theologie gemäß näheren Zugangs- und Ausbildungsvorschriften,
- Betriebsrentengesetz (BetrAVG); dazu gelten nähere Bestimmungen für Arbeitnehmer gemäß den Arbeitsvertragsordnungen bzw. AVR-Caritas sowie für Haushälterinnen von Priestern gemäß diözesanrechtlichen Vorschriften zu einer zusätzlichen Altersversorgung; bei einem Betriebsübergang im Sinne von § 613 a BGB ist zu prüfen, ob und wie der Betriebserwerber die Versicherung zum Zwecke einer zusätzlichen Altersversorgung weiterführen wird,
- Betriebssicherheitsverordnung,
- Bildschirmarbeitsverordnung, auf besondere kirchliche Regelungen über die Arbeitsbedingungen an Bildschirmarbeitsplätzen sei hingewiesen,
- Bürgerliches Gesetzbuch (u.a. §§ 305 ff., §§ 611 ff. BGB),
- Bundesdatenschutzgesetz, soweit nicht kirchliches Datenschutzrecht besteht, wie etwa die Anordnung über den kirchlichen Datenschutz (KDO), siehe u.a. § 32 BDSG,
- Bundeselterngeld- und Elternzeitgesetz (BEEG); zur Elternzeit für Arbeitnehmerinnen und Arbeitnehmer siehe §§ 15 ff. BEEG,
- Bundesurlaubsgesetz, siehe auch § 19 JArbSchG sowie § 4 ArbPlSchG; zur Elternzeit für Arbeitnehmerinnen und Arbeitnehmer siehe §§ 15 ff. BEEG; Zusatzurlaub für schwerbehinderte Menschen (§ 125 SGB IX); Dauer und Übertragbarkeit des Jahresurlaubs, Sonderurlaub und Zusatzurlaub sind in kirchlichen Arbeitsvertragsordnungen geregelt; zur Freistellung der Arbeitnehmer im Sinne der Arbeitnehmerweiterbildung siehe landesrechtliche Bestimmungen (z.B. AWbG NRW) und kirchliche Arbeitsvertragsordnungen (z.B. § 10 a AT AVR-Caritas), zu Schulungen von Mitgliedern der MAV siehe § 16 MAVO,
- Einkommensteuergesetz (§§ 2, 3, 24, 34),
- Entgeltfortzahlungsgesetz; zur Lohnfortzahlung im Krankheitsfall bestehen zusätzlich arbeitsvertragsrechtliche Bestimmungen gemäß kirchlicher

Arbeitsvertragsordnung bzw. AVR-Caritas; Anzeige- und Nachweispflichten zur Arbeitsunfähigkeit gemäß § 5 des Gesetzes sowie kirchliche Arbeitsvertragsregelungen,

- Gefahrstoffverordnung,
- Gendiagnostikgesetz (§§ 19 – 22),
- Gerätesicherheitsgesetz,
- Gewerbeordnung (§§ 105 – 110),
- Grundgesetz (hier: Art. 1 – 6, 9, 12, 14, 15, 74 Abs. 2 Nr. 12, 140 mit Art. 136, 137, 138, 139, 141 WRV),
- Heimarbeitsgesetz,
- Insolvenzordnung,
- Jugendarbeitsschutzgesetz, Aushangpflicht gemäß § 48, Regelungsrechte der Kirchen § 21 a Abs. 3,
- Kündigungsschutzgesetz; zum besonderen Kündigungsschutz siehe § 613 a BGB, § 9 MuSchG, § 18 BEEG, § 5 PflegeZG, §§ 85 ff. SGB IX, § 2 ArbPlSchG; § 19 MAVO; KODA-Ordnungen; § 18 a KDO (Datenschutzbeauftragte); § 8 Abs. 8 AK-Ordnung; § 17 Abs. 4 S. 2 KAGO i.V.m. § 19 MAVO; arbeitsvertragsrechtliche Bestimmungen, z.B. § 14 Abs. 5, § 15 AVR-Caritas; Schriftform der Kündigung gemäß § 623 BGB; Fristen für die Kündigung des Arbeitsverhältnisses § 622 BGB bzw. besondere arbeitsvertragsrechtliche Bestimmungen; zur fristlosen Kündigung aus wichtigem Grund siehe § 626 BGB und arbeitsvertragsrechtliche Bestimmungen (z.B. § 16 AVR-Caritas, zu kirchenspezifischen Kündigungsgründen siehe auch Art. 5 GrO); Fristen für Kündigungsschutzklagen §§ 4 und 5 KSchG; zur Abstufung von Sanktionen: Art. 5 Abs. 1 GrO,
- Mutterschutzgesetz mit Verordnung zum Schutz der Mütter am Arbeitsplatz; RVO §§ 195 – 200, Aushangpflicht gemäß § 18 MuSchG,
- Nachweisgesetz,
- Pflegezeitgesetz,
- Sozialgesetzbuch
  - SGB II (§§ 16 d, 16 e),
  - SGB III Arbeitsförderung; versicherungsfreie Beschäftigte § 27, sonstige § 28 SGB III;
    wer versicherungspflichtig ist, hat Anspruch auf Arbeitslosengeld (§ 117 Abs. 1 Nr. 1 SGB III),
    wenn er nicht in einem Beschäftigungsverhältnis steht und den Vermittlungsbemühungen der Agentur für Arbeit zur Verfügung steht (§ 119 Abs. 1 SGB III). Das ist evtl. nicht der Fall, wenn ein Priester einer ausländischen Diözese dieser nach wie vor inkardiniert und dem Diözesanbischof zu Diensten verpflichtet ist.
  - SGB IV gemeinsame Vorschriften für die Sozialversicherung (siehe u.a. § 8 SGB IV zu den geringfügig Beschäftigten),
  - SGB V gesetzliche Krankenversicherung (siehe u.a. auch § 45 Krankengeld bei Erkrankung des Kindes und § 74 stufenweise Wiedereingliederung),
  - SGB VI gesetzliche Rentenversicherung,

- SGB VII gesetzliche Unfallversicherung, auch für kirchlich ehrenamtlich Tätige, wie Mitglieder der Pfarrgemeinderäte, Messdienerinnen und Messdiener, Mitglieder der Kirchenchöre, Mitglieder der Organe der Vermögensverwaltung der Pfarreien (Kirchengemeinden, Kirchenstiftungen), Mitglieder der Vertretungen der Kirchengemeindeverbände; siehe auch § 26 Abs. 3 Nr. 7, § 36 Abs. 1 Abs. 1 Nr. 10, § 37 Abs. 1 Nr. 10, § 38 Abs. 1 Nr. 12 MAVO), zum Begriff Arbeitsunfall §§ 7 und 8 SGB VII, Prävention §§ 15, 17, 19, 20, 21, 22, 23, 24 SGB VII,
- SGB VIII Kinder- und Jugendhilfe § 8 a (Schutzauftrag bei Kindeswohlgefährdung), § 45 (Betriebserlaubnis), § 48 (Tätigkeitsuntersagung), § 61 ff. (Schutz von Sozialdaten), § 72 a (Persönliche Eignung); dazu auch: Gesetz zur Vermeidung von Kindeswohlgefährdungen im Umgang mit Kindern und Jugendlichen der (Erz-) Bistümer Hamburg (Kirchliches Amtsblatt Erzbistum Hamburg 2010 Art. 108 S. 149), Hildesheim (Kirchlicher Anzeiger 2010 S. 235) und Osnabrück (Kirchliches Amtsblatt 2010 Art. 88 S. 133); Verfahrensordnung bei sexuellem Missbrauch Minderjähriger durch Geistliche, Ordensmitglieder im Gestellungs- oder Beauftragungsverhältnis, Mitarbeiterinnen/Mitarbeiter im kirchlichen Dienst sowie durch im kirchlichen Bereich ehrenamtlich tätige Personen im Bistum Essen (Kirchliches Amtsblatt Bistum Essen 2010 Nr. 160 S. 208), Präventionsordnung des Erzbistums Köln (Amtsblatt 2011 Nr. 71 S. 143), Verfahrensordnung Missbrauch des Erzbistums Köln (Amtsblatt 2011 Nr. 73 S. 147).
- SGB IX Rehabilitation und Teilhabe behinderter Menschen (§§ 1 und 2, §§ 68 – 79; §§ 80 – 92; §§ 94, 95, 96 (Schwerbehindertenvertretung i.V.m. §§ 28 a und 52 MAVO); § 98 – 100, 118 – 121, 122 – 127, 130, 132 – 135, § 136 ff. (Werkstätten für behinderte Menschen i.V.m. Caritas-Werkstätten-Mitwirkungsordnung – CWMO); §§ 155 ff.
- SGB X Sozialverwaltungsverfahren und Sozialdatenschutz, § 115,
- SGB XI Soziale Pflegeversicherung, § 1 Abs. 6,

– Strahlenschutzverordnung
– Teilzeit- und Befristungsgesetz (u.a. Diskriminierungsverbot gemäß § 4 TzBfG), eine Öffnungsklausel zugunsten abweichender Bestimmungen für den Bereich der Kirchen durch kirchliche Regelungen enthält das Gesetz nicht, so dass anders als durch Tarifvertrag in Arbeitsrechtsregelungen der Kirchen nicht zuungunsten der Arbeitnehmer abgewichen werden darf (BAG, 25.3.2009 – 7 AZR 710/07),
– Unfallverhütungsvorschriften der Berufsgenossenschaften,
– Zivilprozessordnung: zur Einstweiligen Verfügung siehe auch § 52 KAGO i.V.m. §§ 935 - 944 ZPO; zur Zwangsvollstreckung: §§ 850 – 850 k; §§ 851, 851 c, 851 d.

Enthält ein staatliches Gesetz eine Bestimmung, wonach Kirchen und die öffentlich-rechtlichen Religionsgesellschaften von Bestimmungen des Gesetzes näher bezeichnete Abweichungen in ihren Regelungen vorsehen dürfen (Öffnungsklauseln, vgl. z.B. § 7 Abs. 4, § 12 Abs. 2 ArbZG), ist die Regelung zur Abweichung nicht den Betriebspartnern eingeräumt, weil als kirchliche Regelungen die nach kirchlichem Selbstverständnis und Selbstverwaltungsrecht gültig erlassenen Bestimmungen maßgeblich sind. So können z.B. in Dienstvereinbarungen Abweichungen nicht vereinbart werden, insbesondere dann nicht, wenn z.B. die kirchenrechtliche Mitarbeitervertretungsordnung keine Delegation der Regelungsbefugnis für Abweichungen von staatlichen Gesetzen zulässt (vgl. § 38 MAVO). Der Katalog des § 38 MAVO zum Abschluss von Dienstvereinbarungen ist abschließend.

IV. Datenschutz

In Anlehnung an das Bundesdatenschutzgesetz (BDSG) gilt in den Diözesen für ihre jeweiligen Bereiche einheitlich die Anordnung für den kirchlichen Datenschutz (KDO), in Kraft gesetzt durch den jeweiligen Diözesanbischof als zuständiger kirchlicher Gesetzgeber (can. 391 CIC; u.a. Amtsblatt des Erzbistums Köln 2003 Nr. 263 S. 249; Änderung zu § 18 a, Kirchliches Amtsblatt Bistum Essen 2010 Nr. 159 S. 207; OVB Speyer 2010 Nr. 100 S. 280). Die KDO wird weiter entwickelt. Datenverarbeitung soll die Tätigkeit der Dienststellen und Einrichtungen der katholischen Kirche fördern. Zu gewährleisten ist, dass der Einzelne – auch der Mitarbeiter – durch den Umgang mit seinen personenbezogenen Daten in seinem Persönlichkeitsrecht geschützt wird. Nach KDO geht es um

- die Pflicht der Mitarbeiter kirchlicher Einrichtungen, dem Persönlichkeitsrecht anderer und dem dazu bestehenden Datenschutz gerecht zu werden; sie sind vor der Aufnahme ihrer Tätigkeit auf das Datengeheimnis schriftlich zu verpflichten (§ 4 KDO),
- das Recht der Mitarbeiter, im Rahmen ihres informationellen Selbstbestimmungsrechts so geschützt zu werden, dass sie durch den Umgang mit ihren Persönlichkeitsrechten nicht beeinträchtigt werden (§ 1 Abs. 1 KDO).

Das Selbstbestimmungsrecht der katholischen Kirche, ihre Angelegenheiten selbst zu regeln (Art. 140 GG i.V.m. Art. 137 Abs. 3 WRV), nimmt die Kirche auf dem Gebiet des Datenschutzrechts in Anspruch. Dennoch gelten überdies auch besondere staatliche Rechtsvorschriften, soweit sie auf personenbezogene Daten einschließlich deren Veröffentlichung anzuwenden sind; sie gehen den Vorschriften der KDO vor (§ 1 Abs. 3 S. 1 KDO). In diesem Zusammenhang sei auf § 32 BDSG hingewiesen, wonach personenbezogene Daten eines Beschäftigten für Zwecke des Beschäftigungsverhältnisses erhoben, verarbeitet oder genutzt werden dürfen, wenn dies für die Entscheidung über die Begründung eines Beschäftigungsverhältnisses oder nach Begründung des Beschäftigungsverhältnisses für dessen Durchführung oder Beendigung erforderlich ist (§ 32 Abs. 1 S. 1 BDSG; durch ein Beschäftigtendatenschutzgesetz soll das BDSG um die §§ 32 a bis 32 l erweitert werden). Dazu weiter § 72 a SGB VIII, wonach durch Vereinbarungen mit den Trägern von Einrichtungen und Diensten die Träger der öffentlichen Jugendhilfe auch sicherstellen sollen, dass diese keine Person einstellen, die rechtskräftig wegen einer der in § 72 a S. 1 SGB VIII genannten Straftat rechtskräftig verurteilt worden ist. Besondere Datenschutzbestimmungen gelten zusätzlich für Schulen in kirchlicher Trägerschaft und Krankenhäuser (zum Schutz von Patientendaten z.B. Amtsblatt des Erzbistums Köln 2005 Nr. 247 S. 304); sie gehen als Spezialbestimmungen wiederum der KDO vor.

Eine besondere Stellung kommt dem Diözesandatenschutzbeauftragten zu (§§ 15, 16, 17, 18 KDO), an den sich gemäß § 15 KDO jedermann wenden kann, wenn er der Ansicht ist, bei der Erhebung, Verarbeitung oder Nutzung seiner personenbezogenen Daten durch kirchliche Stellen (§ 1 Abs. 2 KDO) in seinen Rechten verletzt zu sein. Den Datenschutzbeauftragten (Frau oder Mann) bestellt der Diözesanbischof für den Bereich seiner Diözese für die Dauer von drei Jahren; Wiederbestellung ist zulässig (§ 16 Abs. 1 KDO). Die Übertragung des Amtes eines Beauftragten für den Datenschutz und der damit verbundenen Aufgaben bedarf der Vereinbarung der Arbeitsvertragsparteien. Soll ein Arbeitnehmer im bestehenden Arbeitsverhältnis zum Beauftragten für den Datenschutz bestellt werden, liegt darin regelmäßig das Angebot des Arbeitgebers, den Arbeitsvertrag nach Maßgabe der gesetzlichen Bestimmungen um die mit dem Amt verbundenen Aufgaben zu erweitern. Nimmt der Arbeitnehmer dieses Angebot durch sein Einverständnis mit der Bestellung an, wird der Arbeitsvertrag für die Zeitspanne der Übertragung des Amtes geändert. Wird bei einer solchen Vertragslage die Bestellung noch widerrufen, oder entfällt das Amt auf andere Weise, ist die Tätigkeit nicht mehr Bestandteil der vertraglich geschuldeten Leistung. Es bedarf dann keiner Änderungs- oder Teilkündigung (BAG, 29.9.2010 – 10 AZR 588/09, NZA 2011, 151). Der Diözesandatenschutzbeauftragte, der Arbeitnehmer der Diözese sein kann, ist in der Ausübung seiner Tätigkeit unabhängig und nur dem kirchlichen Recht und dem für die Kirchen verbindlichen staatlichen Recht unterworfen (§ 16 Abs. 3 KDO). Bei Verstößen gegen die Vorschriften der KDO oder gegen andere Datenschutzbestimmungen hat er ein Recht zur Beanstandung (§ 18 KDO). Schließlich können kirchliche Stellen, die personenbezogene Daten automatisiert erheben, verarbeiten oder nutzen, einen betrieblichen Datenschutzbeauftragten schriftlich bestellen (§§ 18 a, 18 b KDO). Datenschutzbeauftragte genießen Schutz vor der ordentlichen Kündigung.

In der freien Jugendhilfe in kirchlicher Trägerschaft sind für die erhobenen, verarbeiteten und genutzten Sozialdaten das Sozialgeheimnis und dessen Sozialdatenschutzvorschriften entsprechend anzuwenden. Zu nennen sind § 35 Abs. 1, 3 S. 4 SGB I, §§ 61 – 65, §§ 98 ff. und § 102 Abs. 1 Nr. 6 SGB VIII, §§ 67 – 85 a SGB X zusätzlich zur KDO (vgl. noch Kirchliches Amtsblatt des Bistums Trier Nr. 150 S. 199).

Die Personalführung führt in der Regel eine Personalkontrolle durch, um das Arbeitsverhalten der Beschäftigten zu überwachen und schwerwiegende Vertragspflichtverletzungen zu bekämpfen. Elektronische Datenverarbeitung hat bei der Mitarbeiterkontrolle Bedeutung wegen möglichen Missbrauchs der dienstgeberseitig zur Verfügung gestellten Anlagen. Das gilt für die Telekommunikation und den E-Mailverkehr, deren Daten ausgewertet werden können. Datennutzung ist unter den Voraussetzungen des § 32 BDSG zulässig;

verlangt wird eine umfassende Verhältnismäßigkeitskontrolle. Zu beachten sind die Beteiligungsrechte der Mitarbeitervertretung gemäß § 36 Abs. 1 Nr. 9 und § 29 Abs. 1 Nr. 3 MAVO.

Die Mitarbeitervertretung ist datenschutzrechtlicher Teil der verantwortlichen Stelle, also dem Dienstgeber zugeordnet. Ihre mitarbeitervertretungsrechtliche Stellung wird durch die KDO nicht berührt (vgl. auch § 32 Abs. 3 BDSG). Sofern sie selbst Daten erhebt, verwaltet oder der Dienstgeber ihr Daten übermittelt, kommt es wesentlich auf die spezifischen Bestimmungen der MAVO an. Die MAV ist in die arbeitsvertragliche Beziehung zwischen Dienstgeber und Mitarbeiter eingebunden. Deshalb entspricht die Datenverarbeitung dann der Zweckbestimmung des Arbeitsvertrages, wenn der Umgang mit Arbeitnehmerdaten zur Erfüllung mitarbeitervertretungsrechtlicher Aufgaben erforderlich ist. Das gilt u.a. mit Blick auf Einstellungen von Mitarbeitern (§ 34 MAVO) und persönliche Angelegenheiten i.S. von § 35 MAVO sowie dienstgeberseitige Kündigungen (§§ 30, 30 a, 31 MAVO).

V. Gendiagnostik

Mit dem Gendiagnostikgesetz (GenDG) hat der staatliche Gesetzgeber eine rechtliche Rahmenregelung zum Schutz der Menschenwürde und der informationellen Selbstbestimmung und der Wahrung des Gleichheitssatzes geschaffen. Mit dem Gesetz sollen die mit dem Einsatz genetischer Untersuchungen verbundenen Chancen genutzt, zugleich aber den damit einhergehenden Risiken begegnet und möglichem Missbrauch vorgebeugt werden. Zum Schutz des Arbeitnehmers verbietet § 19 GenDG dem Arbeitgeber die Vornahme genetischer Untersuchungen oder Analysen oder Mitteilung der Ergebnisse früherer Untersuchungen zu verlangen, entgegenzunehmen oder zu verwenden. Es soll der Gefahr entgegengewirkt werden, dass sich die Arbeitsmarktchancen der Beschäftigten durch Bekanntwerden ihrer genetischen Eigenschaften mit Blick auf Personalentscheidungen verringern (§ 20 Abs. 1 Nr. 2 GenDG). Die für die Untersuchung verantwortliche ärztliche Person darf die Testergebnisse nicht ohne Einwilligung der untersuchten Person an Dritte weiterleiten (§ 11 Abs. 3 GenDG). Geschützt ist der Beschäftigte neben § 203 StGB über die datenschutzrechtlichen Regelungen. Eine Erhebung genetischer Eigenschaften ist für die Begründung eines Beschäftigungsverhältnisses, dessen Durchführung oder Beendigung nicht erforderlich und daher nach § 32 Abs. 1 S. 1 BDSG unzulässig. Das gilt gemäß § 1 Abs. 3 S. 1 KDO auch für den kirchlichen Bereich.

VI. Arbeitsrechtsregelungsverfahren – Dritter Weg

Die GrO schreibt in Art. 7 Abs. 1 vor, dass Rechtsnormen für den Inhalt der Arbeitsverhältnisse durch Beschlüsse von Kommissionen zustande kommen, die mit

Vertretern der Dienstgeber und Vertretern der Mitarbeiter (Frauen und Männer) paritätisch besetzt sind. Damit einher geht die Bestimmung, dass kirchliche Dienstgeber wegen der Einheit des kirchlichen Dienstes und der Dienstgemeinschaft als Strukturprinzip des kirchlichen Arbeitsrechts keine Tarifverträge mit Gewerkschaften abschließen und Arbeitskampfmaßnahmen (Streik, Aussperrung) ausscheiden (Art. 7 Abs. 2 GrO). Im Übrigen bedarf das Arbeitskampfrecht noch der staatlichen Gesetzgebung. Solange gesetzliche Regelungen fehlen, entscheiden bisher die staatlichen Gerichte über die Ausgestaltung des Streikrechts. Die GrO anerkennt gemäß Art. 6 die Koalitionsfreiheit kirchlicher Arbeitnehmer zur Beeinflussung der Gestaltung ihrer Arbeits- und Wirtschaftsbedingungen. Die so gebildete Vereinigung muss allerdings die wegen der Zielsetzung des kirchlichen Dienstes bestehende Eigenart und die sich daraus für die Mitarbeiterinnen und Mitarbeiter ergebenden Loyalitätsobliegenheiten anerkennen. Gemäß § 38 Abs. 2 MAVO kann die Mitarbeitervertretung zur Verhandlung und zum Abschluss von Dienstvereinbarungen zu betrieblichen Arbeitsentgelten und sonstigen Arbeitsbedingungen Vertreter einer in der Einrichtung vertretenen Koalition beratend hinzuziehen. Voraussetzung für den Abschluss der Dienstvereinbarung ist allerdings eine Rechtsnorm kirchlicher Arbeitsvertragsordnung, welche den Abschluss ergänzender Dienstvereinbarungen ausdrücklich zulässt (§ 38 Abs. 1 Nr. 1 MAVO). Eine nicht auf dem so genannten Dritten Weg angewendete Arbeitsvertragsregelung schafft z.B. im Fall einer geplanten Eingruppierung eines Mitarbeiters in eine Vergütungs- bzw. Entgeltgruppe ein Zustimmungsverweigerungsrecht der Mitarbeitervertretung (Art. 35 Abs. 2 Nr. 1 MAVO i.V.m. Art. 7 Abs. 1 GrO), wie dies auch durch die ständige Rechtsprechung des Kirchlichen Arbeitsgerichtshofs (KAGH) bestätigt worden ist.

Zur Durchführung des Arbeitsvertragsrechtsregelungsverfahrens wird exemplarisch auf die Ordnung der Arbeitsrechtlichen Kommission des Deutschen Caritasverbandes und die Zentral-KODA-Ordnung sowie die Rahmenordnung (gedacht als Musterordnung) für eine Bistums-/Regional-KODA hingewiesen.

Kommissionen i.S. von Art. 7 GrO bestehen außer beim Deutschen Caritasverband für den Anwendungsbereich der AVR-Caritas mit Bundeskommission und Regionalkommissionen und der Zentral-KODA jeweils für die Diözesen Fulda, Freiburg, Hildesheim, Limburg, Mainz Rottenburg-Stuttgart, Speyer und Trier, jeweils als Bistums-KODA bezeichnet; für die Diözesen Berlin, Dresden-Meißen, Erfurt, Hamburg, Görlitz und Magdeburg besteht die gemeinsame Regional-KODA Nord-Ost; für die Diözesen Aachen, Essen, Köln, Münster (nordrhein-westfälischer Teil) und Paderborn die Regional-KODA für diese Diözesen; für die bayerischen Diözesen Augsburg, Bamberg, Eichstätt, München und Freising, Regensburg, Passau und Würzburg die bayerische Regional-KODA. Dazu kommt für die Diözese Osnabrück und den oldenburgischen Teil des Bistums Münster eine gemeinsame Regional-KODA auf der Grundlage der Ordnung für die Kommission zur Ordnung des Diözesanen Arbeitsvertragsrechts für den Bereich der Diözese Osnabrück und der römisch-katholischen Kirche im niedersächsischen Anteil der Diözese Münster – Offizialatsbezirk Oldenburg (Regional-KODA-Ordnung).

Die diözesanen bzw. Regional-Kommissionen sind nicht für den Bereich der Anwender der AVR-Caritas zuständig. Die einschlägigen KODA-Ordnungen leiten sich ab aus der »Rahmenordnung für die Kommission zur Ordnung des Diözesanen Arbeitsvertragsrechtes – Bistums-/Regional-KODA-Ordnung in der Fassung des Beschlusses der Vollversammlung des Verbandes der Diözesen Deutschlands«, die selbst nicht kirchliches Gesetz ist.

Die gemeinsame KODA-Ordnung der Diözesen in Nordrhein-Westfalen, im vollen Wortlaut Ordnung für die Mitwirkung bei der Gestaltung des Arbeitsvertragsrechts durch Kommissionen in den (Erz-)Diözesen Aachen, Essen, Köln, Münster (nordrhein-westfälischer Teil) und Paderborn – KODA-Ordnung lässt neben der Bildung der Regional-KODA zusätzlich örtliche Bereichskommissionen und sogar betriebliche Kommissionen zu. Der Erzbischof von Köln hat für die Domverwaltung unter Einschluss der Dombauhütte eine so genannte Dombau-KODA durch besonderes Dekret zugelassen.

Die für den gesamten kirchlichen Dienst zuständige Kommission ist die Zentral-KODA mit allerdings näher genannter eingeschränkter Zuständigkeit zur Förderung und Aufrechterhaltung der prinzipiellen Einheit kirchlichen Arbeitsvertragsrechts. Die Zentral-KODA-Ordnung wird ergänzt durch diözesane Wahlordnungen für die Wahl der Vertreterinnen und Vertreter der Mitarbeiterseite in der Zentral-KODA. Für die Regional-Kommissionen bestehen jeweils gemeinsame diözesane Wahlordnungen der beteiligten Bistümer.

Beschlüsse der Zentral-KODA ergingen u.a. zur Entgeltumwandlung unter Bezugnahme auf § 17 Abs. 3 und 5 Betriebsrentengesetz (BetrAVG), zur Ordnung für den Arbeitsschutz im liturgischen Bereich, nämlich zugunsten von Mitarbeitern, auf die gemäß § 18 Abs. 1 Nr. 4 ArbZG das Arbeitszeitgesetz nicht anzuwenden ist. Mit Rücksicht auf diözesane Regelungen, durch die kinderbezogene Entgeltbestandteile in Anlehnung an den TVöD nur noch als Besitzstand gezahlt werden, soll beim Wechsel von einem Dienstgeber im Geltungsbereich der GrO zu einem anderen der bisherige Anspruch auf kinderbezogene Entgeltbestandteile als Besitzstand gewahrt werden. In die Arbeitsvertragsformulare ist der Passus aufzunehmen: »Die Grundordnung des kirchlichen Dienstes ist Bestandteil des Arbeitsvertrages.«

Von besonderer Bedeutung beim Arbeitgeberwechsel im Bereich des kirchlichen Dienstes ist die Ordnung über die Anrechnung von Vordienstzeiten zur Anerkennung von Stufenlaufzeiten gemäß Entgeltordnungen in Arbeitsvertragsregelungen (z.B. KAVO der Diözesen in Nordrhein-Westfalen) nach dem Muster des TVöD, die am 1.3.2010 in Kraft getreten ist. Vordienstzeiten im Sinne der Ordnung sind Zeiten einer für die neue Beschäftigung einschlägigen beruflichen Tätigkeit bei einem vorherigen Dienstgeber. Es geht um die Vermeidung finanzieller Nachteile durch Anerkennung von so genannten Stufenlaufzeiten bei dem vorherigen Dienstgeber zur Bestimmung der Stufe innerhalb einer Entgeltgruppe bei dem neuen Dienstgeber (Beschluss der Zentral-KODA vom 12.11.2009).

Im Falle von Rechtsstreitigkeiten aus dem Recht der nach Art. 7 GrO gebildeten Kommissionen zur Ordnung des Arbeitsvertragsrechts sind die kirchlichen

Gerichte für Arbeitssachen zuständig (§ 2 Abs. 1 KAGO). Hat ein kirchliches Arbeitsgericht über die Rechtmäßigkeit eines innerkirchlich erfolgten Verfahrens entschieden, sind die staatlichen Gerichte an diese Entscheidung gebunden, falls die Entscheidung nicht willkürlich ist oder gegen fundamentale Rechtsprinzipien verstößt (LAG Hessen, 14.8.2007 – 1 Sa 315/07, ZMV 1/2008 S. 47 mit Anmerkung *Dütz*).

VII. Sozialrecht

Nach kirchlichem Recht geht es für Arbeitnehmer und Arbeitnehmerinnen nicht allein um die Vergütung (can. 231 § 2 CIC), sondern zusätzlich darum, dass die Vermögensverwalter bei der Beschäftigung von Arbeitskräften sowohl das weltliche Arbeitsrecht und das weltliche Sozialrecht genauestens gemäß den von der Kirche überlieferten Grundsätzen zu beachten haben (can. 1286 Nr. 1 CIC). Die Forderung des kirchlichen Gesetzgebers, einen gerechten und angemessenen Lohn zu zahlen, ergibt sich gleich aus zwei Rechtsvorschriften, nämlich can. 1286 Nr. 2 und 231 § 2 CIC. Es geht um die soziale Vorsorge und Sicherheit sowie die Gesundheitsfürsorge, die gebührend vorzusehen ist. Das staatliche Sozialrecht bildet dazu die entsprechende Grundlage für Arbeitslosen-, Kranken-, Renten-, Unfallversicherung und soziale Pflegeversicherung, die im Rahmen von Arbeitsverhältnissen in der Regel wirksam wird, während bei Geringverdienern (§ 8 Abs. 1 SGB IV) nur die Unfallversicherung relevant ist.

Ergänzt wird die staatlich geregelte Altersvorsorge durch die arbeitsvertragliche Zusatzversicherung bei der Kirchlichen Zusatzversorgungskasse des Verbandes der Diözesen Deutschlands (KZVK) mit Sitz in Köln (vgl. z.B. Anlage 24 zur KAVO der Diözesen in Nordrhein-Westfalen) und je nach diözesaner Arbeitsvertragsordnung auch bei anderen Zusatzversicherern, wie z.B. der Zusatzversorgungskasse der bayerischen Gemeinden (§ 46 ABD). Gemäß § 46 a ABD und anderen kirchlichen Arbeitsvertragsordnungen kann der Mitarbeiter vom Dienstgeber verlangen, dass Teile seiner künftigen Entgeltansprüche durch Entgeltumwandlung für seine betriebliche Altersversorgung verwendet werden. Auf die Versorgungsordnungen gemäß Anlage 8 zu den AVR-Caritas mit der Versorgungsordnung A mit Versicherung bei der KZVK und der Versorgungsordnung B zum Zweck des Abschlusses einer Zusatzrentenversicherung bei der Selbsthilfe Zusatzrentenkasse der Deutschen Caritas VVaG (Selbsthilfe) wird hingewiesen.

Weil infolge der zahlreichen Arbeitsvertragsregelungen im kirchlichen Bereich Abweichungen bei den Standards entstehen können, kommt es umgekehrt darauf an, gemeinsame Einrichtungen der Diözesen, wie z.B. die KZVK, vor konkurrierenden Versorgungsordnungen zu schützen. Deshalb enthalten die Arbeitsvertragsordnungen Bestimmungen über die Versicherung bei einem bestimmten Institut und den Zusatz, dass der Anspruch auf Leistungen des Instituts sich ausschließlich nach dessen Satzung in der jeweiligen Fassung richtet (vgl. § 3 der Anlage 24 zur KAVO der Diözesen in Nordrhein-Westfalen; § 1 Versorgungsordnung A der Anlage 8 zu den AVR-Caritas). Soweit die bayerischen Diözesen durch Beschluss der Regional-KODA wegen der zusätzlichen Alters- und Hinterbliebenenversorgung bei der Zusatzversorgungskasse der bayerischen Gemeinden angeschlossen sind, gilt, dass Änderungen des Tarifvertrages für die bei der Kasse versicherten Arbeitnehmer der dem kommunalen Arbeitgeberverband angehörenden Mitglieder zum jeweiligen Zeitpunkt Bestandteil der Versorgungsordnung A des ABD werden, soweit nicht die bayerische Regional-KODA abweichende oder ergänzende Beschlüsse fasst (Versorgungsordnung A, Präambel IV,V und § 1).

Je nach Arbeitsvertragsordnung werden Beihilfen in Krankheits-, Geburts- und Todesfällen gewährt (vgl. Anlage 11 zu den AVR-Caritas). Zu Beihilfen bei Geburt eines Kindes siehe u.a. Anlage 11 a zu den AVR-Caritas.

Obwohl die Pfarrhaushälterinnen (Haushälterinnen von Priestern) als in Priesterhaushalten private Arbeitnehmerinnen nicht als Mitarbeiterinnen im kirchlichen Dienst beschäftigt werden, sehen diözesane Bestimmungen für sie vor, dass sie gegen die Diözese nach dem Ausscheiden aus dem Priesterhaushalt und bei Eintritt des Rentenversicherungsfalles gemäß gesetzlicher Rentenversicherung einen Anspruch auf eine zusätzliche Rente haben sollen. Die näheren Voraussetzungen dazu sind in entsprechenden diözesanen Ordnungen für die Zusatzversorgung der Haushälterinnen von Priestern geregelt (z.B. Amtsblatt des Erzbistums Köln 2003 Nr. 98 S. 81). Für alle Formen betrieblicher Altersversorgung gilt das BetrAVG.

Die Haushälterinnen sind beim zuständigen Gemeinde-Unfallversicherungsverband gesetzlich gegen die Folgen von Arbeitsunfällen versichert (§ 2 SGB VII). Der sie beschäftigende Geistliche ist verpflichtet, die Beschäftigung von Personen im Haushalt, auch wenn diese nur stundenweise oder vorübergehend tätig werden, beim Gemeinde-Unfallversicherungsverband zu melden (vgl. Kirchliches Amtsblatt Osnabrück 2011 Art. 154 S. 257 f.).

VIII. Kirchliche Betriebsverfassung

Das staatliche Recht bestimmt, dass die Kirchen ihre inneren Angelegenheiten selbst bestimmen (Art. 140 GG i.V.m. Art. 137 WRV). Dazu gehört u.a. die Mitbestimmung der Mitarbeiter und Mitarbeiterinnen in kirchlichen Einrichtungen und Dienststellen zu Maßnahmen des Dienstgebers gemäß §§ 34, 35, 36 MAVO. Gemäß § 118 Abs. 2 BetrVG und § 112 BPersVG sind die Kirchen und die ihnen zugeordneten karitativen und erzieherischen Einrichtungen ohne Rücksicht auf ihre Rechtsform vom staatlichen Betriebsverfassungs- und Personalvertretungsrecht ausgenommen (siehe auch: BVerfGE 46, 73). Hervorgehend aus der Musterordnung für eine Mitarbeitervertretungsordnung (Rahmenordnung für eine Mitarbeitervertretungsordnung genannt) haben alle 27 (Erz-)Diözesanbischöfe in der Bundesrepublik Deutschland Mitarbeitervertretungsordnungen erlassen, die von Zeit zu Zeit durch Ergänzungen geändert werden, wobei der Verband der Diözesen Deutschlands mit seiner Vollversammlung (alle Diözesanbischöfe) entstehungsgeschichtlich eine entsprechend initiierende Rolle übernimmt. Gemäß Art. 8 GrO wird von den Diözesanbischöfen in Deutschland verlangt, dass es Mitarbeitervertretungsordnungen gibt, die in kirchlichen Einrichtungen zur Wahl von Mitarbeitervertretungen berechtigen, damit durch sie die Beteiligung an Entscheidungen des jeweiligen Dienstgebers als Träger der Einrichtung gewährleistet ist. Deshalb haben alle Diözesanbischöfe für ihren Gesetzgebungsbereich (Diözese) Mitarbeitervertretungsordnungen erlassen, die in den Amtsblättern der Diözesen veröffentlicht (promulgiert) werden. Auf den Text der Rahmenordnung für eine Mitarbeitervertretungsordnung wird hingewiesen.

Der Aufbau jeder diözesanen Mitarbeitervertretungsordnung ist der Rahmenordnung nachgebildet. Die Beteiligungsrechte der Mitarbeitervertretung (MAV) zu Anhörung und Mitberatung und Vorschlagsrechten, Zustimmung zu Maßnahmen des Dienstgebers und Antragsrechten der MAV sind in den diözesanen Mitarbeitervertretungsordnungen gleich statuiert. Mitarbeitervertretungsordnungen werden kirchenrechtlich vom zuständigen Diözesanbischof als kirchlicher Gesetzgeber für die gesamte Diözese erlassen. Er kann eine Mitarbeitervertretungsordnung auch eigens für nur einen näher zu bestimmenden Rechtsträger erlassen (§ 1 Abs. 3 S. 2 MAVO). Orden sind nicht Gesetzgeber, so dass von ihnen erlassene Mitarbeitervertretungsordnungen nicht Kirchenrecht im Sinne kirchlicher Gesetzgebungsbefugnisse sind; Orden haben Satzungsbefugnis mit Blick auf ihre satzungsmäßigen Mitglieder. Staatskirchenrechtlich gilt das Selbstbestimmungsrecht der Kirche für die Religionsgemeinschaft als solche (Art. 140 GG i.V.m. Art. 137 Abs. 3 WRV).

Die Bestimmungen zum Kündigungsschutz bzw. zum Verlust des Kündigungsschutzes der §§ 19, 30, 30 a, 31 MAVO entfalten Wirkung im außerkirchlichen Bereich, sind also von staatlichen Gerichten im Falle von Kündigungsschutzprozessen zu beachten.

Kommentierungen zur Rahmenordnung für eine Mitarbeitervertretungsordnung:

- Freiburger Kommentar zur Rahmenordnung für eine Mitarbeitervertretungsordnung – MAVO, Loseblatt-Ausgabe mit Ergänzungslieferungen, 5. Auflage, Freiburg;
- *Thiel/Fuhrmann/Jüngst*: MAVO – Kommentar zur Rahmenordnung für eine Mitarbeitervertretungsordnung, 6. Auflage, Köln 2011.

Zum »Arbeitsrecht in der Kirche« grundlegend mit Blick auf staatskirchenrechtliche und kirchenrechtliche Grundlagen, Arbeitsrechts-Regelungsrecht und Mitarbeitervertretungsrecht sowie Rechtsschutz: *Richardi*, Arbeitsrecht in der Kirche, 5. Auflage, München 2009. Zur Unterstützung der Arbeit der Mitarbeitervertretungen sei auf die Zeitschrift »Die Mitarbeitervertretung« – Zeitschrift für die Praxis der Mitarbeitervertretung in den Einrichtungen der katholischen und evangelischen Kirche (ZMV) – hingewiesen.

IX. Koalitionsrechte

Gemäß § 38 Abs. 2 MAVO kann die MAV zur Verhandlung und zum Abschluss von Dienstvereinbarungen über Arbeitsentgelte und sonstige Arbeitsbedingungen nach Maßgabe von entsprechenden Öffnungsklauseln in Arbeitsvertragsordnungen, die auf dem Dritten Weg zustande gekommen sind (§ 38 Abs. 1 Nr. 1 MAVO), Vertreter einer in der kirchlichen Einrichtung vertretenen Koalition i.S. von Art. 6 GrO beratend hinzuziehen. Denn gemäß Art. 6 GrO können die Mitarbeiterinnen und Mitarbeiter des kirchlichen Dienstes sich in Ausübung ihrer Koalitionsfreiheit als kirchliche Arbeitnehmer zur Beeinflussung der Gestaltung ihrer Arbeits- und Wirtschaftsbedingungen in Vereinigungen (Koalitionen) zusammenschließen, diesen beitreten und sich in ihnen betätigen, wobei die Beteiligten wegen der Zielsetzung des kirchlichen Dienstes dessen Eigenart und die sich daraus für die Mitarbeiterinnen und Mitarbeiter ergebenden Loyalitätsobliegenheiten anerkennen müssen; dazu gehört auch das Verbot von Arbeitskämpfen (Art. 7 Abs. 2 S. 2 GrO).

X. Caritas-Werkstätten-Mitwirkungsordnung (CWMO)

Im Bereich der Caritas bestehen Werkstätten für behinderte Menschen im Sinne der §§ 136 ff. SGB IX. In ihnen geht es u.a. um die Förderung des Übergangs geeigneter Personen auf den allgemeinen Arbeitsmarkt durch geeignete Maßnahmen. Die betroffenen arbeitnehmerähnlich zu den Werkstätten in einem Rechtsverhältnis stehenden behinderten Menschen wirken unabhängig von ihrer Geschäftsfähigkeit durch Werkstatträte in den ihre Interessen berührenden Angelegenheiten der Werkstatt mit (§ 139 SGB IX). Errichtung, Zusammensetzung und Aufgaben des Werkstattrats bestimmt das zuständige Bundesministerium durch Rechtsverordnung. Dabei kann bestimmt werden, dass die Regelungen der Rechtsverordnung keine Anwendung auf Religionsgemeinschaften und ihre Einrichtungen finden, soweit sie eigene gleichwertige Regelungen getroffen haben (§ 144 SGB IX). Dem entspricht die Caritas-Werkstätten-Mitwirkungsordnung, die von den Diözesanbischöfen als Kirchengesetz ergangen ist. Im Falle von Rechtsstreitigkeiten aus der CWMO kann das Kirchliche Arbeitsgericht angerufen werden (§ 2 KAGO).

XI. Streitigkeiten

Gemäß Art. 10 GrO ist zu unterscheiden zwischen Streitigkeiten aus dem Arbeitsverhältnis i.S. des staatlichen Arbeitsrechts, Rechtsstreitigkeiten auf den Gebieten der kirchlichen Ordnungen für das Arbeitsvertragsrecht und des Mitarbeitervertretungsrechts. Staatliche Arbeitsgerichte entscheiden in Angelegenheiten, in denen Arbeitsverhältnisse kirchlich beschäftigter Mitarbeiterinnen und Mitarbeiter dem staatlichen Arbeitsrecht unterliegen (BVerfGE 72, 138). In den anderen vorgenannten Angelegenheiten zur Entscheidung in Rechtsfragen ist die kirchliche Arbeitsgerichtsbarkeit nach den Bestimmungen der KAGO zuständig (§ 2 KAGO). Handelt es sich um Regelungsstreitigkeiten auf dem Gebiet der MAVO, sind die gemäß MAVO gebildeten Einigungsstellen gemäß § 45 MAVO zur Entscheidung zuständig. Die genannten kirchlichen Gremien sind zur Erstattung von Rechtsgutachten nicht zuständig.

Sind Kirchenbeamte, nicht etwa beamtenähnliche Mitarbeiter, in ihren sich nach Beamtenrecht ergebenden Rechten verletzt, sind die staatlichen Verwaltungsgerichte bei Rechtsstreitigkeiten auf dem Wege einer Rechtsverweisung zuständig. Andererseits entscheiden kirchliche Disziplinargerichte über Verfehlungen gegen Amtspflichten nach näherer Maßgabe kirchlicher Gesetze.

1. Kirchliche Gerichtsbarkeit

Die kirchliche Gerichtsbarkeit ist grundlegend in can. 1400 ff. CIC geregelt. Aufgrund eines Mandats des Apostolischen Stuhls bestehen außer den Kirchengerichten i.S. des CIC (can. 1419 ff. CIC) in Deutschland kirchliche Arbeitsgerichte, deren Zuständigkeit in § 2 KAGO näher geregelt ist. Vorläufer der kirchlichen Arbeitsgerichte waren bis in das Jahr 2005 die Schlichtungsstellen für Mitarbeitervertretungssachen gemäß MAVO alter Fassung. Die Schlichtungsstellen waren auch für Regelungsstreitigkeiten zuständig, wofür seit 2005 die diözesanen Einigungsstellen i.S. der §§ 40 ff. MAVO zuständig sind (§ 45 MAVO). Außerdem bestehen in den Diözesen, die Kirchenbeamte beschäftigen, und beim Katholischen Schulwerk in Bayern besondere Disziplinargerichte (z.B. Kirchliches Amtsblatt für die Diözese Mainz 2005 S. 124 ff.; Kirchlicher Anzeiger für das Bistum Hildesheim 2001 S. 77 ff.; Amtsblatt für die Diözese Regensburg 2006 S. 144 ff.), die nicht mit den Offizialaten i.S. des CIC (can. 1419 ff. CIC) identisch sind.

Davon zu unterscheiden sind wiederum die Schieds- und Einigungsstellen für Streitigkeiten z.B. zwischen Chefärzten und Krankenhäusern, Architekten und kirchlichen Auftraggebern, die zur gütlichen Einigung zwischen den Kontrahenten beitragen sollen.

Besondere Bedeutung zur Vermeidung von Auseinandersetzungen vor staatlichen Arbeitsgerichten aus dem Arbeitsverhältnis haben die diözesanen Schlichtungsausschüsse (vgl. z.B. § 47 KAVO der Diözesen in Nordrhein-Westfalen) bzw. Schlichtungsstellen (vgl. § 22 AVR-Caritas, § 8 Abs. 3 ABD). Siehe weiter unten Nr. 3. Allerdings bleiben die Rechte der Mitarbeiter und Mitarbeiterinnen zur fristgerechten Anrufung der staatlichen Arbeitsgerichte unberührt, was für Kündigungsschutzklagen von erheblicher Bedeutung ist, die fristgerecht erhoben werden müssen, um Rechtsverluste zu vermeiden (§ 4 KSchG).Wegen der einzelarbeitsvertraglichen Inbezugnahme der jeweils geltenden Arbeitsvertragsordnung mit der Schlichtungsklausel ist die Inanspruchnahme der Schlichtungsstelle bzw.

des Schlichtungsausschusses oder der Schieds- und Einigungsstelle vertraglich geboten.

Innerkirchliche Rechtsakte, wie etwa die Abberufung eines Pfarrers oder Diakons bzw. seine Versetzung in den Ruhestand, sind keine Akte der öffentlichen staatlichen Gewalt, in die der Staat durch seine Rechtsprechung nicht korrigierend eingreifen darf. Auch eine Verfassungsbeschwerde gegen solche Rechtsakte ist deshalb unzulässig (BVerfG, 9.12.2008 – 2 BvR 717/09, ZTR 2009, 104).

2. Kirchliche Arbeitsgerichtsordnung (KAGO)

Seit dem 1.7.2005 bestehen besondere kirchliche Arbeitsgerichte im Bereich der Deutschen Bischofskonferenz aufgrund eines Mandats des Apostolischen Stuhls gemäß can. 455 CIC, nachdem ihre Errichtung bereits in Art. 10 Abs. 2 und 3 GrO im Jahre 1993 als erforderlich genannt worden war. Die Rechtsgrundlage bildet die Kirchliche Arbeitsgerichtsordnung (KAGO), die seit dem 1.7.2010 nach fünfjähriger Erprobungsphase mit Änderungen und Ergänzungen gilt (vgl. z.B. Amtsblatt des Erzbistums Köln 2010 Nr. 136 S. 139). Die KAGO ist gegliedert in Allgemeine Vorschriften. Dazu gehören die Aufteilung der Gerichtsbarkeit in zwei Instanzen, die sachliche Zuständigkeit für Rechtsstreitigkeiten aus dem Recht der nach Art. 7 GrO gebildeten Kommissionen, aus der MAVO und CWMO, die örtliche Zuständigkeit, die Besetzung der Gerichte, die Aufbringung der Mittel, der Gang des Verfahrens bei zwei Instanzen, die Verfahrensgrundsätze. Besondere Beachtung verdient die Bestimmung des § 8 KAGO zu den Beteiligten des Verfahrens in Rechtsstreitigkeiten, gegebenenfalls die Beiladung von Dritten. Die Befugnis zur Klage vor dem Kirchlichen Arbeitsgericht hat nur, wer in eigenen Rechten oder Rechten eines Organs, dem der Kläger angehört, verletzt ist und das geltend macht. Prozessvertretung ist zulässig nach Maßgabe näherer Entscheidung (vgl. § 17 MAVO), zu Kosten entscheidet das Kirchliche Arbeitsgericht. Zum Aufbau der kirchlichen Arbeitsgerichte für Arbeitssachen und ihre Besetzung bestehen Bestimmungen in den §§ 14 ff. KAGO. Das Verfahren vor den kirchlichen Arbeitsgerichten richtet sich im ersten Rechtszug nach den Vorschriften des staatlichen Arbeitsgerichtsgesetzes über das Urteilsverfahren (§§ 27 ff. KAGO). Damit ergibt sich eine Abweichung vom kanonischen Recht für kirchliche Gerichte im Sinne des CIC.

Zur Auflösung der MAV und zum Verlust der Mitgliedschaft in der MAV gibt es besondere Verfahrensarten mit der Maßgabe, dass Klageanträge nur innerhalb von vier Wochen nach Kenntnis des Sachverhalts zulässig sind, seit dem der Kläger davon Kenntnis erhalten hat (§ 44 KAGO).

Zum Verfahren im zweiten Rechtszug (Revision) gelten die Vorschriften zum ersten Rechtszug (§§ 27 – 43 KAGO), soweit nicht besondere kirchliche Bestimmungen bestehen (§ 46 KAGO).

Zum vorläufigen Rechtsschutz enthält § 52 KAGO Bestimmungen zur einstweiligen Verfügung. Es geht darum, dass eine wenigstens nachteilige Maßnahme, welche die Verwirklichung eines Rechts des Klägers vereiteln oder wesentlich erschweren könnte, abgewendet wird (§ 52 Abs. 1 KAGO).

Zu Vollstreckungsmaßnahmen aufgrund kirchenarbeitsrechtlicher Bestimmungen wird auf §§ 53 f. KAGO verwiesen.

Ist ein Dienstgeber nicht gehalten, die MAVO anzuwenden, weil er z.B. nur assoziiertes Mitglied des Deutschen Caritasverbandes oder eines Diözesancaritasverbandes ist, ist das kirchliche Arbeitsgericht zur Klärung von Streitigkeiten aufgrund von Bestimmungen der MAVO sachlich nicht zuständig (KAGH, 27.11.2009 – M 04/09). Denn entscheidend ist die kirchenrechtliche Geltung der MAVO, nicht eine lediglich vereinbarte oder gewillkürte Anwendung der MAVO; insbesondere deshalb nicht, um die Geltung staatlichen Betriebsverfassungsrechts zu umgehen, während die Assoziierung in der Regel von der Anwendung der AVR-Caritas freistellt, falls nicht eine ausdrückliche Klarstellung im Assoziierungsvertrag erfolgt ist.

Aufgrund des Primates des Papstes steht es jedem Gläubigen frei, seine Streit- oder Strafsache in jeder Gerichtsinstanz und in jedem Prozessabschnitt dem Heiligen Stuhl zur Entscheidung zu übergeben oder bei ihm einzubringen mit der Folge, dass die Anrufung des Apostolischen Stuhls je nach Prozessstand das Verfahren beim kirchlichen Arbeitsgericht unterbrechen kann (can. 1417 CIC).

3. Schlichtungsstellen

Streitfragen aus dem kirchlichen Arbeitsverhältnis sollen einvernehmlich zwischen den Arbeitsvertragsparteien beigelegt werden. Dazu bestehen auf der Grundlage diözesaner kirchengesetzlicher Bestimmungen in den Diözesen so genannte Schlichtungsstellen oder Schlichtungsausschüsse beim diözesanen Caritasverband gemäß § 22 AVR-Caritas (z.B. Ordnung für die Schlichtungsstelle des Caritasverbandes für die Diözese Trier e.V. – Kirchliches Amtsblatt Bistum Trier 2009, Nr. 118 S. 127) und bei den Diözesen (Ordinariaten/Generalvikariaten) für Streitigkeiten im Bereich kirchlicher Einrichtungen in der Diözese, welche unter die Geltung der jeweiligen KODA-Ordnung fallen. Für Streitigkeiten, an denen der Diözesan-Caritasverband beteiligt ist, ist die Zentrale Schlichtungsstelle des Deutschen Caritasverbandes in Freiburg zuständig (§ 22 Abs. 2 AVR-Caritas). Die Schlichtungsstellen tragen dem Gedanken des can. 1714 CIC Rechnung. Die Schlichtungsstellen sind besetzt mit einem Vorsitzenden (Frau oder Mann) und Beisitzern aus den Kreisen der Dienstgeber und der Mitarbeiter. Die Schlichtungsstellen tagen in der Besetzung mit dem Vorsitzenden und zwei Beisitzern. Die Tätigkeit erfolgt ehrenamtlich. Die Schlichtungsstellen werden auf Antrag einer der Vertragsparteien tätig. Der Antrag ist schriftlich an die zuständige Schlichtungsstelle zu richten. Die Kosten bzw. Auslagen trägt jede Partei selbst.

Das kirchliche Recht regelt Verfahren im Sinne einer Mediation nicht. Schlichtung oder Einigung werden nicht von Mediatoren, auf die sich die Streitparteien selbst einigen dürften, durchgeführt. Die Besetzung von Schlichtungs- bzw. Einigungsstellen und Schlichtungsausschüssen ist durch kirchenrechtliche Regelung vorgegeben.

XII. Europäisches Recht

Für das Arbeitsrecht von Bedeutung ist das einschlägige Europarecht, wie

- Vertrag über die Arbeitsweise der Europäischen Union (AEUV), hier: Art. 10, 16, 17, 18, 19, 45, 157, 267,
- Vertrag über die Europäische Union, hier Art. 6,
- Charta der Grundrechte der Europäischen Union: Art. 7, 8, 10, 15, 16, 20, 21, 22, 23, 25, 26, 27, 28, 29, 30, 31, 32, 33, 34,
- Europäische Sozialcharta,
- Gemeinschaftscharta der Sozialen Grundrechte der Arbeitnehmer,
- Europäische Menschenrechtskonvention (EMRK),
- Verordnung (EG) Nr. 593/2008 des Europäischen Parlaments und des Rates vom 17.6.2008 über das auf vertragliche Schuldverhältnisse anzuwendende Recht (Rom I VO, hier: Art. 3, 8, 9: Arbeitsvertragsgestaltung mit Auslandsbezug nach dem 17.12.2009, vorher bisherige Regelungen des EGBGB Art. 27, 30, 34)

und adressiert an die Mitgliedstaaten der Europäischen Union Richtlinien zu Arbeitsschutz, Gleichbehandlung, Arbeitszeit, befristeten Arbeitsverträgen, Betriebsübergang, umgesetzt in staatliches nationales Recht.

x Besondere Schiedsstellen bestehen wegen Streitigkeiten zwischen Ärzten und Krankenhausträgern (vgl. z.B. AmtsBl. Speyer 1998 S. 9) oder Architekten und kirchlichen Einrichtungen G.W.

B. Kirchenrechtliche Bestimmungen

I. Grundordnung des kirchlichen Dienstes im Rahmen kirchlicher Arbeitsverhältnisse

(vgl. u.a. Amtsblatt des Erzbistums Köln 1993 Nr. 198 S. 222; Änderung vom 21.9.2004; siehe auch: Erklärung der deutschen Bischöfe zum kirchlichen Dienst, u.a. Amtsblatt des Erzbistums Köln 1993 Nr. 197 S. 219)

Die katholischen (Erz-)Bischöfe in der Bundesrepublik Deutschland erlassen, jeweils für ihren Bereich,

- in Verantwortung für den Auftrag der Kirche, der Berufung aller Menschen zur Gemeinschaft mit Gott und untereinander zu dienen,
- in Wahrnehmung der der Kirche durch das Grundgesetz garantierten Freiheit, ihre Angelegenheiten selbständig innerhalb der Schranken des für alle geltenden Gesetzes zu ordnen,
- zur Sicherung der Glaubwürdigkeit der Einrichtungen, die die Kirche unterhält und anerkennt, um ihren Auftrag in der Gesellschaft wirksam wahrnehmen zu können,
- in Erfüllung ihrer Pflicht, dass das kirchliche Arbeitsrecht außer den Erfordernissen, die durch die kirchlichen Aufgaben und Ziele gegeben sind, auch den Grundnormen gerecht werden muss, wie sie die katholische Soziallehre für die Arbeits- und Lohnverhältnisse herausgearbeitet hat,

die folgende

Grundordnung des kirchlichen Dienstes im Rahmen kirchlicher Arbeitsverhältnisse

Artikel 1
Grundprinzipien des kirchlichen Dienstes

Alle in einer Einrichtung der katholischen Kirche Tätigen tragen durch ihre Arbeit ohne Rücksicht auf die arbeitsrechtliche Stellung gemeinsam dazu bei, dass die Einrichtung ihren Teil am Sendungsauftrag der Kirche erfüllen kann (Dienstgemeinschaft). Alle Beteiligten, Dienstgeber sowie leitende und ausführende Mitarbeiterinnen und Mitarbeiter, müssen anerkennen und ihrem Handeln zugrunde legen, dass Zielsetzung und Tätigkeit, Organisationsstruktur und Leitung der Einrichtung, für die sie tätig sind, sich an der Glaubens- und Sittenlehre und an der Rechtsordnung der katholischen Kirche auszurichten haben.

Artikel 2
Geltungsbereich

(1) Diese Grundordnung gilt für Arbeitsverhältnisse von Mitarbeiterinnen und Mitarbeitern bei den Dienststellen, Einrichtungen und sonstigen selbständig geführten Stellen – nachfolgend als Einrichtung(en) bezeichnet –
   a) der Diözesen,
   b) der Kirchengemeinden und Kirchenstiftungen,
   c) der Verbände von Kirchengemeinden
   d) der Diözesancaritasverbände und deren Gliederungen, soweit sie öffentliche juristische Personen des kanonischen Rechts sind,
   e) der sonstigen öffentlichen juristischen Personen des kanonischen Rechts.

(2) Diese Grundordnung ist auch anzuwenden im Bereich der sonstigen kirchlichen Rechtsträger und ihrer Einrichtungen, unbeschadet ihrer Rechtsform sowie des Verbandes der Diözesen Deutschlands und des Deutschen Caritasverbandes. Die vorgenannten Rechtsträger sind gehalten, die Grundordnung für ihren Bereich rechtsverbindlich zu übernehmen.

(3) Unter diese Ordnung fallen nicht Mitarbeiter, die auf Grund eines Klerikerdienstverhältnisses oder ihrer Ordenszugehörigkeit tätig sind.

Anmerkungen:

1. *Artikel 2 wird gemäß Beschluss der Vollversammlung des Verbandes der Diözesen Deutschlands vom 20.6.2011 eine Neufassung erhalten.* * *Es soll verdeutlicht werden, dass auch solche kirchlichen Rechtsträger am Selbstbestimmungsrecht der Kirche teilhaben, die nicht dem Gesetzgebungsrecht des zuständigen Diözesanbischofs unterliegen, aber ihrerseits sich dem Selbstbestimmungsrecht der Kirche durch Übernahme der Grundordnung – auch unter Einschluss der Artikel 7 und 8 der Grundordnung – in ihren Statuten unterstellen. Die neue Fassung lautet:*

   Artikel 2
   Geltungsbereich

   (1) Diese Grundordnung gilt für
   a) die (Erz-)Diözesen,
   b) die Kirchengemeinden und Kirchenstiftungen,
   c) die Verbände von Kirchengemeinden,
   d) die Diözesancaritasverbände und deren Gliederungen, soweit sie öffentliche juristische Personen des kanonischen Rechts sind,
   e) die sonstigen dem Diözesanbischof unterstellten öffentlichen juristischen Personen des kanonischen Rechts,
   f) die sonstigen kirchlichen Rechtsträger unbeschadet ihrer Rechtsform, die der bischöflichen Gesetzgebungsgewalt unterliegen
   und deren Einrichtungen.

* Siehe auch § 1 Abs. 1 und 2 MAVO.

(2) *Kirchliche Rechtsträger, die nicht der bischöflichen Gesetzgebungsgewalt unterliegen, sind verpflichtet, bis spätestens zum 31.12.2013 diese Grundordnung durch Übernahme in ihr Statut verbindlich zu übernehmen. Wenn sie dieser Verpflichtung nicht nachkommen, haben sie im Hinblick auf die arbeitsrechtlichen Beziehungen nicht am Selbstbestimmungsrecht der Kirche gemäß Art. 140 GG i.V.m. Art. 137 Abs. 3 WRV teil.*

(3) *Unter diese Grundordnung fallen nicht Mitarbeiter, die auf Grund eines Klerikerdienstverhältnisses oder ihrer Ordenszugehörigkeit tätig sind.*

2. *Zur Pflicht der Übernahme der Grundordnung wie auch der MAVO im Bereich der Verbandscaritas vgl. z.B. § 20 Abs. 2 Mustersatzung für die Stadt- und Kreiscaritasverbände im Erzbistum Köln, Amtsblatt des Erzbistums Köln 2011 Nr. 90 S. 164.*

Artikel 3
Begründung des Arbeitsverhältnisses

(1) Der kirchliche Dienstgeber muss bei der Einstellung darauf achten, dass eine Mitarbeiterin und ein Mitarbeiter die Eigenart des kirchlichen Dienstes bejahen. Er muss auch prüfen, ob die Bewerberin und der Bewerber geeignet und befähigt sind, die vorgesehene Aufgabe so zu erfüllen, dass sie der Stellung der Einrichtung in der Kirche und der übertragenen Funktion gerecht werden.

(2) Der kirchliche Dienstgeber kann pastorale, katechetische sowie in der Regel erzieherische und leitende Aufgaben nur einer Person übertragen, die der katholischen Kirche angehört.

(3) Der kirchliche Dienstgeber muss bei allen Mitarbeiterinnen und Mitarbeitern durch Festlegung der entsprechenden Anforderungen sicherstellen, dass sie ihren besonderen Auftrag glaubwürdig erfüllen können. Dazu gehören fachliche Tüchtigkeit, gewissenhafte Erfüllung der übertragenen Aufgaben und eine Zustimmung zu den Zielen der Einrichtung.

(4) Für keinen Dienst in der Kirche geeignet ist, wer sich kirchenfeindlich betätigt oder aus der katholischen Kirche ausgetreten ist.

(5) Der kirchliche Dienstgeber hat vor Abschluss des Arbeitsvertrages durch Befragung und Aufklärung der Bewerberinnen und Bewerber sicherzustellen, dass sie die für sie nach dem Arbeitsvertrag geltenden Loyalitätsobliegenheiten (Art. 4) erfüllen.

Anmerkung zu Art. 3 Abs. 2: Auf die Stellenausschreibung ist zu achten, zumal für den erzieherischen Dienst in Tageseinrichtungen für Kinder für die Stelle der Erzieherin bzw. des Erziehers die Mitgliedschaft in einer christlichen Kirche ausreichend ist, wenn Diasporasitution – wie etwa im Erzbistum Hamburg – besteht (vgl. Erzbistum Hamburg, Stellenbörse vom 28.2.2009).

Artikel 4
Loyalitätsobliegenheiten

(1) Von den katholischen Mitarbeiterinnen und Mitarbeitern wird erwartet, dass sie die Grundsätze der katholischen Glaubens- und Sittenlehre anerkennen und beachten. Insbesondere im pastoralen, katechetischen und erzieherischen Dienst sowie bei Mitarbeiterinnen und Mitarbeitern, die aufgrund einer Missio canonica tätig sind, ist das persönliche Lebenszeugnis im Sinne der Grundsätze der katholischen Glaubens- und Sittenlehre erforderlich. Dies gilt auch für leitende Mitarbeiterinnen und Mitarbeiter.

(2) Von nichtkatholischen christlichen Mitarbeiterinnen und Mitarbeitern wird erwartet, dass sie die Wahrheiten und Werte des Evangeliums achten und dazu beitragen, sie in der Einrichtung zur Geltung zu bringen.

(3) Nichtchristliche Mitarbeiterinnen und Mitarbeiter müssen bereit sein, die ihnen in einer kirchlichen Einrichtung zu übertragenden Aufgaben im Sinne der Kirche zu erfüllen.

(4) Alle Mitarbeiterinnen und Mitarbeiter haben kirchenfeindliches Verhalten zu unterlassen. Sie dürfen in ihrer persönlichen Lebensführung und in ihrem dienstlichen Verhalten die Glaubwürdigkeit der Kirche und der Einrichtung, in der sie beschäftigt sind, nicht gefährden.

Anmerkungen:

1. *Zur Ordnung für die Verleihung und den Entzug der Missio canonica und der Kirchlichen Unterrichtserlaubnis für Lehrkräfte des Unterrichtsfaches Katholische Religion vgl. etwa Kirchlicher Anzeiger für das Bistum Hildesheim 2008, S. 12; Kirchliches Amtsblatt Osnabrück 2006 Art. 76 S. 67, 69 ff.*
2. *Gemäß der Erklärung der deutschen Bischöfe zu Donum Vitae e.V. ist Personen, die im kirchlichen Dienst stehen, eine Mitwirkung bei Donum Vitae e.V. untersagt. Auch der Austausch von Personal (Wechsel von Dienstverhältnissen, Rückkehroptionen) ist nicht gestattet (vgl. Kirchliches Amtsblatt Paderborn 2006 Nr. 82 S. 86).*
3. *Zur Spiritualität und beruflichen Identität der Religionslehrer und Religionslehrerinnen siehe Kirchliche Anforderungen an die Religionslehrerbildung, Würzburger Diözesanblatt 2011 S. 265, 267 ff., 296 f.*

Artikel 5
Verstöße gegen Loyalitätsobliegenheiten

(1) Erfüllt eine Mitarbeiterin oder ein Mitarbeiter die Beschäftigungsanforderungen nicht mehr, so muss der Dienstgeber durch Beratung versuchen, dass die Mitarbeiterin oder der Mitarbeiter diesen Mangel auf Dauer beseitigt. Im konkreten Fall ist zu prüfen, ob schon ein solches klärendes Gespräch oder eine Abmahnung, ein formeller Verweis oder eine andere Maßnahme (z.B. Versetzung, Änderungskündigung) geeignet sind, dem Obliegenheitsverstoß zu begegnen. Als letzte Maßnahme kommt eine Kündigung in Betracht.

(2) Für eine Kündigung aus kirchenspezifischen Gründen sieht die Kirche insbesondere folgende Loyalitätsverstöße als schwerwiegend an:
- Verletzungen der gemäß Art. 3 und 4 von einer Mitarbeiterin oder einem Mitarbeiter zu erfüllenden Obliegenheiten, insbesondere Kirchenaustritt, öffentliches Eintreten gegen tragende Grundsätze der katholischen Kirche (z.B. hinsichtlich Abtreibung) und schwerwiegende persönliche sittliche Verfehlungen,
- Abschluss einer nach dem Glaubensverständnis und der Rechtsordnung der Kirche ungültigen Ehe,
- Handlungen, die kirchenrechtlich als eindeutige Distanzierung von der katholischen Kirche anzusehen sind, vor allem Abfall vom Glauben (Apostasie oder Häresie gemäß c. 1364 § 1 i.V.m. c. 751 CIC), Verunehrung der heiligen Eucharistie (c. 1367 CIC, öffentliche Gotteslästerung und Hervorrufen von Hass und Verachtung gegen Religion und Kirche (c. 1369 CIC), Straftaten gegen die kirchlichen Autoritäten und die Freiheit der Kirche (insbesondere gemäß den cc. 1373, 1374 CIC).

(3) Ein nach Abs. 2 generell als Kündigungsgrund in Betracht kommendes Verhalten schließt die Möglichkeit einer Weiterbeschäftigung aus, wenn es begangen wird von pastoral, katechetisch oder leitend tätigen Mitarbeiterinnen und Mitarbeitern oder Mitarbeiterinnen und Mitarbeiterinnen, die aufgrund einer Missio canonica tätig sind. Von einer Kündigung kann ausnahmsweise abgesehen werden, wenn schwerwiegende Gründe des Einzelfalles diese als unangemessen erscheinen lassen.

(4) Wird eine Weiterbeschäftigung nicht bereits nach Abs. 3 ausgeschlossen, so hängt im übrigen die Möglichkeit einer Weiterbeschäftigung von den Einzelfallumständen ab, insbesondere vom Ausmaß einer Gefährdung der Glaubwürdigkeit von Kirche und kirchlicher Einrichtung, von der Belastung der kirchlichen Dienstgemeinschaft, der Art der Einrichtung, dem Charakter der übertragenen Aufgabe, deren Nähe zum kirchlichen Verkündigungsauftrag, von der Stellung der Mitarbeiterin oder des Mitarbeiters in der Einrichtung sowie von der Art und dem Gewicht der Obliegenheitsverletzung. Dabei ist auch zu berücksichtigen, ob eine Mitarbeiterin oder ein Mitarbeiter die Lehre der Kirche bekämpft oder sie anerkennt, aber im konkreten Fall versagt.

(5) Mitarbeiterinnen oder Mitarbeiter, die aus der katholischen Kirche austreten, können nicht weiterbeschäftigt werden.
Im Fall des Abschlusses einer nach dem Glaubensverständnis und der Rechtsordnung der Kirche ungültigen Ehe scheidet eine Weiterbeschäftigung jedenfalls dann aus, wenn sie unter öffentliches Ärgernis erregenden oder die Glaubwürdigkeit der Kirche beeinträchtigenden Umständen geschlossen wird (z.B. nach böswilligem Verlassen von Ehepartner und Kindern).

Anmerkung: Auf die Erklärung der Deutschen Bischofskonferenz zum Austritt aus der katholischen Kirche vom 24.4.2006 (vgl. u.a. Amtsblatt des Erzbistums Köln 2006 Nr. 133 S. 109) wird hingewiesen.

Zur Kündigung des Arbeitsverhältnisses bei Verstoß gegen Loyalitätsobliegenheiten siehe BVerfGE 70, 138. Die staatlichen Gerichte entscheiden, ob die Kündigung gerechtfertigt ist. Allerdings ist im Einzelfall trotz Loyalitätsverstoßes des Arbeitnehmers zu prüfen und durch das Gericht abzuwägen, ob die Interessen des Arbeitgebers oder mit Rücksicht auf das durch Art. 8 EMRK geschützte Privatleben die Interessen des Arbeitnehmers überwiegen, insbesondere dann, wenn der Verlust des Arbeitsplatzes dazu führt, außerhalb des kirchlichen Dienstes keine Anstellung finden zu können, wie etwa bei einem verheirateten, später geschiedenen Kirchenmusiker (Organist und Chorleiter einer katholischen Kirchengemeinde), der sich einer anderen Frau zuwendet, um mit ihr eine neue Familie zu gründen (Europäischer Gerichtshof für Menschenrechte in Straßburg, 23.9.2010 – Beschwerde-Nr. 1620/03, rechtskräftig seit 23.12.2010; NZA 2011, 279). Siehe auch can. 1141, 1364, 1367, 1369, 1373, 1374, 1398 CIC.

Der Europäische Gerichtshof für Menschenrechte (EGMR) in Straßburg hat am 3.2.2011 entschieden, dass die fristlose Kündigung gegenüber einer Mitarbeiterin in einem evangelischen Kindergarten, die sich als Mitglied der »Universalen Kirche/Bruderschaft der Menschheit« engagiert und Einführungskurse in deren Lehre anbot, gerechtfertigt ist (Beschwerde-Nr. 18136/02).

Artikel 6
Koalitionsfreiheit

(1) Die Mitarbeiterinnen und Mitarbeiter des kirchlichen Dienstes können sich in Ausübung ihrer Koalitionsfreiheit als kirchliche Arbeitnehmer zur Beeinflussung der Gestaltung ihrer Arbeits- und Wirtschaftsbedingungen in Vereinigungen (Koalitionen) zusammenschließen, diesen beitreten und sich in ihnen betätigen. Die Mitarbeiterinnen und Mitarbeiter sind berechtigt, innerhalb ihrer Einrichtung für den Beitritt zu diesen Koalitionen zu werben, über deren Aufgaben und Tätigkeit zu informieren sowie Koalitionsmitglieder zu betreuen. Die Koalitionsfreiheit entbindet sie aber nicht von der Pflicht, ihre Arbeit als Beitrag zum Auftrag der Kirche zu leisten.

(2) Wegen der Zielsetzung des kirchlichen Dienstes muss eine Vereinigung dessen Eigenart und die sich daraus für die Mitarbeiterinnen und Mitarbeiter ergebenden Loyalitätsobliegenheiten anerkennen. Vereinigungen, die diesen Anforderungen gerecht werden, können die ihnen angehörenden Mitarbeiterinnen und Mitarbeiter bei der zulässigen Koalitionsbetätigung in der Einrichtung unterstützen. Dabei haben sie und die ihnen angehörenden Mitarbeiterinnen und Mitarbeiter darauf zu achten, dass die Arbeit einer kirchlichen Einrichtung unter einem geistig-religiösen Auftrag steht. Sie müssen das verfassungsmäßige Selbstbestimmungsrecht der Kirche zur Gestaltung der sozialen Ordnung ihres Dienstes respektieren.

Artikel 7
Beteiligung der Mitarbeiterinnen und Mitarbeiter an der Gestaltung ihrer Arbeitsbedingungen

(1) Das Verhandlungsgleichgewicht ihrer abhängig beschäftigten Mitarbeiterinnen und Mitarbeiter bei Abschluss und Gestaltung der Arbeitsverträge sichert die katholische Kirche durch das ihr verfassungsmäßig gewährleistete Recht, ein eigenes Arbeitsrechts-Regelungsverfahren zu schaffen. Rechtsnormen für den Inhalt der Arbeitsverhältnisse kommen zustande durch Beschlüsse von Kommissionen, die mit Vertretern der Dienstgeber und Vertretern der Mitarbeiter paritätisch besetzt sind. Die Beschlüsse dieser Kommissionen bedürfen der bischöflichen Inkraftsetzung für das jeweilige Bistum. Das Nähere, insbesondere die jeweiligen Zuständigkeiten, regeln die KODA-Ordnungen. Die Kommissionen sind an diese Grundordnung gebunden.

(2) Wegen der Einheit des kirchlichen Dienstes und der Dienstgemeinschaft als Strukturprinzip des kirchlichen Arbeitsrechts schließen kirchliche Dienstgeber keine Tarifverträge mit Gewerkschaften ab. Streik und Aussperrung scheiden ebenfalls aus.

Anmerkung zu Art. 7 Abs. 1 Satz 2: In den Diözesen Freiburg, Fulda, Hildesheim, Limburg, Mainz, Rottenburg-Stuttgart, Speyer und Trier besteht je eine Kommission als Bistums-KODA; für die (Erz-)Diözesen in Bayern (Augsburg, Bamberg, Eichstätt, München und Freising, Passau, Regensburg und Würzburg) besteht die Bayerische Regional-KODA; für die (Erz-)Diözesen in Nordrhein-Westfalen (Aachen, Essen, Köln, Münster – nordrhein-westfälischer Teil – und Paderborn) besteht eine Regional-KODA; eine Regional- KODA ist ferner gebildet für die Region Nord-Ost mit den (Erz-)Diözesen Berlin, Dresden-Meißen, Erfurt, Görlitz, Hamburg, Magdeburg; eine weitere Regional-KODA ist gebildet für die Diözese Osnabrück und den oldenburgischen Anteil der Diözese Münster (Offizialat Vechta). Für den Bereich des Deutschen Caritasverbandes besteht die Arbeitsrechtliche Kommission des Deutschen Caritasverbandes (AK-Bundeskommission) mit sechs zusätzlichen Regionalkommissionen für die Regionen Nord, Ost, Nordrhein-Westfalen, Bayern, Baden-Württemberg und Mitte (§ 2 Ordnung der Arbeitsrechtlichen Kommission des Deutschen Caritasverbandes). Ferner ist es je nach diözesaner KODA-Ordnung zulässig, für einen begrenzten Bereich besondere Kommissionen (z.B. Dombau-KODA) zu errichten. Eine besondere Arbeitsrechtliche Kommission besteht für den Bereich des Caritasverbandes für die Diözese Augsburg; sie besteht neben der AK und der Regionalkommission für die Region Bayern für näher bezeichnete satzungsmäßige korporative Mitglieder des Caritasverbandes für die Diözese Augsburg e.V., deren Existenz aus wirtschaftlichen Gründen gefährdet ist (Amtsblatt für die Diözese Augsburg 2009 S. 34).

Ebenfalls auf der Grundlage des Art. 7 GrO besteht die Zentrale Kommission zur Ordnung des Arbeitsvertragsrechts im kirchlichen Dienst (Zentral-KODA). Sie fasst Beschlüsse mit Blick auf alle kirchlichen Einrichtungen im Geltungsbereich der GrO, allerdings nach Maßgabe eines eingrenzenden Zuständigkeitskatalogs gemäß § 3 Zentral-KODA-Ordnung. Sie hat am 6.11.2008 beschlossen, dass in die Arbeitsvertragsformulare folgender Satz aufzunehmen ist: »Die Grundordnung des kirchlichen

Dienstes ist Bestandteil des Arbeitsvertrages« (u.a. Amtsblatt des Erzbistums Köln 2009, Nr. 97 S. 86).

Das Streikrecht ist gesetzlich nicht geregelt. Es wird aus Art. 9 Abs. 3 GG abgeleitet. Gemäß Art. 153 Abs. 5 AEUV gehören Regelungen zum Arbeitsentgelt, Koalitionsrecht und Streik- sowie Aussperrungsrecht nicht zur Kompetenz der Europäischen Union.

Wendet ein kirchlicher Dienstgeber eine nicht auf dem Dritten Weg verabschiedete und in Kraft gesetzte Arbeitsvertragsordnung an, hat die Mitarbeitervertretung im Rahmen ihres Mitbeurteilungsrechts bei der Eingruppierung (§ 35 Abs. 1 Nr. 1 MAVO) ein Zustimmungsverweigerungsrecht (ständige Rechtsprechung des KAGH zur § 35 Abs. 1 Nr. 1 MAVO: Urteile vom 30.11.2006 – M 02/06; 12.10.2007 – M 03/07, 7.11.2008 – M 09/08 und M 10/08.

Tarifverträge kommen in Betracht bei Wohnungsbaugesellschaften in der Rechtsform einer GmbH, wie etwa der St. Gundekar-Werk Eichstätt Wohnungs- und Städtebaugesellschaft – auch als Einrichtung einer Diözese – für Mitglieder einer näher benannten Gewerkschaft, wenn sie nicht unter den Geltungsbereich der Grundordnung des kirchlichen Dienstes im Rahmen kirchlicher Arbeitsverhältnisse (GrO) fallen.

Artikel 8
Mitarbeitervertretungsrecht als kirchliche Betriebsverfassung

Zur Sicherung ihrer Selbstbestimmung in der Arbeitsorganisation kirchlicher Einrichtungen wählen die Mitarbeiterinnen und Mitarbeiter nach Maßgabe kirchengesetzlicher Regelung Mitarbeitervertretungen, die an Entscheidungen des Dienstgebers beteiligt werden. Das Nähere regelt die jeweils geltende Mitarbeitervertretungsordnung (MAVO). Die Gremien der Mitarbeitervertretungsordnung sind an diese Grundordnung gebunden.

Anmerkung zu Art. 8: Die Diözesanbischöfe haben je für ihre Diözese eine Mitarbeitervertretungsordnung erlassen, die in ihren Amtsblättern veröffentlicht ist. Infolge von Beschlüssen der Vollversammlung des Verbandes der Diözesen zur Änderung der Rahmen-MAVO ergehen diözesanbischöfliche Gesetze zur Anpassung der diözesanen MAVO an die Rahmen-MAVO. Der Wortlaut der Rahmenordnung für eine Mitarbeitervertretungsordnung gemäß Beschluss der Vollversammlung des Verbandes der Diözesen Deutschlands vom 22.11.2010 ist in dieser Ausgabe abgedruckt (S. 125).

Artikel 9
Fort- und Weiterbildung

Die Mitarbeiterinnen und Mitarbeiter haben Anspruch auf berufliche Fort- und Weiterbildung. Diese umfassen die fachlichen Erfordernisse, aber genauso die ethischen und religiösen Aspekte des Dienstes. Hierbei müssen auch Fragen des Glaubens und der Wertorientierung sowie die Bewältigung der spezifischen Belastungen der einzelnen Dienste angemessen berücksichtigt werden.

Anmerkung: Auf landesgesetzlichen Anspruch zum Bildungsurlaub der Arbeitnehmer wird hingewiesen und ebenso auf kirchliche Arbeitsvertragsregelungen nach §§ 16, 25 Abs. 4 Satz 5 MAVO.

Artikel 10
Gerichtlicher Rechtsschutz

(1) Soweit die Arbeitsverhältnisse kirchlicher Mitarbeiterinnen und Mitarbeiter dem staatlichen Arbeitsrecht unterliegen, sind die staatlichen Arbeitsgerichte für den gerichtlichen Rechtsschutz zuständig.

(2) Für Rechtsstreitigkeiten auf den Gebieten der kirchlichen Ordnungen für ein Arbeitsvertrags- und des Mitarbeitervertretungsrechts werden für den gerichtlichen Rechtsschutz unabhängige kirchliche Gerichte gebildet.

(3) Die Richter sind von Weisungen unabhängig und nur an das kirchliche und staatliche Gesetz und Recht gebunden. Zum Richter kann berufen werden, wer katholisch ist und in der Ausübung der allen Kirchenmitgliedern zustehenden Rechte nicht behindert ist sowie die Gewähr dafür bietet, jederzeit für das kirchliche Gemeinwohl einzutreten.

Anmerkung: Art. 10 Abs. 3 in der Fassung vom 21.9.2004 aus Anlass der Einführung der Kirchlichen Arbeitsgerichtsordnung (KAGO) mit Wirkung ab 1.7.2005; die KAGO ist mit Wirkung ab 1.7.2010 novelliert worden, ihr Wortlaut ist in dieser Ausgabe abgedruckt (S. 188).

Ergänzungen zur Grundordnung des kirchlichen Dienstes im Rahmen kirchlicher Arbeitsverhältnisse

1. Erklärung des Ständigen Rates der Deutschen Bischofskonferenz zur Unvereinbarkeit von Lebenspartnerschaften nach dem Lebenspartnerschaftsgesetz mit den Loyalitätsobliegenheiten nach der Grundordnung des kirchlichen Dienstes im Rahmen kirchlicher Arbeitsverhältnisse vom 24.6.2002 (vgl. Amtsblatt des Erzbistums Köln 2002 Nr. 215 S. 181; Amtsblatt des Bistums Limburg 2002 Nr. 92 S. 71)

Das neu geschaffene Rechtsinstitut der Lebenspartnerschaft nach dem »Gesetz zur Beendigung der Diskriminierung gleichgeschlechtlicher Gemeinschaften: Lebenspartnerschaften vom 16. Februar 2001 (BGBl. I S. 266)« widerspricht der Auffassung über Ehe und Familie, wie sie die katholische Kirche lehrt. Mitarbeiterinnen und Mitarbeiter im kirchlichen Dienst, gleich ob sie der katholischen Kirche angehören oder nicht, die nach diesem Gesetz eine »eingetragene Lebenspartnerschaft« eingehen, verstoßen dadurch gegen die für sie geltenden Loyalitätsobliegenheiten, wie sie ihnen nach Artikel 4 der Grundordnung des kirchlichen Dienstes im Rahmen kirchlicher Arbeitsverhältnisse in der geltenden Fassung auferlegt sind.

Das Eingehen einer eingetragenen Lebenspartnerschaft ist deshalb ein schwerwiegender Loyalitätsverstoß im Sinne des Art. 5 Abs. 2 der o.g. Grundordnung des kirchlichen Dienstes im Rahmen kirchlicher Arbeitsverhältnisse, der die dort geregelten Rechtsfolgen nach sich zieht.

2. Authentische Interpretation der Grundordnung des kirchlichen Dienstes im Rahmen kirchlicher Arbeitsverhältnisse (Pastoralblatt des Bistums Eichstätt 2005 Nr. 32; Amtsblatt für das Erzbistum München und Freising 2004 Nr. 65 S. 132).

Wegen der besonderen Schwere des Sachverhalts und der möglichen weitreichenden körperlichen und psychischen Schädigung der Betroffenen gilt der sexuelle Missbrauch Minderjähriger als schwerwiegender Loyalitätsverstoß im Sinne des Art. 5 Abs. 2 der Grundordnung des kirchlichen Dienstes im Rahmen kirchlicher Arbeitsverhältnisse und rechtfertigt daher ohne Weiteres eine Kündigung aus kirchenspezifischen Gründen.

3. Aus der Erklärung der deutschen Bischöfe zu Donum vitae e.V. (u.a. Pastoralblatt des Bistums Eichstätt 2006 Nr. 74 S. 119 folgt, dass Personen, die im kirchlichen Dienst stehen, eine Mitwirkung bei Donum Vitae e.V. untersagt ist. Auch der Austausch von Personal (Wechsel von Dienstverhältnissen, Rückkehroptionen) ist nicht gestattet.

Anmerkung: Das den Kirchen verfassungsrechtlich garantierte Selbstbestimmungsrecht zur Regelung ihrer eigenen Angelegenheiten (Art. 140 GG i.V.m. Art. 137 Abs. 3 WRV) ermöglicht es ihnen, in den Schranken des für alle geltenden Gesetzes den kirchlichen Dienst nach ihrem Selbstverständnis zu regeln und die spezifischen Obliegenheiten kirchlicher Arbeitnehmer (Loyalitätspflichten) verbindlich zu machen (BVerfG, 4.6.1985 – 2 BvR 1703/83 u.a. – BVerfGE 70, 138, 167 f.). Siehe auch Erklärung der deutschen Bischöfe zum kirchlichen Dienst (u.a. Amtsblatt des Erzbistums Köln 1993 Nr. 197 S. 219).

II. Grundordnung für katholische Krankenhäuser in Nordrhein-Westfalen

(übereinstimmend von den (Erz-)Bischöfen der fünf (Erz-)Diözesen in NRW erlassen, vgl. Amtsblatt des Erzbistums Köln 1996 Nr. 256 S. 321, mit Ergänzung vom 1.6.1999, Kirchliches Amtsblatt Bistum Essen 1999 Nr. 63 S. 83)

Präambel

Das katholische Krankenhaus ist eine caritative Einrichtung der Kirche. Es gründet auf dem Auftrag Jesu Christi zur Gottes- und Nächstenliebe und wird von der Katholischen Kirche als Lebens- und Wesensäußerung getragen. Das katholische Krankenhaus dient Menschen ohne Rücksicht auf Glaube, Rasse und Nationalität.

Auf der Grundlage des christlichen Menschenbildes hilft das katholische Krankenhaus, Krankheiten zu erkennen und zu heilen, ihre Verschlimmerungen zu verhüten und Leiden zu lindern; es leistet Geburtshilfe und fördert Prävention und Rehabilitation. Den Patienten will es befähigen, mit unheilbarem Leiden zu leben. Es begleitet den Kranken seelsorglich. Das katholische Krankenhaus steht den Sterbenden und ihren Angehörigen bei, um ein Sterben in Würde und christlicher Hoffnung zu ermöglichen. Die Ehrfurcht vor dem ungeborenen Menschen verbietet den Schwangerschaftsabbruch in jeglicher Beteiligungsform.

Alle Mitarbeiter bilden ohne Rücksicht auf ihre arbeitsrechtliche Stellung eine Dienstgemeinschaft.

Anmerkung: Personenbeschreibungen, die in dieser Grundordnung in der männlichen Form angegeben sind, gelten in der gleichen Weise in der weiblichen Form.

A. Zuordnung zur Kirche

Träger katholischer Krankenhäuser sind der Kirche in unterschiedlicher Weise zugeordnet.

1. Die Zuordnung des Krankenhauses zur Kirche wird durch deren Aufsichtsrecht, durch eine angemessene Beteiligung von Amtsträgern örtlicher Kirchengemeinden oder von Ordensleuten oder von Personen, die der Ortsbischof dazu beauftragt hat, in den Trägerorganen der Einrichtung sichergestellt. Bei Satzungsänderungen, die den Zweck der Einrichtung, die Zuständigkeit ihrer Organe oder die Bestimmungen über die Zuordnung zur Kirche verändern sowie bei Beschlüssen über die Übertragung oder die Auflösung der Einrichtung ist die Zustimmung des Ortsbischofs erforderlich.
2. Die Mitglieder der Organe des Trägers gehören der Katholischen Kirche an.
3. Alle Mitarbeiter müssen die Eigenart des kirchlichen Dienstes bejahen, sie müssen geeignet und fähig sein, die katholische Grundausrichtung des Krankenhauses mitzutragen.
4. Leitende Mitarbeiter gehören der Katholischen Kirche an. Von diesem Grundsatz kann bei der Einstellung von Mitarbeitern nur in begründeten Ausnahmefällen abgewichen werden, wenn die katholische Grundausrichtung des Krankenhauses gewährleistet bleibt.
5. Der Träger muss darauf achten, dass die Mitarbeiter bereit und in der Lage sind, ihre jeweilige Aufgabe so zu erfüllen, dass sie der Stellung des Krankenhauses in der Kirche und der übertragenen Funktion gerecht werden. Er selbst hat dafür die notwendigen Rahmenbedingungen zu schaffen.
6. Für den Träger ist die auf der Grundlage der Erklärung der deutschen Bischöfe zum kirchlichen Dienst erlassene »Grundordnung des kirchlichen Dienstes im Rahmen kirchlicher Arbeitsverhältnisse vom 22. September 1993« nebst Änderungen und Ergänzungen verbindlich. Als leitend tätige Mitarbeiter im Sinne der genannten Grundordnung gelten die Mitglieder der Krankenhausbetriebsleitung und die Abteilungsärzte.
7. Der Träger ist Mitglied des Caritasverbandes, in dessen Bereich das Krankenhaus gelegen ist.
8. Zum Auftrag des katholischen Krankenhauses gehört wesentlich die Krankenhausseelsorge. Sie erstreckt sich auf Patienten, deren Angehörige sowie auf die Mitarbeiter und ist allgemeine Krankenhausleistung. Alle im Krankenhaus Tätigen sind zur Zusammenarbeit mit den Krankenhausseelsorgern verpflichtet.
9. Krankenhaus, umliegende katholische Kirchengemeinden und katholische Dienste und Einrichtungen sollen sich gegenseitig unterstützen und bei der Erfüllung ihres jeweiligen Auftrags zusammenarbeiten. Es sollen katholische Gemeindemitglieder für eine ehrenamtliche Mitarbeit im Krankenhaus gewonnen werden.
10. Bei Auflösung des Krankenhauses oder bei Wegfall der bisherigen Zweckbestimmung soll das Vermögen weiterhin kirchlichen Zwecken dienen.

B. Innere Ordnung des Krankenhauses

Zielsetzung und Tätigkeit des Krankenhauses haben sich an der Glaubens- und Sittenlehre und an der Rechtsordnung der Kirche auszurichten. Das Krankenhaus nimmt deshalb unter keinen Umständen Schwangerschaftsabbrüche vor.

Die Krankenhäuser werden organisatorisch selbständig geführt. Sie werden – unbeschadet der auch für kirchliche Krankenhäuser geltenden gesetzlichen Bestimmungen des Krankenhauswesens und der Bestimmungen über die gesetzliche Vertretung des Trägers des Krankenhauses – nach folgenden Grundsätzen geleitet:

I. Träger des Krankenhauses

1. Der Träger bestimmt im Rahmen dieser Grundordnung die Ziele und Grundrichtung des Krankenhauses, deren Verwirklichung seiner Verantwortung und Aufsicht unterliegt.
2. Der Träger legt die Zuständigkeit im einzelnen fest, z.B. für die Genehmigung der Jahresrechnung, die Feststellung des Wirtschafts- und Stellenplanes, die Genehmigung der Investitionspläne, die Regelung der Anstellung und Entlassung von Mitarbeitern, die Zulassung von Belegärzten und die Beschlussfassung über die Gliederung des Krankenhauses in Abteilungen.
3. Der Träger kann mit der Durchführung bestimmter Aufgaben Gremien (z.B. Vorstandsausschuss, Verwaltungsrat) oder einzelne Personen beauftragen.
4. Der Träger des Krankenhauses bestellt die Krankenhausbetriebsleitung und beruft deren Mitglieder.
5. Der Träger des Krankenhauses stellt sicher, dass Anregungen und Beschwerden von Patienten entgegengenommen und sachgerecht bearbeitet werden.

II. Krankenhausbetriebsleitung

1. Zusammensetzung und Verfahren
   a) Der Krankenhausbetriebsleitung gehören an:
      der Leitende Arzt des Krankenhauses,
      der Leiter des Pflegedienstes,
      der Leiter des Wirtschafts- und Verwaltungsdienstes.
   b) Zusätzlich können in die Krankenhausbetriebsleitung sonstige Personen berufen werden.
   c) Der Träger soll ein Mitglied der Krankenhausbetriebsleitung nur nach vorheriger Anhörung der übrigen Mitglieder der Krankenhausbetriebsleitung berufen. Vor der Berufung des Leitenden Arztes des Krankenhauses sollen die Abteilungsärzte des Krankenhauses gehört werden.
   d) Der Träger erlässt eine Geschäftsordnung für die Krankenhausbetriebsleitung.
2. Aufgaben
   a) Die Krankenhausbetriebsleitung ist dem Träger verantwortlich für die Führung der laufenden Geschäfte. Mit dem Träger ist sie verantwortlich für den kirchlichen Charakter des Krankenhauses. Sie sorgt insbesondere

auch für die Verwirklichung der vom Träger bestimmten Ziele und der Grundrichtung sowie für die Leistungsfähigkeit und Wirtschaftlichkeit des Krankenhauses. Sie hat den Träger in wichtigen Angelegenheiten zu informieren und ihm Vorschläge zu unterbreiten.

b) Jedes Mitglied der Krankenhausbetriebsleitung handelt im Rahmen seiner Zuständigkeit. Entscheidungen, die über ein Aufgabengebiet hinausgehen, können grundsätzlich nur einstimmig getroffen werden. Wird Einstimmigkeit nicht erzielt, ist die Entscheidung des Trägers des Krankenhauses herbeizuführen.

c) Die Krankenhausbetriebsleitung unterstützt die Krankenhausseelsorger bei der Erfüllung ihrer Aufgaben und zieht sie bei Angelegenheiten von seelsorglicher Bedeutung hinzu. Dies gilt auch für die religiöse Fortbildung der Mitarbeiter und die Religiöse Ausrichtung der Fort- und Weiterbildungsstätten.

d) Die Krankenhausbetriebsleitung unterbreitet dem Träger Vorschläge für die weitere Entwicklung des Krankenhauses.

e) Die Krankenhausbetriebsleitung ist zuständig für die Einstellung und Entlassung der Mitarbeiter, soweit ihr dies vom Träger des Krankenhauses übertragen ist; die Mitwirkung der Mitarbeiter des Krankenhauses ist durch die Mitarbeitervertretungsordnung geregelt.

f) Vor der Einstellung von Abteilungsärzten und anderen leitenden Mitarbeitern hat der Träger die Krankenhausbetriebsleitung anzuhören; die Krankenhausbetriebsleitung kann Vorschläge unterbreiten. Vor der Entlassung von Abteilungsärzten und anderen leitenden Mitarbeitern ist die Krankenhausbetriebsleitung zu hören.

g) Die Krankenhausbetriebsleitung hat bei Bedarf Abteilungsärzte wie auch Leiter anderer Bereiche zu ihrer Beratung hinzuzuziehen.

h) Die Krankenhausbetriebsleitung lädt bei Bedarf, mindestens jedoch zweimal im Jahr, die Abteilungsärzte und die mit der Leitung besonderer Bereiche betrauten Ärzte zu einer gemeinsamen Konferenz ein. Diese Konferenz soll in Fragen der Verwirklichung der Ziele sowie der Leistungsfähigkeit und Wirtschaftlichkeit des Krankenhauses die Krankenhausbetriebsleitung beraten.

III. Abteilungs- und Belegärzte

Die Abteilungs- und Belegärzte leisten Gewähr dafür, dass die Vorgaben des Trägers und der Krankenhausbetriebsleitung in wirtschaftlicher, organisatorischer und inhaltlicher Hinsicht in ihrem Zuständigkeitsbereich verwirklicht werden.

IV. Krankenhausbetriebsleitung und Dienstgemeinschaft

Die vom Ortsbischof erlassene Mitarbeitervertretungsordnung, die Arbeitsvertragsrichtlinien des Deutschen Caritasverbandes und die vom Ortsbischof vorgeschriebenen Musterverträge finden Anwendung.

Krankenhausbetriebsleitung und Mitarbeitervertretung arbeiten vertrauensvoll zusammen und unterstützen sich gegenseitig bei der Erfüllung ihrer Aufgaben.

Krankenhausbetriebsleitung und Mitarbeitervertretung kommen in regelmäßigen Zeitabständen, mindestens aber zweimal im Jahr, zur Besprechung allgemeiner Fragen des Krankenhauses und der Dienstgemeinschaft und zum Austausch von Vorschlägen und Anregungen zusammen. Hierbei soll neben fachlichen Fragen auch die Verwirklichung des kirchlichen Auftrags im Krankenhaus erörtert werden.

Schlussbestimmung

1. Diese Grundordnung gilt auch für komplementäre Einrichtungen und Dienste des Krankenhauses sowie für gesundheits- und sozialpflegerische Zentren.
2. Im begründeten Einzelfall kann von den in dieser Grundordnung festgelegten Bestimmungen nur mit Zustimmung des Ortsbischofs abgewichen werden.
3. Diese Grundordnung tritt am 1. Oktober 1996 in Kraft. Gleichzeitig tritt die Grundordnung für Katholische Krankenhäuser in Nordrhein-Westfalen vom 2. Mai 1983 außer Kraft.

Anmerkungen:

Mitarbeitervertretungsrechtliche Bestimmungen obiger Grundordnung für katholische Krankenhäuser enthalten im Verhältnis zur MAVO der betroffenen (Erz-)Diözesen Ergänzungs- und Spezialnormen.
Vom Abdruck der Arbeitsvertragsrichtlinien des Deutschen Caritasverbandes (AVR) ist in dieser Ausgabe abgesehen worden, weil die sehr umfangreichen Materialien dazu in besonderen Druckwerken und Kommentierungen erschienen sind. Dazu: AVR, herausgegeben vom Deutschen Caritasverband, Lambertus-Verlag, Freiburg; Beyer/Papenheim, Arbeitsrecht der Caritas – Ein Praxiskommentar, Lambertus-Verlag, Freiburg.
Auf die Ordnung zur Sicherstellung der Hygiene in katholischen Krankenhäusern in Nordrhein-Westfalen für die (Erz-)Bistümer Köln, Paderborn, Aachen, Essen und Münster wird als Beispiel hingewiesen; sie ist jedoch mit Wirkung ab 1.4.2011 zugunsten der Anwendung staatlichen Rechts aufgehoben worden (Amtsblatt des Erzbistums Köln 2011, Nr. 75 S. 149).
Zum Selbstorganisationsrecht kirchlicher Krankenhäuser siehe die Entscheidung des Bundesverfassungsgerichts vom 25.3.1980 – 2 BvR 208/76, BVerfGE 53, 366.

III. Krankenhaushygiene - Ordnung für die katholischen Krankenhäuser nach § 33 Krankenhausgestaltungsgesetz Nordrhein-Westfalen

(u.a. Amtsblatt des Erzbistums Köln 2011 Nr. 75 S. 149; Kirchliches Amtsblatt für die Erzdiözese Paderborn 2011 Nr. 48 S. 128)

Aufgrund des § 33 in Verbindung mit § 6 des Krankenhausgestaltungsgesetzes des Landes Nordrhein-Westfalen vom 11. Dezember 2007 (GV.NRW. 2007

S. 702 ff., Berichtigung vom 18. Februar 2008 (GV.NRW. 2008 S. 157)) in Verbindung mit § 1 Absatz 1 Satz 2 der Krankenhaushygieneverordnung NRW vom 9. Dezember 2009 (GV.NRW. 2009 S. 830 ff.) wird folgende Regelung für die katholischen Krankenhäuser in Nordrhein-Westfalen erlassen:

§ 1
Entsprechende Anwendung der Krankenhaushygieneverordnung Nordrhein-Westfalen

In den katholischen Krankenhäusern im Sinne von § 33 Krankenhausgestaltungsgesetz Nordrhein-Westfalen ist die Krankenhaushygieneverordnung des Landes Nordrhein-Westfalen vom 09. Dezember 2009 (GV.NRW. 2009 S. 830) entsprechend anzuwenden. Den Trägern der Einrichtungen ist es gestattet, über die Krankenhaushygieneverordnung NRW hinausgehende Hygienestandards aufzunehmen.

§ 2
Inkrafttreten, Außerkrafttreten

Diese Ordnung tritt zum 01. April 2011 in Kraft. Gleichzeitig tritt die Ordnung zur Sicherstellung der Hygiene in katholischen Krankenhäusern in Nordrhein-Westfalen für die (Erz-)Bistümer Köln, Paderborn, Aachen, Essen und Münster (Amtsblatt des Erzbistums Köln 2010, Nr. 219) außer Kraft.

Anmerkung: Die Krankenhaushygieneverordnung NRW hat folgenden Wortlaut:

Krankenhaushygieneverordnung

Vom 9. Dezember 2009

Aufgrund des § 6 Absatz 2 des Krankenhausgestaltungsgesetzes des Landes Nordrhein-Westfalen vom 11. Dezember 2007 (GV. NRW. S.702, ber. 2008 S. 157) wird verordnet:

§ 1
Anwendungsbereich

(1) Diese Verordnung gilt für alle Krankenhäuser im Sinne des § 2 Nummer 1 des Krankenhausfinanzierungsgesetzes in der Fassung der Bekanntmachung vom 10. April 1991 (BGBl. I S. 886), zuletzt geändert durch Artikel 1 des Gesetzes vom 17. März 2009 (BGBl. I S. 534). Ausgenommen sind die kirchlichen Krankenhäuser nach § 33 des Krankenhausgestaltungsgesetzes des Landes Nordrhein-Westfalen, die in eigener Zuständigkeit Regelungen treffen, die den Zielen der nachfolgenden Vorschriften entsprechen.

(2) Soweit personenbezogene Bezeichnungen im Maskulinum stehen, wird diese Form verallgemeinernd verwendet und bezieht sich auf beide Geschlechter.

§ 2
Hygiene im Krankenhaus

Der Träger des Krankenhauses ist verpflichtet, die betrieblich-organisatorischen und baulich-funktionellen Voraussetzungen für die Einhaltung der Grundsätze der Hygiene im Krankenhaus sicherzustellen und für die Durchführung der notwendigen hygienischen Maßnahmen zu sorgen. Dazu gehören insbesondere

1. die Bildung einer Hygienekommission,
2. die Beratung durch einen Krankenhaushygieniker im Sinne der Empfehlung der Kommission für Krankenhaushygiene und Infektionsprävention (Bundesgesundheitsblatt Nr. 52 vom 20. 8. 2009),
3. die Beschäftigung von Hygienefachkräften und
4. die Bestellung von Hygienebeauftragten.

§ 3
Hygienekommission

(1) In jedem Krankenhaus ist eine Hygienekommission zu bilden. Die Hygienekommission gibt sich eine Geschäftsordnung, die der Zustimmung des Krankenhausträgers bedarf. Der Hygienekommission gehören mindestens an

   1. der Leitende Arzt,
   2. die Leitende Pflegekraft,
   3. die Leitung des Wirtschafts- und Verwaltungsdienstes,
   4. die Hygienefachkräfte nach § 4,
   5. der Krankenhaushygieniker und
   6. die Hygienebeauftragten nach § 5.

   Der Hygienekommission sollten darüber hinaus der kaufmännische Direktor, der Krankenhausapotheker und der technische Leiter angehören. Weitere Abteilungsärzte sowie Mitglieder der Personalvertretung im Krankenhaus können der Kommission angehören.

(2) Die Hygienekommission hat insbesondere

   1. darauf hinzuwirken, dass Hygienepläne aufgestellt und fortgeschrieben werden, in denen insbesondere zu regeln ist, welche Vorgaben zur Erkennung, Verhütung und Bekämpfung von Krankenhausinfektionen unter Einbeziehung therapeutischer Maßnahmen einzuhalten sind,
   2. die Einhaltung der Hygienepläne zu überwachen,
   3. zu regeln, durch wen und innerhalb welcher Zeit bei Verdacht oder Vorliegen einer Krankenhausinfektion die Hygienefachkräfte, der Krankenhaushygieniker sowie der Hygienebeauftragte zu unterrichten sind und
   4. bei der Planung von Baumaßnahmen, der Wiederbeschaffung von Anlagegütern gemäß § 18 Absatz 1 Satz 1 Nummer 2 des Krankenhausgestaltungsgesetzes des Landes Nordrhein-Westfalen und bei der Erstellung von Organisationsplänen, soweit dadurch Belange der Krankenhaushygiene betroffen sind, sowie bei der Organisation der Aus- und Fortbildung des Personals auf dem Gebiet der Hygiene mitzuwirken.

(3) Die Hygienekommission wird von dem Vorsitzenden in regelmäßigen Abständen, mindestens halbjährlich, einberufen. Bei gehäuftem Auftreten von Krankenhausinfektionen und bei besonderen, die Hygiene betreffenden Vorkommnissen wird die Hygienekommission unverzüglich einberufen.

§ 4
Hygienefachkräfte

(1) Hygienefachkräfte im Sinne dieser Verordnung sind Hygienefachschwestern/Hygienefachpfleger, die an einer qualifizierten, staatlich anerkannten Weiterbildung zur Hygienefachkraft mit Erfolg teilgenommen haben.

(2) Die Hygienefachkräfte üben ihre Aufgaben in Abstimmung und im Einvernehmen mit dem Krankenhaushygieniker aus.

(3) Die Hygienefachkräfte haben insbesondere

1. mit den Hygienebeauftragten bei der Überwachung der Krankenhaushygiene und krankenhaushygienischen Maßnahmen zusammenzuarbeiten,
2. Surveillance von nosokomialen Infektionen sowie von multiresisitenten Erregern und anderen besonderen Erregern gemäß § 23 Infektionsschutzgesetz in Zusammenarbeit mit den Hygienebeauftragten und dem Krankenhaushygieniker durchzuführen,
3. die Stationen und die sonstigen pflegerischen, diagnostischen, therapeutischen, ver- und entsorgungstechnischen Bereiche sowohl regelmäßig als auch anlassbezogen zu besichtigen,
4. die Ärzte, das Pflegepersonal und die Leitung des Wirtschafts- und Verwaltungsdienstes der entsprechenden Bereiche über Verdachtsfälle zu unterrichten,
5. die Mitarbeiter über angeordnete Hygienemaßnahmen und deren Gründe zu unterrichten,
6. die Hygiene-, Desinfektions- und Desinsektionsmaßnahmen zu überwachen,
7. Arbeitspläne für pflegetechnische Maßnahmen nach hygienischen Gesichtspunkten zu erstellen und deren Einhaltung zu überwachen,
8. bei epidemiologischen Untersuchungen mitzuwirken,
9. bei der Fachaufsicht über die Sterilisations- und Desinfektionsgeräte, über die Bettenaufbereitung sowie über die Krankenhausreinigung mitzuwirken,
10. die Analyse und Bewertung mikrobiologischer und anderer Befunde von Infektionen und anderer gesundheitsgefährdender Gegebenheiten bei Patienten und deren Umgebung insbesondere aufgrund von Untersuchungen an Patienten, Personal, Luft, Wasser, Klimaanlagen und Gegenständen auf mögliche Gesundheitsgefährdungen zu unterstützen,
11. in Zusammenarbeit mit den hygieneabauftragten Ärzten und dem Krankenhaushygieniker Infektionsketten und Infektionsursachen zu erforschen sowie die Gegenmaßnahmen einzuleiten und
12. Fortbildungen für das Krankhauspersonal durchzuführen.

(4) Die Zahl der Hygienefachkräfte, die ein Krankenhaus beschäftigen muss, ergibt sich aus der Anwendung der Empfehlung der Kommission für Krankenhaushygiene und Infektionsprävention: »Personelle und organisatorische Voraussetzungen zur Prävention nosokomialer Infektionen« Abschnitt 4 in der Fassung vom 24. August 2009. Diese Bestimmungen gelten entsprechend, wenn Zusammenschlüsse von Krankenhäusern einrichtungsübergreifend Hygienefachkräfte beschäftigen.

(5) Krankenhäuser nach § 3 Nummer 2 des Krankenhausfinanzierungsgesetzes, Fachkrankenhäuser für Suchtkrankheiten, Vorsorge- sowie Rehabilitationseinrichtungen sind dabei stationären Einrichtungen der Psychiatrie gleichzusetzen.

§ 5
Hygienebeauftragte

(1) In jedem Krankenhaus ist mindestens ein im Krankenhaus tätiger Arzt, der über entsprechende Kenntnisse und Erfahrungen in Krankenhaushygiene und Infektionsprävention verfügt und der an einer entsprechenden Fortbildung in der Krankenhaushygiene mit Erfolg teilgenommen hat, zum Hygienebeauftragten zu bestellen. In Einrichtungen mit mehreren Fachabteilungen mit besonderem Risiko für nosokomiale Infektionen soll jede Abteilung einen hygienebeauftragten Arzt benennen.

(2) Der Hygienebeauftragte hat insbesondere

1. bei der Einhaltung der Regeln der Hygiene- und Infektionsprävention in seinem Verantwortungsbereich mitzuwirken und dabei Verbesserungen der Hygienepläne und der Funktionsabläufe anzuregen und
2. bei der Aus- und Fortbildung des Personals in der Krankenhaushygiene mitzuwirken.

(3) Die Benennung von Hygienebeauftragten in der Pflege als konkrete Ansprechpartner auf jeder Station und in jedem Funktionsbereich bleibt von diesen Regelungen unberührt.

§ 6
Fortbildung

(1) Hygienefachkräfte nach § 4 sind im Rahmen ihrer Aufgabenstellung verpflichtet, sich mit dem aktuellen Stand der Krankenhaushygiene vertraut zu machen und spätestens im Abstand von zwei Jahren an entsprechenden Fortbildungsveranstaltungen teilzunehmen.

(2) Hygienebeauftragte nach § 5 sind verpflichtet, sich laufend mit den neuesten Erkenntnissen über die Krankenhaushygiene vertraut zu machen und bedürfen der regelmäßigen Fortbildung in längstens zweijährigem Abstand. Diese Fortbildung soll insbesondere folgende Gebiete umfassen:

1. Regelungen auf dem Gebiete der Krankenhaushygiene,
2. mikrobiologische und epidemiologische Grundlagen von Krankenhausinfektionen,
3. Analyse und Dokumentation von Krankenhausinfektionen,

4. Umgebungsuntersuchungen,
5. Anforderungen an Funktion, Bau und Ausstattung von bestimmten Krankenhausbereichen,
6. gezielte hygienisch-mikrobiologische Kontrollmaßnahmen,
7. Maßnahmen auf dem Gebiet der Desinfektion, Sterilisation und Entwesung, der apparativen und instrumentellen Ausstattung und Versorgung sowie der Wasserversorgung und -aufbereitung, der Schwimmbadhygiene, der Abwasser- und Abfallbeseitigung,
8. besondere Methoden zur Verhütung von Infektionen des Personals und
9. Zusammenwirken mit Instituten und Laboratorien sowie medizinischen Untersuchungsämtern, Gesundheitsämtern und anderen Gesundheitsbehörden.

(3) Hygienefachkräfte und Hygienebeauftragte sind für die Wahrnehmung dieser Aufgabe im erforderlichen Umfang freizustellen.

§ 7
Aufzeichnungen, Akteneinsicht, Zutrittsrecht

(1) Die Aufzeichnungen nach § 23 Absatz 1 Infektionsschutzgesetz sind dem Krankenhaushygieniker, dem Hygienebeauftragten und der Hygienekommission in regelmäßigen Abständen, bei Gefahr im Verzug unverzüglich bekanntzugeben. Die Kontroll- und Wartungsarbeiten an den für die Aufrechterhaltung der Krankenhaushygiene erforderlichen technischen Einrichtungen sowie die sonstigen im Rahmen der Krankenhaushygiene erhobenen und anfallenden Daten sind unter Angabe des Datums aufzuzeichnen und zehn Jahre aufzubewahren.

(2) Krankenhaushygieniker, Hygienebeauftragte und Hygienefachkräfte haben das Recht, Unterlagen des Krankenhauses einschließlich der Patientenakten, auch in digitaler Form, einzusehen und Krankenhausbereiche zu betreten, soweit dies zur Erfüllung ihrer Aufgaben nach dieser Verordnung erforderlich ist.

§ 8
Inkrafttreten, Außerkrafttreten

Diese Verordnung tritt am 1. Januar 2010 in Kraft und mit Ablauf des 31. Dezember 2014 außer Kraft.

IV. Katholische Hochschulen

Partikularnormen der Deutschen Bischofskonferenz zur Apostolischen Konstitution »Ex Corde Ecclesiae«

– Auszug –

(vgl. u.a. Amtsblatt der Erzdiözese Freiburg 2009 Nr. 132 S. 135, in Kraft getreten am 1.10.2009)

§ 1
Geltungsbereich und Bezeichnungen

(1) Diese Partikularnormen finden Anwendung auf Katholische Hochschulen im Bereich der Deutschen Bischofskonferenz, die als Universitäten oder Hochschulen im Sinne von cc. 807 – 814 CIC 1983 der Apostolischen Konstitution Ex Corde Ecclesiae (ECE) vom 15. August 1990 unterliegen.

(2) Die Partikularnormen finden keine Anwendung auf Hochschulen oder Fakultäten/Fachbereiche, die als kirchliche Universitäten oder Fakultäten im Sinne von cc. 815 – 821 CIC 1983 der Apostolischen Konstitution »Sapientia Christiana« vom 15. April 1979 unterliegen.

(3) Katholische Hochschulen im Sinne der Partikularnormen sind gegenwärtig folgende Einrichtungen
- Katholische Universität Eichstätt-Ingolstadt,
- Katholische Hochschule für Sozialwesen Berlin,
- Katholische Fachhochschule Freiburg,
- Katholische Fachhochschule Mainz,
- Katholische Stiftungsfachhochschule München
- Katholische Hochschule Nordrhein-Westfalen,
- Philosophisch-Theologische Hochschule Vallendar.

Weitere Hochschulen werden mit ihrer kirchlichen Errichtung (§ 4 Abs. 2 Partikularnormen) in den Geltungsbereich dieser Partikularnormen einbezogen.

(4) Die Bezeichnung Universität ist solchen Katholischen Hochschulen vorbehalten, die ein eigenes Promotions- und Habilitationsrecht besitzen und die nach Größe, wissenschaftlicher Ausrichtung und Zahl der Disziplinen entsprechenden Einrichtungen in staatlicher oder freier Trägerschaft vergleichbar sind.

(5) Katholische Fachhochschulen bzw. Hochschulen mit entsprechender Ausrichtung pflegen Lehre, Studium und Forschung mit anwendungsbezogener Orientierung und unterliegen - ohne Universitäten zu sein - gemäß c. 814 CIC 1983 als alia studiorum superiorum instituta ebenfalls diesen Partikularnormen.

(6) Regelungswerke der Hochschule und ihres Trägers werden in diesen Partikularnormen als Satzungen, die Hochschulverfassung jedoch als Grundordnung bezeichnet.

§ 2
Auftrag der Hochschulen

(1) Die Hochschulen widmen sich der Pflege und Entwicklung der Wissenschaften durch Forschung, Lehre, Studium sowie Weiterbildung und weiteren vom kirchlichen und staatlichen Recht übertragenen Aufgaben. Als Katholische Hochschulen suchen sie dabei »Geist und Kultur des Menschen mit der Botschaft des Evangeliums Christi zu durchdringen« und den Dialog von Wissenschaft und Glaube, Kirche und Welt zu pflegen (Einleitung

Nr. 10 ECE). Dabei achten sie die Eigengesetzlichkeit der verschiedenen Disziplinen, um so zu einer Integration des Wissens in der einen Wahrheit zu gelangen. Die Wissenschaftspflege an Katholischen Hochschulen ist geprägt von der Treue gegenüber der christlichen Botschaft, so wie sie von der Kirche übermittelt wird. Die Hochschulen machen »in institutionalisierter Form das Christliche im universitären Bereich präsent« (Teil 1 Nr.13 ECE).

(2) Die Hochschulen bilden eine Gemeinschaft von Lehrenden, Lernenden und Mitarbeitern (Allgemeine Normen Art. 4 ECE). Bei Auswahl und Fortbildung der Dozenten ist darauf zu achten, dass diese zur Erfüllung des Auftrags der Hochschule in umfassender Weise beitragen können sowie fähig und bereit sind, den Dialog zwischen ihrer Disziplin und den Glaubenswissenschaften zu führen. Die Studierenden sollen zu Menschen herangebildet werden, »die in ihren Wissenschaften bestens bewandert, wichtigen Aufgaben im öffentlichen Leben gewachsen und Zeugen des Glaubens in der Welt sind« (Einleitung Nr. 9 ECE).

(3) Die Katholischen Hochschulen halten Gemeinschaft mit der Gesamtkirche und mit dem Heiligen Stuhl sowie mit dem Diözesanbischof und der Deutschen Bischofskonferenz (Allgemeine Normen Art. 5 § 1 ECE). Das Zusammenwirken und die jeweiligen Kompetenzen der verschiedenen Verantwortungsträger sind unter Beachtung der spezifischen Form der Errichtung und eventueller staatskirchenrechtlicher Festlegungen in der Grundordnung der Katholischen Hochschule zu regeln.

(4) Die Katholischen Hochschulen fügen sich in das deutsche Hochschulwesen ein und entsprechen als staatlich anerkannte Einrichtungen in freier Trägerschaft den Anforderungen des deutschen Hochschulrechts.

§ 5
Trägerschaft

(1) Katholische Hochschulen können in der Regel nur von kirchlichen Körperschaften oder Stiftungen oder deren Zusammenschlüssen auf verbandsrechtlicher Grundlage getragen werden.

...

(5) Der Träger ist Dienstherr des Hochschulpersonals, bestimmt das anzuwendende Dienst- und Arbeitsrecht und entscheidet unbeschadet der Beteiligungsrechte der Hochschule über Einstellungen und Entlassungen.

§ 6
Mitglieder der Hochschule

(1) Mitglieder der Hochschule sind nach Maßgabe der Grundordnung
- die Lehrenden,
- die Studierenden,
- die an der Hochschule tätigen Mitarbeiter,
- die Ehrenmitglieder.

(2) Die Mitglieder der Hochschule bilden eine akademische Gemeinschaft (Allgemeine Normen Art. 4 ECE).
(3) Die Mitglieder der Hochschule sind bei der Begründung des Mitgliedschaftsverhältnisses über den katholischen Charakter der Hochschule und über dessen Folgen förmlich in Kenntnis zu setzen.
(4) Die Mitglieder der Hochschule sind verpflichtet, den kirchlichen Auftrag und den katholischen Charakter der Hochschule anzuerkennen und zu beachten. Für Lehrende und Mitarbeiter, die der katholischen Kirche angehören, schließt dies die Verpflichtung ein, in ihrem dienstlichen und außerdienstlichen Verhalten ihre Treue zur katholischen Glaubens- und Sittenlehre zu wahren sowie den kirchlichen Auftrag der Hochschule zu fördern.
(5) Die Hochschulen sind bestrebt, ihrem Personal und den Studierenden ein familienfreundliches Umfeld zu bieten.

§ 7
Hochschulleitung

(1) Die Hochschule wird vom Präsidenten geleitet. Es bleibt der Hochschule vorbehalten, in ihrer Grundordnung die Amtsbezeichnung Rektor vorzusehen.
(2) Der Präsident und seine Stellvertreter müssen Professoren, Honorarprofessoren oder außerplanmäßige Professoren sein. In der Grundordnung ist zu bestimmen, dass mindestens der Stellvertreter des Präsidenten aus dem Kreis der an der Hochschule hauptberuflich tätigen Professoren zu wählen sind.
(3) Der Präsident und der Leiter der Hochschulverwaltung (Kanzler) sowie die Mehrheit der Mitglieder der Hochschulleitung müssen der katholischen Kirche angehören.

§ 8
Lehrende und Professuren

(1) An den Hochschulen können neben Lehrenden katholischen Glaubens auch Lehrende anderer Bekenntnisse und Weltanschauungen tätig sein. Damit der katholische Charakter der Hochschule nicht gefährdet wird, ist sicherzustellen, dass die katholischen Lehrenden unter den hauptberuflichen Mitgliedern des Lehrkörpers die Mehrheit bilden (Allgemeine Normen Art. 4 § 4 ECE).
(2) Die Lehrenden müssen die nach kirchlichem und staatlichem Hochschulrecht geltenden Einstellungsvoraussetzungen erfüllen.
(3) Die Berufung der Professoren erfolgt in einem Berufungsverfahren, das ein Vorschlagsrecht der Hochschule vorsehen muss. Die Berufung (Angebot der Professur) bleibt dem Träger vorbehalten.
(4) Lehrende, die theologische Fächer vertreten, bedürfen eines Mandats der zuständigen kirchlichen Autorität (c. 812 CIC 1983)
(5) Für die Kernfächer der an der Hochschule eingerichteten Studiengänge bestehen Professuren, die grundsätzlich mit hauptberuflich nur an dieser Hochschule

lehrenden Vollzeitkräften zu besetzen sind. Ein etwaiger dienst- oder arbeitsrechtlicher Rechtsanspruch des Stelleninhabers auf Teilzeitbeschäftigung bleibt davon unberührt.

(6) Der theologischen Perspektive kommt bei Forschung und Lehre als integrativem Bestandteil besondere Bedeutung zu; deshalb muss an jedem Standort einer Katholischen Hochschule wenigstens eine Dozentur für Theologie bestehen.

§ 13
Kirchliche Hochschulaufsicht, Hochschulplanung

(1) Die kirchliche Hochschulaufsicht wird von der für die jeweilige Hochschule zuständigen kirchlichen Autorität wahrgenommen.

(2) Der Diözesanbischof hat das Recht und die Pflicht, für den Schutz und die Stärkung des katholischen Charakters der Hochschule zu sorgen (Allgemeine Normen Art. 5 § 2 ECE). Dies kommt ebenfalls dem Heiligen Stuhl, der Deutschen Bischofskonferenz und anderen zuständigen kirchlichen Autoritäten zu.

(3) Die gemäß Allgemeine Normen Art. 3 §§ 1 – 2 ECE errichteten Hochschulen berichten jährlich der zuständigen kirchlichen Autorität über die Hochschule und ihre Tätigkeit. Die nicht vom zuständigen Diözesanbischof errichteten Hochschulen gemäß Allgemeine Art. 3 §§ 1 – 2 ECE und die Hochschulen gemäß Allgemeine Normen Art. 3 § 3 ECE informieren jährlich den zuständigen Diözesanbischof über die Hochschule und ihre Tätigkeit.

(4) In Streitfällen, die bei der Ausübung der Aufsichtsrechte entstehen, ist gemäß § 3 Abs. 4 Partikularnormen eine einvernehmliche Regelung anzustreben (c. 1733 CIC 1983).

(5) Für dienst- oder arbeitsrechtliche Streitfälle der Lehrenden ist durch Hochschulsatzung ein den Vorschriften der Art. 30 SapChr und Art. 22 SapChrOrd entsprechendes Verfahren einzurichten.

(6) Die Hochschulen informieren in Abstimmung mit ihrem Träger jährlich auch die für Hochschulplanung zuständige Kommission für Wissenschaft und Kultur der Deutschen Bischofskonferenz (VIII).

Anmerkung: Zum Recht der katholischen Kirche, eigene Hochschulen zu unterhalten, und auf die staatliche Anerkennung dieser Hochschulen nach Konkordatsrecht sei hingewiesen (z.B. Vertrag zwischen dem Land Schleswig-Holstein und dem Heiligen Stuhl vom 12.1.2009, GVBl. 2009, 265, Archiv für katholisches Kirchenrecht 2009, 246).

V. Normen zur Erteilung des Nihil obstat bei der Berufung von Professoren der Katholischen Theologie an den staatlichen Universitäten im Bereich der Deutschen Bischofskonferenz

– Auszug –

(u.a. Kirchliches Amtsblatt Bistum Essen 2010 Nr. 55 S. 79)

I. Sinn und Konzeption des Nihil obstat

1. Die Lehre der Theologie nimmt in eigener Weise an der amtlichen Verkündigung der katholischen Glaubenslehre gemäß c. 747 Codex Iuris Canonici (CIC 1983) teil und bedarf insofern einer Beauftragung durch die zuständige kirchliche Autorität (vgl. cc. 812, 818 CIC 1983; Art. 27 § 1 Apostolische Konstitution Sapientia christiana vom 15. April 1979 – SapChrist).
   Diese Beauftragung einer Person erfolgt weltkirchlich durch das Mandatum bzw. die Missio Canonica (c. 812 CIC; Art. 27 SapChrist).
   In Deutschland wird bei der Berufung von Professoren der Katholischen Theologie an den staatlichen Universitäten das auch konkordatär geregelte Nihil obstat erteilt. Das Nihil obstat ist die Erklärung der zuständigen kirchlichen Autorität gegenüber der zuständigen staatlichen Autorität, dass gegen die für eine Lehrtätigkeit vorgeschlagene Person seitens der Kirche keine Einwendungen erhoben werden.

…

25. Vorstehende Normen sind sinngemäß auch auf die Katholisch-Theologischen Fakultäten und Hochschulen in kirchlicher Trägerschaft anzuwenden.
   Bei der Berufung von Professoren, die an einer katholischen Fachhochschule in anwendungsbezogener Form religionspädagogische bzw. theologische Disziplinen vertreten, ist das Mandat des Diözesanbischofs gemäß c. 812 CIC 1983, nicht aber die Erklärung des Heiligen Stuhls gemäß Akkommdationsdekret Nr. 7 erforderlich.
   Die Normen gelten für den Bereich der Deutschen Bischofskonferenz und treten mit Datum des Dekrets der Kongregation für das Katholische Bildungswesen vom 25. März 2010 in Kraft. Sie ersetzen die »Normen zum Einholen des Nihil obstat, von dem Art. 27 § 2 der Apostolischen Konstitution 'Sapientia Christiana' handelt« vom 12. Juli 1988 für den Bereich der Deutschen Bischofskonferenz.

VI. Schuldienst

1. Kirchliches Schulgesetz des Erzbistums Köln vom 26.7.2006

– Auszug –

(Kirchliches Amtsblatt des Erzbistums Köln 2006 Nr. 166 S. 134; exemplarisch für dienstliche Anforderungen an Lehrerinnen und Lehrer im kirchlichen Schuldienst)

§ 1
Grundlage der Bildung und Erziehung

(1) Grundlage von Bildung und Erziehung an jeder Katholischen Freien Schule ist das christliche Menschenbild. Jeder Mensch ist als Ebenbild Gottes einmalig, von Gott mit bestimmten Begabungen ausgestattet und zur Lebensgemeinschaft mit Gott berufen. Ein Wesenselement der Gottebenbildlichkeit des Menschen ist seine Freiheit, durch deren Gebrauch er allerdings auch seine Gefährdung und die Notwendigkeit von Erlösung erfährt. Diese wird ihm durch Jesus Christus in der Kirche durch Wort und Sakrament vermittelt.

(2) Die Integration des Glaubens und des kirchlichen Lebens in den Bildungs- und Erziehungsprozess einer Katholischen Freien Schule kann nur gelingen, wenn Schulleiter und Lehrer im Glauben und im Leben der Kirche verwurzelt sind und deren Werte in die Bildungs- und Erziehungsarbeit der Schule einbringen. Wegen der Zielsetzung katholischer Schulen und aus Respekt vor der persönlichen Überzeugung der Lehrkräfte werden den Lehrern und Schulleitern bei ihrer Einstellung der kirchliche Charakter der Schule und die daraus folgenden Erwartungen und Anforderungen deutlich gemacht. Daher sind die Fähigkeit und die Bereitschaft, diesen Anforderungen im alltäglichen Schulbetrieb immer wieder durch aktiven persönlichen Einsatz für die Bildungs- und Erziehungsarbeit an einer katholischen Schule gerecht zu werden, Einstellungsvoraussetzung.

(3) ....

§ 3
Religiöse Erziehung

(1) Die Katholischen Freien Schulen vermitteln eine umfassende religiöse Erziehung, die als Prinzip den Unterricht und die Gestaltung des Schullebens prägt. Die Dimension des katholischen Glaubens darf jedoch nicht auf Religionsunterricht, Gottesdienst und Besinnungstage beschränkt bleiben. In allen Unterrichtsfächern werden Wertmaßstäbe und Beurteilungskriterien für einen tragfähigen Standpunkt aus dem Glauben vermittelt.

(2) Der Religionsunterricht hat eine zentrale Stellung. Die Teilnahme ist in allen Jahrgangsstufen verbindlich.

(3) Zu jeder Katholischen Freien Schule gehören nicht nur ein qualifizierter Unterricht und eine an der Entfaltung der Persönlichkeit und der Begabung des Schülers orientierte Erziehung und Ausbildung, sondern auch das Angebot einer seelsorglichen Begleitung. Gebet, Gottesdienst und Mitfeier des Kirchenjahres sind ebenso integrative Elemente des schulischen Lebens wie z.B. Wallfahrten, Exerzitien, Besinnungstage, religiöse Freizeiten und Einzelseelsorge. Eine besondere Verantwortung hat hier der Schulseelsorger, aber auch von jedem Lehrer wird erwartet, im eigenen Zeugnis und im Engagement für diese Ziele vorbildhaft seinen Beitrag zu leisten.

§ 7
Schulträger und Schulaufsicht

(1) In seiner Verantwortung für den Betrieb seiner Schulen und für die Verwirklichung ihrer Zielsetzung trifft das Erzbistum Köln als Schulträger die grundsätzlichen Entscheidungen. In allen Schulangelegenheiten kann der Schulträger gegenüber der Schule Anordnungen treffen.

(2) Der Schulträger ist Anstellungsträger der an den Schulen Beschäftigten und deren Dienstvorgesetzter. Er übt die Rechts-, Dienst- und Fachaufsicht über seine Schulen aus, unbeschadet der Rechte der staatlichen Schulaufsichtsbehörden. Die staatliche Schulaufsicht beschränkt sich auf die Prüfung der Einhaltung der Genehmigungsvoraussetzungen der Schule, der Vorschriften über die Erteilung von Zeugnissen und Berechtigungen sowie der sonstigen für die Ersatzschulen geltenden Rechtsvorschriften; Maßnahmen der staatlichen Schulaufsicht richten sich grundsätzlich an den Schulträger.

§ 10
Lehrerinnen und Lehrer sowie nicht lehrendes Personal

(1) Die an den Katholischen Freien Schulen tätigen Lehrer tragen durch ihren Glauben dazu bei, dass das Evangelium zu den der Schule anvertrauten Kindern und jungen Erwachsenen gelangt. Wegen dieser Aufgabe müssen die Lehrer in der Regel katholisch sein. Sie müssen bereit und fähig sein, die besondere Zielsetzung de Katholischen Freien Schulen mit zu verwirklichen. Von der Einstellung und Handlungsweise der Lehrer hängen Geist und Glaubwürdigkeit der Bildungseinrichtung ab. Gelebte Glaubensüberzeugung, Redlichkeit und die Zuwendung zum Schüler sollen charakteristische Haltungen der Lehrer an Katholischen Freien Schulen sein.

(2) Wenn im besonders begründeten Ausnahmefall der Schulträger christliche Lehrer anderer Konfessionen einstellt, wird auch von diesen gefordert, dass sie bereit und fähig sind, die besondere Zielsetzung der Katholischen Freien Schulen mit zu verwirklichen. Auch von ihnen wird erwartet, dass sie die Wahrheiten und Werte des Evangeliums achten und dazu beitragen, sie in der Einrichtung zur Geltung zu bringen.

(3) Der Dienst an einer Katholischen Freien Schule fordert von katholischen Lehrern, dass ihre persönliche Lebensführung den Grundsätzen der Glaubens- und Sittenlehrer der katholischen Kirche entspricht. Die persönliche Lebensführung der nicht katholischen Lehrer darf dem kirchlichen Charakter Katholischer Freier Schulen nicht widersprechen.

(4) Die Lehrer erziehen und unterrichten in eigener pädagogischer Freiheit und Verantwortung im Rahmen dieses Gesetzes.

(5) Die Lehrer üben Aufsicht über die ihnen anvertrauten Schüler in Wahrnehmung der Fürsorgepflicht der Schule aus. Art und Umfang der Aufsicht sind im Interesse einer Erziehung zu eigenverantwortlichem Handeln unter Berücksichtigung möglicher Gefährdungen nach Alter, Entwicklungsstand und Ausprägung des Verantwortungsbewusstseins der Schüler auszuüben.

(6) Die Ausübung der Tätigkeit von Lehrern und Leitern an Katholischen Freien Schulen bedarf der Genehmigung der oberen Schulaufsichtsbehörde. Die Genehmigung kann von der Schulaufsichtsbehörde zurückgenommen werden, wenn Tatsachen vorliegen, die bei Lehrern öffentlicher Schulen zu einer Beendigung des Dienstverhältnisses führen oder die Entfernung aus dem Dienst rechtfertigen würden. Die Verweigerung oder Rücknahme der Genehmigung rechtfertigt die außerordentliche Kündigung des Arbeitsvertrages.

(7) Die Anforderungen an die wissenschaftliche Ausbildung der Lehrer sind erfüllt, wenn eine fachliche, pädagogische und unterrichtliche Vor- und Ausbildung sowie die Ablegung von Prüfungen nachgewiesen werden, die der Vor- und Ausbildung und den Prüfungen der Lehrer an entsprechenden öffentlichen Schulen im Wert gleichkommen. Auf diesen Nachweis kann in besonderen Ausnahmefällen verzichtet werden, wenn die Eignung des Lehrers durch gleichwertige freie Leistungen nachgewiesen wird.

(8) Die rechtliche und wirtschaftliche Stellung der vom Schulträger beschäftigten Lehrer wird gesichert (Artikel 7 Abs. 4 Satz 4 des Grundgesetzes für die Bundesrepublik Deutschland). Sie ist der der Lehrer an vergleichbaren öffentlichen Schulen gleichwertig. Lehrer an Katholischen Freien Schulen können Planstelleninhaber sein, deren Anstellungsverhältnis dem eines Beamten auf Lebenszeit vergleichbar ist. Diese Lehrer können eine den Amtsbezeichnungen vergleichbarer Lehrer an öffentlichen Schulen entsprechende Berufsbezeichnung mit dem Zusatz »im Kirchendienst« (i.K.) bzw. »im Ersatzschuldienst« (i. E.) führen. Das Anstellungsverhältnis der übrigen an den Katholischen Freien Schulen beschäftigten Lehrer ist demjenigen von Angestellten im öffentlichen Dienst vergleichbar.

(9) Lehrer bilden sich regelmäßig zur Erhaltung und weiteren Entwicklung ihrer Unterrichts- und Erziehungsfähigkeit fort. Sie sind verpflichtet, an Fortbildungsmaßnahmen auch in der unterrichtsfreien Zeit teilzunehmen. Die Genehmigung von Fortbildung während der Unterrichtszeit setzt in der Regel voraus, dass eine Vertretung gesichert ist. Die Rechte und Pflichten der Lehrer bestimmen sich im Übrigen nach den zwischen ihnen und dem Schulträger im Arbeitsvertrag getroffenen Vereinbarungen. Das Nähere

regeln die »Grundordnung des kirchlichen Dienstes im Rahmen kirchlicher Arbeitsverhältnisse« sowie die »Dienstordnung für die Leiter und Lehrer an den Katholischen Freien Schulen des Erzbistums Köln« in der jeweils geltenden Fassung.

(10) Für die erfolgreiche Erfüllung des Bildungs- und Erziehungsauftrags im Rahmen der Erziehungsgemeinschaft (siehe § 2) der Katholischen Freien Schulen ist die Mitwirkung des nicht lehrenden Schulpersonals unverzichtbar. Schulsekretärinnen und Schulhausmeister, Silentiumsmitarbeiter und sozialpädagogische Fachkräfte müssen sich bei allen Innen- und Außenkontakten bewusst sein, dass Erfolg und Ansehen der Schule auch von ihrer Arbeit und ihrem Auftreten mitbestimmt werden.

§ 11
Schulleiterinnen und Schulleiter

(1) Im Auftrage des Schulträgers leitet der Schulleiter die Schule, arbeitet mit dem Lehrerkollegium vertrauensvoll zusammen und trägt die Verantwortung für die Erziehungs- und Bildungsarbeit und die für die Verwaltung der Schule, soweit sie nicht vom Schulträger wahrgenommen wird. Er ist zugleich Lehrer der Schule. Schulleiter und ständiger Vertreter (stellvertretender Schulleiter) und gegebenenfalls der zweite Konrektor bilden die Schulleitung. Ihre Zugehörigkeit zur Katholischen Kirche ist unerlässlich.

(2) Der Schulleiter als Beauftragter des Schulträgers hat Teil an der allgemeinen Fürsorgepflicht, die der Schulträger gegenüber Schülern und Schulpersonal vertraglich übernommen hat. Als solcher ist er Vorgesetzter aller Mitarbeiter und das entscheidende Bindeglied zwischen dem Schulträger und dem Schulpersonal. Daraus erwächst ihm eine besondere Mitverantwortung für Personalführung und -entwicklung.

(3) Der Schulleiter kann in Erfüllung der Aufgaben als Vorgesetzter allen an der Schule tätigen Personen Weisungen erteilen und nimmt das Hausrecht wahr.

(4) Einzelne Leitungsaufgaben können zur selbständigen Wahrnehmung auf Lehrer übertragen werden. Die Gesamtverantwortung des Schulleiters bleibt davon unberührt.

(5) Im Falle der Verhinderung des Schulleiters oder im Falle der Vakanz der Stelle übernimmt der ständige Vertreter die Aufgaben des Schulleiters im vollen Umfang. Bei Verhinderung des ständigen Vertreters übernimmt ein anderes durch den Schulträger beauftragtes Mitglied der Schule die Schulleitungsaufgaben in dem vom Schulträger dann festzulegenden Umfang.

(6) Im Rahmen der übertragenen Zuständigkeiten wirkt der Schulleiter in Personalangelegenheiten mit. Er ist insbesondere bei der Einstellung des pädagogischen Personals an der jeweiligen Schule zu beteiligen und trägt Mitverantwortung für die Erstellung und Einhaltung des Stellenplans.

(7) »Die Leiter der katholischen Schulen haben unter Aufsicht des Ortsordinarius dafür zu sorgen, dass die Ausbildung, die in ihnen, wenigstens auf gleicher

Höhe wie in den anderen Schulen der Region, vermittelt wird, in wissenschaftlicher Hinsicht hervorragend ist« (can. 806 § 2 CIC).

(8) Der Schulleiter arbeitet mit dem Schulträger eng und vertrauensvoll zusammen und stellt diesem die zur Erfüllung seiner Aufgaben erforderlichen Informationen zur Verfügung. Er ist an die Anordnungen des Schulträgers gebunden; dies gilt insbesondere hinsichtlich der Schüleraufnahme, der Beschäftigungsverhältnisse der Lehrer und der Angelegenheiten der Schulstruktur. Er vertritt die Schule nach außen, wenn dabei Angelegenheiten des Schulträgers berührt werden, im Einvernehmen mit diesem.

(9) Der Schulleiter wirkt im Rahmen der Personal- und Organisationsentwicklung der Schule auf die Fortbildung der Lehrer hin. Er trägt dafür Sorge, dass neben der fachlichen und beruflichen Weiterbildung Fragen des Glaubens und der Wertorientierung Berücksichtigung finden. Er entscheidet im Rahmen des Fortbildungskonzeptes der Schule.

(10) Der Schulleiter stellt durch Vertretungskonzepte sicher, dass der Unterricht nach der Stundentafel erteilt wird. In jedem Schuljahr sind Schulkonferenz und Schulträger über die Unterrichtsversorgung und die Erteilung des Unterrichts zu informieren.

(11) Außerunterrichtliche Schulveranstaltungen, die kein Unterricht in anderer Form sind, dürfen vom Schulleiter grundsätzlich nur genehmigt werden, wenn kein Unterricht ausfällt. Der Schulleiter sorgt dafür, dass alle organisatorischen Vorbereitungen des neuen Schuljahres zu dessen Unterrichtsbeginn abgeschlossen sind und der Unterricht mit dem ersten Schultag in vollem Umfang erfolgen kann. Nachprüfungen finden vor dem ersten Unterrichtstag des neuen Schuljahres statt. Abitur- und Abschlussprüfungen haben unter Berücksichtigung der Prüfungsbelastungen bei möglichst wenig Unterrichtsausfall zu erfolgen.

(12) Der Schulleiter entscheidet auf der Grundlage des Stellenplans und der Grundsätze der Lehrerkonferenz für die Unterrichtsverteilung über die Übertragung von Sonderaufgaben. Er setzt die Verteilung der individuellen Pflichtstunden der Lehrer sowie im Rahmen der Grundsätze der Lehrerkonferenz die Stunden-, Vertretungs- und Aufsichtspläne fest. Er wirkt bei der Übertragung höher zu bewertender Tätigkeiten und im Beförderungsverfahren im Rahmen der Vorgaben des Schulträgers mit.

(13) Der Schulleiter ist für die Unfallverhütung sowie eine wirksame Erste Hilfe und für den Arbeits- und Gesundheitsschutz (einschließlich Gefahrstoffentsorgung) verantwortlich. Er trägt u.a. Verantwortung für die Umsetzung der allgemein gültigen gesetzlichen Bestimmungen zur Schulgesundheit (siehe § 19).

(14) Der Schulleiter arbeitet zur Erfüllung des Erziehungs- und Bildungsauftrages mit den Konferenzen zusammen und sorgt für die Ausführung der Beschlüsse. Er kann an Konferenzen, denen er nicht vorsitzt, mit beratender Stimme teilnehmen. Er hat das Recht und die Pflicht, Beschlüsse von Konferenzen, die gegen die Bestimmungen dieses Gesetzes verstoßen, unverzüglich

zu beanstanden. Die Beanstandung hat aufschiebende Wirkung und ist zu begründen. Hilft die Konferenz der Beanstandung nicht ab, holt der Schulleiter die Entscheidung des Schulträgers ein.

(15) Der Schulleiter ist dem Schulträger gegenüber verantwortlich für einen effizienten und sparsamen Einsatz und eine zweckentsprechende Verwendung der finanziellen Mittel, die der Schule zur Verfügung gestellt werden. Er verhindert die Entstehung ungeplanter, nicht refinanzierbarer Ausgaben und stellt die Einhaltung von Pauschalen und Budgets sicher.

§ 17
Information und Beratung

(1) Jede Schule und jeder Lehrer haben die Aufgabe, die Eltern und die Schüler in Fragen der Schullaufbahn und der Persönlichkeitsentwicklung zu beraten und ihnen bei der Wahl der Bildungsmöglichkeiten entsprechend den Anlagen und Fähigkeiten des Einzelnen zu helfen.

(2) Die Lehrer informieren die Schüler sowie deren Eltern über die individuelle Lern- und Leistungsentwicklung und beraten sie. Den Schülern sind die Bewertungsmaßstäbe für die Notengebung und für Beurteilungen zu erläutern. Auf Wunsch werden ihnen ihr Leistungsstand mitgeteilt und einzelne Beurteilungen erläutert. Dies gilt auch für die Bewertung von Prüfungsleistungen.

(3) Im Rahmen ihrer Gesamtverantwortung können Lehrer mit Zustimmung des Schulleiters in hierfür geeigneten Unterrichtsbereichen die Mitarbeit von hierzu bereiten Eltern vorsehen. Gleiches gilt bei außerunterrichtlichen Schulveranstaltungen und Angeboten im Ganztagsbereich.

(4) Elterngesprächen kommt im Rahmen der Erziehungsgemeinschaft an Katholischen Freien Schulen eine besondere Bedeutung zu. Die Lehrer beraten die Eltern im Rahmen ihres Dienstes außerhalb des Unterrichts. Näheres regelt die Schulkonferenz. Elternsprechtage sind so zu organisieren, dass möglichst wenig Unterricht ausfällt. Im Verlauf eines Schuljahres kann höchstens ein Unterrichtsvormittag hierfür in Anspruch genommen werden. Die Entscheidung trifft die Schulkonferenz (siehe § 30 Abs. 1 Nr. 11). Für die Schüler ist der unterrichtsfreie Tag als Studientag anzusetzen.

(5) Die Schule soll Eltern sowie Schüler in Fragen der Erziehung, der Schullaufbahn und des weiteren Bildungsweges beraten. Sie arbeitet hierbei insbesondere mit schulpsychologischen Einrichtungen, Beratungsstellen und der Berufsberatung zusammen.

§ 43
Schutz der Daten von Lehrerinnen und Lehrern

(1) Daten der Lehrer dürfen von Schulen verarbeitet werden, soweit dies zur Aufgabenerfüllung bei der Planung und Ermittlung des Unterrichtsbedarfs und der Durchführung des Unterrichts, Maßnahmen der Qualitätsentwicklung

und der Qualitätssicherung (§ 6), wissenschaftliche Forschungsvorhaben (§ 42 Abs. 5), der Schulmitwirkung sowie in dienstrechtlichen, arbeitsrechtlichen oder sozialen Angelegenheiten erforderlich ist. Dies bestimmt sich grundsätzlich nach der Anordnung über den kirchlichen Datenschutz für die Verarbeitung personenbezogener Daten in den katholischen Schulen in freier Trägerschaft im Erzbistum Köln (KDO – Schulen) einschließlich der hierzu ergangenen Anlagen (siehe Amtsblatt des Erzbistums Köln vom 01.03.2006, Nr. 73) in der jeweils geltenden Fassung.

(2) Verhaltensdaten von Lehrern, Daten über ihre gesundheitlichen Auffälligkeiten mit Ausnahme des Grades einer Behinderung, Ergebnisse von psychologischen bzw. ärztlichen Untersuchungen sowie Daten über soziale und therapeutische Maßnahmen und deren Ergebnisse dürfen nicht automatisiert verarbeitet werden.

(3) Eine Übermittlung der vom Schulträger erhobenen Daten der Lehrer sowie des Verwaltungs- und Hauspersonals an die zuständige staatliche Schulaufsichtsbehörde ist nur zulässig, soweit dies für Zwecke der Zuschussgewährung und -abrechnung des Landes einschließlich der Rechnungsprüfung zwingend erforderlich ist.

2. Bischöfliches Gesetz für katholische allgemeinbildende Schulen in freier Trägerschaft in den Bistümern Hildesheim, Osnabrück und im oldenburgischen Teil des Bistums Münster in der Fassung vom 1.8.2004

– Auszug –

§ 6
Lehrer

…

(3) Die Lehrer an einer katholischen Schule in freier Trägerschaft können ihrer Verantwortung nur gerecht werden, wenn sie sich auf der Grundlage des christlichen Glaubens und einer guten fachlichen und pädagogischen Ausbildung beruflich und religiös fortbilden und um ein Leben aus dem Glauben bemühen.

3. Kirchliches Schulgesetz für das Erzbistum Paderborn

(siehe Kirchliches Amtsblatt für die Erzdiözese Paderborn 2010 Nr. 92 S. 108 ff. zu §§ 5, 6, 37)

(hier nicht abgedruckt)

4. Dekret der Deutschen Bischofskonferenz „Kirchliche Anforderungen an die Religionslehrerbildung" (u. a. Kirchliches Amtsblatt für die Erzdiözese Paderborn 2011 Nr. 168 S. 151)

VII. Rahmenordnung zur Prävention von sexuellem Missbrauch an Minderjährigen im Bereich der Deutschen Bischofskonferenz vom 23.9.2010

(u.a. Kirchliches Amtsblatt für das Bistum Dresden-Meißen 2010 Nr. 93 S. 155; Amtsblatt des Erzbistums Köln 2010 Nr. 209 S. 227; Amtsblatt für das Erzbistum München und Freising Nr. 179 S. 364; Amtsblatt für das Bistum Trier 2010 Nr. 191 S. 225)

I. Grundsätzliches

Die Prävention von sexuellem Missbrauch ist integraler Bestandteil der kirchlichen Arbeit mit Kindern und Jugendlichen. Als Grundprinzip pädagogischen Handelns trägt Prävention dazu bei, dass Kinder und Jugendliche in ihrer Entwicklung zu eigenverantwortlichen, glaubens- und gemeinschaftsfähigen Persönlichkeiten gestärkt werden. Diese Rahmenordnung verpflichtet alle, die im Bereich der Deutschen Bischofskonferenz für das Wohl und den Schutz von Kindern und Jugendlichen Verantwortung und Sorge tragen. Bereits psychische und physische Grenzverletzungen sollen vermieden und Voraussetzungen dafür geschaffen werden, dass das Wohl und der Schutz von Kindern und Jugendlichen aktiv gefördert werden. Dazu müssen auch manche bereits vorhandenen Initiativen weiterentwickelt werden. Unterschiede bei den Bedarfs- und Gefährdungslagen von Mädchen und Jungen verlangen bei allen Präventionsmaßnahmen eine angemessene Berücksichtigung.

II. Inhaltliche und strukturelle Anforderungen an Diözesen, kirchliche Institutionen und Verbände

Die Strukturen und Prozesse zur Prävention sexuellen Missbrauchs in den Diözesen, kirchlichen Institutionen und Verbänden müssen transparent, nachvollziehbar und kontrollierbar sein. Die Entwicklung und Verwirklichung von Maßnahmen zur Prävention erfolgt nach Möglichkeit in Zusammenarbeit mit allen hierfür relevanten Personen und Gruppen. Dazu gehören auch die Kinder und Jugendlichen selbst.

1. Verhaltenskodex

Klare Verhaltensregeln stellen im Hinblick auf den jeweiligen Arbeitsbereich ein fachlich adäquates Nähe-Distanz-Verhältnis und einen respektvollen Umgang zwischen den Mitarbeiterinnen und Mitarbeitern sowie den betreuten Kindern und Jugendlichen sicher. Allen Mitarbeiterinnen und Mitarbeitern sind die Verhaltensregeln sowie Sanktionen bei Nichteinhaltung bekannt zu machen.

2. Dienstanweisungen und hausinterne Regelungen

Um das Wohl und den Schutz der Kinder und Jugendlichen zu optimieren, können Dienstanweisungen und hausinterne Regelungen erlassen werden, die auch arbeitsrechtliche Verbindlichkeit haben.

3. Beschwerdewege

Die Diözesen, kirchlichen Institutionen und Verbände schaffen interne und externe, nieder- und höherschwellige Beratungs- und Beschwerdewege für die Kinder und Jugendlichen, die Eltern und Erziehungsberechtigten sowie die Mitarbeiterinnen und Mitarbeiter.

4. Personalauswahl und -entwicklung

Die Prävention von sexuellem Missbrauch ist Thema im Vorstellungsgespräch, während der Einarbeitungszeit sowie in weiterführenden Mitarbeitergesprächen. In der Aus- und Fortbildung ist sie Pflichtthema.
Haupt- und nebenamtliche Mitarbeiterinnen und Mitarbeiter müssen entsprechend den gesetzlichen Regelungen ein erweitertes polizeiliches Führungszeugnis vorlegen. Außerdem ist die Unterzeichnung einer Selbstverpflichtungserklärung verbindliche Voraussetzung einer Anstellung wie auch einer Beauftragung zu einer ehrenamtlichen Tätigkeit im kinder- und jugendlichen Bereich.

5. Qualitätsmanagement

Die Leitung von Einrichtungen und die Träger von Kinder- und Jugendprogrammen haben die Verantwortung dafür, dass Maßnahmen zur Prävention nachhaltig Beachtung finden und fester Bestandteil ihres Qualitätsmanagements sind. Für jede Einrichtung und für jeden Verband sowie ggf. für den Zusammenschluss mehrerer kleiner Einrichtungen sollte eine geschulte Fachkraft zur Verfügung stehen, die hierbei im Interesse der Kinder und Jugendlichen sowie der Mitarbeiterinnen und Mitarbeiter Unterstützung gibt.
Personen mit Opfer- und Täterkontakt erhalten kontinuierlich Supervision.

III. Aus- und Fortbildung

Prävention von sexuellem Missbrauch erfordert Schulungen zu Fragen von
- Täterstrategien,
- Psychodynamiken der Opfer,
- Dynamiken in Institutionen sowie begünstigenden institutionellen Strukturen,
- Straftatbeständen und weiteren einschlägigen rechtlichen Bestimmungen,
- eigener emotionaler und sozialer Kompetenz,
- konstruktiver Kommunikations- und Konfliktfähigkeit.

Alle in der Diözese für den Bereich Kinder- und Jugendarbeit in leitender Verantwortung Tätigen sowie alle weiteren in diesem Bereich leitend Verantwortlichen werden zu Fragen der Prävention von sexuellem Missbrauch geschult. Dabei bilden die Möglichkeiten zur Verbesserung des Wohls und des Schutzes von Kindern und Jugendlichen sowie Vorkehrungen zur Erschwerung von Straftaten einen Schwerpunkt. Die Schulungen sollen auch dazu befähigen, Dritte über diese Themen zu informieren.

Alle, die im Bereich der Diözesen bei ihrer Arbeit mit Kindern und Jugendlichen zu tun haben, werden zum Thema Prävention von sexuellem Missbrauch gründlich informiert. Sie sollen insbesondere Hinweise auf sexuellen Missbrauch erkennen und mit diesen angemessen umgehen können.

Im Sinne einer Erziehungspartnerschaft wird das Thema Prävention von sexuellem Missbrauch auch mit Eltern und Angehörigen von Kindern und Jugendlichen besprochen.

IV. Koordinationsstelle zur Prävention von sexuellem Missbrauch

Der Diözesanbischof benennt eine qualifizierte Person (oder mehrere Personen) zur Unterstützung und Vernetzung der diözesanen Aktivitäten zur Prävention von sexuellem Missbrauch. Die diözesane Koordinationsstelle hat u.a. folgende Aufgaben:

- Fachberatung bei der Planung und Durchführung von Präventionsprojekten,
- Vermittlung von Fachreferent/innen,
- Beratung von Aus- und Weiterbildungseinrichtungen,
- Weiterentwicklung von verbindlichen Qualitätsstandards,
- Information über Präventionsmaterialien und -projekte,
- Vernetzung der Präventionsarbeit inner- und außerhalb der Diözese,
- Öffentlichkeitsarbeit in Kooperation mit der jeweiligen Pressestelle.

Das Thema Prävention hat einen Platz auf der Internetseite der Diözesen sowie der kirchlichen Institutionen und Verbände.

Mehrere Diözesanbischöfe können eine überdiözesane Koordinationsstelle einrichten.

V. Erwachsene Schutzbefohlene

Für kirchliche Institutionen und Verbände, in denen mit erwachsenen Schutzbefohlenen gearbeitet wird, gelten die genannten Regelungen entsprechend.

VI. Inkrafttreten

Die vorstehende Rahmenordnung tritt ad experimentum für drei Jahre in Kraft und wird vor Verlängerung ihrer Geltungsdauer einer Überprüfung unterzogen.

Fulda, den 23. September 2010

Anmerkung: Die Rahmenordnung zur Prävention ist nach diözesanbischöflicher Inkraftsetzung und Veröffentlichung im diözesanen Amtsblatt jeweils in diözesanes Kirchenrecht umgesetzt (vgl. z.B. Kirchlicher Anzeiger für die Diözese Aachen 2011 Nr. 58 S. 68 ff. mit Selbstverpflichtung des Mitarbeiters/der Mitarbeiterin; Kirchliches Amtsblatt Bistum Essen 2011 Nr. 43 S. 51 ff.; Kirchliches Amtsblatt für die Diözese Münster 2011 Art. 65 S. 84 ff.; Kirchliches Amtsblatt für die Erzdiözese Paderborn 2011 Nr. 45 S. 121 ff.; Amtsblatt für das Erzbistum München und Freising 2010 Nr. 179 S. 364).

Ergänzt wird die Präventionsordnung durch zusätzliche diözesanrechtliche Vorschriften zur Vorgehensweise bei Handlungen nach dem 13. Abschnitt des Strafgesetzbuches, soweit sie an Minderjährigen oder erwachsenen Schutzbefohlenen begangen werden. Erfasst werden auch Handlungen unterhalb der Schwelle der Strafbarkeit, die im pastoralen oder erzieherischen sowie im betreuenden oder pflegerischen Umgang mit Kindern und Jugendlichen oder erwachsenen Schutzbefohlenen eine Grenzüberschreitung darstellen. So u.a. Verfahrensordnung bei sexuellem Missbrauch Minderjähriger durch Geistliche, Ordensmitglieder im Gestellungs- oder Beauftragungsverhältnis, Mitarbeiterinnen/Mitarbeiter im kirchlichen Dienst sowie durch im kirchlichen Bereich ehrenamtlich tätige Personen im Bistum Essen (Kirchliches Amtsblatt Bistum Essen 2010 Nr. 160 S. 208). Siehe auch Ordnung zum Verfahren bei Verdacht auf sexuellen Missbrauch Minderjähriger durch Kleriker oder kirchliche Mitarbeiter und Mitarbeiterinnen sowie durch im kirchlichen Bereich ehrenamtlich tätige Personen im Erzbistum Hamburg und zum weiteren Vorgehen, Kirchliches Amtsblatt Erzbistum Hamburg 2011 Art. 39 S. 38.
Die Diözesanbischöfe von Hamburg, Hildesheim und Osnabrück haben jeweils für ihre Diözese mit Wirkung ab 1.9.2010 ein Gesetz zur Vermeidung von Kindeswohlgefährdungen im Umgang mit Kindern und Jugendlichen erlassen. Danach haben kirchliche Rechtsträger hinsichtlich der persönlichen Eignung sicherzustellen, dass keine Personen, die in kirchlichen Einrichtungen arbeiten und Kinder und Jugendliche betreuen, eingesetzt werden, die rechtskräftig wegen einer Straftat i.S. von § 72 a S. 1 SGB VIII verurteilt worden sind (Kirchliches Amtsblatt Erzbistum Hamburg 2010 Art. 108 S. 149; Kirchlicher Anzeiger Bistum Hildesheim 2010 S. 235; Kirchliches Amtsblatt Osnabrück 2010 Art. 88 S. 133). Siehe auch Kirchliches Amtsblatt für die Diözese Rottenburg-Stuttgart 2011 S. 74 ff.

VIII. Leitlinien für den Umgang mit sexuellem Missbrauch Minderjähriger durch Kleriker, Ordensangehörige und andere Mitarbeiterinnen und Mitarbeiter im Bereich der Deutschen Bischofskonferenz vom 23.8.2010

– Auszug –

(u.a. Amtsblatt der Erzdiözese Freiburg 2010 Nr. 356 S. 419; Amtsblatt des Erzbistums Köln 2010 Nr. 186 S. 197)

...

2. Diese Leitlinien beziehen sich auf Handlungen nach dem 13. Abschnitt des Strafgesetzbuchs, soweit sie an Minderjährigen begangen werden.
3. Zusätzlich finden sie entsprechende Anwendung bei Handlungen unterhalb der Schwelle der Strafbarkeit, die im pastoralen oder erzieherischen sowie im betreuenden oder pflegerischen Umgang mit Kindern und Jugendlichen eine Grenzüberschreitung darstellen.

...

41. Gegen im kirchlichen Dienst Tätige, die Minderjährige sexuell missbraucht haben, wird im Einklang mit den jeweiligen staatlichen und kirchlichen dienst- oder arbeitsrechtlichen Regelungen vorgegangen.
42. Die betreffende Person wird nicht in der Arbeit mit Kindern und Jugendlichen im kirchlichen Bereich eingesetzt.
43. Soweit die betreffende Person im kirchlichen Dienst verbleibt, wird ein forensisch-psychiatrisches Gutachten eingeholt, das konkrete Angaben darüber enthalten soll, ob und ggf. wie der Täter so eingesetzt werden kann, dass es nicht zu einer Gefährdung von Minderjährigen kommt. Täter, bei denen eine behandelbare psychische Störung vorliegt, sollen sich einer Therapie unterziehen.

...

46. ...

Bei Mitarbeiterinnen und Mitarbeitern im kirchlichen Dienst, die ihren Arbeitsbereich innerhalb kirchlicher Einrichtungen wechseln, ist der neue Vorgesetzte unter Beachtung der gesetzlichen Vorschriften schriftlich zu informieren.

...

48. Von Personen, die haupt- oder nebenberuflich in der Kinder- und Jugendarbeit eingesetzt werden sollen, ist entsprechend den gesetzlichen Regelungen ein erweitertes polizeiliches Führungszeugnis einzuholen.
49. Wenn Anlass zur Sorge besteht, dass bei einer Person Tendenzen zu sexuellem Fehlverhalten vorliegen, wird eine forensisch-psychiatrische Begutachtung angeordnet.

Anmerkung: Dazu weiter diözesane Ordnungen zur Prävention von sexuellem Missbrauch an Minderjährigen im Bereich der Deutschen Bischofskonferenz, u.a. Amtsblatt des Erzbistums Köln 2010 Nr. 209 S. 227; 2011 Nr. 71 S. 143; Ordnung zum Umgang mit Hinweisen auf sexuellen Missbrauch an Minderjährigen sowie Schutz- und Hilfsbedürftigen durch Geistliche, Ordensangehörige oder Laien und Ehrenamtliche im pastoralen oder kirchlichen Dienst des Erzbistums Köln, Amtsblatt des Erzbistums Köln 2011 Nr. 72 S. 147.

IX. Ordnung für die Zentrale Kommission zur Ordnung des Arbeitsvertragsrechtes im kirchlichen Dienst – Zentral-KODA-Ordnung –

Präambel

Auf der Grundlage des Art. 7 der Grundordnung des kirchlichen Dienstes im Rahmen kirchlicher Arbeitsverhältnisse vom 22. September 1993 (veröffentlicht im ABl. ...) – nachfolgend als Grundordnung bezeichnet – wird mit dem Ziel, zwischen Dienstgebern und Mitarbeiterinnen und Mitarbeitern einvernehmliche und zur Sicherung der Einheit und Glaubwürdigkeit des kirchlichen Dienstes in allen Diözesen und für alle der Kirche zugeordneten Einrichtungen einheitliche arbeitsvertragliche Regelungen zu erreichen, die folgende Ordnung erlassen:

§ 1
Geltungsbereich

Diese Ordnung regelt das Zustandekommen von Rechtsnormen über Inhalt, Abschluss und Beendigung von Arbeitsverhältnissen mit Rechtsträgern im Geltungsbereich der Grundordnung.

§ 2
Die Kommission

Für die in § 1 genannten Rechtsträger wird eine »Zentrale Kommission zur Ordnung des Arbeitsvertragrechtes im kirchlichen Dienst« (Zentral-KODA) errichtet.

§ 3
Aufgabe

(1) Aufgabe der Zentral-KODA ist die Beschlussfassung über Rechtsnormen nach § 1 in folgenden Angelegenheiten:
  1. Ausfüllung von Öffnungsklauseln in staatlichen Gesetzen,
  2. Fassung von Einbeziehungsabreden für Arbeitsverträge hinsichtlich der Loyalitätsobliegenheiten und Nebenpflichten gemäß der Grundordnung,
  3. kirchenspezifische Regelungen
     a) für die Befristung von Arbeitsverhältnissen,
     b) soweit nicht bereits von Nr. 1 erfasst, Regelungen für den kirchlichen Arbeitsschutz, insbesondere für den liturgischen Dienst,
     c) für Mehrfacharbeitsverhältnisse bei verschiedenen Dienstgebern,
     d) für die Rechtsfolgen des Wechsels von einem Dienstgeber zu einem anderen Dienstgeber.

(2) Solange und soweit die Zentral-KODA von ihrer Regelungsbefugnis keinen Gebrauch gemacht hat oder macht, haben die anderen aufgrund Art. 7 Grundordnung errichteten Kommissionen die Befugnis zur Beschlussfassung über Rechtsnormen.

(3) Die Zentral-KODA kann im Rahmen des § 1 Empfehlungen für die Beschlussfassung über Rechtsnormen durch die anderen aufgrund Art. 7 Grundordnung errichteten Kommissionen geben.

(4) Die Zentral-KODA ist an die Grundordnung und die anderen Kirchengesetze gebunden.

§ 4
Zusammensetzung der Zentral-KODA

(1) Der Zentral-KODA gehört eine gleiche Zahl von Vertreterinnen und Vertretern der Dienstgeber und der Mitarbeiterinnen und Mitarbeiter an und zwar auf jeder Seite 21 Vertreterinnen und Vertreter.

(2) Die Bistümer entsenden insgesamt 14 Vertreterinnen und Vertreter der Dienstgeber und 14 Vertreterinnen und Vertreter der Mitarbeiterseite nach folgendem Schlüssel:

– Bayern mit den (Erz-)Bistümern Augsburg, Bamberg, Eichstätt, München-Freising, Passau, Regensburg, Würzburg	3 Mitglieder
– Nordrhein-Westfalen mit den (Erz-)Bistümern Aachen, Essen, Köln, Münster, Paderborn	3 Mitglieder
– Mittelraum mit den (Erz-)Bistümern Fulda, Limburg, Mainz, Speyer, Trier	2 Mitglieder
– Nord-Ost mit den (Erz-)Bistümern Hamburg, Hildesheim, Osnabrück, Berlin, Erfurt, Dresden-Meißen, Görlitz, Magdeburg	4 Mitglieder
– Süd-West mit den (Erz-)Bistümern Freiburg und Rottenburg-Stuttgart	2 Mitglieder

Die Vertretung der Dienstgeber wird durch die nach Maßgabe des Satzes 1 berufenen Mitglieder der Kommission für Personalwesen des Verbandes der Diözesen Deutschlands wahrgenommen.

Die Vertreterinnen und Vertreter der Mitarbeiterseite werden von Vertreterinnen und Vertretern der Mitarbeiterseiten in den in der Region bestehenden Kommissionen aus ihrer Mitte gewählt. Das Nähere wird in einer von den Bischöfen der jeweiligen Region zu erlassenden Wahlordnung geregelt.

Der Zentralrat des Deutschen Caritasverbandes entsendet 7 Vertreterinnen und Vertreter der Dienstgeber aus der Arbeitsrechtlichen Kommission des Deutschen Caritasverbandes, die Mitarbeiterseite der Arbeitsrechtlichen Kommission des Deutschen Caritasverbandes wählt 7 Vertreterinnen und Vertreter der Mitarbeiterseite aus ihrer Mitte. Bei der Entsendung und der Wahl sollen die in Satz 1 genannten Regionen berücksichtigt werden.

(3) Die Amtszeit der einzelnen Mitglieder endet mit Ablauf der Amtsperiode der entsprechenden Bistums-/Regional-KODA bzw. der Arbeitsrechtlichen Kommission des Deutschen Caritasverbandes und mit Beendigung der Mitgliedschaft in diesen Kommissionen. Bei Ablauf der Amtszeit und bei vorzeitigem Ausscheiden erfolgen Berufung und Wahl sowie Entsendung nach Maßgabe der Bestimmung des Absatzes 2.

§ 5
Vorsitzender(r) und stellvertretende(r) Vorsitzende(r)

(1) Die/der Vorsitzende und die/der stellvertretende Vorsitzende werden von der Gesamtheit der Kommissionsmitglieder geheim gewählt, und zwar die/der Vorsitzende in zweijährigem Wechsel, einmal aus der Dienstgeberseite und das andere Mal aus der Mitarbeiterseite, die/der stellvertretende Vorsitzende aus der jeweils anderen Seite. § 9 Abs. 3 findet Anwendung. Gewählt ist, wer die Stimmen der Mehrheit aller Kommissionsmitglieder auf sich vereinigt. Kommt in zwei Wahlgängen die erforderliche Mehrheit nicht zustande, so ist gewählt, wer in einem weiteren Wahlgang die meisten Stimmen auf sich vereinigt.
Bis zur Wahl der/des Vorsitzenden und der/des stellvertretenden Vorsitzenden leitet das nach Lebensjahren älteste Mitglied die Sitzung.

(2) Scheidet die/der Vorsitzende oder die/der stellvertretende Vorsitzende vorzeitig aus, findet für den Rest des Zwei-Jahres-Zeitraumes ein Nachwahl statt.

§ 6
Rechtsstellung

Die Rechtsstellung der Mitglieder der Zentral-KODA richtet sich nach den Ordnungen der anderen aufgrund Art. 7 Grundordnung errichteten Kommissionen.

§ 7
Freistellung

Die Mitglieder der Kommission, die im kirchlichen Dienst stehen, sind zur ordnungsgemäßen Durchführung ihrer Aufgaben im notwendigen Umfang von der dienstlichen Tätigkeit freizustellen, insbesondere für die Teilnahme an den Sitzungen des Plenums und der Ausschüsse und für deren Vorbereitung. Die Freistellung beinhaltet den Anspruch auf Reduzierung der übertragenen Aufgaben.

§ 8
Beratung

Der Mitarbeiterseite wird zur Beratung im notwendigen Umfang eine im Arbeitsrecht kundige Person oder die dafür erforderlichen Mittel zur Verfügung gestellt. Die Entscheidung über die Beauftragung einer Person erfolgt im Einvernehmen mit der Mitarbeiterseite. Die Beraterin oder der Berater ist nicht Mitglied der Kommission, kann jedoch an den Sitzungen der Kommission teilnehmen. Satz 3 gilt entsprechend für eine mit der Beratung der Dienstgeberseite beauftragte Person.

§ 9
Verfahren und Beschlüsse

(1) Die Zentral-KODA tritt bei Bedarf zusammen. Eine Sitzung hat außerdem stattzufinden, wenn dies von einem Viertel der Mitglieder schriftlich und unter Angabe von Gründen verlangt wird.

(2) Die/der Vorsitzende lädt unter Angabe der Tagesordnung spätestens vier Wochen – in Eilfällen zwei Wochen – vor der Sitzung ein. Sie/er entscheidet im Einvernehmen mit der/dem stellvertretenden Vorsitzenden über die Eilbedürftigkeit.

(3) Sind Mitglieder verhindert, an einer Sitzung teilzunehmen, so ist die Übertragung des Stimmrechtes auf ein anderes Mitglied derselben Seite zulässig. Ein Mitglied kann zusätzlich nicht mehr als ein übertragenes Stimmrecht ausüben. Die schriftliche Übertragung des Stimmrechtes ist der/dem Vorsitzenden nachzuweisen.

(4) Eine Sitzung kann nur stattfinden, wenn auf jeder Seite mindestens die Hälfte der Mitglieder, darunter die/der Vorsitzende oder die/der stellvertretende Vorsitzende anwesend sind.

(5) Die Sitzungen sind nicht öffentlich.

(6) Anträge an die Zentral-KODA können nur deren Mitglieder stellen.

(7) Die Zentral-KODA kann sich eine Geschäftsordnung geben.

(8) Die Zentral-KODA fasst Beschlüsse mit einer Mehrheit von mindestens drei Vierteln der Gesamtzahl ihrer Mitglieder.
In Angelegenheiten, die besonders eilbedürftig sind und für die eine mündliche Verhandlung entbehrlich ist, können Beschlüsse schriftlich herbeigeführt werden. Ein Beschluss kommt nur zustande, wenn alle Mitglieder zustimmen. Die/der Vorsitzende entscheidet im Einvernehmen mit der/dem stellvertretenden Vorsitzenden über die Einleitung dieses Verfahrens.

(9) Die Beschlüsse werden nach Unterzeichnung durch die/den Vorsitzende(n) oder die/den stellvertretende(n) Vorsitzende(n) den Diözesanbischöfen zur Inkraftsetzung zugeleitet. Ferner werden die Beschlüsse dem Verband der Diözesen Deutschlands zugeleitet. Dem Deutschen Caritasverband und den anderen aufgrund Artikel 7 Grundordnung errichteten Kommissionen werden die Beschlüsse zur Kenntnisnahme mitgeteilt.

§ 10
Inkraftsetzung der Beschlüsse

(1) Ein Beschluss der Zentral-KODA, der den Erlass von Rechtsnormen zum Gegenstand hat, wird den für den Erlass der arbeitsrechtlichen Regelungen zuständigen Diözesanbischöfen zugeleitet. Er wird nach Ablauf von drei Monaten nach Eingang des Beschlusses vom jeweiligen Diözesanbischof für seinen Bereich nach Maßgabe der folgenden Absätze in Kraft gesetzt.

(2) Sieht sich ein Diözesanbischof nicht in der Lage, einen Beschluss in Kraft zu setzen, so unterrichtet er innerhalb einer Frist von acht Wochen nach Zugang

des Beschlusses unter Angabe der Gründe die Zentral-KODA; dabei können Gegenvorschläge unterbreitet werden.

(3) Die Zentral-KODA berät alsdann die Angelegenheit nochmals. Fasst sie einen neuen Beschluss oder bestätigt sie ihren bisherigen Beschluss, so leitet sie diesen allen Diözesanbischöfen zur Inkraftsetzung zu. Kommt ein solcher Beschluss nicht zustande, so ist das Verfahren beendet.

(4) Kann auch der Beschluss nach Abs. 3 Satz 2 nicht von allen Diözesanbischöfen angenommen werden, so wird die Zentral-KODA, gegebenenfalls unter Beiziehung von Beratern, über die Sache weiterverhandeln mit dem Ziel, die bestehenden Einwände zu beheben. Sehen sich auch dann nicht alle Diözesanbischöfe in der Lage, den Beschluss in Kraft zu setzen, so betrachten die Diözesanbischöfe, die nicht zustimmen können, den Beschluss der Kommission als qualifizierte Empfehlung.

(5) Soweit ein Beschluss von allen Diözesanbischöfen in Kraft gesetzt wird, findet er auch im Geltungsbereich der Arbeitsvertragsrichtlinien des Deutschen Caritasverbandes Anwendung; andernfalls hat er den Charakter einer qualifizierten Empfehlung für die Arbeitsrechtliche Kommission des Deutschen Caritasverbandes.

(6) Ein Beschluss der Zentral-KODA, der Empfehlungen zum Gegenstand hat, wird außer den Diözesanbischöfen und dem Deutschen Caritasverband den anderen aufgrund Artikel 7 Grundordnung errichteten Kommissionen mitgeteilt.

(7) Die Absätze 3 bis 6 finden keine Anwendung auf Beschlüsse, die geltendem kirchlichen Recht widersprechen.

§ 10 a
Inkraftsetzung der Beschlüsse in einem besonderen Verfahren

Eine am 1. Januar 1998 bereits in Kraft befindliche diözesane Ordnung, nach der die Beschlüsse der Zentral-KODA zusätzlich von einer diözesanen oder regionalen Kommission unter Wahrung der Frist nach § 10 Abs. 2 zu beraten sind, bleibt von den Verfahrensvorschriften des § 10 unberührt.

§ 11
Vermittlungsausschuss

(1) Für den Zuständigkeitsbereich der Kommission wird ein Vermittlungsausschuss gebildet.

(2) Der Vermittlungsausschuss setzt sich aus fünf Personen zusammen, und zwar aus der/dem Vorsitzenden und vier Beisitzerinnen und Beisitzern. Von den Beisitzerinnen und Beisitzern gehören auf jeder Seite eine(r) der Kommission an; die beiden weiteren Beisitzerinnen und Beisitzer dürfen nicht Mitglied der Kommission sein.

(3) In dem Verfahren vor dem Vermittlungsausschuss in erweiterter Besetzung (§ 16) treten zu den Mitgliedern gemäß Absatz 2 zwei weitere Beisitzerinnen und Beisitzer hinzu, die der Kommission nicht angehören dürfen.
(4) Die/der Vorsitzende und jede Beisitzerin und jeder Beisitzer hat für den Fall der Verhinderung eine Stellvertreterin oder einen Stellvertreter.

§ 12
Voraussetzung der Mitgliedschaft im Vermittlungsausschuss

(1) Die/der Vorsitzende des Vermittlungsausschusses und ihr/sein Stellvertreter(in) dürfen weder im kirchlichen Dienst stehen noch dem vertretungsberechtigten Leitungsorgan einer kirchlichen Körperschaft oder eines anderen Trägers einer kirchlichen Einrichtung angehören.
Sie müssen der katholischen Kirche angehören und sollen über Kenntnisse und Erfahrungen im Arbeitsrecht verfügen. Sie dürfen nicht in der Ausübung der allen Kirchenmitgliedern zustehenden Rechte behindert sein und müssen die Gewähr dafür besitzen, dass sie jederzeit für das kirchliche Gemeinwohl eintreten.
(2) Die Beisitzerinnen und Beisitzer und ihre Stellvertreterinnen und Stellvertreter müssen den Erfordernissen des § 5 Abs. 1 Satz 2 und 3 bzw. des § 5 Abs. 3 Bistums-/Regional-KODA-Ordnung entsprechen.

§ 13
Wahl und Amtszeit des Vermittlungsausschusses

(1) Der/die Vorsitzende und ihr/sein Stellvertreter(in) werden von der Kommission mit einer Dreiviertelmehrheit der Gesamtzahl ihrer Mitglieder geheim gewählt. Kommt in den ersten beiden Wahlgängen diese Mehrheit nicht zustande, so reicht in den weiteren Wahlgängen die einfache Mehrheit der Mitglieder aus.
(2) Jeweils zwei Beisitzerinnen und Beisitzer und ihre Stellvertreterinnen und Stellvertreter werden von der Dienstgeberseite und von der Mitarbeiterseite in der Kommission gewählt. Für die dabei erforderlichen Mehrheiten gilt Abs. 1 entsprechend.
(3) Die zusätzlichen Beisitzerinnen und Beisitzer des Vermittlungsausschusses in der erweiterten Besetzung und ihre Stellvertreterinnen und Stellvertreter werden von der Kommission geheim gewählt. Für die dabei erforderlichen Mehrheiten gilt Abs. 1 entsprechend.
(4) Die Amtszeit der/des Vorsitzenden, der Beisitzerinnen und Beisitzer und ihrer Stellvertreterinnen und Stellvertreter beträgt vier Jahre. Wiederwahl ist zulässig. Das Amt erlischt mit dem Ausscheiden aus der Kommission, sofern sie Mitglied der Kommission sind. Bei vorzeitigem Ausscheiden findet für den Rest der Amtszeit eine Nachwahl statt.

§ 14
Anrufung des Vermittlungsausschusses

Falls ein Antrag in der Kommission nicht die für einen Beschluss erforderliche Mehrheit von drei Vierteln der Mitglieder erhalten hat, jedoch mindestens die Hälfte der Mitglieder dem Beschluss zugestimmt hat, legt die/der Vorsitzende diesen Antrag dem Vermittlungsausschuss dann vor, wenn auf Antrag wiederum mindestens die Hälfte der Mitglieder für die Anrufung des Vermittlungsausschusses stimmt.

§ 15
Verfahren vor dem Vermittlungsausschuss

(1) Die/der Vorsitzende oder ihr/sein Stellvertreter(in) leitet das Verfahren nach pflichtgemäßem Ermessen. Sie/er kann Sachverständige hinzuziehen.
(2) Das Vermittlungsverfahren wird mit einem Vermittlungsvorschlag oder mit der Feststellung abgeschlossen, keinen Vermittlungsvorschlag unterbreiten zu können. Dem Vermittlungsvorschlag müssen mindestens drei Mitglieder des Vermittlungsausschusses zugestimmt haben. Der Vermittlungsausschuss legt den Vermittlungsvorschlag der Kommission vor.
(3) Das Vermittlungsverfahren ist nicht öffentlich.

§ 16
Verfahren vor dem Vermittlungsausschuss in erweiterter Besetzung

(1) Stimmt die Kommission dem Vermittlungsvorschlag nicht mit 29 Stimmen zu, so kann die Kommission auf Antrag von mindestens der Hälfte ihrer Mitglieder den Vermittlungsausschuss in erweiterter Besetzung anrufen. Andernfalls bleibt es bei der bisherigen Rechtslage.
(2) Das Vermittlungsverfahren in erweiterter Besetzung wird mit einem Vermittlungsvorschlag oder mit der Feststellung abgeschlossen, keinen Vermittlungsvorschlag unterbreiten zu können. Dem Vermittlungsvorschlag müssen mindestens vier Mitglieder des Vermittlungsausschusses zugestimmt haben. Der Vermittlungsausschuss in erweiterter Besetzung legt seinen Vermittlungsvorschlag der Kommission vor.
(3) Der Vermittlungsvorschlag des Vermittlungsausschusses in erweiterter Besetzung bedarf der Annahme durch die Kommission mit der Mehrheit ihrer Mitglieder. Wird dem Vermittlungsvorschlag nicht von der Kommission zugestimmt, bleibt es bei der bisherigen Rechtslage.
(4) Das Vermittlungsverfahren ist nicht öffentlich.

§ 17
Vorbereitungsausschuss

Zur Vorbereitung der Sitzungen der Kommission wird ein Vorbereitungsausschuss gebildet. Er berät die/den Vorsitzende(n) bei der Aufstellung der Tagesordnung.

Er kann Beschlussanträge stellen und zu Beschlussvorschlägen von Ausschüssen und Anträgen von Kommissionsmitgliedern Stellung nehmen.

§ 18
Ausschüsse

Für die Behandlung einzelner Sachgebiete kann die Zentral-KODA ständige oder zeitlich befristete Ausschüsse einsetzen.

§ 19
Kosten

(1) Für die Sitzungen der Kommission und der Ausschüsse sowie für die laufende Geschäftsführung und die Beratung der Mitarbeiterseite stellt der Verband der Diözesen Deutschlands im erforderlichen Umfang Raum, Geschäftsbedarf und Personalkräfte zur Verfügung und trägt die notwendigen Kosten. Zu den notwendigen Kosten gehören auch die Kosten für Unterbringung und Verpflegung. Im übrigen trägt das entsendende Bistum bzw. der Deutsche Caritasverband nach Maßgabe der jeweils erlassenen Reisekostenordnung die Reisekosten für die Mitglieder.

(2) Ehrenamtlichen Vertreterinnen und Vertretern der Dienstgeber, die nicht im kirchlichen Dienst stehen, wird Verdienstausfall auf Antrag vom berufenden Bistum erstattet.

§ 20
Inkrafttreten

Diese Ordnung tritt zum 1.1.1999 in Kraft. Gleichzeitig tritt die Ordnung in der bisherigen Fassung außer Kraft.

Anmerkung: Beschlüsse der Zentralen Kommission zur Ordnung des Arbeitsvertragsrechts im Kirchlichen Dienst (Zentral-KODA) gemäß § 3 Abs. 1 Zentral-KODA-Ordnung sind ergangen zu

- *Entgeltumwandlung vom 15.4.2002 und 12.11.2009 unter Bezugnahme auf § 17 Abs. 3 und 5 BetrAVG,*
- *Arbeitsschutz im liturgischen Bereich vom 1.7.2004,*
- *kinderbezogenen Entgeltbestandteilen vom 6.11.2008,*
- *Einbeziehungsklausel der Grundordnung des kirchlichen Dienstes im Rahmen kirchlicher Arbeitsverhältnisse vom 6.11.2008 in den Arbeitsvertragsformularen,*
- *Anrechnung von Vordienstzeiten bei anderen Arbeitgebern zur Anerkennung von Stufenlaufzeiten zur Bestimmung der Stufe innerhalb einer Entgeltgruppe gemäß einer kirchlichen Arbeitsvertragsordnung (z.B. KAVO der Diözesen in Nordrhein-Westfalen) gemäß Beschluss der Zentral-KODA vom 12.11.2009.*

X. Ordnung für den Arbeitsschutz im liturgischen Bereich

§ 1
Geltungsbereich

(1) Diese Ordnung gilt für Tätigkeiten von Mitarbeitern im liturgischen Bereich, auf die gemäß § 18 Abs. 1 Nr. 4 ArbZG das Arbeitszeitgesetz nicht anzuwenden ist. In den liturgischen Bereich fallen nur solche Aufgaben, die für die Vorbereitung, Durchführung und Nachbereitung von Gottesdiensten und/oder aus damit im Zusammenhang stehenden Gründen notwendig sind.

(2) Weitere berufliche Tätigkeiten sind bei der Ermittlung der höchstzulässigen Arbeitszeit zu berücksichtigen.

(3) Für die Ruhezeit von Mitarbeitern, denen in demselben oder einem anderen Arbeitsverhältnis auch Tätigkeiten außerhalb des liturgischen Bereichs übertragen sind, ist diese Ordnung anzuwenden, wenn die nach Ablauf der Ruhezeit zu verrichtende Tätigkeit in den Geltungsbereich dieser Ordnung fällt.

§ 2
Begriffsbestimmungen

Hinsichtlich der in dieser Ordnung verwendeten Begriffe wird § 2 des Arbeitszeitgesetzes vom 6.6.1994 (BGBl. I S. 1170) für entsprechend anwendbar erklärt.

§ 3
Arbeitszeit

(1) Die Arbeitszeit ist dienstplanmäßig auf höchstens 6 Tage in der Woche zu verteilen.

(2) Die Tägliche Arbeitszeit darf 8 Stunden nicht überschreiten. Sie kann auf bis zu 10 Stunden nur verlängert werden, wenn innerhalb von 26 Wochen im Durchschnitt 8 Stunden täglich nicht überschritten werden.

(3) Die tägliche Arbeitszeit kann an Ostern und Weihnachten an bis zu drei aufeinanderfolgenden Tagen sowie an bis zu 8 besonderen Gemeindefesttagen auf bis zu 12 Stunden verlängert werden, wenn die über 8 Stunden hinausgehende Arbeitszeit innerhalb von 4 Wochen ausgeglichen wird.

(4) Zusammen mit Beschäftigungsverhältnissen außerhalb des liturgischen Bereichs soll die wöchentliche Arbeitszeit 48 Stunden nicht überschreiten. Bei Abschluss eines Arbeitsvertrages hat der Dienstgeber zu überprüfen, ob und gegebenenfalls mit welchem zeitlichen Umfang weitere Arbeitsverhältnisse bestehen.

§ 4
Ruhepausen

Die Arbeit ist durch im voraus feststehende Ruhepausen von mindestens 30 Minuten bei einer Arbeitszeit von mehr als 6 bis zu 9 Stunden und von mindestens 45 Minuten bei einer Arbeitszeit von mehr als 9 Stunden insgesamt zu unterbrechen. Die Pausen nach Satz 1 können in Zeitabschnitte von jeweils mindestens 15 Minuten aufgeteilt werden. Länger als 6 Stunden hintereinander dürfen Mitarbeiter nicht ohne Ruhepause beschäftigt werden.

§ 5
Ruhezeit

(1) Mitarbeiter müssen nach Beendigung der täglichen Arbeitszeit eine ununterbrochene Ruhezeit von mindestens 11 Stunden haben.

(2) Soweit die zeitliche Lage der Gottesdienste oder andere Tätigkeiten im Sinne des § 1 Abs. 1 Satz 2 dies erfordern, kann die Mindestdauer der Ruhezeit bis zu fünf mal innerhalb von vier Wochen auf bis zu 9 Stunden verkürzt werden, wenn die Kürzung der Ruhezeit innerhalb von vier Wochen durch Verlängerung anderer Ruhezeiten auf jeweils mindestens 12 Stunden ausgeglichen wird. Diese Verkürzung darf nicht öfter als 2 mal aufeinander erfolgen.

(3) Die Ruhezeit kann an Ostern und Weihnachten an bis zu zwei aufeinanderfolgenden Tagen sowie vor oder nach der täglichen Arbeitszeit an einem besonderen Gemeindefeiertag (z.B. Patronatsfest) auf bis zu 7 Stunden verkürzt werden, wenn die Verkürzung innerhalb von 2 Wochen durch Verlängerung anderer Ruhezeiten ausgeglichen wird.

§ 6
Arbeit an Sonn- und Feiertagen

(1) An Sonn- und Feiertagen dürfen Mitarbeiter nur zu Tätigkeiten im Sinne des § 1 Abs. 1 Satz 2 herangezogen werden.

(2) Werden Mitarbeiter an einem auf einen Werktag fallenden gesetzlichen Feiertag oder an einem Werktag, an dem aufgrund einer besonderen kirchlichen Feiertagsregelung oder betrieblichen Regelung nicht gearbeitet wird, dienstplanmäßig beschäftigt, wird die geleistete Arbeit dadurch ausgeglichen, dass die Mitarbeiter
    a) innerhalb der nächsten 4 Wochen einen zusätzlichen arbeitsfreien Tag erhalten oder
    b) einmal im Jahr für je 2 Wochenfeiertage einen arbeitsfreien Samstag mit dem darauffolgenden Sonntag erhalten.

§ 7
Inkrafttreten

Diese Ordnung tritt am 1.1.2006 in Kraft. Arbeitszeitschutzregelungen, die von im Art. 7 GrO genannten Kommissionen beschlossen und spätestens bis zum 1.1.2006 in Kraft gesetzt sind, bleiben einschließlich etwaiger künftiger Änderungen unberührt.

XI. Rahmenordnung für die Kommission zur Ordnung des Diözesanen Arbeitsvertragsrechtes – Bistums-/Regional-KODA-Ordnung –

in der Fassung des Beschlusses der Vollversammlung des Verbandes der Diözesen Deutschlands vom 15.6.1998 geändert durch Beschluss der Vollversammlung des Verbandes der Diözesen Deutschlands vom 20.6.2005

Präambel

Auf der Grundlage des Art. 7 der Grundordnung des kirchlichen Dienstes im Rahmen kirchlicher Arbeitsverhältnisse vom 22. September 1993 (veröffentlicht im ABl....) – nachfolgend als Grundordnung bezeichnet – wird mit dem Ziel, zwischen Dienstgebern und Mitarbeiterinnen und Mitarbeitern einvernehmliche und zur Sicherung der Einheit und Glaubwürdigkeit des kirchlichen Dienstes einheitliche arbeitsvertragliche Regelungen zu erreichen, die folgende Ordnung erlassen.

§ 1
Geltungsbereich

(1) Diese Ordnung regelt das Zustandekommen von Rechtsnormen über Inhalt, Abschluss und Beendigung von Arbeitsverhältnisses mit folgenden Rechtsträgern:
   1. der Diözese,
   2. der Kirchengemeinden und Kirchenstiftungen,
   3. der Verbände der Kirchengemeinden,
   4. der Diözesancaritasverbände und deren Gliederungen, soweit sie öffentliche juristische Personen des kanonischen Rechts sind,
   5. der sonstigen öffentlichen juristischen Personen des kanonischen Rechts.

(2) Diese Ordnung gilt auch für die sonstigen kirchlichen Rechtsträger unbeschadet ihrer Rechtsform, welche die Grundordnung für ihren Bereich rechtsverbindlich übernommen haben, wenn nicht der Diözesanbischof für diese Rechtsträger eine eigene Ordnung erlassen hat.

(3) Soweit kirchliche Anstellungsträger die Arbeitsvertragsrichtlinien des Deutschen Caritasverbandes (AVR) anwenden, bleiben sie von der Zuständigkeit der Kommission ausgenommen.

§ 2
Die Kommissionen

(1) Für die in § 1 genannten Rechtsträger wird eine »Kommission zur Ordnung des Diözesanen Arbeitsvertragsrechtes« (Bistums-KODA/Regional-KODA) errichtet.

(2) Die Amtsperiode der Kommission beträgt vier Jahre. Sie beginnt mit der konstituierenden Sitzung, jedoch nicht vor Ablauf der Amtsperiode der bisherigen Kommission. Bis zur konstituierenden Sitzung der neuen Kommission nimmt die bestehende Kommission die Aufgaben gemäß dieser Ordnung wahr, jedoch nicht über die Dauer von sechs Monaten über das Ende ihrer Amtsperiode hinaus.

§ 3
Aufgabe

(1) Aufgabe der Kommission ist die Beschlussfassung über Rechtsnormen nach § 1, solange und soweit die Zentral-KODA von ihrer Regelungsbefugnis gem. § 3 Zentral-KODA-Ordnung keinen Gebrauch gemacht hat oder macht.

(2) In Erfüllung ihrer Aufgabe soll die Kommission bei den Beratungen die Empfehlungen der »Zentralen Kommission zur Ordnung des Arbeitsvertragsrechtes im kirchlichen Dienst« (Zentral-KODA) berücksichtigen.

(3) Die Kommission ist an die Grundordnung und die anderen Kirchengesetze gebunden.

§ 4
Zusammensetzung

Der Kommission gehören als Mitglieder eine gleiche Anzahl von Vertreterinnen und Vertretern der Dienstgeber und der Mitarbeiterinnen und Mitarbeiter an, und zwar auf jeder Seite …[1]

§ 5
Berufung und Wahl der Mitglieder

(1) Die Vertreterinnen und Vertreter der Dienstgeber werden durch den Generalvikar für eine Amtsperiode berufen. Als Dienstgebervertreter(in) kann nicht berufen werden, wer aufgrund der Mitarbeitervertretungsordnung (MAVO) Mitglied der Mitarbeitervertretung sein kann. Nicht im kirchlichen Dienst stehende Personen können Dienstgebervertreter sein, wenn sie als Mitglied eines kirchlichen Organs zur Entscheidung in arbeitsvertragsrechtlichen Angelegenheiten befugt sind.

1 Die Festlegung der Zahl bleibt diözesaner Regelung überlassen.

(2) Die Vertreterinnen und Vertreter der Mitarbeiterinnen und Mitarbeiter werden für eine Amtsperiode gewählt. Sie sollen aus den verschiedenen Gruppen des kirchlichen Dienstes gewählt werden, und zwar

1. dem liturgischen und dem pastoralen Dienst,
2. der kirchlichen Verwaltung,
3. dem kirchlichen Bildungswesen,
4. den sozial-caritativen Diensten, soweit sie nicht nach § 1 Abs. 3 ausgenommen sind.

Das Zahlenverhältnis der Vertreter dieser Gruppen zueinander soll sich nach den tatsächlichen Verhältnissen im Bistum richten. Die Zughörigkeit zu einer dieser Gruppen bestimmt sich nach Art der ausgeübten Haupttätigkeit; hierüber entscheidet der Wahlvorstand. Kann der Wahlvorstand die Gruppenzugehörigkeit nicht klären, holt er die Entscheidung des Generalvikars ein.

(3) Wählbar sind die Mitarbeiterinnen und Mitarbeiter, die das 18. Lebensjahr vollendet haben, der Katholischen Kirche angehören, mindestens seit einem Jahr in einem kirchlichen Arbeitsverhältnis stehen und die übrigen Voraussetzungen für die Wahlberechtigung nach § 7 Abs. 4 und die Wählbarkeit nach § 8 Abs. 2 der Mitarbeitervertretungsordnung (MAVO) erfüllen.

(4) Wahlvorschlagsberechtigt für jede Gruppe sind die Mitarbeiterinnen und Mitarbeiter, die seit mindestens sechs Monaten in einem kirchlichen Arbeitsverhältnis stehen und die übrigen Voraussetzungen für die Wahlberechtigung nach der Mitarbeitervertretungsordnung (MAVO) erfüllen.

(5) Wahlberechtigt für die Gruppe, der sie selbst angehören sind die Mitarbeiterinnen und Mitarbeiter, die

- das 18. Lebensjahr vollendet haben
- seit mindestens 6 Monaten in einem kirchlichen Arbeitsverhältnis stehen und
- die übrigen Voraussetzungen für die Wahlberechtigung nach § 7 Abs. 4 der Mitarbeitervertretungsordnung erfüllen.

Alternativ
Die Vertreterinnen und Vertreter der Mitarbeiterinnen und Mitarbeiter werden durch Wahlbeauftragte gewählt. Wahlbeauftragte sind die Mitglieder der Mitarbeitervertretungen in den Einrichtungen der in § 1 Abs. 1 genannten Rechtsträger. Zusätzliche Wahlbeauftragte werden von Mitarbeiterinnen und Mitarbeitern derjenigen Einrichtungen gewählt, in denen keine Mitarbeitervertretung gewählt wurde. Dabei sind wahlberechtigt die nach Abs. 4 wahlvorschlagsberechtigten Mitarbeiterinnen und Mitarbeiter.

(6) Das Nähere regelt eine Wahlordnung, die als Bestandteil dieser Ordnung gilt.

§ 6
Vorsitzende(r) und stellvertretende(r) Vorsitzende(r)

(1) Die/der Vorsitzende und die/der stellvertretende Vorsitzende werden von der Gesamtheit der Kommissionsmitglieder geheim gewählt, und zwar die/der

Vorsitzende in zweijährigem Wechsel einmal aus der Dienstgeberseite und das andere Mal aus der Mitarbeiterseite, die/der stellvertretende Vorsitzende aus der jeweils anderen Seite. Gewählt ist, wer die Stimmen der Mehrheit aller Kommissionsmitglieder auf sich vereinigt. § 13 Abs. 3 findet Anwendung. Kommt in zwei Wahlgängen die erforderliche Mehrheit nicht zustande, so ist gewählt wer in einem weiteren Wahlgang die meisten Stimmen auf sich vereinigt.
Bis zur Wahl der/des Vorsitzenden und der/des stellvertretenden Vorsitzenden leitet das nach Lebensjahren älteste Mitglied die Sitzung.

(2) Scheidet die/der Vorsitzende oder die/der stellvertretende Vorsitzende vorzeitig aus, findet für den Rest des Zweijahreszeitraumes eine Nachwahl statt.

§ 7
Vorzeitiges Ausscheiden und Nachfolge für ausgeschiedene Mitglieder

(1) Das Amt eines Mitglieds endet
- bei Wegfall der Voraussetzungen für die Berufung oder die Wählbarkeit,
- durch Niederlegung,
- sowie durch Entscheidung des Kirchlichen Arbeitsgerichts im Falle grober Vernachlässigung oder Verletzung der Befugnisse und Pflichten als Mitglied der Kommission.

Der Wegfall der Voraussetzungen für die Berufung oder die Wählbarkeit wird auf Antrag des Dienstgebers, der Hälfte der Mitglieder oder der Mehrheit der Mitglieder einer Seite durch das Kirchliche Arbeitsgericht in entsprechender Anwendung des § 13 c Nr. 2 und 5 MAVO-Rahmenordnung[2] festgestellt. Der Spruch der Schlichtungsstelle ist der/dem Vorsitzenden der Kommission unverzüglich mitzuteilen.

(2) Scheidet ein Mitglied auf der Dienstgeberseite vorzeitig aus, so beruft der Generalvikar ein neues Mitglied.

(3) Scheidet ein Mitglied auf der Mitarbeiterseite vorzeitig aus, so rückt ein neues Mitglied gemäß Wahlordnung nach.

(4) Die Nachfolge gilt jeweils für den Rest der Amtsperiode.

§ 8
Rechtsstellung

Die Mitglieder der Kommission führen ihr Amt unentgeltlich als Ehrenamt. Die Mitglieder der Kommission dürfen in der Ausübung ihres Amtes nicht behindert und aufgrund ihrer Tätigkeit weder benachteiligt noch begünstigt werden. Unbeschadet des Satzes 1 steht für die Mitglieder der Kommission, die im kirchlichen Dienst stehen, die Wahrnehmung von Aufgaben nach dieser Ordnung dem Dienst gleich. Erleidet ein Mitglied der Kommission, das Anspruch auf

2 Hier ist die § 13 c Nr. 2 und 5 MAVO-Rahmenordnung entsprechende diözesane Vorschrift einzusetzen. *Seit dem 22.11.2010 sind in § 13 c die Nrn. 2 und 5 zu Nr. 4 zusammengefasst.*

Unfallfürsorge nach beamtenrechtlichen Grundsätzen hat, anlässlich der Wahrnehmung von Rechten oder in Erfüllung von Pflichten nach dieser Ordnung einen Unfall, der im Sinne der beamtenrechtlichen Unfallfürsorgevorschriften ein Dienstunfall wäre, so sind diese Vorschriften entsprechend anzuwenden.

§ 9
Freistellung

Die Mitglieder der Kommission, die im kirchlichen Dienst stehen, sind zur ordnungsgemäßen Durchführung ihrer Aufgaben im notwendigen Umfang von der dienstlichen Tätigkeit freizustellen, insbesondere für die Teilnahme an den Sitzungen des Plenums und der Ausschüsse und für deren Vorbereitung. Die Freistellung beinhaltet den Anspruch auf Reduzierung der übertragenen Aufgaben.

§ 10
Schulung

Die Mitglieder der Kommission erhalten innerhalb der Amtsperiode bis zu zwei Wochen Arbeitsbefreiung unter Fortzahlung der Vergütung für den Besuch von Schulungsveranstaltungen, die die für die Arbeit in der Kommission erforderlichen Kenntnisse vermitteln. Über die Erforderlichkeit entscheidet das Bistum.

§ 11
Kündigungsschutz der Vertreter der Mitarbeiterinnen und Mitarbeiter

(1) Einer Vertreterin oder einem Vertreter der Mitarbeiterseite in der Kommission kann nur gekündigt werden, wenn ein Grund für eine außerordentliche Kündigung vorliegt. Abweichend von Satz 1 kann in den Fällen des Artikels 5 Abs. 3 bis 5 der Grundordnung auch eine ordentliche Kündigung ausgesprochen werden. Die Sätze 1 und 2 gelten ebenfalls innerhalb eines Jahres nach Beendigung der Amtszeit, es sei denn, die Mitgliedschaft ist nach § 7 Abs. 1 beendet.

(2) Die ordentliche Kündigung einer Vertreterin oder eines Vertreters der Mitarbeiterseite in der Kommission ist auch zulässig, wenn eine Einrichtung geschlossen wird, frühestens jedoch zum Zeitpunkt der Schließung der Einrichtung, es sei denn, dass die Kündigung zu einem früheren Zeitpunkt durch zwingende betriebliche Erfordernisse bedingt ist. Wird nur ein Teil der Einrichtung geschlossen, so sind die in Satz 1 genannten Mitarbeiterinnen und Mitarbeiter in einen anderen Teil der Einrichtung zu übernehmen. Ist dies aus betrieblichen Gründen nicht möglich, gilt Satz 1.

§ 12
Beratung

Der Mitarbeiterseite wird zur Beratung im notwendigen Umfang eine im Arbeitsrecht kundige Person oder die dafür erforderlichen Mittel zur Verfügung gestellt.

Die Entscheidung über die Beauftragung einer Person erfolgt im Einvernehmen mit der Mitarbeiterseite. Die Beraterin oder der Berater ist nicht Mitglied der Kommission, kann jedoch an den Sitzungen der Kommission teilnehmen. Satz 3 gilt entsprechend für eine mit der Beratung der Dienstgeberseite beauftragte Person.

§ 13
Verfahren und Beschlüsse

(1) Die Kommission tritt bei Bedarf zusammen. Eine Sitzung hat außerdem stattzufinden, wenn dies von einem Viertel der Mitglieder schriftlich und unter Angabe von Gründen verlangt wird.

(2) Die/der Vorsitzende lädt unter Angabe der Tagesordnung spätestens vier Wochen – in Eilfällen zwei Wochen – vor der Sitzung ein. Sie/er entscheidet im Einvernehmen mit der/dem stellvertretenden Vorsitzenden auch über die Eilbedürftigkeit.

(3) Sind Mitglieder verhindert, an einer Sitzung teilzunehmen, so ist die Übertragung des Stimmrechtes auf ein anderes Mitglied derselben Seite zulässig. Ein Mitglied kann zusätzlich nicht mehr als ein übertragenes Stimmrecht ausüben. Die schriftliche Übertragung des Stimmrechtes ist der/dem Vorsitzenden nachzuweisen.

(4) Eine Sitzung kann nur stattfinden, wenn von jeder Seite mindestens jeweils die Hälfte der Mitglieder, darunter die/der Vorsitzende oder die/der stellvertretende Vorsitzende anwesend sind.

(5) Die Sitzungen sind nicht öffentlich.

(6) Anträge an die Kommission können nur deren Mitglieder stellen.

(7) Die Kommission kann sich eine Geschäftsordnung geben.

(8) Die Kommission fasst Beschlüsse mit einer Mehrheit von mindestens drei Vierteln der Gesamtzahl ihrer Mitglieder.
In Angelegenheiten, die besonders eilbedürftig sind und für die eine mündliche Verhandlung entbehrlich ist, können Beschlüsse schriftlich herbeigeführt werden. Ein Beschluss kommt nur zustande, wenn alle Mitglieder zustimmen. Die/der Vorsitzende entscheidet im Einvernehmen mit der/dem stellvertretenden Vorsitzenden über die Einleitung dieses Verfahrens.

(9) Die Beschlüsse werden nach Unterzeichnung durch die/den Vorsitzende(n) oder die/den stellvertretenden Vorsitzende(n) dem zuständigen Diözesanbischof zur Inkraftsetzung zugeleitet.

§ 14
Inkraftsetzung der Beschlüsse

(1) Beschlüsse der Kommission bedürfen der bischöflichen Inkraftsetzung (im Falle der Regional-KODA Zusatz: für das jeweilige Bistum) (Art. 7 Abs. 1 S. 3 Grundordnung).

(2) Sieht sich der Diözesanbischof nicht in der Lage, einen Beschluss in Kraft zu setzen, so unterrichtet er innerhalb von sechs Wochen nach Zugang

des Beschlusses unter Angabe der Gründe die Kommission; dabei können Gegenvorschläge unterbreitet werden.

(3) Die Kommission berät alsdann die Angelegenheit nochmals. Fasst sie einen neuen Beschluss oder bestätigt sie ihren bisherigen Beschluss, so leitet sie diesen dem Diözesanbischof zur Inkraftsetzung zu. Kommt ein solcher Beschluss nicht zustande, ist das Verfahren beendet.

(4) Absatz 3 findet keine Anwendung auf Beschlüsse, die geltendem kirchlichen Recht widersprechen.

§ 15
Der Vermittlungsausschuss

(1) Für den Zuständigkeitsbereich der Kommission wird ein Vermittlungsausschuss gebildet.

(2) Der Vermittlungsausschuss setzt sich aus fünf Personen zusammen, und zwar aus der/dem Vorsitzenden und vier Beisitzerinnen und Beisitzern. Von den Beisitzerinnen und Beisitzern gehören auf jeder Seite eine(r) der Kommission an; die beiden weiteren Beisitzerinnen und Beisitzer dürfen nicht Mitglied der Kommission sein.

(3) In dem Verfahren vor dem Vermittlungsausschuss in erweiterter Besetzung treten zu den Mitgliedern gemäß Absatz 2 zwei weitere Beisitzerinnen und Beisitzer hinzu, die der Kommission nicht angehören dürfen.

(4) Die/der Vorsitzende und jede Beisitzerin und jeder Beisitzer hat für den Fall der Verhinderung eine Stellvertreterin oder einen Stellvertreter.

§ 16
Voraussetzung der Mitgliedschaft im Vermittlungsausschuss

(1) Die/der Vorsitzende des Vermittlungsausschusses und ihr/sein Stellvertreter(in) dürfen weder im kirchlichen Dienst stehen noch dem vertretungsberechtigten Leitungsorgan einer kirchlichen Körperschaft oder eines anderen Trägers einer kirchlichen Einrichtung angehören. Sie müssen der katholischen Kirche angehören und sollen über Erkenntnisse und Erfahrungen im Arbeitsrecht verfügen. Sie dürfen nicht in der Ausübung der allen Kirchenmitgliedern zustehenden Rechte behindert sein und müssen die Gewähr dafür bieten, dass sie jederzeit für das kirchliche Gemeinwohl eintreten.

(2) Die Beisitzerinnen und Beisitzer und ihre Stellvertreterinnen und Stellvertreter müssen den Erfordernissen des § 5 Abs. 1 Satz 2 und 3 bzw. des § 5 Abs. 3 entsprechen.

§ 17
Wahl und Amtszeit des Vermittlungsausschusses

(1) Die/der Vorsitzende und ihr/sein Stellvertreter (in) werden von der Kommission mit einer Dreiviertelmehrheit der Gesamtzahl ihrer Mitglieder geheim gewählt. Kommt in den ersten beiden Wahlgängen diese Mehrheit nicht

zustande, so reicht in den weiteren Wahlgängen die einfache Mehrheit der Mitglieder aus.

(2) Jeweils zwei Beisitzerinnen und Beisitzer und ihre Stellvertreterinnen und Stellvertreter werden von der Dienstgeberseite und von der Mitarbeiterseite in der Kommission gewählt. Für die dabei erforderlichen Mehrheiten gilt Abs. 1 entsprechend.

(3) Die zusätzlichen Beisitzerinnen und Beisitzer des Vermittlungsausschusses in der erweiterten Besetzung und ihre Stellvertreterinnen und ihre Stellvertreter werden von der Kommission geheim gewählt. Für die dabei erforderlichen Mehrheiten gilt Abs. 1 entsprechend.

(4) Die Amtszeit der/des Vorsitzenden, der Beisitzerinnen und Beisitzer und ihrer Stellvertreterinnen und Stellvertreter beträgt vier Jahre. Wiederwahl ist zulässig. Das Amt erlischt mit dem Ausscheiden aus der Kommission, sofern sie Mitglied der Kommission sind. Bei vorzeitigem Ausscheiden findet für den Rest der Amtszeit eine Nachwahl statt.

§ 18
Anrufung des Vermittlungsausschusses

(1) Falls ein Antrag in der Kommission nicht die für einen Beschluss erforderliche Mehrheit von drei Vierteln der Mitglieder erhalten hat, jedoch mindestens die Hälfte der Mitglieder dem Beschluss zugestimmt hat, legt die/der Vorsitzende diesen Antrag dem Vermittlungsausschuss dann vor, wenn auf Antrag wiederum mindestens die Hälfte der Mitglieder für die Anrufung des Vermittlungsausschusses stimmt.

(2) Setzt der Bischof innerhalb einer Frist von zehn Wochen nach der ersten Beschlussfassung einen Beschluss der Kommission nicht in Kraft, so kann die Kommission die Anrufung des Vermittlungsausschusses mit einem Drittel der Gesamtzahl ihrer Mitglieder beschließen.

§ 19
Verfahren vor dem Vermittlungsausschuss

(1) Die/der Vorsitzende oder ihr/sein Stellvertreter(in) leitet das Verfahren nach pflichtgemäßem Ermessen. Sie/er kann Sachverständige hinzuziehen.

(2) Das Vermittlungsverfahren wird mit einem Vermittlungsvorschlag oder mit der Feststellung abgeschlossen, keinen Vermittlungsvorschlag unterbreiten zu können. Dem Vermittlungsvorschlag müssen mindestens drei Mitglieder des Vermittlungsausschusses zugestimmt haben.
Im Falle eines Vermittlungsverfahrens gemäß § 18 Abs. 1 legt der Vermittlungsausschuss den Vermittlungsvorschlag der Kommission vor. Im Falle eines Vermittlungsverfahrens nach § 18 Abs. 2 legt er den Vermittlungsvorschlag der Kommission und dem Bischof vor.

(3) Das Vermittlungsverfahren ist nicht öffentlich.

§ 20
Verfahren vor dem Vermittlungsausschuss in erweiterter Besetzung

(1) Stimmt die Kommission im Fall des § 18 Abs. 1 dem Vermittlungsvorschlag nicht mit zwei Dritteln der Mitglieder zu, so kann die Kommission auf Antrag mit mindestens der Hälfte ihrer Mitglieder den Vermittlungsausschuss in erweiterter Besetzung anrufen. Andernfalls bleibt es bei der bisherigen Rechtslage.
Stimmen im Fall des § 18 Abs. 2 dem Vermittlungsvorschlag die Kommission nicht mit zwei Dritteln ihrer Mitglieder und der Bischof zu, so kann die Kommission mit mindestens der Hälfte ihrer Mitglieder den Vermittlungsausschuss in erweiterter Besetzung anrufen.

(2) Das Vermittlungsverfahren in erweiterter Besetzung wird mit einem Vermittlungsvorschlag oder mit der Feststellung abgeschlossen, keinen Vermittlungsvorschlag unterbreiten zu können. Dem Vermittlungsvorschlag müssen mindestens vier Mitglieder des Vermittlungsausschusses zugestimmt haben.
Im Fall des Vermittlungsverfahrens nach § 18 Abs. 1 legt der Vermittlungsausschuss in erweiterter Besetzung seinen Vermittlungsvorschlag der Kommission vor. Im Falle des Vermittlungsverfahrens nach § 18 Abs. 2 legt er seinen Vermittlungsvorschlag der Kommission und dem Bischof vor.

(3) Der Vermittlungsvorschlag des Vermittlungsausschusses in erweiterter Besetzung bedarf der Annahme durch die Kommission mit der Mehrheit ihrer Mitglieder.
Wird dem Vermittlungsvorschlag im Falle des Abs. 2 Satz 2 nicht von der Kommission und im Falle des Abs. 2 Satz 3 nicht von der Kommission und dem Bischof zugestimmt, bleibt es bei der bisherigen Rechtslage. Soweit im Einzelfall ein unabweisbares Regelungsbedürfnis vorliegt, das durch den Bischof festgestellt wird, trifft dieser die notwendige Entscheidung. Die Begründung hierfür teilt der Bischof der Kommission mit.

(4) Das Vermittlungsverfahren ist nicht öffentlich.

§ 21
Vorbereitungsausschuss

Zur Vorbereitung der Sitzungen der Kommission kann ein Vorbereitungsausschuss gebildet werden. Er berät den Vorsitzenden bei der Aufstellung der Tagesordnung. Er kann Beschlussanträge stellen und zu Beschlussvorschlägen von Ausschüssen und Anträgen von Kommissionsmitgliedern Stellung nehmen.

§ 22
Ausschüsse

Für die Behandlung einzelner Sachgebiete kann die Kommission ständige oder zeitlich befristete Ausschüsse einsetzen.

§ 23
Kosten

(1) Für die Sitzungen der Kommission und der Ausschüsse sowie für die laufende Geschäftsführung und die Beratung der Mitarbeiterseite stellt/stellen das Bistum/die Bistümer im erforderlichen Umfang Raum, Geschäftsbedarf und Personalkräfte zur Verfügung und trägt/tragen die notwendigen Kosten einschließlich der Reisekosten.
(2) Das Bistum trägt auch die notwendigen Kosten für die Teilnahme an Schulungsveranstaltungen im Sinne des § 9.
(3) Ehrenamtlichen Vertreterinnen und Vertretern der Dienstgeber, die nicht im kirchlichen Dienst stehen, wird Verdienstausfall auf Antrag vom berufenden Bistum erstattet.

§ 24
Inkrafttreten

Anmerkung: In den (Erz-)Diözesen gelten weiterentwickelte KODA-Ordnungen, die im konkreten Fall heranzuziehen sind. Die vorstehende Ordnung ist lediglich als Musterordnung gedacht. Ihr Text zeigt die prinzipielle Struktur des Verfahrens im Dritten Weg der Kirche auf.

XII. Ordnung der Arbeitsrechtlichen Kommission des Deutschen Caritasverbandes e.V.

in den Fassungen vom 24.3.2010 und 22.2.2011

Vorbemerkung: Die Delegiertenversammlung des Deutschen Caritasverbandes hat die Ordnung der Arbeitsrechtlichen Kommission des Deutschen Caritasverbandes (AK-Ordnung) in den Jahren 2010 und 2011 geändert. Die Fassung vom 24.3.2010 trat zum 1.4.2010 in Kraft (veröffentlicht u.a. in: Kirchlicher Anzeiger für die Diözese Aachen 2010 Nr. 194 S. 199; Amtsblatt für die Diözese Augsburg 2010 S. 366; Amtsblatt des Erzbistums Berlin 2010 Nr. 88 S. 51 mit Anlage 2 zu Heft 2010, 6), die Fassung vom 22.2.2011 wird erst am 1. Januar 2013 in Kraft treten. Beide Fassungen werden nachstehend synoptisch abgedruckt. Dazu sind die ***Wahlordnungen*** *für die Mitarbeiterseite und die Dienstgeberseite, die bereits zum 1.3.2012 in Kraft gesetzt werden, nachstehend unter Nr. 2 und 3 abgedruckt.*

1. Ordnung der Arbeitsrechtlichen Kommission des Deutschen Caritasverbandes e.V.

§ 1
Stellung und Aufgabe

(1) Die Arbeitsrechtliche Kommission ist eine ständige Kommission besonderer Art der Delegiertenversammlung des Deutschen Caritasverbandes (vgl. § 9 Absatz 3 seiner Satzung). Entscheidungen der Arbeitsrechtlichen Kommission bedürfen nicht der Zustimmung der Delegiertenversammlung.

(2) Die Arbeitsrechtliche Kommission ist auf der Grundlage des Artikels 7 der Grundordnung des kirchlichen Dienstes im Rahmen kirchlicher Arbeitsverhältnisse die von den deutschen Bischöfen für die Einrichtungen im Bereich des Deutschen Caritasverbandes anerkannte Kommission zur Ordnung des kircheneigenen Arbeitsvertragsrechts.

(3) Aufgabe der Arbeitsrechtlichen Kommission ist die Beschlussfassung von Rechtsnormen über Inhalt, Abschluss und Beendigung von Dienstverhältnissen mit kirchlichen-caritativen Rechtsträgern im Bereich des Deutschen Caritasverbandes, solange und soweit die »Zentrale Kommission zur Ordnung des Arbeitsvertragsrechtes im kirchlichen Dienst« (Zentral-KODA) von ihrer Regelungsbefugnis gemäß § 3 Absatz 1 Zentral-KODA-Ordnung keinen Gebrauch gemacht hat oder macht. Solche Beschlüsse der Zentral-KODA stehen mit ihrer In-Kraft-Setzung den Beschlüssen nach dieser Ordnung gleich. Regelungsbefugnisse in anderen diözesanen Ordnungen bleiben unberührt.

§ 2
Zusammensetzung

(1) Die Arbeitsrechtliche Kommission besteht aus einer Bundeskommission und aus sechs Regionalkommissionen.
Fassung ab 1.1.2013: Die Arbeitsrechtliche Kommission besteht aus einer Bundeskommission, sechs Regionalkommissionen und dem Vorsitzenden. Die Mitarbeiterseite und die Dienstgeberseite der Arbeitsrechtlichen Kommission wählen jeweils Leitungsausschüsse gemäß § 5 a dieser Ordnung.

(2) Die Bundeskommission setzt sich zusammen aus einer Beschlusskommission, einer Verhandlungskommission und dem/der Vorsitzenden nach § 3 Absatz 1. Die Beschlusskommission besteht aus 28 Vertreter(inne)n der Mitarbeiter(innen) und aus 28 Vertreter(inne)n der Dienstgeber. Die Verhandlungskommission besteht aus sechs Vertreter(inne)n der Mitarbeiter(innen) und sechs Vertreter(inne)n der Dienstgeber, die jeweils Mitglieder der Beschlusskommission sind.
Fassung ab 1.1.2013: Die Bundeskommission besteht aus 28 Vertreter(inne)n der Mitarbeiter(innen) und aus 28 Vertreter(inne)n der Dienstgeber und dem/der Vorsitzenden nach § 3 Abs. 1. Der Leitungsausschuss der Mitarbeiterseite besteht aus sieben Vertreter(inne)n der Mitarbeiter(innen) und der Leitungsausschuss

der Dienstgeberseite aus sieben Vertreter(inne)n der Dienstgeber, die jeweils Mitglieder der Arbeitsrechtlichen Kommission sind.

(3) Die Bundeskommission hat im Hinblick auf die ihr nach § 1 Absatz 3 und § 10 zugewiesenen Bereiche eine bundesweite Regelungszuständigkeit.

(4) Die Regionalkommissionen bestehen
- für die Region Nord aus jeweils sechs Vertreter(inne)n der Mitarbeiter(innen) und der Dienstgeber,
- für die Region Ost aus jeweils zwölf, Vertreter(inne)n der Mitarbeiter(innen) und der Dienstgeber,
- für die Region Nordrhein-Westfalen aus jeweils zehn Vertreter(inne)n der Mitarbeiter(innen) und der Dienstgeber,
- für die Region Mitte aus jeweils zehn Vertreter(inne)n der Mitarbeiter(innen) und der Dienstgeber,
- für die Region Baden-Württemberg aus jeweils sechs Vertreter(inne)n der Mitarbeiter(innen) und der Dienstgeber,
- für die Region Bayern aus jeweils vierzehn Vertreter(inne)n der Mitarbeiter(innen) und der Dienstgeber.

(5) Die Regionalkommissionen haben im Hinblick auf die ihnen nach § 1 Absatz 3 und § 10 zugewiesenen Bereiche eine Regelungszuständigkeit beschränkt auf die Einrichtungen ihrer Region und zwar
- die Regionalkommission Nord für das Gebiet der Bistümer Hildesheim und Osnabrück sowie den Offizialatsbezirk Oldenburg;
- die Regionalkommission Ost für das Gebiet der (Erz-) Bistümer Berlin, Dresden-Meißen, Erfurt, Görlitz, Hamburg und Magdeburg;
- die Regionalkommission Nordrhein-Westfalen für das Gebiet der (Erz-) Bistümer Aachen, Essen, Köln, Münster (ohne den Offizialatsbezirk Oldenburg) und Paderborn;
- die Regionalkommission Mitte für das Gebiet der Bistümer Fulda, Limburg, Mainz, Speyer und Trier;
- die Regionalkommission Baden-Württemberg für das Gebiet der (Erz-) Bistümer Freiburg und Rottenburg-Stuttgart;
- die Regionalkommission Bayern für das Gebiet der (Erz-)Bistümer Augsburg, Bamberg, Eichstätt, München und Freising, Passau, Regensburg und Würzburg.

(6) Eine Stellvertretung findet nicht statt, jedoch ist eine Stimmrechtsübertragung möglich. Ein Mitglied kann zusätzlich nicht mehr als eine übertragenes Stimmrecht ausüben. Die Übertragung des Stimmrechts ist dem/der Geschäftsführer(in) *(ab 1.1.2013: der Geschäftsstelle)* in Textform nachzuweisen.

(7) Die Mitglieder der Kommissionen sind nur an ihr Gewissen und die Gesetze gebunden. Dies gilt auch bei Stimmrechtsübertragungen.

(8) Die neu gewählten Regionalkommissionen konstituieren sich spätestens zwei Monate und die neu gewählte Beschlusskommission der Bundeskommission konstituiert sich spätestens drei Monate nach Beginn der Amtsperiode. In der konstituierenden Sitzung wählen Mitarbeiter- und Dienstgebervertreter getrennt ihre Mitglieder der Verhandlungskommission.

Fassung ab 1.1.2013: Absatz 7 wird gestrichen, Absatz 8 wird zu Absatz 7 mit folgendem Wortlaut: Die neu gewählten Regionalkommissionen konstituieren sich spätestens zwei Monate und die neu gewählte Bundeskommission konstituiert sich spätestens drei Monate nach Beginn der Amtsperiode.

§ 3
Leitung und Geschäftsführung

(1) Der/die Präsident(in) des Deutschen Caritasverbandes oder in seinem/ihrem Auftrag ein(e) Vizepräsident(in) führt in der Bundeskommission den Vorsitz und repräsentiert sie nach außen. Der/die Vorsitzende wirkt auf eine sachgerechte Beratung und Beschlussfassung hin. Er/sie hat das Recht zur Teilnahme an allen Sitzungen der Beschlusskommission und der Verhandlungskommission der Bundeskommission.
Fassung ab 1.1.2013: Der/die Präsident(in) des Deutschen Caritasverbandes oder in seinem/ihrem Auftrag ein(e) Vizepräsident(in) führt in der Bundeskommission den Vorsitz und repräsentiert die Arbeitsrechtliche Kommission nach außen. Der/die Vorsitzende wirkt auf eine sachgerechte Beratung und Beschlussfassung hin. Er/sie hat das Recht zur Teilnahme an allen Sitzungen der Arbeitsrechtlichen Kommission. Das gilt auch für die gemeinsamen Sitzungen der Leitungsausschüsse (§ 5a Absatz 6).

(2) Der/die Vorsitzende der Bundeskommission hat kein Stimmrecht und ist zur unparteiischen Amtsführung verpflichtet.

(3) Die Regionalkommissionen wählen jeweils für ihre Kommission eine(n) Vorsitzende(n) und eine(n) stellvertretende(n) Vorsitzende(n). Der/die Vorsitzende und der/die stellvertretende Vorsitzende werden zu Beginn der Amtszeit mit der Maßgabe gewählt, dass diese Funktionen jeweils von einem Vertreter der Mitarbeiterseite und der Dienstgeberseite wahrgenommen werden und die Funktionen nach Ablauf der Hälfte der Amtsperiode wechseln. Können sich die Mitglieder der Regionalkommissionen nicht darüber einigen, wer zuerst den Vorsitz übernimmt, entscheidet das Los.[1] Die Wahlen erfolgen jeweils mit der Mehrheit der Gesamtzahl der Mitglieder der Regionalkommissionen in geheimer Abstimmung; sie werden von dem/der Geschäftsführer(in) *(ab 1.1.2013: von der Geschäftsstelle)* durchgeführt. Aufgabe der/des Vorsitzenden ist die Leitung der Sitzungen der Regionalkommissionen mit Unterstützung der/des stellvertretenden Vorsitzenden. Bei der konstituierenden Sitzung und bis zur Wahl des/der Vorsitzenden leitet das nach Lebensjahren älteste Mitglied die Sitzung. Scheidet der/die Vorsitzende oder der/die stellvertretende Vorsitzende vorzeitig aus dem Amt aus, findet für den Rest der vorgesehenen Zeit der Amtsführung eine Nachwahl statt.

1 Die Änderungen des § 3 Absatz 3 Satz 2 und 3 treten zum 1.1.2012 in Kraft. (Fußnote in der Fassung der AK-Ordnung vom 24.3.2010 im Verhältnis zur AK-Ordnung des Jahres 2007).

(4) Der/die Präsident(in) bestimmt den/die Geschäftsführer(in) der Arbeitsrechtlichen Kommission. Der/die Geschäftsführer(in) übernimmt die laufenden Geschäfte der Bundeskommission und der Regionalkommissionen in Einvernehmen mit den jeweiligen Vorsitzenden. Er/sie bereitet insbesondere die Sitzungen vor, lädt dazu ein, legt die Arbeitsergebnisse und die Beschlüsse schriftlich nieder und teilt die Beschlüsse jeweils den (Erz-)Bistümern, dem Offizialatsbezirk Oldenburg, dem Verband der Diözesen Deutschlands und den Kommissionen zur Ordnung des diözesanen Arbeitsvertragsrechts in geeigneter Weise mit. Dabei wird der/die Geschäftsführer(in) von den Referent(inn)en der Geschäftsstelle unterstützt, die ihn/sie vertreten können. *Absatz 4 erhält ab 1.1.2013 folgende Fassung: Die Arbeitsrechtliche Kommission hat eine Geschäftsstelle, sie kann sechs Regionalstellen einrichten. Diese werden von dem/der Geschäftsführer(in) der Arbeitsrechtlichen Kommission geleitet, den/die der/die Präsident(in) bestimmt. Die Geschäftsstelle übernimmt die laufenden Geschäfte der Bundeskommission und der Regionalkommissionen im Einvernehmen mit den jeweiligen Vorsitzenden. Das Nähere regelt eine Geschäftsordnung, die der/die Präsident(in) im Einvernehmen mit den Vorständen der Mitarbeiterseite und der Dienstgeberseite erlässt.*

(5) Das für Personalfragen zuständige Mitglied des Vorstands des Deutschen Caritasverbandes hat Recht zur Teilnahme an den Sitzungen der Bundeskommission. Der Wunsch der Teilnahme ist vorher anzuzeigen.

§ 4
Vertreter(innen) der Mitarbeiter(innen) - Mitarbeiterseite

(1) Für die Mitarbeiterseite in den jeweiligen Regionalkommissionen werden in jedem in dem Gebiet der jeweiligen Regionalkommission liegenden (Erz-)Bistum sowie im Offizialatsbezirk Oldenburg jeweils zwei Mitglieder, in den (Erz-)Bistümern Freiburg und Rottenburg-Stuttgart jeweils drei Mitglieder, für einen Zeitraum von vier Jahren (Amtsperiode) gewählt. Wiederwahl ist möglich.

(2) Für die Mitarbeiterseite in der Beschlusskommission der Bundeskommission wird in jedem (Erz-)Bistum sowie im Offizialatsbezirk Oldenburg jeweils ein Mitglied für einen Zeitraum von vier Jahren (Amtsperiode) gewählt. Wiederwahl ist möglich. Das Mitglied der Bundeskommission ist zugleich eines der Mitglieder einer Regionalkommission nach Absatz 1.
In der Fassung ab 1.1.2013 werden die Wörter »der Beschlusskommission« gestrichen.

(3) Wählbar als Vertreter(in) der Mitarbeiter(innen) nach den Absätzen 1 und 2 ist derjenige/diejenige, dessen/deren Dienstverhältnis sich nach den Richtlinien für Arbeitsverträge in den Einrichtungen des Deutschen Caritasverbandes regelt und der/die nach der Mitarbeitervertretungsordnung des jeweiligen (Erz-)Bistums das passive Wahlrecht besitzt. Nicht wählbar ist, wer Mitglied des Vorbereitungsausschusses gemäß § 2 oder eines Wahlvorstandes gemäß

§ 3 der Wahlordnung für die Vertreter(innen) der Mitarbeiter(innen) in der Arbeitsrechtlichen Kommission ist.

(4) Die Mitglieder der Mitarbeiterseite der Verhandlungskommission der Bundeskommission werden von und aus den Mitgliedern der Mitarbeiterseite der Beschlusskommission der Bundeskommission für einen Zeitraum von vier Jahren (Amtsperiode) gewählt. Die Wahlen erfolgen durch Mehrheitsbeschluss in geheimer Abstimmung; sie werden von dem/der Geschäftsführer(in) durchgeführt. Bei Stimmengleichheit findet zwischen den stimmengleichen Personen eine Stichwahl statt. Besteht auch danach Stimmengleichheit, entscheidet das Los.
Fassung ab 1.1.2013: Absatz 4 wird gestrichen. Absatz 5 wird zu Absatz 4.

(5) Das Nähere regelt die Wahlordnung für die Vertreter(innen) der Mitarbeiter(innen) in der Arbeitsrechtlichen Kommission, die Bestandteil dieser Ordnung ist.

§ 5
Vertreter(innen) der Dienstgeber - Dienstgeberseite

(1) Für die Dienstgeberseite in den jeweiligen Regionalkommissionen wird von den Vertretern/Vertreterinnen der Rechtsträger in jedem in dem Gebiet der jeweiligen Regionalkommission liegenden (Erz-)Bistum sowie im Offizialatsbezirk Oldenburg jeweils ein Mitglied, in den (Erz-)Bistümern Freiburg und Rottenburg-Stuttgart jeweils zwei Mitglieder, für einen Zeitraum von vier Jahren (Amtsperiode) gewählt. Wiederwahl ist möglich.

(2) Jeder Diözesan-Caritasverband sowie der Landes-Caritasverband Oldenburg entsendet zusätzlich jeweils ein weiteres Mitglied der Dienstgeberseite in die entsprechende Regionalkommission für einen Zeitraum von vier Jahren (Amtsperiode). *(Ab 1.1.2013: neuer Satz 2: Das entsandte Mitglied koordiniert in Abstimmung mit dem nach Absatz 1 gewählten Vertreter die Interessen der Dienstgeber im Gebiet des jeweiligen Diözesan-Caritasverbandes bzw. des Landes-Caritasverbandes Oldenburg.)* Wiederentsendung ist möglich.

(3) Die Mitglieder der Dienstgeberseite in der Beschlusskommission der Bundeskommission werden durch die Mitglieder der Dienstgeberseite aller Regionalkommissionen in einer gemeinsamen Wahlversammlung für einen Zeitraum von 4 Jahren (Amtsperiode) gewählt. Von den 28 Mitgliedern der Beschlusskommission müssen mindestens 14 Vertreter(innen) Mitglied einer Regionalkommission sein. Jede Regionalkommission muss dabei mindestens mit einem Mitglied vertreten sein. *(Ab 1.1.2013 lautet Satz 3: Jede Regionalkommission muss mit mindestens 2 Mitgliedern vertreten sein.)* Wiederwahl ist möglich.

(4) Wählbar bzw. entsendbar als Vertreter(in) der Dienstgeber ist derjenige/diejenige, der/die Mitglied eines Organs eines kirchliche-caritativen Rechtsträgers ist, das zur gesetzlichen Vertretung berufen ist, oder der/die leitende(r) Mitarbeiter(in) eines kirchliche-caritativen Rechtsträgers nach der Mitarbeitervertretungsordnung des jeweiligen (Erz-)Bistums ist. Nicht wählbar

bzw. entsendbar ist, wer Mitglied des Vorbereitungsausschusses nach § 2 oder eines Wahlvorstandes nach § 3 der Wahlordnung für die Vertreter(innen) der Dienstgeber in der Arbeitsrechtlichen Kommission ist.

(5) Die Mitglieder der Dienstgeberseite der Verhandlungskommission der Bundeskommission werden von und aus den Mitgliedern der Dienstgeberseite der Beschlusskommission der Bundeskommission für einen Zeitraum von vier Jahren (Amtsperiode) gewählt. Die Wahlen erfolgen in geheimer Abstimmung; sie werden von dem/der Geschäftsführer(in) durchgeführt. Bei Stimmengleichheit findet zwischen den stimmengleichen Personen eine Stichwahl statt. Besteht auch danach Stimmengleichheit, entscheidet das Los.
(Absatz 5 entfällt mit Wirkung ab 1.1.2013: Absatz 6 wird zu Absatz 5.)

(6) Das Nähere regelt die Wahlordnung für die Vertreter(innen) der Dienstgeber in der Arbeitsrechtlichen Kommission, die Bestandteil dieser Ordnung ist.

§ 5 a
Leitungsausschüsse (ab 1.1.2013)

(1) Der Leitungsausschuss der Mitarbeiterseite besteht aus sieben Vertreter(inne)n der Mitarbeiter(innen), der Leitungsausschuss der Dienstgeberseite aus sieben Vertreter(inne)n der Dienstgeber.

(2) Die Mitglieder der Mitarbeiterseite der Arbeitsrechtlichen Kommission wählen für die jeweilige Amtsperiode aus ihrer Mitte sieben Vertreter(innen) als Leitungsausschuss der Mitarbeiterseite. Mindestens vier Mitglieder des Leitungsausschusses müssen Mitglieder der Bundeskommission sein.

(3) Die Mitglieder der Dienstgeberseite der Arbeitsrechtlichen Kommission wählen für die jeweilige Amtsperiode aus ihrer Mitte sieben Vertreter(innen) als Leitungsausschuss der Dienstgeberseite. Mindestens vier Mitglieder des Leitungsausschusses müssen Mitglieder der Bundeskommission sein.

(4) Die Wahlen zum Leitungsausschuss erfolgen auf beiden Seiten anlässlich ihrer jeweils ersten Mitgliederversammlung zu Beginn der jeweiligen Amtsperiode in geheimer Abstimmung. Zunächst werden in einer ersten Wahl vier Mitglieder aus der Bundeskommission gewählt. Anschließend werden in einer zweiten Wahl aus den Mitgliedern der Mitgliederversammlung die übrigen Mitglieder gewählt. Gewählt sind jeweils die Kandidat(inn)en mit der jeweils höchsten Stimmenzahl. Bei Stimmengleichheit findet zwischen stimmengleichen Personen eine Stichwahl statt. Besteht auch danach Stimmengleichheit, entscheidet das Los.

(5) Die Leitungsausschüsse konstituieren sich spätestens zwei Monate nach Beginn der Amtsperiode. Bis zu den Wahlen führen die Mitglieder des Leitungsausschusses der vorherigen Amtsperiode die laufenden Geschäfte weiter, soweit sie erneut Mitglied der Arbeitsrechtlichen Kommission sind. Sie bereiten insbesondere die erste Mitgliederversammlung vor.

(6) Die Leitungsausschüsse bereiten gemeinsam die Sitzungen der Bundeskommission vor. Sie schlagen die Tagesordnung vor und erarbeiten Beschlussanträge, die zur Entscheidung der Bundeskommission gestellt werden. Die Leitungsausschüsse

geben sich eine gemeinsame Geschäftsordnung. Die Mitglieder des Leitungsausschusses der Mitarbeiter- bzw. der Dienstgeberseite, die nicht Mitglieder der Bundeskommission sind, können als Gäste an den Sitzungen der Bundeskommission teilnehmen.

(7) Der Leitungsausschuss der Mitarbeiterseite führt die laufenden Geschäfte, leitet die Mitarbeiterseite nach innen und vertritt sie nach außen auf der Grundlage der Beschlüsse der Mitgliederversammlungen. Er organisiert insbesondere die Kommunikation auf der Mitarbeiterseite der Arbeitsrechtlichen Kommission und ist für die Umsetzung des Budgets der Mitarbeiterseite sowie für die Fachaufsicht über die hauptamtlichen Mitarbeiter(innen) der Mitarbeiterseite verantwortlich.

(8) Der Leitungsausschuss der Dienstgeberseite führt die laufenden Geschäfte, leitet die Dienstgeberseite nach innen und vertritt sie nach außen auf der Grundlage der Beschlüsse der Mitgliederversammlungen. Er organisiert insbesondere die Kommunikation auf der Dienstgeberseite der Arbeitsrechtlichen Kommission und ist für die Umsetzung des Budgets der Dienstgeberseite sowie für die Fachaufsicht über die hauptamtlichen Mitarbeiter(innen) der Dienstgeberseite verantwortlich.

§ 5 b
Mitgliederversammlungen (ab 1.1.2013)

(1) Auf Bundesebene finden jeweils auf Dienstgeber- und auf Mitarbeiterseite Mitgliederversammlungen statt. Sie setzen sich zusammen aus allen Mitgliedern der Bundeskommission und der Regionalkommissionen der jeweiligen Seite.

(2) Aufgaben der Mitgliederversammlungen sind die Wahl des Leitungsausschusses der jeweiligen Seite nach § 5 a, Wahlen der Vertreter(innen) ihrer Seite, soweit diese oder eine andere Ordnung die Vertretung der jeweiligen Seite vorsehen, sowie Grundsätze des tarifpolitischen Vorgehens zu beschließen.

(3) Die Mitgliederversammlungen geben sich jeweils eine Geschäftsordnung.

§ 6
Vorzeitige Beendigung der Mitgliedschaft

(1) Das Amt eines Mitglieds der Arbeitsrechtlichen Kommission endet vorzeitig
- *(bis zum 31.12.2012: bei einem Wegfall der Voraussetzungen für die Wählbarkeit bzw. Entsendbarkeit nach § 4 Absatz 3 und § 5 Absatz 4 dieser Ordnung),*
- durch Niederlegung des Amtes in schriftlicher Form,
- im Falle grober Vernachlässigung oder grober Verletzung der Befugnisse und Pflichten als Mitglied der Arbeitsrechtlichen Kommission
- *(ab 1.1.2013: bei einem Wegfall der Voraussetzungen für die Wählbarkeit bzw. Entsendbarkeit nach § 4 Abs. 3 und § 5 Abs. 4 dieser Ordnung).*

(2) Über eine grobe Vernachlässigung oder grobe Verletzung der Befugnisse und Pflichten *(Einschub ab 1.1.2013: nach Absatz 1)* entscheidet das *(zuständige, gestrichen ab 1.1.2013)* das Kirchliche Arbeitsgericht *(gestrichen ab 1.1.2013:*

nach § 2 Absatz 1 Kirchliche Arbeitsgerichtsordnung); Voraussetzung ist im Hinblick auf ein Mitglied der Bundeskommission ein Antrag der *(gestrichen ab 1.1.2013: Beschlusskommission, eingefügt ab 1.1.2013: Bundeskommission)* der Arbeitsrechtlichen Kommission, im Hinblick auf ein Mitglied einer Regionalkommission ein Antrag der jeweiligen Regionalkommission.

(3) Ab 1.1.2013: Über den Wegfall der Voraussetzungen für die Wählbarkeit nach § 4 Absatz 3 und § 5 Absatz 4 dieser Ordnung entscheidet der jeweilige Leitungsausschuss für deren Mitglieder.

§ 6 a
Interne Beratung beider Seiten (bis 31.12.2012)

Die Mitarbeiterseite und die Dienstgeberseite werden jeweils durch eigene, insbesondere im Tarif- und Arbeitsrecht kundige und beim Deutschen Caritasverband e.V. in einem Beschäftigungsverhältnis stehende Personen unterstützt, die nicht Mitglied der Arbeitsrechtlichen Kommission sind. Die Entscheidung über die Einstellung erfolgt im Einvernehmen mit der jeweiligen Seite. Diese Personen können mit Zustimmung der jeweiligen Seite beratend an den Sitzungen der Bundeskommission, der Regionalkommissionen, der Ausschüsse und der internen Beratungen teilnehmen.

§ 7
Interne Beratung beider Seiten (ab 1.1.2013, Text wie vorher § 6 a)

§ 7
Tarifinstitut (gestrichen ab 1.1.2013)

(1) Die Mitglieder der Arbeitsrechtlichen Kommission werden bei der Fassung von Beschlüssen durch ein Institut zum Arbeitsrecht der Caritas unterstützt. Aufgabe des Instituts ist die Beratung der Mitglieder der Arbeitsrechtlichen Kommission bei der Weiterentwicklung der »Richtlinien für Arbeitsverträge in den Einrichtungen des Deutschen Caritasverbandes« (AVR).

(2) Das Institut ist beiden Seiten der Arbeitsrechtlichen Kommission zugeordnet. Die Leitung besteht aus zwei Personen, die jeweils der Mitarbeiterseite und der Dienstgeberseite zugeordnet sind. Bei Bedarf werden weitere Stellen den jeweiligen Seiten zugeordnet. Die Aufsicht über das Institut obliegt einem von beiden Seiten paritätisch besetzten Gremium unter Leitung des Vorsitzenden der Bundeskommission.

(3) Das Nähere regelt der Vorstand des Deutschen Caritasverbandes mit Zustimmung des Caritasrates.

§ 8
Rechtsstellung der Mitglieder, Freistellung und Kostenersatz

(1) Für die Mitglieder der Arbeitsrechtlichen Kommission ist ihre Tätigkeit anlässlich der Wahrnehmung von Rechten oder in der Erfüllung von Pflichten nach dieser Ordnung Dienst im Rahmen ihres Dienstverhältnisses

und im Sinne von Unfallfürsorgebestimmungen. Die Mitglieder der Arbeitsrechtlichen Kommission führen ihr Amt im Rahmen der dienstlichen Aufgaben.

(2) Die Mitglieder der Arbeitsrechtlichen Kommission sind in der Ausübung ihres Amtes zu unterstützen und dürfen dabei weder behindert noch aufgrund ihrer Tätigkeit benachteiligt oder begünstigt werden.

(3) Für ihre Tätigkeit sind die Mitglieder der Mitarbeiterseite der Arbeitsrechtlichen Kommission in notwendigem Umfang zur ordnungsgemäßen Durchführung ihrer Aufgaben ohne Minderung der Bezüge und des Erholungsurlaubs von ihren dienstlichen Aufgaben freizustellen. Die Freistellung enthält den Anspruch auf Reduzierung der dienstlichen Aufgaben und erfolgt bis zum Ablauf der jeweiligen Amtsperiode. Für die Mitglieder der Dienstgeberseite erfolgt grundsätzlich anstelle der Freistellungen jeweils ein pauschalierter Kostenersatz in vergleichbarem Umfang an den jeweiligen Anstellungsträger. Über die Höhe der Pauschale entscheidet der Caritasrat und teilt dies der Arbeitsrechtlichen Kommission mit.

(4) Die Mitglieder der Mitarbeiterseite in den Regionalkommissionen sind auf Antrag zur ordnungsgemäßen Durchführung ihrer Aufgaben jeweils bis zu 15 v.H. der durchschnittlichen regelmäßigen Arbeitszeit eines/einer Vollzeitbeschäftigten freizustellen.

(5) Soweit für einzelne Mitglieder der Mitarbeiterseite der Regionalkommissionen eine besondere zeitliche Belastung durch die Bearbeitung von Anträgen nach § 11 dieser Ordnung entsteht, können diese mit bis zu weiteren 15 v.H. der durchschnittlichen regelmäßigen Arbeitszeit eines/einer Vollzeitbeschäftigten freigestellt werden. Über Anträge auf Bewilligung der zusätzlichen Freistellung oder auf pauschalierten Kostenersatz entscheidet unter Berücksichtigung von § 11 Absatz 7 dieser Ordnung der/die Vorsitzende der Bundeskommission.

(6) Die Mitglieder der Mitarbeiterseite in *(gestrichen ab 1.1.2013: der Beschlusskommission)* der Bundeskommission sind auf Antrag zur ordnungsgemäßen Durchführung ihrer Aufgaben jeweils bis zu 10 v.H. der durchschnittlichen regelmäßigen Arbeitszeit eines/einer Vollzeitbeschäftigten freizustellen.

(7) Die Mitglieder der Mitarbeiterseite *(gestrichen ab 1.1.2013: in der Verhandlungskommission der Bundeskommission, ab 1.1.2013: im Leitungsausschuss)* sind auf Antrag zur ordnungsgemäßen Durchführung ihrer Aufgaben jeweils bis zu 50 v.H. der durchschnittlichen regelmäßigen Arbeitszeit eines/einer Vollzeitbeschäftigten freizustellen.

(8) *Ab 1.1.2013: Die Mitglieder der Kommissionen sind nur an ihr Gewissen und die Gesetze gebunden. Dies gilt auch für Stimmrechtsübertragungen.*

(9) *Bisheriger Absatz 8 wird ab 1.1.2013 zu Absatz 9:*
Für die Mitglieder der Mitarbeiterseite der Arbeitsrechtlichen Kommission gelten die Schutzbestimmungen, wie sie für Mitglieder der Mitarbeitervertretungen nach der Mitarbeitervertretungsordnung des jeweiligen (Erz-)Bistums gelten. Dies gilt ebenfalls innerhalb eines Jahres nach Beendigung der Amtszeit, es sei denn, die Mitgliedschaft ist nach § 6 Absatz 1 vorzeitig beendet worden. Wird gegenüber einem Mitglied der Mitarbeiterseite eine betriebsbedingte Kündigung

ausgesprochen, hat der Dienstgeber zur Berücksichtigung der Belange des Dritten Weges den Ältestenrat gemäß § 14 anzuhören; dies ist keine Wirksamkeitsvoraussetzung für die Erklärung der Kündigung.

§ 9
Arbeitsweise

(1) Die Verhandlungskommission und die Beschlusskommission der Bundeskommission sowie die Regionalkommissionen treten bei Bedarf zusammen. Eine Sitzung hat außerdem stattzufinden, wenn dies von der Hälfte der Mitglieder der jeweiligen Kommission schriftlich und unter Angabe von Gründen bei dem/der jeweiligen Vorsitzenden verlangt wird.
Ab 1.1.2013: Die Bundeskommission, die Regionalkommissionen, die Leitungsausschüsse und die Mitgliederversammlungen treten bei Bedarf zusammen. Eine Sitzung hat außerdem stattzufinden, wenn dies von der Hälfte der Mitglieder des jeweiligen Gremiums schriftlich unter Angabe von Gründen verlangt wird.

(2) Die Einladung mit Bekanntgabe der Tagesordnung hat *(ab 1.1.2013: für die Sitzungen der Bundes- und der Regionalkommissionen)* in der Regel drei Wochen vor dem Sitzungstermin zu erfolgen.

(3) Anträge an die jeweiligen Kommissionen können nur deren Mitglieder stellen. Abweichend hiervon werden Anträge nach § 11 dieser Ordnung von der (Gesamt-)Mitarbeitervertretung oder dem Dienstgeber oder von beiden Seiten gestellt.

(4) Die Sitzungen der Arbeitsrechtlichen Kommission und ihrer Ausschüsse sind nicht öffentlich. Es können Sachverständige hinzugezogen werden.

(5) Die Verhandlungskommission und die Beschlusskommission der Bundeskommission sowie die Regionalkommissionen geben sich jeweils eine Geschäftsordnung.
Fassung ab 1.1.2013: Die Leitungsausschüsse, die Mitgliederversammlungen und die Bundeskommission sowie die Regionalkommissionen geben sich jeweils eine Geschäftsordnung.

§ 10
Zuständigkeiten der Bundeskommission und der Regionalkommissionen

(1) Die Bundeskommission hat eine umfassende Regelungszuständigkeit mit Ausnahme der Bereiche, die ausschließlich den Regionalkommissionen zugewiesen sind. In den ausschließlich den Regionalkommissionen zugewiesenen Bereichen bestehen Bandbreiten; sie betragen für die Festlegung der Höhe aller Vergütungsbestandteile von dem mittleren Wert 15 v.H. Differenz nach oben und nach unten. Die Bundeskommission legt den mittleren Wert fest; sie kann den Umfang der Bandbreiten durch Beschluss verändern.

(2) Die Regionalkommissionen sind ausschließlich zuständig für die Festlegung der Höhe aller Vergütungsbestandteile, des Umfangs der regelmäßigen Arbeitszeit und des Umfangs des Erholungsurlaubs. Dabei haben sie die von der Bundeskommission nach Absatz 1 festgelegten Bandbreiten einzuhalten.

Fasst die Bundeskommission nach Aufforderung durch den Beschluss einer Regionalkommission nicht innerhalb von sechs Monaten einen Beschluss zur Festsetzung eines mittleren Wertes und des Umfangs einer Bandbreite, kann die Regionalkommission einen eigenen Beschluss nach Absatz 2 Satz 1 ohne eine nach Absatz 1 Sätze 2 und 3 festgelegte Bandbreite fassen. Beschlüsse einer Regionalkommission, die außerhalb der durch die Bundeskommission festgelegten Bandbreite liegen, sind als Beschluss der äußersten, von der Bundeskommission als zulässig festgelegten Bandbreite auszulegen.

(3) Die Regionalkommissionen können zudem Regelungen der Beschäftigungssicherung, wie beispielsweise Regelungen zur betriebsbedingten Kündigung, beschließen. Soweit diese Regelungen im Widerspruch zu Regelungen der Bundeskommission stehen, gehen die Regelungen der Regionalkommissionen vor.

(4) Die Regionalkommissionen können durch Beschluss bei der Bundeskommission beantragen, von einer festgelegten Bandbreite abweichen zu dürfen.

(5) Die Regionalkommissionen können durch Beschluss eigene Regelungszuständigkeiten zeitlich befristet an die Bundeskommission übertragen, die Bundskommission kann durch Beschluss eigene Regelungszuständigkeiten zeitlich befristet an eine oder mehrere Regionalkommissionen übertragen. Erfolgt ein solcher Beschluss, bedarf die Übertragung der Zustimmung durch die Kommissionen, die diese Zuständigkeiten erhalten.

(6) Fasst die Bundeskommission nach Aufforderung durch Beschluss einer Regionalkommission in einer der Bundeskommission zugeordneten Regelungszuständigkeit nicht innerhalb von sechs Monaten einen Beschluss, kann die Regionalkommission anstelle der Bundeskommission einen eigenen Beschluss fassen. Dies gilt nicht für die Bandbreitenregelung nach Absatz 1. Soweit die von der Regionalkommission beschlossenen Regelungen im Widerspruch zu späteren Beschlüssen der Bundeskommission stehen, gehen die Regelungen der Bundeskommission vor. Dabei hat die Bundeskommission eine Übergangsfrist von mindestens 12 Monaten festzulegen.

Fassung ab 1.1.2013: Die Regionalkommissionen können durch Beschluss die Bundeskommission auffordern, in einer der Bundeskommission zugeordneten Regelungszuständigkeit einen Beschluss zu fassen, wenn sie dazu einen eigenen Regelungsvorschlag vorlegen. Fasst die Bundeskommission nicht innerhalb von sechs Monaten einen Beschluss mit dieser oder einer anderen Regelung, kann die Regionalkommission anstelle der Bundeskommission einen eigenen Beschluss fassen. Dies gilt auch für den Fall, dass die Bundeskommission nach Aufforderung durch Beschluss einer Regionalkommission keine mittleren Werte für die Höhe der Vergütungsbestandteile, des Umfangs der regelmäßigen Arbeitszeit und des Umfangs des Erholungsurlaubs innerhalb von sechs Monaten festlegt; dann kann die Regionalkommission die Höhe der Vergütungsbestandteile, den Umfang der regelmäßigen Arbeitszeit und den Umfang des Erholungsurlaubs ohne mittlere Werte verändern. Fasst die Bundeskommission nach Ablauf von sechs Monaten einen Beschluss entsprechend dem Regelungsvorschlag der Regionalkommission oder mit einer anderen Regelung, erlischt die Beschlusskompetenz der Regionalkommission. Soweit die von der Regionalkommission beschlossenen Regelungen im Widerspruch zu späteren Beschlüssen der Bundeskommission stehen, gehen die Regelungen der Bundeskommission vor. Dabei hat die Bundeskommission eine Übergangsregelung festzulegen. Soweit diese Übergangsregelung nicht erfolgt, gelten die Beschlüsse der Regionalkommission weiter.

(7) Die Bundeskommission und die Regionalkommissionen haben auch eine Zuständigkeit für spartenspezifische Regelungen.

§ 11
Einrichtungsspezifische Regelungen

(1) Jede (Gesamt-)Mitarbeitervertretung oder jeder Dienstgeber oder beide gemeinsam können für die Gesamtheit der Einrichtungen eines Trägers, für eine Einrichtung oder für Teile einer Einrichtung einen schriftlich zu begründenden Antrag an die zuständige Regionalkommission stellen, von den durch die Regionalkommission festgelegten Regelungen abzuweichen. Zur Begründung hat der Antragsteller geeignete Unterlagen vorzulegen. Bei Anträgen einer (Gesamt-)Mitarbeitervertretung reicht eine substantiierte Darstellung aus. Die Regionalkommission kann von dem Dienstgeber der Einrichtung geeignete Unterlagen anfordern.

(2) Für Anträge, die die Gesamtheit der Einrichtungen eines Trägers betreffen, die im Zuständigkeitsbereich von mehreren Regionalkommissionen liegen, ist in Abweichung von § 2 Absatz 5 die Regionalkommission zuständig, in der der Träger seinen Sitz hat.

(3) Über einen Antrag nach Absatz 1 entscheidet eine Unterkommission der Regionalkommission (Absatz 4) innerhalb von drei Monaten durch Beschluss. Soweit sie Abweichungen zulässt, sind diese zeitlich zu befristen. Die Frist beginnt mit der Feststellung der Vollständigkeit der eingereichten Unterlagen durch den/die Geschäftsführer(in) *(ab 1.1.2013: durch die Geschäftsstelle).*

(4) Für jeden Antrag *(ab 1.1.2013: Für Anträge)* nach Absatz 1 wird eine Unterkommission *(ab 1.1.2013: werden Unterkommissionen)* der Regionalkommission eingerichtet. Die Unterkommission wird durch Beschluss der Regionalkommission aus deren Mitgliedern besetzt. *(Satz 2 lautet ab 1.1.2013: Die Unterkommissionen werden aus Mitgliedern der Regionalkommissionen besetzt.)* Sie besteht *(ab 1.1.2013: bestehen)* aus zwei Vertreter(inne)n der Mitarbeiter(innen) und zwei Vertreter(inne)n der Dienstgeber. Die Regionalkommission kann eine Erhöhung auf jeweils drei Vertreter(inne) n jeder Seite beschließen. Die Besetzung und das Verfahren regelt die Regionalkommission. Ein Mitglied der Unterkommission wird von den Mitgliedern dieser Unterkommission zum/zur Vorsitzenden, ein anderes Mitglied zum/zur stellvertretenden Vorsitzenden bestimmt. Die Anstellungsträger der Mitglieder der Unterkommission sollen nicht in einem unmittelbaren Konkurrenzverhältnis zur Antrag stellenden Einrichtung stehen. Die

Mitglieder der Unterkommission sollen Gespräche mit der betroffenen (Gesamt-)Mitarbeitervertretung und dem betroffenen Dienstgeber führen. Sie können Sachverständige hinzuziehen.

(5) Fasst die Unterkommission der Regionalkommission zu dem Antrag einen einstimmigen Beschluss oder einen Beschluss mit der Mehrheit von drei Viertel der Mitglieder der Unterkommission oder wird der Antrag einstimmig oder mit drei Viertel der Mitglieder der Unterkommission abgelehnt, ist ihre Entscheidung abschließend.

(6) Erreicht ein Antrag in der Unterkommission der Regionalkommission nicht die erforderliche Mehrheit, stimmen ihm jedoch die Hälfte der Mitglieder der Unterkommission zu, oder entscheidet die Unterkommission der Regionalkommission aus Gründen, die der Antragsteller nicht zu vertreten hat, nicht innerhalb von drei Monaten über den Antrag, kann der Antragsteller innerhalb eines Monats ein Vermittlungsverfahren nach Absatz 8 einleiten. Die Anrufung des Vermittlungsausschusses beendet das Verfahren vor der Unterkommission.

(7) Für die Tätigkeit der Regionalkommissionen nach dieser Bestimmung kann von den betroffenen Dienstgebern ein Beratungsgebühr und/oder eine Beschlussgebühr erhoben werden; Grundlage ist eine Gebührenordnung, die der Caritasrat des Deutschen Caritasverbandes auf Antrag des/der Vorsitzenden der Bundeskommission erlässt.

(8) Für Vermittlungsverfahren nach Absatz 6 wird der Vermittlungsausschuss nach § 16 Absatz 1 in Verbindung mit § 16 Absatz 10 tätig. Dieser entscheidet durch Spruch mit der Mehrheit seiner Mitglieder. Eine Stimmenthaltung ist nicht möglich. Der Spruch tritt an die Stelle eines Beschlusses der Unterkommission der Regionalkommission. § 16 gilt mit Ausnahme des Absatzes 2 entsprechend.

Ergänzung ab 1.1.2013: Entscheidet der Vermittlungsausschuss nicht binnen eines Monats, wird die Fälligkeit der anzuwendenden Regelungen insoweit aufgeschoben, wie eine Abweichung im Vermittlungsverfahren beantragt wird. Die Obergrenze ist der ursprünglich gestellte Antrag.

Ab 1.1.2013:

(9) Wird im Vermittlungsausschuss die Befangenheit eines Mitglieds des Vermittlungsausschusses festgestellt, rückt das Mitglied der jeweiligen Seite aus dem erweiterten Vermittlungsausschuss nach.

Anmerkung: Siehe auch § 27 b MAVO.

§ 12
Ausschüsse

(1) Die Kommissionen können zur Behandlung bestimmter Sachthemen Ausschüsse bilden. Diese bereiten die Beschlüsse der Kommissionen vor.

(2) Die Mitglieder, die Vorsitzenden und die stellvertretenden Vorsitzenden der Ausschüsse werden von den Kommissionen aus ihrer Mitte gewählt.

(3) Die Ausschusssitzungen werden von dem/der Vorsitzenden geleitet, in Abwesenheit von dessen/deren Stellvertreter(in). Die Einberufung zu den Sitzungen und die Führung der laufenden Geschäfte der Ausschüsse übernimmt der/die Geschäftsführer(in) *(ab 1.1.2013: die Geschäftsstelle).*

(4) Zu den Ausschusssitzungen können Sachverständige hinzugezogen werden.

§ 13
Beschlüsse

(1) Beschlüsse der Kommissionen von Rechtsnormen über Inhalt, Abschluss und Beendigung von Dienstverhältnissen sowie Beschlüsse der Kommissionen nach § 6 Absatz 2 bedürfen, mit Ausnahme von § 15 Absatz 4, jeweils einer Mehrheit von drei Viertel ihrer Mitglieder. *(gestrichen ab 1.1.2013: Ein Beschluss der Bundeskommission ist zustande gekommen, wenn die Mitglieder der Beschlusskommission einem Beschluss der Verhandlungskommission mit einer Mehrheit von jeweils drei Viertel ihrer Mitglieder zustimmen.)*

(2) Die sonstigen Beschlüsse der Kommissionen bedürfen der Mehrheit ihrer Mitglieder.

(3) In Eilfällen und in Angelegenheiten, für die eine mündliche Verhandlung entbehrlich ist, können Beschlüsse der Kommissionen durch schriftliche Stimmabgabe herbeigeführt werden. Sie bedürfen der Einstimmigkeit. Über die Einleitung des schriftlichen Verfahrens entscheidet der/die Vorsitzende der jeweiligen Kommission. Das Ergebnis der schriftlichen Stimmabgabe wird von dem/der Geschäftsführer(in) *(ab 1.1.2013: von der Geschäftsstelle)* festgestellt und den jeweiligen Kommissionsmitgliedern schriftlich mitgeteilt.

(4) Auf Antrag eines Mitglieds einer Kommission findet eine Beschlussfassung in geheimer Abstimmung statt.

§ 14
Ältestenrat

(1) Erhält ein Antrag nicht die Mehrheit von drei Viertel der Mitglieder *(ab 1.1.2013 gestrichen: der Verhandlungskommission)* der Bundeskommission *(gestrichen ab 1.1.2013: oder nicht die erforderliche Mehrheit der Mitglieder der Beschlusskommission der Bundeskommission),* stimmen jedoch mindestens die Hälfte ihrer *(gestrichen ab 1.1.2013: jeweiligen)* Mitglieder dem Beschluss zu, kann innerhalb von einem Monat mindestens die Hälfte der Mitglieder *(gestrichen ab 1.1.2013: der Verhandlungskommission)* der Bundeskommission durch Antrag den Ältestenrat anrufen, der durch die Erarbeitung eines Vermittlungsvorschlages auf eine gütliche Einigung hinwirken soll.

(2) Der Ältestenrat setzt sich zusammen aus dem/der Vorsitzenden der Bundeskommission, der/die dem Ältestenrat vorsteht, jeweils zwei Mitgliedern der Mitarbeiterseite und der Dienstgeberseite, die jeweils von beiden Seiten der Bundeskommission benannt werden, und dem/der Geschäftsführer(in). Soweit der Antrag eines einzelnen Mitglieds der Kommission

Gegenstand der Beratungen ist, kann dieses nicht Mitglied des Ältestenrates sein. *(Satz 2 ab 1.1.2013 gestrichen.)*

(3) Für die Regionalkommissionen gelten die Absätze 1 und 2 entsprechend. *Ab 1.1.2013 folgende Fassung: Die Regionalkommissionen können in ihren Geschäftsordnungen ein entsprechendes Verfahren vorsehen.*

§ 15
Vermittlungsverfahren

(1) Im Anschluss an ein gescheitertes Verfahren nach § 14 Absatz 1 oder anstelle eines solchen Verfahrens kann mindestens die Hälfte der Mitglieder der Verhandlungskommission oder der Beschlusskommission der Bundeskommission innerhalb von einem Monat durch Antrag an den Vermittlungsausschuss zur Vorlage eines Vermittlungsvorschlages anrufen.
Ab 1.1.2013: Im Anschluss an ein gescheitertes Verfahren nach § 14 Absatz 1 oder anstelle eines solchen Verfahrens kann mindestens die Hälfte der Mitglieder der Bundeskommission innerhalb von einem Monat durch Antrag den Vermittlungsausschuss zur Vorlage eines Vermittlungsvorschlags anrufen. Die Mitglieder der Bundeskommission, die nicht für den Antrag gestimmt haben, haben die Möglichkeit, gemeinsam schriftlich Stellung zu nehmen, sich zu positionieren, Gegenvorstellungen und eigene Forderungen einzubringen, soweit dies nicht bereits geschehen ist.

(2) Das Vermittlungsverfahren wird durch den Vermittlungsausschuss mit einem Vermittlungsvorschlag oder mit der Feststellung abgeschlossen, keinen Vermittlungsvorschlag unterbreiten zu können. Einem Vermittlungsvorschlag muss die Mehrheit der stimmberechtigten Mitglieder des Vermittlungsausschusses zustimmen. Der Vermittlungsausschuss legt den Vermittlungsvorschlag der jeweiligen Kommission zur Entscheidung vor. Wird dem Vermittlungsvorschlag nicht zugestimmt, bleibt es bei der bisherigen Rechtslage.

(3) Im Anschluss an ein gescheitertes Vermittlungsverfahren nach Absatz 1 kann mindestens die Hälfte der Mitglieder der *(ab 1.1.2013 gestrichen: Beschlusskommission, ersetzt durch: Bundeskommission)* durch Antrag den erweiterten Vermittlungsausschuss anrufen. Die Mitglieder der *(ab 1.1.2013 gestrichen: Beschlusskommission, ersetzt durch: Bundeskommission)* die nicht für den Antrag gestimmt haben, haben die Möglichkeit, gemeinsam schriftlich Stellung zu nehmen, sich zu positionieren, Gegenvorstellungen und eigene Forderungen einzubringen, soweit dies nicht bereits geschehen ist. Der erweiterte Vermittlungsausschuss hat dann durch Spruch zu entscheiden. Der Spruch hat eine Regelung zu enthalten. Der erweiterte Vermittlungsausschuss entscheidet mit der Mehrheit seiner Mitglieder. Eine Stimmenthaltung ist nicht möglich. Der Spruch tritt an die Stelle eines Beschlusses der Bundeskommission.

(4) Die *(ab 1.1.2013 gestrichen: Beschlusskommission der)* Bundeskommission kann innerhalb von einem Monat nach der Verkündung den Spruch des

Vermittlungsausschusses mit der Mehrheit ihrer Mitglieder durch einen eigenen Beschluss ersetzen. Erst nach Ablauf dieser Frist ist der Spruch des Vermittlungsausschusses nach § 18 in Kraft zu setzen.

(5) Für die Regionalkommissionen gelten die Absätze 1 bis 4 entsprechend.

(6) Unbeschadet der Regelungen in den Absätzen 1 bis 5 kann der Ortsordinarius im Einzelfall das Vorliegen eines unabweisbaren Regelungsbedürfnisses unüberprüfbar feststellen und die notwendige Entscheidung treffen.

§ 16
Vermittlungsausschuss

(1) Der Vermittlungsausschuss nach § 15 Absatz 1 setzt sich zusammen aus je einem/einer Vorsitzenden der beiden Seiten, der/die nicht Mitglied der Arbeitsrechtlichen Kommission ist, je einem Mitglied der Mitarbeiterseite und der Dienstgeberseite der Bundeskommission sowie je einem Mitglied der Mitarbeiterseite und der Dienstgeberseite, das nicht Mitglied der Arbeitsrechtlichen Kommission ist.
Ab 1.1.2013 folgender Satz 2: Die/der Vorsitzende der beiden Seiten haben jeweils eine(n) Stellvertreter(in), die bei Verhinderung der/des Vorsitzenden tätig werden.

(2) Der erweiterte Vermittlungsausschuss nach § 15 Absatz 3 setzt sich zusammen aus den Mitgliedern des Vermittlungsausschusses gemäß Absatz 1 und aus je einem weiteren Mitglied der Mitarbeiterseite und der Dienstgeberseite der Bundeskommission sowie je einem weiteren Mitglied der Mitarbeiterseite und der Dienstgeberseite, das nicht Mitglied der Arbeitsrechtlichen Kommission ist.

(3) Die Einladungen zu den Sitzungen des Vermittlungsausschusses erfolgen durch die beiden Vorsitzenden. Für jedes Vermittlungsverfahren nach § 15 Absatz 1 und nach § 15 Absatz 3 wird jeweils zu Beginn des Verfahrens einvernehmlich von den Mitgliedern festgelegt, welche(r) der beiden Vorsitzenden die Sitzung nach pflichtgemäßem Ermessen leitet und welche(r) unterstützend teilnimmt. Kommt keine solche einvernehmliche Festlegung zustande, entscheidet das Los. Der/die leitende Vorsitzende kann Sachverständige hinzuziehen.

(4) Die beiden Vorsitzenden unterbreiten dem Vermittlungsausschuss einen gemeinsamen Vorschlag. Bei der Abstimmung über diesen Vorschlag haben die beiden Vorsitzenden eine einzige gemeinsame Stimme.

(5) Die Mitglieder des Vermittlungsausschusses und des erweiterten Vermittlungsausschusses werden zu Beginn der jeweiligen Amtsperiode der Arbeitsrechtlichen Kommission gewählt. Die beiden Vorsitzenden des Vermittlungsausschusses *(ab 1.1.2013: und ihre Stellvertreter(innen))* werden gemeinsam von den Mitgliedern der Bundeskommission mit der Mehrheit ihrer Mitglieder gewählt. Die übrigen Mitglieder des Vermittlungsausschusses werden jeweils von den Mitgliedern der Bundeskommission mit der Mehrheit ihrer Mitglieder gewählt. Die Wahlen erfolgen durch geheime Abstimmung; sie werden von dem/der

Geschäftsführer(in) *(ab 1.1.2013: von der Geschäftsstelle)* vorbereitet und durchgeführt.

(6) Die Amtszeit der Mitglieder des Vermittlungsausschusses beträgt vier Jahre (Amtsperiode). Wiederwahl ist zulässig. Die Amtszeit endet vorzeitig, wenn die Mitglieder des Vermittlungsausschusses vorzeitig aus der Bundeskommission ausscheiden oder von ihrem Amt im Vermittlungsausschuss zurücktreten. Dann findet für den Rest der Amtszeit eine erneute Wahl statt.

(7) Eine Sitzung findet nur in Anwesenheit der beiden Vorsitzenden *(ab 1.1.2013: oder ihrer Stellvertreter(innen))* statt. Eine Stellvertretung findet nicht statt, jedoch ist eine Stimmrechtsübertragung für Mitglieder des Vermittlungsausschusses, die nicht Vorsitzende/r sind, möglich *(ab 1.1.2013 lautet Satz 2: Eine Stimmrechtsübertragung ist für Mitglieder des Vermittlungsausschusses, die nicht Vorsitzende(r) oder Stellvertreter(in) sind, möglich)*. Ein Mitglied des Vermittlungsausschusses kann zusätzlich nicht mehr als ein übertragenes Stimmrecht ausüben. Die Übertragung des Stimmrechts ist dem/der Geschäftsführer(in) *(ab 1.1.2013: der Geschäftsstelle)* in Textform nachzuweisen.

(8) Die Mitglieder des Vermittlungsausschusses sind nur an ihr Gewissen und die Gesetze gebunden. Dies gilt auch bei Stimmrechtsübertragungen.

(9) Die Vorsitzenden und die Mitglieder des Vermittlungsausschusses, die nicht Mitglieder der Arbeitsrechtlichen Kommission sind, erhalten eine angemessene Aufwandsentschädigung, deren Höhe der/die Vorsitzende der Bundeskommission festlegt.

(10) Für die Regionalkommissionen gelten die Absätze 1 bis 9 entsprechend.

§ 17
Ergänzende Vermittlungsverfahren

Die Kommissionen können ergänzende Vermittlungsverfahren in ihren Geschäftsordnungen festlegen oder für den Einzelfall beschließen.

§ 18
In-Kraft-Treten der Beschlüsse

(1) Die Beschlüsse der jeweiligen Kommission sind durch den/die Geschäftsführer(in) *(ab 1.1.2013: die Geschäftsstelle)* dem/der jeweiligen Vorsitzenden zuzuleiten und von ihm/ihr zu unterzeichnen. Anschließend sind die Beschlüsse nach Maßgabe der Richtlinien für die In-Kraft-Setzung der Beschlüsse der Arbeitsrechtlichen Kommission des Deutschen Caritasverbandes in ihrer jeweils geltenden Fassung in der Bundesrepublik Deutschland bzw. der jeweiligen Region in Kraft zu setzen.

(2) Die Beschlüsse der Bundeskommission sollen in der Verbandszeitschrift »neue caritas« veröffentlicht werden. Die Beschlüsse der Regionalkommissionen sollen in geeigneten diözesanen Medien veröffentlicht werden. Dies gilt nicht für Beschlüsse, die nach § 11 der Ordnung gefasst werden.

§ 19
Kosten

(1) Die Kosten der Sitzungen der Arbeitsrechtlichen Kommission, des Instituts für das Arbeitsrecht der Caritas sowie die Reisekosten (Kosten für Fahrt, Unterkunft und Verpflegung) der Mitglieder der Arbeitsrechtlichen Kommission zu den Kommissions- und Ausschusssitzungen werden vom Deutschen Caritasverband im Rahmen einer Umlage der Diözesan-Caritasverbände und des Landes-Caritasverbandes Oldenburg getragen. Gleiches gilt für die durch eine Freistellung für eine(n) Vertreter(in) der Mitarbeiter(innen) der Arbeitsrechtlichen Kommission dem jeweiligen Dienstgeber entstehenden Personalkosten und für die durch eine Erstattung für eine(n) Vertreter(in) der Dienstgeber der Arbeitsrechtlichen Kommission entstehenden pauschalierten Kosten. Dazu gehören auch die einem/einer Vertreter(in) der Mitarbeiter(innen) als Mitglied der Arbeitsrechtlichen Kommission entstehenden Sachkosten.

(2) Die für die Durchführung eines Verfahrens vor den kirchlichen Arbeitsgerichten notwendigen Auslagen der Verfahrensbeteiligten trägt ebenfalls der Deutsche Caritasverband im Rahmen einer Umlage der Diözesan-Caritasverbände und des Landes-Caritasverbandes Oldenburg.

(3) Die in jedem Diözesan-Caritasverband und im Landes-Caritasverband Oldenburg anfallenden Aufwendungen für die Umlage zu den Kosten der Arbeitsrechtlichen Kommission werden von jedem Verband in einem geeigneten Verfahren auf die Rechtsträger der Einrichtungen des jeweiligen Verbandsbereichs umgelegt.

§ 19 a
Budgetausschuss

Es wird ein Budgetausschuss gebildet. Ihm gehören mindestens zur Hälfte Mitglieder der Arbeitsrechtlichen Kommission an. Der Budgetausschuss bewertet die tatsächliche Verwendung der Finanzmittel und erarbeitet Empfehlungen an den Vorstand des Deutschen Caritasverbandes über die Höhe des Budgets, das die Delegiertenversammlung auf Empfehlung des Vorstandes festlegt. Das Nähere regelt eine vom Vorstand des Deutschen Caritasverbandes erlassene Ordnung.

§ 20
Schlussbestimmungen *(laut Beschlussfassung vom 24.3.2010)*

Diese Ordnung tritt am 1. April 2010 in Kraft.
Abweichend davon tritt die Änderung des § 3 Absatz 3 zum 01. Januar 2012 in Kraft.
Bei Anträgen auf einrichtungsspezifische Regelungen, die vor dem 01. April 2010 gestellt worden sind, gelten die bis zum 31. März 2010 geltenden Verfahrensregelungen weiter.

Gleiches gilt für Ältestenrats- und Vermittlungsverfahren im Sinne der §§ 14 ff., die vor dem 01. April 2010 eingeleitet worden sind.
Diese Ordnung wurde am 20. März 2007 von der 4. Delegiertenversammlung 2007 des Deutschen Caritasverbandes e.V. beschlossen, am 17. Oktober 2007 von der 5. Delegiertenversammlung 2007 modifiziert und am 24. März 2010 von der 8. Delegiertenversammlung 2010 verändert.

§ 20
Schlussbestimmungen (laut Beschlussfassung vom 22.2.2011)

Diese Ordnung tritt am 01. Januar 2013 in Kraft. Die Wahlordnungen der Mitarbeiterseite und der Dienstgeberseite treten zum 01. März 2012 in Kraft.
Bis zum 31.12.2012 gilt die Ordnung der Arbeitsrechtlichen Kommission in der Fassung vom 24.03.2010.

Anmerkungen: Die Wahlordnungen sind nachstehend unter Nr. 2 und 3 abgedruckt. Eine besondere Arbeitsrechtliche Kommission besteht beim Caritasverband für die Diözese Augsburg gemäß diesbezüglicher Ordnung durch den Bischof von Augsburg vom 13.1.2009 (Amtsblatt für die Diözese Augsburg 2009 S. 34 – AK DiCV-O). Die Kommission besteht neben der Bundeskommission und der Regionalkommission Bayern der Arbeitsrechtlichen Kommission des Deutschen Caritasverbandes und lässt deren Zuständigkeit unberührt. Beschlüsse der Kommission gehen den Beschlüssen der Arbeitsrechtlichen Kommission des Deutschen Caritasverbandes vor. Ausschließliche Aufgabe der Kommission ist die Beschlussfassung von Rechtsnormen über Inhalt, Abschluss und Beendigung von Dienstverhältnissen solcher satzungsgemäßer Mitgliedseinrichtungen des Caritasverbandes für die Diözese Augsburg e.V., deren Existenz aus wirtschaftlichen Gründen gefährdet ist. Die Aufnahme von Mitgliedseinrichtungen als Rechtsträger in die Kommission ist abhängig von der Erfüllung näher genannter Bedingungen und Auflagen. In allen Rechtsstreitigkeiten über Angelegenheiten der Kommission und der Wahlordnung für die Vertreter(innen) der Mitarbeiter(innen) in der Kommission einschließlich des Wahl- und des Vermittlungsverfahrens kann das Kirchliche Arbeitsgericht Bayern nach § 2 Abs. 1 Kirchliche Arbeitsgerichtsordnung angerufen werden.

2. Wahlordnung der Mitarbeiterseite gemäß § 4 Absatz 4 der Ordnung der Arbeitsrechtlichen Kommission des Deutschen Caritasverbandes e.V. (gültig ab 01.03.2012)

§ 1
Gegenstand

Diese Wahlordnung regelt gemäß § 4 Absatz 4 der Ordnung der Arbeitsrechtlichen Kommission des Deutschen Caritasverbandes die Wahl der Vertreter(innen) der

Mitarbeiter(innen) in den Regionalkommissionen und in der Bundeskommission der Arbeitsrechtlichen Kommission.

§ 2
Vorbereitungsausschuss

(1) Die Wahl der Vertreter(innen) der Mitarbeiter(innen) in den Regionalkommissionen und in der Bundeskommission leitet ein Vorbereitungsausschuss (Ausschuss), der aus drei Mitgliedern besteht. Er wird von den Mitgliedern der Mitarbeiterseite in der Bundeskommission gewählt. Die Mitglieder des Ausschusses müssen die Voraussetzungen des § 4 Absatz 3 der Ordnung der Arbeitsrechtlichen Kommission erfüllen. Sie dürfen weder für die Arbeitsrechtliche Kommission kandidieren noch einer Wahlversammlung oder einem Wahlvorstand angehören. Auf die Mitglieder des Ausschusses findet § 8 Absatz 8 der Ordnung der Arbeitsrechtlichen Kommission bis einschließlich sechs Monate nach Bekanntgabe des Wahlergebnisses entsprechende Anwendung.

(2) Die Mitglieder des Ausschusses sind spätestens acht Monate vor Ablauf der Amtsperiode zu wählen.

(3) Der Ausschuss tritt innerhalb von vier Wochen nach seiner Wahl zur konstituierenden Sitzung zusammen. Er erlässt einen Wahlaufruf, der in der Verbandszeitschrift »neue caritas« und geeigneten diözesanen Medien veröffentlich wird, und setzt den Zeitpunkt fest, bis zu dem die Wahlhandlungen in den einzelnen (Erz-)Bistümern und im Offizialatsbezirk Oldenburg durchgeführt sein müssen. Er fordert die Mitarbeitervertretung eines jeden Diözesan-Caritasverbandes und des Landes-Caritasverbandes Oldenburg oder die diözesane Arbeitsgemeinschaft der Mitarbeitervertretungen, soweit deren Zuständigkeit im jeweiligen Bistum durch bischöfliche Regelung festgelegt ist, auf, unverzüglich einen Wahlvorstand zu bilden. Besteht zu diesem Zeitpunkt keine Mitarbeitervertretung, so ist unverzüglich eine Mitarbeiterversammlung einzuberufen, die den Wahlvorstand bildet.

(4) Der Ausschuss soll Hinweise zur Wahl und andere Hilfsmittel erarbeiten und die Wahlvorstände bei der Durchführung ihrer Aufgaben unterstützen.

§ 3
Wahlvorstand

(1) Die Mitarbeitervertretung eines jeden Diözesan-Caritasverbandes und des Landes-Caritasverbandes Oldenburg oder die diözesane Arbeitsgemeinschaft der Mitarbeitervertretungen, soweit deren Zuständigkeit im jeweiligen Bistum durch bischöfliche Regelung festgelegt ist, bildet für ihren Bereich einen Wahlvorstand, der jeweils aus drei Mitgliedern besteht und der sich bis spätestens sechs Monate vor Ablauf der Amtsperiode konstituieren muss. Die Mitglieder müssen die Voraussetzungen des § 4 Absatz 3 der Ordnung der Arbeitsrechtlichen Kommission erfüllen. Sie dürfen weder für die

Arbeitsrechtliche Kommission kandidieren noch dem Vorbereitungsausschuss angehören. Auf die Mitglieder des Wahlvorstandes findet § 8 Absatz 8 der Ordnung der Arbeitsrechtlichen Kommission bis einschließlich sechs Monate nach Bekanntgabe des Wahlergebnisses entsprechende Anwendung.

(2) Der Wahlvorstand erstellt eine Liste der Mitarbeitervertretungen in Einrichtungen, die auf dem Gebiet des (Erz-)Bistums liegen und die in den Geltungsbereich der Richtlinien für Arbeitsverträge in den Einrichtungen des Deutschen Caritasverbandes fallen (§ 2 Absatz 1 AT AVR). Dazu gehören auch die Mitarbeitervertretungen von Kirchengemeinden/-stiftungen, wenn in ihren Bereich eine Tageseinrichtung für Kinder fällt, deren Mitarbeiter(innen) unter den Geltungsbereich der Richtlinien fallen. Nur die in der Liste aufgeführten Mitarbeitervertretungen nehmen an der Wahl teil.

(3) Der Wahlvorstand soll an diese Mitarbeitervertretungen spätestens sechs Wochen nach seiner Konstituierung Wahlbenachrichtigungen versenden. Mitarbeitervertretungen, die keine Wahlbenachrichtigung bis spätestens vier Monate vor Ablauf der Amtsperiode erhalten haben, können gegen die Nichteintragung in der Aufstellung innerhalb einer Ausschlussfrist von zwei Wochen Einspruch einlegen. Der Wahlvorstand entscheidet über den Einspruch.

(4) Der Wahlvorstand fordert die Mitarbeitervertretungen auf, innerhalb einer festgelegten Frist schriftliche Wahlvorschläge jeweils für die Wahl des Vertreters/der Vertreterin der Mitarbeiter(innen) in der jeweiligen Regionalkommission und für die Wahl des Vertreters/der Vertreterin der Mitarbeiter(innen) in der Bundeskommission abzugeben.

(5) Der Wahlvorschlag für den jeweiligen Wahldurchgang muss enthalten:
a) den Namen des Kandidaten/der Kandidatin;
b) den Namen der Einrichtung;
c) die Erklärung des Kandidaten/der Kandidatin, dass er/sie der Benennung zustimmt;
d) die Erklärung des Kandidaten/der Kandidatin, dass er/sie das passive Wahlrecht gemäß der Mitarbeitervertretungsordnung des jeweiligen (Erz-)Bistums besitzt;
e) die Unterschrift des/der Vorsitzenden oder eines Mitglieds der Mitarbeitervertretung.

(6) Der Wahlvorstand bestätigt schriftlich den Eingang eines Wahlvorschlages gegenüber dem/der Vorgeschlagenen und gegenüber dem/der Vorschlagenden.

(7) Der Wahlvorstand prüft, ob die Voraussetzungen für eine Kandidatur gegeben sind. Ist das nicht der Fall, weist er den Wahlvorschlag zurück.

(8) Der Wahlvorstand erstellt anhand der eingegangenen Wahlvorschläge Kandidat(inn)enlisten für die jeweilige Wahl. Sie enthält die Namen der Wahlbewerber(innen) in alphabetischer Reihenfolge und die Namen der Einrichtungen.

§ 4
Durchführung der Wahlen

(1) Der Wahlvorstand beruft die diözesane Wahlversammlung ein, indem er die nach § 3 Absatz 2 dieser Wahlordnung wahlberechtigten Mitarbeitervertretungen auffordert, jeweils eine(n) Vertreter(in) zur diözesanen Wahlversammlung zu entsenden. Die diözesane Wahlversammlung wählt die Vertreter(innen) in der jeweiligen Regionalkommission sowie den/die Vertreter(in) der Mitarbeiter(innen) in der Bundeskommission und tritt spätestens zwei Monate vor dem Ende der Amtsperiode zusammen. Der Wahlvorstand leitet die Wahlversammlung. Die Einladung und die Kandidat(inn)enlisten müssen mindestens zwei Wochen vorher abgesandt werden.

(2) Der Wahlvorstand muss die Mitteilung über den Termin der Wahlversammlung und die Kandidat(inn)enlisten mindestens zwei Wochen vorher an die Kandidat(inn)en absenden.

(3) Für die Wahl der Vertreter(innen) der Mitarbeiter(innen) in der jeweiligen Regionalkommission jedes (Erz-)Bistums sowie im Offizialatsbezirk Oldenburg und für die Wahl des Vertreters/der Vertreterin der Mitarbeiter(innen) in der Bundeskommission erstellt der Wahlvorstand anhand der Kandidat(inn)enlisten jeweils Stimmzettel, die die Namen in alphabetischer Reihenfolge enthalten. Die Listen sind getrennt zu erstellen für eine Wahl des Vertreters/der Vertreterin der Mitarbeiter(innen) in der Bundeskommission, der/die gleichzeitig als Vertreter(in) der Mitarbeiter(innen) in der jeweiligen Regionalkommission gewählt wird, und für eine Wahl eines weiteren Vertreters/einer Vertreterin der Mitarbeiter(innen) in der jeweiligen Regionalkommission, in den (Erz-)Bistümern Freiburg und Rottenburg-Stuttgart der zwei weiteren Vertreter(innen).

(4) Jede(r) Kandidat(in) hat das Recht, sich in der Wahlversammlung vor der Wahl vorzustellen.

(5) Es finden geheime Wahlen statt. Bemerkungen und Hinzufügungen auf dem Stimmzettel oder das Ankreuzen von mehreren Namen machen diesen ungültig. Abweichend zu Satz 2 dürfen bei der Wahl für die Mitglieder der Regionalkommission aus den (Erz-)Bistümern Freiburg und Rottenburg-Stuttgart bis zu zwei Kandidaten angekreuzt werden. Der Wahlvorstand nimmt die Auszählung vor und gibt die Wahlergebnisse bekannt.

(6) Gewählt als der/die Vertreter(in) der Mitarbeiter(innen) in der Bundeskommission ist der/die Kandidat(in), der/die die meisten Stimmen erhalten hat. Er/sie ist gleichzeitig als Vertreter(in) der Mitarbeiter(innen) in der jeweiligen Regionalkommission gewählt. Gewählt als der/die Vertreter(in) ausschließlich in der jeweiligen Regionalkommission ist der/die Kandidat(in), der/die meisten Stimmen erhalten hat; abweichend davon sind in den (Erz-) Bistümern Freiburg und Rottenburg-Stuttgart die zwei Kandidat(inn)en gewählt, die die meisten Stimmen erhalten haben.

(7) Bei Stimmengleichheit findet zwischen den stimmengleichen Kandidat(inn)-en eine Stichwahl statt. Besteht auch danach Stimmengleichheit, entscheidet das Los.

§ 5
Ergebnis der Wahlen

Der Wahlvorstand teilt die Ergebnisse der Wahlen in dem (Erz-)Bistum und im Offizialatsbezirk Oldenburg unverzüglich dem Vorbereitungsausschuss mit und soll für die Veröffentlichung im kirchlichen Amtsblatt des (Erz-)Bistums Sorge tragen. Der Ausschuss gibt das Ergebnis der gesamten Wahlen durch Veröffentlichung in der Verbandszeitschrift »neue caritas« und geeigneten diözesanen Medien bekannt.

§ 6
Anfechtung der Wahlen

(1) Eine Anfechtung einer Wahl kann innerhalb von zwei Wochen nach Bekanntgabe des gesamten Wahlergebnisses in der Verbandszeitschrift »neue caritas« und geeigneten diözesanen Medien von den Wahlberechtigten und Wahlbewerber(inne)n für ihren Bereich bei dem zuständigen Wahlvorstand schriftlich geltend gemacht werden.
(2) Der Wahlvorstand informiert den/die Betroffene(n) über die Anfechtung. Ist eine Anfechtung begründet und dadurch das Wahlergebnis beeinflusst, so wird die betroffene Wahl für ungültig erklärt und unverzüglich wiederholt.
(3) Bis zur endgültigen Entscheidung bleibt der/die Betroffene im Amt. Eine für ungültig erklärte Wahl lässt die Wirksamkeit der zwischenzeitlich durch die Regionalkommissionen und durch die Bundeskommission getroffenen Entscheidungen unberührt.

§ 7
Ausscheiden eines Vertreters/einer Vertreterin

(1) Scheidet ein(e) gewählte(r) Vertreter(in) der Mitarbeiter(innen) als Mitglied einer Regionalkommission aus, so bestimmt die Mitarbeiterseite in der jeweiligen Regionalkommission für den Rest der Amtsperiode eine neues Mitglied auf Vorschlag der jeweiligen diözesanen Arbeitsgemeinschaft der Mitarbeitervertretungen. Ist in einem (Erz-)Bistum eine diözesane Arbeitsgemeinschaft nicht gebildet, tritt an ihre Stelle die Mitarbeitervertretung beim Diözesan-Caritasverband.
(2) Scheidet ein(e) Vertreter(in) der Mitarbeiter(innen) als Mitglied der Bundeskommission aus, so bestimmt die Mitarbeiterseite in der Bundeskommission für den Rest der Amtsperiode ein neues Mitglied auf Vorschlag der jeweiligen diözesanen Arbeitsgemeinschaft der Mitarbeitervertretungen. War der/die ausgeschiedene Vertreter(in) Mitglied des Leitungsausschusses,

so kann das neu zu bestellende Mitglied im Leitungsausschuss ein anderes sein als das neu in die Bundeskommission berufene Mitglied.

§ 8
Kosten der Wahl

Die durch den Vorbereitungsausschuss verursachten Kosten trägt der Deutsche Caritasverband. Die Kosten eines Wahlvorstandes übernimmt der jeweilige Diözesan-Caritasverband und der Landes-Caritasverband Oldenburg. Die Reisekosten der Mitglieder der Wahlversammlung und der Kandidat(inn)en werden von der Einrichtung getragen, in der der/die betreffende Mitarbeiter(in) tätig ist.

3. Wahlordnung der Dienstgeberseite gemäß § 5 Absatz 5 der Ordnung der Arbeitsrechtlichen Kommission des Deutschen Caritasverbandes e.V. (gültig ab 01.03.2012)

§ 1
Gegenstand

Diese Wahlordnung regelt gemäß § 5 Absatz 5 der Ordnung der Arbeitsrechtlichen Kommission des Deutschen Caritasverbandes die Wahl und die Entsendung der Vertreter(innen) der Dienstgeber in den Regionalkommissionen und in der Bundeskommission der Arbeitsrechtlichen Kommission.

§ 2
Vorbereitungsausschuss

(1) Die Wahl der Vertreter(innen) der Dienstgeber in den Regionalkommissionen leitet ein Vorbereitungsausschuss (Ausschuss), der aus drei Mitgliedern besteht. Er wird von den Mitgliedern der Dienstgeberseite in der Bundeskommission gewählt. Die Mitglieder des Ausschusses dürfen weder für die Arbeitsrechtliche Kommission kandidieren noch einer Wahlversammlung oder einem Wahlvorstand angehören.

(2) Die Mitglieder des Ausschusses sind spätestens acht Monate vor Ablauf der Amtsperiode zu wählen.

(3) Der Ausschuss tritt innerhalb von vier Wochen nach seiner Wahl zur konstituierenden Sitzung zusammen. Er erlässt einen Wahlaufruf, der in der Verbandszeitschrift »neue caritas« und geeigneten diözesanen Medien veröffentlicht wird, und setzt den Zeitpunkt fest, bis zu dem die Wahlhandlungen in den einzelnen (Erz-)Bistümern und im Offizialatsbezirk Oldenburg durchgeführt sein müssen. Er fordert die jeweiligen Diözesan-Caritasverbände und den Landes-Caritasverband Oldenburg auf, unverzüglich einen Wahlvorstand zu bilden.

(4) Der Ausschuss soll Hinweise zur Wahl und andere Hilfsmittel erarbeiten und die Wahlvorstände bei der Durchführung ihrer Aufgaben unterstützen.

§ 3
Wahlvorstand

(1) Jeder Diözesan-Caritasverband und der Landes-Caritasverband Oldenburg bildet für seinen Bereich einen Wahlvorstand, der jeweils aus drei Mitgliedern besteht und der sich bis spätestens sechs Monate vor Ablauf der Amtsperiode konstituieren muss. Die Mitglieder dürfen weder für Arbeitsrechtliche Kommission kandidieren noch einer Wahlversammlung oder dem Vorbereitungsausschuss angehören.

(2) Der Wahlvorstand erstellt eine Liste der Rechtsträger, die mit ihrer/ihren Einrichtung(en) Mitglied im jeweiligen Diözesan-Caritasverband und im Landes-Caritasverband Oldenburg sind und die in den Geltungsbereich der Richtlinien für Arbeitsverträge in den Einrichtungen des deutschen Caritasverbandes fallen (§ 2 Absatz 1 AT AVR). Nur die in der Liste aufgeführten Rechtsträger nehmen an der Wahl teil.

(3) Der Wahlvorstand soll an diese Rechtsträger spätestens sechs Wochen nach seiner Konstituierung Wahlbenachrichtigungen versenden. Rechtsträger, die keine Wahlbenachrichtigung bis spätestens vier Monate vor Ablauf der Amtsperiode erhalten haben, können gegen die Nichteintragung in der Aufstellung innerhalb einer Ausschlussfrist von zwei Wochen Einspruch einlegen. Der Wahlvorstand entscheidet über den Einspruch.

(4) Der Wahlvorstand fordert die Rechtsträger auf, innerhalb einer festgelegten Frist schriftliche Wahlvorschläge jeweils für die Wahl der Vertrters/der Vertreterin der Dienstgeber in der jeweiligen Regionalkommission abzugeben.

(5) Der Wahlvorschlag muss enthalten:
   a) den Namen des Kandidaten/der Kandidatin;
   b) den Namen des Rechtsträgers und die ausgeübte Tätigkeit;
   c) die Erklärung des Kandidaten/der Kandidatin, dass er/sie der Benennung zustimmt;
   d) die Erklärung des Kandidaten/der Kandidatin, dass er/sie Mitglied eines kirchliche-caritativen Rechtsträgers ist, das zur gesetzlichen Vertretung berufen ist, oder leitende(r) Mitarbeiter(in) eines kirchliche-caritativen Rechtsträgers nach der Mitarbeitervertretungsordnung des jeweiligen (Erz-)Bistums ist;
   e) die Unterschrift der gesetzlichen Vertretung des Rechtsträgers.

(6) Der Wahlvorstand bestätigt schriftlich den Eingang eines Wahlvorschlages gegenüber dem/der Vorgeschlagenen und dem/der Vorschlagenden.

(7) Der Wahlvorstand prüft, ob die Voraussetzungen für eine Kandidatur gegeben sind. Ist das nicht der Fall, weist er den Wahlvorschlag zurück.

(8) Der Wahlvorstand erstellt anhand der eingegangenen Wahlvorschläge eine Kandidat(inn)enliste für die Wahl. Sie enthält die Namen der

Wahlbewerber(innnen) in alphabetischer Reihenfolge, die Namen der Träger und die ausgeübten Tätigkeiten.

§ 4
Durchführung der Wahl

(1) Der Wahlvorstand beruft die diözesane Wahlversammlung ein, indem er die nach § 3 Absatz 2 dieser Wahlordnung wahlberechtigten Rechtsträger auffordert, jeweils eine(n) Vertreter(in) zur diözesanen Wahlversammlung zu entsenden. Die diözesane Wahlversammlung wählt den/die Vertreter(in) der Dienstgeber in der jeweiligen Regionalkommission und tritt spätestens zwei Monate vor dem Ende der Amtsperiode zusammen. Der Wahlvorstand leitet die Wahlversammlung. Die Einladung und Kandidat(inn)enliste müssen mindestens zwei Wochen vorher abgesandt werden.

(2) Der Wahlvorstand muss die Mitteilung über den Term in der Wahlversammlung und die Kandidat(inn)enliste mindestens zwei Wochen vorher an die Kandidat(inn)en absenden.

(3) Für die Wahl des Vertreters/der Vertreterin der Dienstgeber in der jeweiligen Regionalkommission erstellt der Wahlvorstand anhand der Kandidat(inn) enliste jeweils die Stimmzettel, die die Namen in alphabetischer Reihenfolge enthalten.

(4) Jede(r) Kandidat(in) hat das Recht, sich in der Wahlversammlung vor der Wahl vorzustellen.

(5) Es findet eine geheime Wahl statt. Bemerkungen und Hinzufügungen auf dem Stimmzettel oder das Ankreuzen von mehreren Namen machen diesen ungültig. Der Wahlvorstand nimmt die Auszählung vor und gibt das Wahlergebnis bekannt.

(6) Gewählt als Vertreter(in) der Dienstgeber in der jeweiligen Regionalkommission ist der/die Kandidat(in), der/die die meisten Stimmen erhalten hat, abweichend davon sind in den (Erz-)Bistümern Freiburg und Rottenburg-Stuttgart die zwei Kandidat(inn)en gewählt, die die meisten Stimmen erhalten haben.

(7) Die Vertreter(innen) der Dienstgeberseite in der Bundeskommission werden durch die Mitglieder der Dienstgeberseite in den Regionalkommissionen gewählt. Zu diesem Zweck findet nach der Wahl der Mitglieder der Regionalkommission eine gemeinsame Wahlversammlung aller Mitglieder der Dienstgeber aus allen Regionalkommissionen statt. Von den 28 Mitgliedern der Beschlusskommission[1] müssen 14 Vertreter(innen) Mitglied einer Regionalkommission sein; jede Regionalkommission muss dabei mit mindestens zwei Mitgliedern vertreten sein. Die verbleibenden 14 Mitglieder können die Gliederungen und Fachverbände, die Orden und Träger stellen. Die

1 Die Beschlusskommission ist gemäß § 20 AK-Ordnung in der Fassung vom 22.2.2011 bis zum 31.12.2012 noch im Amt.

Wahlen erfolgen in geheimer Abstimmung; sie werden von der Geschäftsstelle durchgeführt.

(8) Bei Stimmengleichheit findet zwischen den stimmengleichen Kandidat(inn)-en ein Stichwahl statt. Besteht auch danach Stimmengleichheit, entscheidet das Los.

§ 5
Ergebnis der Wahl

Der Wahlvorstand teilt das Ergebnis der Wahl in dem (Erz-)Bistum und im Offizialatsbezirk Oldenburg unverzüglich dem Vorbereitungsausschuss mit und soll für die Veröffentlichung im kirchlichen Amtsblatt des (Erz-)Bistums Sorge tragen. Der Ausschuss gibt das Ergebnis der gesamten Wahl durch Veröffentlichung in der Verbandszeitschrift »neue caritas« und geeigneten diözesanen Medien bekannt.

§ 6
Anfechtung der Wahl

(1) Eine Anfechtung der Wahl kann innerhalb von zwei Wochen nach Bekanntgabe des gesamten Wahlergebnisses in der Verbandszeitschrift »neue caritas« und geeigneten diözesanen Medien von den Wahlberechtigten und Wahlbewerber(inn)en für ihren Bereich bei dem zuständigen Wahlvorstand geltend gemacht werden.

(2) Der Wahlvorstand informiert den/die Betroffene(n) über die Anfechtung. Ist eine Anfechtung begründet und wird dadurch das Wahlergebnis beeinflusst, so wird die Wahl für ungültig erklärt und unverzüglich wiederholt.

(3) Bis zur endgültigen Entscheidung bleibt der/die Betroffene im Amt. Eine für ungültig erklärte Wahl lässt die Wirksamkeit der zwischenzeitlich durch die Regionalkommissionen und durch die Bundeskommission getroffenen Entscheidungen unberührt.

§ 7
Ausscheiden eines Vertreters/einer Vertreterin

(1) Scheidet ein(e) gewählte(r) Vertreter(in) der Dienstgeber als Mitglied einer Regionalkommission aus, so bestimmt die Dienstgeberseite in der jeweiligen Regionalkommission für den Rest der Amtsperiode ein neues Mitglied. Scheidet ein(e) nach § 5 Absatz 2 der Ordnung der Arbeitsrechtlichen Kommission entsandte(r) Vertreter(in) als Mitglied einer Regionalkommission aus, dann benennt das entsprechende Gremium ein neues Mitglied.

(2) Scheidet ein(e) Vertreter(in) der Dienstgeber als Mitglied der Bundeskommission aus, so bestimmt die Dienstgeberseite in der Bundeskommission für den Rest der Amtsperiode ein neues Mitglied. War der/die ausgeschiedene Vertreter(in) Mitglied des Leitungsausschusses der Bundeskommission, so kann das neu zu bestellende Mitglied im Leitungsausschuss ein anderes sein als das neu in die Bundeskommission berufene Mitglied.

§ 8
Kosten der Wahl

Die durch den Vorbereitungsausschuss verursachten Kosten trägt der Deutsche Caritasverband. Die Kosten eines Wahlvorstandes übernimmt der jeweilige Diözesan-Caritasverband und der Landes-Caritasverband Oldenburg. Die Reisekosten der Mitglieder der Wahlversammlung und der Kandidat(inn)en werden vom Rechtsträger getragen.

§ 9
Bestellung der Vertreter(innen) durch die Diözesan-Caritasverbände

Die nach § 5 Absatz 2 der Ordnung der Arbeitsrechtlichen Kommission entsandten Vertreter(innen) einer Regionalkommission werden von dem jeweils nach der Satzung des Diözesan-Caritasverbandes und des Landes-Caritasverbandes Oldenburg zuständigen Organ entsandt. Fehlt eine Zuweisung dieser Aufgabe in der Satzung, ist der Vorstand des Diözesan-Caritasverbandes und des Landes-Caritasverbandes Oldenburg zuständig. Die Bestellung erfolgt im zeitlichen Zusammenhang mit der Wahl nach dieser Wahlordnung.

XIII. Richtlinien für die Inkraftsetzung der Beschlüsse der Arbeitsrechtlichen Kommission des Deutschen Caritasverbandes durch die Diözesanbischöfe in der Fassung vom 26.11.2007

(vgl. u.a. Kirchliches Amtsblatt Osnabrück 2009 Art. 159 S. 199)

§ 1

Beschlüsse der Arbeitsrechtlichen Kommission des Deutschen Caritasverbandes (Bundeskommission und Regionalkommissionen gemäß § 2 Abs. 1 AK-Ordnung), die gemäß der Ordnung der Arbeitsrechtlichen Kommission des Deutschen Caritasverbandes in ihrer jeweiligen Fassung zustande gekommen sind, bedürfen zu ihrer Wirksamkeit der Inkraftsetzung durch die Diözesanbischöfe (vgl. Art. 7 Abs. 1 GrO; § 18 Ordnung der Arbeitsrechtlichen Kommission).

§ 2

(1) Beschlüsse der Bundeskommission werden vom Geschäftsführer der Arbeitsrechtlichen Kommission allen (Erz-)Diözesen zur Inkraftsetzung zugeleitet.
(2) Beschlüsse der Regionalkommissionen werden vom Geschäftsführer der Arbeitsrechtlichen Kommission nur denjenigen (Erz-)Diözesen zur Inkraftsetzung zugeleitet, die von dem Inhalt des Beschlusses regional erfasst werden (vgl. § 2 Abs. 5 AK-Ordnung).
(3) Beschlüsse der Arbeitsrechtlichen Kommission (Bundeskommission und Regionalkommissionen) sind stets schriftlich zu erläutern.

(4) Schriftliche und mündliche Anfragen aus den (Erz-)Diözesen zu den Beschlüssen der Arbeitsrechtlichen Kommission (Bundeskommission und Regionalkommissionen) sind an den Geschäftsführer der Arbeitsrechtlichen Kommission zu richten. Die Anfragen sind unverzüglich zu bearbeiten.

(5) Unbeschadet der nachfolgenden Regelung ist darauf zu achten, dass die Beschlüsse der Arbeitsrechtlichen Kommission (Bundeskommission und Regionalkommission) möglichst zeitnah in Kraft gesetzt und alsbald in den diözesanen Amtsblättern veröffentlicht werden.

§ 3

(1) Sieht sich ein Diözesanbischof außerstande, den Beschluss der Arbeitsrechtlichen Kommission (Bundeskommission bzw. Regionalkommissionen) in Kraft zu setzen, so unterrichtet er innerhalb von sechs Wochen nach Zugang des Beschlusses unter Angabe der Gründe den Geschäftsführer der Arbeitsrechtlichen Kommission (Widerspruch). Dabei können Gegenvorschläge unterbreitet werden.

(2) Die Arbeitsrechtliche Kommission (Bundeskommission bzw. Regionalkommissionen) berät alsdann die Angelegenheit nochmals.

(3) Fasst sie einen neuen Beschluss oder bestätigt sie ihren bisherigen Beschluss, so leitet sie diesen dem Diözesanbischof zur Inkraftsetzung zu. Kommt ein Beschluss nicht zustande, ist das Verfahren beendet.

(4) Sieht sich ein Diözesanbischof weiterhin nicht in der Lage, den Beschluss der Arbeitsrechtlichen Kommission (Bundeskommission bzw. Regionalkommissionen) in Kraft zu setzen, so gilt er in der entsprechenden (Erz-) Diözese nicht.

(5) Stimmt der Diözesanbischof dem neuen oder bestätigten Beschluss zu, wird der Beschluss zeitnah in Kraft gesetzt und alsbald in den diözesanen Amtsblättern veröffentlicht.

§ 4

Diese Richtlinien treten am 1. Januar 2008 in Kraft. Sie ersetzen die Richtlinien vom 1. Oktober 2005.

Der vorstehende Beschluss wird hiermit für das Bistum Osnabrück in Kraft gesetzt.

Osnabrück, 20. Januar 2009
Bischof von Osnabrück

Anmerkung: Die vorstehenden Richtlinien sind in den anderen Diözesen ebenfalls in Kraft gesetzt worden.

XIV. Kirchliches Beamtenrecht

Vorbemerkung

In einigen Diözesen in Deutschland bestehen für Bedienstete in besonderen Funktionen der betreffenden Diözesen besondere Beamtenordnungen einschließlich Disziplinarordnungen. Andere Diözesen wenden über den Arbeitsvertrag beamtenrechtliche Vorschriften zur Ausgestaltung des Arbeitsverhältnisses an, so dass beamtenähnliche Arbeitsverhältnisse begründet werden. Davon sind dann besonders Lehrkräfte an bischöflichen Schulen erfasst. In Bayern bestehende Schulwerke als Körperschaften des öffentlichen Rechts begründen mit ihren Lehrerinnen und Lehrern Beamtenrechtsverhältnisse. Als Beispiel einer Ordnung für echte Kirchenbeamte sei auf die nachstehend abgedruckte Kirchenbeamtenordnung des Bistums Limburg hingewiesen. § 2 BeamtStG bestimmt: Das Recht, Beamtinnen und Beamte zu haben, besitzen

1. Länder, Gemeinden und Gemeindeverbände,
2. sonstige Körperschaften, Anstalten und Stiftungen des öffentlichen Rechts, die dieses Recht im Zeitpunkt des Inkrafttretens des Beamtenstatusgesetzes besitzen oder denen es durch ein Landesgesetz verliehen wird.

Gemäß Art. 140 GG i.V.m. Art. 137 Abs. 5 WRV sind die Religionsgesellschaften (also auch die Kirchen) Körperschaften des öffentlichen Rechts geblieben, soweit sie solche bei Geltung des GG waren.

Kirchenbeamtenordnung des Bistums Limburg

(Amtsblatt des Bistums Limburg 2009 Nr. 260 S. 189; exemplarisch für Rechtsverhältnisse von Beamten im Kirchendienst)

Art. 1 – Kirchenbeamtenordnung des Bistums Limburg

§ 1
Geltungsbereich

Diese Kirchenbeamtenordnung gilt für die Kirchenbeamten des Bistums Limburg. Sie findet keine Anwendung auf Geistliche.

§ 2
Rechtsnatur des Kirchenbeamtenverhältnisses

(1) Der Kirchenbeamte steht zu seinem Dienstherrn in einem öffentlich-rechtlichen Dienst- und Treueverhältnis, das durch den Auftrag und die Verfasstheit der Kirche bestimmt ist (Kirchenbeamtenverhältnis).

(2) Der Kirchenbeamte dient der katholischen Kirche. Er hat sein gesamtes Verhalten innerhalb und außerhalb des Dienstes nach der Glaubens- und Sittenlehre und den übrigen Normen der katholischen Kirche einzurichten

und jederzeit für den Auftrag der Kirche und die Wahrung ihrer Ordnung einzutreten.

(3) Die sich aus der Grundordnung des kirchlichen Dienstes im Rahmen kirchlicher Arbeitsverhältnisse vom 4. November 1993 in der jeweils geltenden Fassung ergebenden Pflichten und Loyalitätsobliegenheiten gelten für Kirchenbeamte entsprechend.

§ 3
Dienstherrnfähigkeit, oberste Dienstbehörde, Dienstvorgesetzter

(1) Das Bistum Limburg besitzt als Körperschaft des öffentlichen Rechts das Recht, Kirchenbeamte zu haben. Die Kirchengemeinden sind nicht dienstherrnfähig. Anderen kirchlichen Körperschaften, Anstalten und Stiftungen des öffentlichen Rechts im Bistum Limburg kann die Dienstherrnfähigkeit durch Entscheidung des Diözesanbischofs verliehen werden.

(2) Dienstbehörde und oberste Dienstbehörde der Kirchenbeamten ist für die im Bischöflichen Offizialat tätigen Kirchenbeamten das Bischöfliche Offizialat, für alle übrigen Kirchenbeamten das Bischöfliche Ordinariat.

(3) Dienstvorgesetzter mit der Befugnis zu beamtenrechtlichen Entscheidungen über die persönlichen Angelegenheiten des Kirchenbeamten ist der Generalvikar, für die im Bischöflichen Offizialat tätigen Kirchenbeamten der Offizial.

(4) Vorgesetzter ist, wer einem Kirchenbeamten für seine dienstliche Tätigkeit Weisungen erteilen kann. Wer Vorgesetzter ist, bestimmt sich nach dem Aufbau der kirchlichen Verwaltung und den dazu erlassenen Statuten und Ordnungen.

§ 4
Sachliche Berufungsvoraussetzungen

(1) In das Kirchenbeamtenverhältnis kann berufen werden, wer Aufgaben von besonderer kirchlicher Verantwortung wahrnehmen oder lehrend an kirchlichen Schulen oder Hochschulen tätig werden soll.

(2) Auf die Berufung in das Kirchenbeamtenverhältnis besteht kein Rechtsanspruch.

§ 5
Persönliche Berufungsvoraussetzungen

(1) In das Kirchenbeamtenverhältnis darf nur berufen werden, wer
1. der katholischen Kirche angehört,
2. in seinen kirchlichen Rechten nicht eingeschränkt ist,
3. die Gewähr dafür bietet, dass er jederzeit für den Auftrag der Kirche und ihre Ordnung eintritt, und
4. die für seine Laufbahn vorgeschriebene oder mangels solcher Vorschriften übliche Vorbildung besitzt (Laufbahnbewerber).

(2) In das Kirchenbeamtenverhältnis kann abweichend von Abs. 1 Nr. 4 auch berufen werden, wer die erforderliche Befähigung durch Lebens- und Berufserfahrung innerhalb oder außerhalb des kirchlichen Dienstes erworben hat.
(3) In das Kirchenbeamtenverhältnis kann nicht berufen werden, wer sich durch sein Verhalten und in seiner politischen Anschauung gegen die Grundsätze des Grundgesetzes der Bundesrepublik Deutschland stellt.

§ 6
Anwendbares Recht des Bistums Limburg

(1) Auf Kirchenbeamtenverhältnisse finden die Vorschriften dieser Ordnung und der Disziplinarordnung für die kirchlichen Beamten im Bistum Limburg vom 23. April 1992 (ABl. 1992 Nr. 329, S. 171) in der jeweils geltenden Fassung Anwendung.
(2) Die Vertretung der Kirchenbeamten, die nicht in leitender Stellung im Sinne des § 3 Abs. 2 MAVO tätig sind, richtet sich nach der Mitarbeitervertretungsordnung für das Bistum Limburg vom 14. September 2004 (ABl. 2004 Nr. 517, S. 315), zuletzt geändert durch Gesetz vom 4. Februar 2009 (ABl. 2009 Nr. 223, S. 157), in der jeweils geltenden Fassung.
(3) Die Reisekostenvergütung der Kirchenbeamten bestimmt sich nach der als Anlage 12 zur Arbeitsvertragsordnung für die Beschäftigten im kirchlichen Dienst in der Diözese Limburg (AVO) erlassenen Reisekostenordnung des Bistums Limburg in der jeweils geltenden Fassung.
(4) Geburtsbeihilfen werden nach der als Anlage 10 zur Arbeitsvertragsordnung für die Beschäftigten im kirchlichen Dienst in der Diözese Limburg (AVO) erlassenen Ordnung über Geburtsbeihilfen in den jeweils geltenden Fassungen gewährt.

§ 7
Anwendung staatlichen Beamtenrechts

(1) Soweit diese Ordnung oder die in § 6 genannten Ordnungen des Bistums Limburg keine Regelung treffen, finden die Bestimmungen des Beamtenstatusgesetzes des Bundes sowie des Landesbeamtenrechts des Landes Hessen entsprechende Anwendung. Dies gilt nicht für die Bezugnahmen auf Religion und Weltanschauung in § 9 des Beamtenstatusgesetzes und § 8 des hessischen Beamtengesetzes sowie für §§ 53 und 55 bis 59 des Beamtenstatusgesetzes und §§ 19 a, 19 b, 110 bis 120 des Hessischen Beamtengesetzes.
(2) Für die wirtschaftliche und soziale Absicherung der beamteten Lehrkräfte an Schulen finden abweichend von § 6 Abs. 3 und 4 die Bestimmungen des jeweiligen Landesbeamtenrechts entsprechende Anwendung.

Anmerkungen:

§ 50 Beamtenstatusgesetz – Personalakte – hat folgenden Wortlaut:

«Für jede Beamtin und jeden Beamten ist eine Personalakte zu führen. Zur Personalakte gehören alle Unterlagen, die die Beamtin oder den Beamten betreffen, soweit sie mit dem Dienstverhältnis in einem unmittelbaren inneren Zusammenhang stehen (Personalaktendaten). Die Personalakte ist vertraulich zu behandeln. Personalaktendaten dürfen nur für Zwecke der Personalverwaltung oder Personalwirtschaft verwendet werden, es sei denn, die Beamtin oder der Beamte willigt in die anderweitige Verwendung ein. Für Ausnahmefälle kann landesrechtlich eine von Satz 4 abweichende Verwendung vorgesehen werden.»
Für Klagen der Kirchenbeamten einschließlich der Ruhestandsbeamten und deren Hinterbliebene aus dem Beamtenverhältnis sowie für Klagen des Dienstherrn ist der Verwaltungsrechtsweggegeben (§ 54 Abs. 1 BeamtStG i. V.m. § 7 Abs. 1 Kirchenbeamtenordnung des Bistums Limburg).

Art. 2 – Änderung der Disziplinarordnung
(nicht abgedruckt)

Art. 3 – Änderung der Mitarbeitervertretungsordnung für das Bistum Limburg

Die Mitarbeitervertretungsordnung für das Bistum Limburg vom 14. Sept. 2004, zuletzt geändert durch Gesetz vom 4. Februar 2009 (ABl. 2009 Nr. 223, S. 157), wird wie folgt geändert:
In § 3 Absatz 1 werden nach den Wörtern »aufgrund eines Beschäftigungsverhältnisses« die Wörter »aufgrund einer Ernennung zum Kirchenbeamten« und ein Komma eingefügt.

Art. 4 – Inkrafttreten

Dieses Gesetz tritt am Tag nach der Verkündung in Kraft.

Anmerkungen:

Das o.g. Amtsblatt des Bistums Limburg trägt als Datum den 1. Juli 2009. Das Gesetz trägt das Datum vom 10. Juni 2009. Siehe weiter: Sydow, Kirchliche Beamtenverhältnisse zwischen staatlichem Recht und kirchlicher Ämterautonomie, in: KuR 2009 S. 229; schon früher: Jurina, Dienst- und Arbeitsrecht in der katholischen Kirche, in: Essener Gespräche zum Thema Staat und Kirche, Bd. 10, Münster 1976 S. 57, 69 ff.
In den (Erz-)Diözesen Freiburg, Fulda (Kirchliches Amtsblatt 2010 Nr. 85 S. 55), Hildesheim, Limburg, Osnabrück, Rottenburg-Stuttgart werden Kirchenbeamte beschäftigt. In anderen (Erz-)Diözesen werden mit bestimmten Mitarbeitern, besonders mit Lehrern auf Planstellen an kirchlichen Ersatzschulen beamtenähnliche Arbeitsverträge geschlossen, die der Genehmigung der staatlichen Schulaufsichtsbehörde unterliegen.

XV. Ordnung über die Gestellung von Ordensmitgliedern

(Amtsblatt des Erzbistums Köln 1995 Nr. 8, S. 10)

§ 1
Abschluss des Gestellungsvertrages

(1) Werden Ordensmitglieder in nichtordenseigenen Einrichtungen im Erzbistum Köln eingesetzt, so ist zwischen den Gestellungsvertragsparteien ein Gestellungsvertrag nach Maßgabe dieser Ordnung und der Anlage zu dieser Ordnung abzuschließen.

(2) Die Vertragsparteien können in begründeten Einzelfällen anstelle des Gestellungsvertrages einen anderen Vertrag abschließen oder zulassen. Dieser Vertrag bedarf zu seiner Wirksamkeit der Zustimmung des Erzbischofs oder seines Beauftragten.

(3) Diese Ordnung gilt nicht für Auszubildende und Praktikanten.

§ 2
Gestellungsgeld

Für die Gestellung von Ordensmitgliedern (Gestellungsleistung) erhält die Ordensgemeinschaft ein Gestellungsgeld.

§ 3
Staffelung des Gestellungsgeldes

(1) Das Gestellungsgeld bemisst sich nach folgenden Gestellungsgruppen:
Gestellungsgruppe I:
Ordensmitglieder mit Hochschulstudium oder vergleichbarer Ausbildung oder Erfahrung bei Entsprechender Verwendung;

Gestellungsgruppe II:
Ordensmitglieder mit Fachhochschulstudium oder vergleichbarer Ausbildung oder Erfahrung bei entsprechender Verwendung;

Gestellungsgruppe III:
Ordensmitglieder mit sonstiger Ausbildung oder Erfahrung bei entsprechender Verwendung.

(2) Die Zuordnung zu den Gestellungsgruppen erfolgt durch den Gestellungsvertrag zwischen dem Träger der Einrichtung, der die Gestellungsleistung in Empfang nimmt, sowie der Ordensgemeinschaft.

§ 4
Höhe des Gestellungsgeldes

(1) Das Gestellungsgeld beträgt für die
Gestellungsgruppe I....
Gestellungsgruppe II....
Gestellungsgruppe III...

Anmerkung: Die Höhe des Gestellungsgeldes wird in regelmäßigen zeitlichen Abständen nach Konsultation der Ordensgemeinschaften von den Diözesen mit einem Jahresbetrag neu festgesetzt und in ihren Amtsblättern veröffentlicht. Siehe auch § 5.

(2) Das Gestellungsgeld ist monatlich in Raten in Höhe eines Zwölftels im voraus an die Ordensgemeinschaft zu zahlen. Dauert das Gestellungsverhältnis kein volles Kalenderjahr, ist nur der entsprechende Jahresanteil für die Dauer der Gestellung zu zahlen.
(3) Bei Teilgestellung ist ein entsprechend verringertes Gestellungsgeld zu vereinbaren.
(4) Neben dem Gestellungsgeld nach Absatz 1 sind Sonderzahlungen ausgeschlossen.
(5) Die Gestellungsvertragsparteien können in begründeten Einzelfällen die Höhe des Gestellungsgeldes abweichend von Absatz 1 vereinbaren.

§ 5
Anpassung des Gestellungsgeldes

Die Höhe des Gestellungsgeldes wird jährlich überprüft und fortgeschrieben und im Amtsblatt veröffentlicht, sofern Empfehlungen zur Änderung durch Beschluss der Gremien des Verbandes der Diözesen Deutschlands ergangen sind.

§ 6
Abgeltung von Sachleistungen

(1) Werden im Zusammenhang mit der Gestellung Sachleistungen gewährt, sind diese zu bewerten und in dieser Höhe vom Gestellungsgeld einzubehalten oder der Ordensgemeinschaft in Rechnung zu stellen.
(2) Für unentgeltlich gewährte Verpflegung und unentgeltlich überlassene Wohnung sowie Nebenkosten können Pauschbeträge festgesetzt und im Gestellungsvertrag vereinbart werden.
   1. Bei Zuweisung einer Wohnung sind der steuerliche Mietwert dieser Wohnung und die Nebenkosten zu ermitteln und von der Ordensgemeinschaft zu tragen, wobei die Beträge entweder der Ordensgemeinschaft in Rechnung gestellt oder vom Gestellungsgeld einbehalten werden.
   2. Abweichend von Nr. 1 kann die Ermittlung des Wertes der einem Ordensmitglied unentgeltlich gewährten Verpflegung und unentgeltlich überlassenen Wohnung sowie Nebenkosten nach der gemäß § 17 Satz 1 Nr. 3 Sozialgesetzbuch – SGB IV erlassenen Sachbezugsverordnung vereinbart werden.

3. Abweichend von Nr. 1 kann die Ermittlung des Wertes der einem Ordensmitglied unentgeltlich überlassenen Wohnung sowie Nebenkosten nach Anlage 12 zu den »Richtlinien für Arbeitsverträge in den Einrichtungen des Deutschen Caritasverbandes« – AVR (Bewertung der Unterkünfte für Mitarbeiter) vereinbart werden.

(3) Weitere Nebenleistungen (z.B. Garage, Telefonbenutzung, private Nutzung des Dienstwagens u.ä.) sind nach den ortsüblichen Preisen zu bewerten. Absatz 2 Nr. 1 zweiter Halbsatz gilt entsprechend.

§ 7
Zuschuss für eine Haushälterin

Beschäftigt die Ordensgemeinschaft für den Ordenspriester eine Haushälterin, so erhält die Ordensgemeinschaft unter denselben Voraussetzungen, wie sie für Diözesanpriester gelten, einen Zuschuss und ggf. eine Zulage zu den Personalkosten für die Haushälterin. Sofern vom Erzbistum Beiträge für das Haushälterinnen-Zusatzversorgungswerk erhoben werden, sind diese vom Gestellungsgeld einzubehalten.

§ 8
Schulen

Für in Schulen eingesetzte Ordensmitglieder gelten die im Schulbereich anzuwendenden Vorschriften. Dabei ist der Abschluss von Gestellungsverträgen nicht ausgeschlossen.

§ 9
Haftung

Wegen ihrer Gestellung sind die Ordensmitglieder in einer entsprechenden Haftpflichtversicherung zu versichern.

§ 10
Fürsorge und Versorgung

Der Ordensgemeinschaft obliegt die Sorge für den Unterhalt der Ordensmitglieder in gesunden, kranken und alten Tagen. Bei Erkrankung des Ordensmitgliedes wird das Gestellungsgeld für die Dauer von bis zu zwei Monaten an die Ordensgemeinschaft weitergezahlt.

§ 11
Freizeit

Die Ordensmitglieder erhalten geregelte Freizeit zur Erholung, Gesundheitsvorsorge und zu Exerzitien sowie zur geistlichen und beruflichen Weiterbildung. Die hierzu notwendige Freistellung ist rechtzeitig zu vereinbaren.

§ 12
Überleitungsvorschriften

Bestehende Gestellungsverträge sind auf diese Ordnung umzustellen.

§ 13
Inkrafttreten

Diese Ordnung tritt mit Wirkung vom 1. Januar 1995 in Kraft. Zum selben Zeitpunkt tritt die Ordnung über die Gestellung von Ordensmitgliedern vom 1. Juni 1992 (Amtsblatt des Erzbistums Köln 1992, Nr. 134, S. 193 ff.) außer Kraft.

Anmerkung: Die Anlage zu der o.g. Ordnung – Ordensgestellungsvertrag – ist wegen spezifischer Besonderheiten in der Praxis nicht abgedruckt. Die Höhe der Gestellungsgelder wird jährlich überprüft und in den Amtsblättern der Diözesen veröffentlicht.

XVI. Rahmenordnung für eine Mitarbeitervertretungsordnung – MAVO –

in der Fassung des einstimmigen Beschlusses der Vollversammlung des Verbandes der Diözesen Deutschlands vom 20.11.1995
sowie der Änderungen gemäß Beschluss der Vollversammlung des Verbandes der Diözesen Deutschlands vom 21.6.1999
sowie der Änderungen gemäß Beschluss der Vollversammlung des Verbandes der Diözesen Deutschlands vom 23.6.2003
sowie der Änderungen durch Artikel 4 des Gesetzes zur Anpassung arbeitsrechtlicher Vorschriften an die Kirchliche Arbeitsgerichtsordnung (KAGO-Anpassungsgesetz - KAGO-AnpG) vom 21.9.2004
sowie der Änderungen gemäß Beschluss der Vollversammlung des Verbandes der Diözesen Deutschlands vom 25.6.2007
sowie der Änderungen gemäß Beschluss der Vollversammlung des Verbandes der Diözesen Deutschlands vom 22.11.2010
zuletzt geändert durch Beschluss der Vollversammlung des Verbandes der Diözesen Deutschlands vom 20.6.2011

Präambel

Grundlage und Ausgangspunkt für den kirchlichen Dienst ist die Sendung der Kirche. Diese Sendung umfasst die Verkündigung des Evangeliums, den Gottesdienst und die sakramentale Verbindung der Menschen mit Jesus Christus sowie den aus dem Glauben erwachsenden Dienst am Nächsten. Daraus ergibt sich als Eigenart des kirchlichen Dienstes seine religiöse Dimension. Als Maßstab für ihre Tätigkeit ist sie Dienstgebern und Mitarbeiterinnen und Mitarbeitern vorgegeben, die als Dienstgemeinschaft den Auftrag der Einrichtung erfüllen und so an der Sendung der Kirche mitwirken.
Weil die Mitarbeiterinnen und Mitarbeiter den Dienst in der Kirche mitgestalten und mitverantworten und an seiner religiösen Grundlage und Zielsetzung

teilhaben, sollen sie auch aktiv an der Gestaltung und Entscheidung über die sie betreffenden Angelegenheiten mitwirken unter Beachtung der Verfasstheit der Kirche, ihres Auftrages und der kirchlichen Dienstverfassung. Dies erfordert von Dienstgebern und Mitarbeiterinnen und Mitarbeitern die Bereitschaft zu gemeinsam getragener Verantwortung und vertrauensvoller Zusammenarbeit.
Deshalb wird aufgrund des Rechtes der katholischen Kirche, ihre Angelegenheiten selbst zu regeln, unter Bezugnahme auf die Grundordnung des kirchlichen Dienstes im Rahmen kirchlicher Arbeitsverhältnisse vom 22. September 1993 die folgende Ordnung für Mitarbeitervertretungen erlassen.

I. Allgemeine Vorschriften

§ 1
Geltungsbereich

(1) Diese Mitarbeitervertretungsordnung gilt für die Dienststellen, Einrichtungen und sonstigen selbständig geführten Stellen – nachfolgend als Einrichtung(en) bezeichnet –
   1. der (Erz-)Diözesen,
   2. der Kirchengemeinden und Kirchenstiftungen,
   3. der Verbände von Kirchengemeinden,
   4. der Diözesancaritasverbände und deren Gliederungen, soweit sie öffentliche juristische Personen des kanonischen Rechts sind,
   5. der sonstigen dem Diözesanbischof unterstellten öffentlichen juristischen Personen des kanonischen Rechts,
   6. der sonstigen kirchlichen Rechtsträger, unbeschadet ihrer Rechtsform, die der bischöflichen Gesetzgebungsgewalt unterliegen.

(2) Diese Mitarbeitervertretungsordnung ist auch anzuwenden bei den kirchlichen Rechtsträgern, die nicht der bischöflichen Gesetzgebungsgewalt unterliegen, wenn sie bis spätestens zum 31.12.2013 die „Grundordnung des kirchlichen Dienstes im Rahmen kirchlicher Arbeitsverhältnisse" durch Übernahme in ihr Statut verbindlich übernommen haben. Wenn sie dieser Verpflichtung nicht nachkommen, haben sie im Hinblick auf die arbeitsrechtlichen Beziehungen nicht am Selbstbestimmungsrecht der Kirche gemäß Art. 140 GG i.V.m. Art. 137 Abs. 3 WRV teil.

(3) In den Fällen des Abs. 2 ist in allen Einrichtungen eines mehrdiözesanen oder überdiözesanen Rechtsträgers die Mitarbeitervertretungsordnung der Diözese anzuwenden, in der sich der Sitz der Hauptniederlassung (Hauptsitz) befindet. Abweichend von Satz 1 kann auf Antrag eines mehrdiözesan oder überdiözesan tätigen Rechtsträgers der Diözesanbischof des Hauptsitzes im Einvernehmen mit den anderen Diözesanbischöfen, in deren Diözese der Rechtsträger tätig ist, bestimmen, dass in den Einrichtungen des Rechtsträgers die Mitarbeitervertretungsordnung der Diözese angewandt wird, in der die jeweilige Einrichtung ihren Sitz hat, oder eine Mitarbeitervertretungsordnung eigens für den Rechtsträger erlassen.

§ 1 a
Bildung von Mitarbeitervertretungen

(1) In den Einrichtungen der in § 1 genannten kirchlichen Rechtsträger sind Mitarbeitervertretungen nach Maßgabe der folgenden Vorschriften zu bilden.

(2) Unbeschadet des Abs. 1 kann der Rechtsträger nach Anhörung betroffener Mitarbeitervertretungen regeln, was als Einrichtung gilt. Die Regelung bedarf der Genehmigung durch den Ordinarius. Die Regelung darf nicht missbräuchlich erfolgen.

§ 1 b
Gemeinsame Mitarbeitervertretung[1]

(1) Die Mitarbeitervertretungen und Dienstgeber mehrerer Einrichtungen verschiedener Rechtsträger können durch eine gemeinsame Dienstvereinbarung die Bildung einer gemeinsamen Mitarbeitervertretung vereinbaren, soweit dies der wirksamen und zweckmäßigen Interessenvertretung der Mitarbeiterinnen und Mitarbeiter dient. Dienstgeber und Mitarbeitervertretungen können nach vorheriger Stellungnahme der betroffenen Mitarbeiterinnen und Mitarbeiter Einrichtungen einbeziehen, in denen Mitarbeitervertretungen nicht gebildet sind. Die auf Grundlage dieser Dienstvereinbarung gewählte Mitarbeitervertretung tritt an die Stelle der bisher bestehenden Mitarbeitervertretungen. Sind in keiner der Einrichtungen Mitarbeitervertretungen gebildet, so können die Rechtsträger nach vorheriger Stellungnahme der betroffenen Mitarbeiterinnen und Mitarbeiter die Bildung einer gemeinsamen Mitarbeitervertretung vereinbaren, soweit die Gesamtheit der Einrichtungen die Voraussetzungen des § 6 Abs. 1 erfüllt.

(2) Die Dienstvereinbarung nach Abs. 1 Satz 1 und die Regelung nach Abs. 1 Satz 4 bedürfen der Genehmigung durch den Ordinarius. Sie sind, soweit sie keine andere Regelung treffen, für die folgende Wahl und die Amtszeit der aus ihr hervorgehenden Mitarbeitervertretung wirksam. Für die gemeinsamen Mitarbeitervertretungen gelten die Vorschriften dieser Ordnung nach Maßgabe des § 22 a.

§ 2
Dienstgeber

(1) Dienstgeber im Sinne dieser Ordnung ist der Rechtsträger der Einrichtung.

(2) Für den Dienstgeber handelt dessen vertretungsberechtigtes Organ oder die von ihm bestellte Leitung. Der Dienstgeber kann eine Mitarbeiterin oder einen Mitarbeiter in leitender Stellung schriftlich beauftragten, ihn zu vertreten.

1 Muster für eine diözesane Fassung.

§ 3
Mitarbeiterinnen und Mitarbeiter

(1) Mitarbeiterinnen und Mitarbeiter im Sinne dieser Ordnung sind alle Personen, die bei einem Dienstgeber
1. aufgrund eines Dienst- oder Arbeitsverhältnisses,
2. als Ordensmitglied an einem Arbeitsplatz in einer Einrichtung der eigenen Gemeinschaft,
3. aufgrund eines Gestellungsvertrages oder
4. zu ihrer Ausbildung

tätig sind.
Mitarbeiterinnen und Mitarbeiter, die dem Dienstgeber zur Arbeitsleistung überlassen werden im Sinne des Arbeitnehmerüberlassungsgesetzes, sind keine Mitarbeiterinnen und Mitarbeiter im Sinne dieser Ordnung.

(2) Als Mitarbeiterinnen und Mitarbeiter gelten nicht:
1. die Mitglieder eines Organs, das zur gesetzlichen Vertretung berufen ist,
2. Leiterinnen und Leiter von Einrichtungen im Sinne des § 1,
3. Mitarbeiterinnen und Mitarbeiter, die zur selbständigen Entscheidung über Einstellungen, Anstellungen oder Kündigungen befugt sind,
4. sonstige Mitarbeiterinnen und Mitarbeiter in leitender Stellung,
5. Geistliche einschließlich Ordensgeistliche im Bereich des § 1 Abs. 1 Nrn. 2 und 3,
6. Personen, deren Beschäftigung oder Ausbildung überwiegend ihrer Heilung, Wiedereingewöhnung, beruflichen und sozialen Rehabilitation oder Erziehung dient.

Die Entscheidung des Dienstgebers zu den Nrn. 3 und 4 bedarf der Beteiligung der Mitarbeitervertretung gem. § 29 Abs. 1 Nr. 18. Die Entscheidung bedarf bei den in § 1 Abs. 1 genannten Rechtsträgern der Genehmigung des Ordinarius. Die Entscheidung ist der Mitarbeitervertretung schriftlich mitzuteilen.

(3) Die besondere Stellung der Geistlichen gegenüber dem Diözesanbischof und die der Ordensleute gegenüber den Ordensoberen werden durch diese Ordnung nicht berührt. Eine Mitwirkung in den persönlichen Angelegenheiten findet nicht statt.

§ 4
Mitarbeiterversammlung

Die Mitarbeiterversammlung ist die Versammlung aller Mitarbeiterinnen und Mitarbeiter. Kann nach den dienstlichen Verhältnissen eine gemeinsame Versammlung aller Mitarbeiterinnen und Mitarbeiter nicht stattfinden, so sind Teilversammlungen zulässig.

§ 5
Mitarbeitervertretung

Die Mitarbeitervertretung ist das von den wahlberechtigten Mitarbeiterinnen und Mitarbeitern gewählte Organ, das die ihm nach dieser Ordnung zustehenden Aufgaben und Verantwortungen wahrnimmt.

II. Die Mitarbeitervertretung

§ 6
Voraussetzung für die Bildung der Mitarbeitervertretung Zusammensetzung der Mitarbeitervertretung

(1) Die Bildung einer Mitarbeitervertretung setzt voraus, dass in der Einrichtung in der Regel mindestens fünf wahlberechtigte Mitarbeiterinnen und Mitarbeiter (§ 7) beschäftigt werden, von denen mindestens drei wählbar sind (§ 8).

(2) Die Mitarbeitervertretung besteht aus
1 Mitglied bei 5–15 wahlberechtigten Mitarbeiterinnen und Mitarbeitern,
3 Mitgliedern bei 16–50 wahlberechtigten Mitarbeiterinnen und Mitarbeitern,
5 Mitgliedern bei 51–100 wahlberechtigten Mitarbeiterinnen und Mitarbeitern,
7 Mitgliedern bei 101–200 wahlberechtigten Mitarbeiterinnen und Mitarbeitern,
9 Mitgliedern bei 201–300 wahlberechtigten Mitarbeiterinnen und Mitarbeitern,
11 Mitgliedern bei 301–600 wahlberechtigten Mitarbeiterinnen und Mitarbeitern,
13 Mitgliedern bei 601–1000 wahlberechtigten Mitarbeiterinnen und Mitarbeitern,
15 Mitgliedern bei 1001 und mehr wahlberechtigten Mitarbeiterinnen und Mitarbeitern.
Falls die Zahl der Wahlbewerberinnen und Wahlbewerber geringer ist als die nach Satz 1 vorgesehene Zahl an Mitgliedern, setzt sich die Mitarbeitervertretung aus der höchstmöglichen Zahl von Mitgliedern zusammen. Satz 2 gilt entsprechend, wenn die nach Satz 1 vorgesehene Zahl an Mitgliedern nicht erreicht wird, weil zu wenig Kandidatinnen und Kandidaten gewählt werden oder weil eine gewählte Kandidatin oder ein gewählter Kandidat die Wahl nicht annimmt und kein Ersatzmitglied vorhanden ist.

(3) Für die Wahl einer Mitarbeitervertretung in einer Einrichtung mit einer oder mehreren nicht selbständig geführten Stellen kann der Dienstgeber eine Regelung treffen, die eine Vertretung auch der Mitarbeiterinnen und Mitarbeiter der nicht selbständig geführten Stellen in Abweichung von § 11 Abs. 6 durch einen Vertreter gewährleistet, und zwar nach der Maßgabe

der jeweiligen Zahl der wahlberechtigten Mitarbeiterinnen und Mitarbeiter in den Einrichtungen. Eine solche Regelung bedarf der Zustimmung der Mitarbeitervertretung.

(4) Der Mitarbeitervertretung sollen jeweils Vertreter der Dienstbereiche und Gruppen angehören. Die Geschlechter sollen in der Mitarbeitervertretung entsprechend ihrem zahlenmäßigen Verhältnis in der Einrichtung vertreten sein.

(5) Maßgebend für die Zahl der Mitglieder ist der Tag, bis zu dem Wahlvorschläge eingereicht werden können (§ 9 Abs. 5 Satz 1).

§ 7
Aktives Wahlrecht

(1) Wahlberechtigt sind alle Mitarbeiterinnen und Mitarbeiter, die am Wahltag das 18. Lebensjahr vollendet haben und seit mindestens sechs Monaten ohne Unterbrechung in einer Einrichtung desselben Dienstgebers tätig sind.

(2) Wer zu einer Einrichtung abgeordnet ist, wird nach Ablauf von drei Monaten in ihr wahlberechtigt; im gleichen Zeitpunkt erlischt das Wahlrecht bei der früheren Einrichtung. Satz 1 gilt nicht, wenn feststeht, dass die Mitarbeiterin oder der Mitarbeiter binnen weiterer sechs Monate in die frühere Einrichtung zurückkehren wird.

(3) Mitarbeiterinnen und Mitarbeiter in einem Ausbildungsverhältnis sind nur bei der Einrichtung wahlberechtigt, von der sie eingestellt sind.

(4) Nicht wahlberechtigt sind Mitarbeiterinnen und Mitarbeiter,
   1. für die zur Besorgung aller ihrer Angelegenheiten ein Betreuer nicht nur vorübergehend bestellt ist,
   2. die am Wahltage für mindestens noch sechs Monate unter Wegfall der Bezüge beurlaubt sind,
   3. die sich am Wahltag in der Freistellungsphase eines nach dem Blockmodell vereinbarten Altersteilzeitarbeitsverhältnisses befinden.

§ 8
Passives Wahlrecht

(1) Wählbar sind die wahlberechtigten Mitarbeiterinnen und Mitarbeiter, die am Wahltag seit mindestens einem Jahr ohne Unterbrechung im kirchlichen Dienst stehen, davon mindestens seit sechs Monaten in einer Einrichtung desselben Dienstgebers tätig sind.

(2) Nicht wählbar sind Mitarbeiterinnen und Mitarbeiter, die zur selbstständigen Entscheidung in anderen als den in § 3 Abs. 2 Nr. 3 genannten Personalangelegenheiten befugt sind.

§ 9
Vorbereitung der Wahl

(1) Spätestens acht Wochen vor Ablauf der Amtszeit der Mitarbeitervertretung bestimmt die Mitarbeitervertretung den Wahltag. Er soll spätestens zwei Wochen vor Ablauf der Amtszeit der Mitarbeitervertretung liegen.

(2) Die Mitarbeitervertretung bestellt spätestens acht Wochen vor Ablauf ihrer Amtszeit die Mitglieder des Wahlausschusses. Er besteht aus drei oder fünf Mitgliedern, die, wenn sie Mitarbeiterinnen oder Mitarbeiter sind, wahlberechtigt sein müssen. Der Wahlausschuss wählt seine Vorsitzende oder seinen Vorsitzenden.

(3) Scheidet ein Mitglied des Wahlausschusses aus, so hat die Mitarbeitervertretung unverzüglich ein neues Mitglied zu bestellen. Kandidiert ein Mitglied des Wahlausschusses für die Mitarbeitervertretung, so scheidet es aus dem Wahlausschuss aus.

(4) Der Dienstgeber stellt dem Wahlausschuss zur Aufstellung des Wählerverzeichnisses spätestens sieben Wochen vor Ablauf der Amtszeit eine Liste aller Mitarbeiterinnen und Mitarbeiter mit den erforderlichen Angaben zur Verfügung. Der Wahlausschuss stellt die Liste der wahlberechtigten Mitarbeiterinnen und Mitarbeiter auf und legt sie mindestens vier Wochen vor der Wahl für die Dauer von einer Woche zur Einsicht aus. Die oder der Vorsitzende des Wahlausschusses gibt bekannt, an welchem Ort, für welche Dauer und von welchem Tage an die Listen zur Einsicht ausliegen. Jede Mitarbeiterin und jeder Mitarbeiter kann während der Auslegungsfrist gegen die Eintragung oder Nichteintragung einer Mitarbeiterin oder eines Mitarbeiters Einspruch einlegen. Der Wahlausschuss entscheidet über den Einspruch.

(5) Der Wahlausschuss hat sodann die wahlberechtigten Mitarbeiterinnen und Mitarbeiter aufzufordern, schriftliche Wahlvorschläge, die jeweils von mindestens drei wahlberechtigten Mitarbeiterinnen und Mitarbeitern unterzeichnet sein müssen, bis zu einem von ihm festzusetzenden Termin einzureichen. Der Wahlvorschlag muss die Erklärung der Kandidatin oder des Kandidaten enthalten, dass sie oder er der Benennung zustimmt. Der Wahlausschuss hat in ausreichender Zahl Formulare für Wahlvorschläge auszulegen.

(6) Die Kandidatenliste soll mindestens doppelt soviel Wahlbewerberinnen und Wahlbewerber enthalten wie Mitglieder nach § 6 Abs. 2 zu wählen sind.

(7) Der Wahlausschuss prüft die Wählbarkeit und lässt sich von der Wahlbewerberin oder dem Wahlbewerber bestätigen, dass kein Ausschlussgrund im Sinne des § 8 vorliegt.

(8) Spätestens eine Woche vor der Wahl sind die Namen der zur Wahl vorgeschlagenen und vom Wahlausschuss für wählbar erklärten Mitarbeiterinnen und Mitarbeiter in alphabetischer Reihenfolge durch Aushang bekannt zu geben. Danach ist die Kandidatur unwiderruflich.

§ 10
Dienstgeber – Vorbereitungen zur Bildung einer Mitarbeitervertretung

(1) Wenn in einer Einrichtung die Voraussetzungen für die Bildung einer Mitarbeitervertretung vorliegen, hat der Dienstgeber spätestens nach drei Monaten zu einer Mitarbeiterversammlung einzuladen. Er leitet sie und kann sich hierbei vertreten lassen. Die Mitarbeiterversammlung wählt den Wahlausschuss, der auch den Wahltag bestimmt. Im Falle des Ausscheidens eines Mitglieds bestellt der Wahlausschuss unverzüglich ein neues Mitglied.

(1a) Absatz 1 gilt auch,

1. wenn die Mitarbeitervertretung ihrer Verpflichtung gem. § 9 Abs. 1 und 2 nicht nachkommt,
2. im Falle des § 12 Abs. 5 Satz 2,
3. im Falle des § 13 Abs. 2 Satz 3,
4. in den Fällen des § 13a nach Ablauf des Zeitraumes, in dem die Mitarbeitervertretung die Geschäfte fortgeführt hat,
5. nach Feststellung der Nichtigkeit der Wahl der Mitarbeitervertretung durch rechtskräftige Entscheidung der kirchlichen Gerichte für Arbeitssachen in anderen als den in § 12 genannten Fällen, wenn ein ordnungsgemäßer Wahlausschuss nicht mehr besteht.

(2) Kommt die Bildung eines Wahlausschusses nicht zustande, so hat auf Antrag mindestens eines Zehntels der wahlberechtigten Mitarbeiterinnen und Mitarbeiter und nach Ablauf eines Jahres der Dienstgeber erneut eine Mitarbeiterversammlung zur Bildung eines Wahlausschusses einzuberufen.

(3) In neuen Einrichtungen entfallen für die erste Wahl die in den §§ 7 Abs. 1 und 8 Abs. 1 festgelegten Zeiten.

§ 11
Durchführung der Wahl

(1) Die Wahl der Mitarbeitervertretung erfolgt unmittelbar und geheim. Für die Durchführung der Wahl ist der Wahlausschuss verantwortlich.

(2) Die Wahl erfolgt durch Abgabe eines Stimmzettels. Der Stimmzettel enthält in alphabetischer Reihenfolge die Namen aller zur Wahl stehenden Mitarbeiterinnen und Mitarbeiter (§ 9 Abs. 8 Satz 1). Die Abgabe der Stimme erfolgt durch Ankreuzen eines oder mehrerer Namen. Es können so viele Namen angekreuzt werden, wie Mitglieder zu wählen sind. Der Wahlzettel ist in Anwesenheit von mindestens zwei Mitgliedern des Wahlausschusses in die bereitgestellte Urne zu werfen. Die Stimmabgabe ist in der Liste der wahlberechtigten Mitarbeiterinnen und Mitarbeiter zu vermerken.

(3) Bemerkungen auf dem Wahlzettel und das Ankreuzen von Namen von mehr Personen, als zu wählen sind, machen den Stimmzettel ungültig.

(4) Im Falle der Verhinderung ist eine vorzeitige Stimmabgabe durch Briefwahl möglich. Der Stimmzettel ist in dem für die Wahl vorgesehenen Umschlag und zusammen mit dem persönlich unterzeichneten Wahlschein in einem weiteren verschlossenen Umschlag mit der Aufschrift »Briefwahl« und der

Angabe des Absenders dem Wahlausschuss zuzuleiten. Diesen Umschlag hat der Wahlausschuss bis zum Wahltag aufzubewahren und am Wahltag die Stimmabgabe in der Liste der wahlberechtigten Mitarbeiterinnen und Mitarbeiter zu vermerken, den Umschlag zu öffnen und den für die Wahl bestimmten Umschlag in die Urne zu werfen. Die Briefwahl ist nur bis zum Abschluss der Wahl am Wahltag möglich.

(5) Nach Ablauf der festgesetzten Wahlzeit stellt der Wahlausschuss öffentlich fest, wie viel Stimmen auf die einzelnen Gewählten entfallen sind und ermittelt ihre Reihenfolge nach der Stimmenzahl. Das Ergebnis ist in einem Protokoll festzuhalten, das vom Wahlausschuss zu unterzeichnen ist.

(6) Als Mitglieder der Mitarbeitervertretung sind diejenigen gewählt, die die meisten Stimmen erhalten haben. Alle in der nach der Stimmenzahl entsprechenden Reihenfolge den gewählten Mitgliedern folgenden Mitarbeiterinnen und Mitarbeitern sind Ersatzmitglieder. Bei gleicher Stimmenzahl entscheidet das Los.

(7) Das Ergebnis der Wahl wird vom Wahlausschuss am Ende der Wahlhandlung bekannt gegeben. Der Wahlausschuss stellt fest, ob jede oder jeder Gewählte die Wahl annimmt. Bei Nichtannahme gilt an ihrer oder seiner Stelle die Mitarbeiterin oder der Mitarbeiter mit der nächstfolgenden Stimmenzahl als gewählt. Mitglieder und Ersatzmitglieder der Mitarbeitervertretung werden durch Aushang bekannt gegeben.

(8) Die gesamten Wahlunterlagen sind für die Dauer der Amtszeit der gewählten Mitarbeitervertretung aufzubewahren. Die Kosten der Wahl trägt der Dienstgeber.

§§ 11 a bis c Vereinfachtes Wahlverfahren[2]

§ 11 a
Voraussetzungen

(1) In Einrichtungen mit bis zu 20 wahlberechtigten Mitarbeiterinnen und Mitarbeitern ist die Mitarbeitervertretung anstelle des Verfahrens nach den §§ 9 bis 11 im vereinfachten Wahlverfahren zu wählen.[3]

(2) Absatz 1 findet keine Anwendung, wenn die Mitarbeiterversammlung mit der Mehrheit der Anwesenden, mindestens jedoch einem Drittel der wahlberechtigten Mitarbeiterinnen und Mitarbeiter spätestens acht Wochen vor Beginn des einheitlichen Wahlzeitraums die Durchführung der Wahl nach den §§ 9 bis 11 beschließt.

2 Muster für eine diözesane Wahlordnung.

3 Die Zahl der wahlberechtigten Mitarbeiterinnen und Mitarbeiter kann abweichend hiervon durch diözesane Regelung festgelegt werden.

§ 11 b
Vorbereitung der Wahl

(1) Spätestens drei Wochen vor Ablauf ihrer Amtszeit lädt die Mitarbeitervertretung die Wahlberechtigten durch Aushang oder in sonst geeigneter Weise, die den wahlberechtigten Mitarbeiterinnen und Mitarbeitern die Möglichkeit der Kenntnisnahme gibt, zur Wahlversammlung ein und legt gleichzeitig die Liste der wahlberechtigten Mitarbeiterinnen und Mitarbeiter aus.

(2) Ist in einer Einrichtung eine Mitarbeitervertretung nicht vorhanden, so handelt der Dienstgeber gemäß Abs. 1.

§ 11 c
Durchführung der Wahl

(1) Die Wahlversammlung wird von einer Wahlleiterin oder einem Wahlleiter geleitet, die oder der mit einfacher Stimmenmehrheit gewählt wird. Im Bedarfsfall kann die Wahlversammlung zur Unterstützung der Wahlleiterin oder des Wahlleiters Wahlhelfer bestimmen.

(2) Mitarbeitervertreterinnen und Mitarbeitervertreter und Ersatzmitglieder werden in einem gemeinsamen Wahlgang gewählt. Jede wahlberechtigte Mitarbeiterin und jeder wahlberechtigte Mitarbeiter kann Kandidatinnen und Kandidaten zur Wahl vorschlagen.

(3) Die Wahl erfolgt durch Abgabe des Stimmzettels. Auf dem Stimmzettel sind von der Wahlleiterin oder dem Wahlleiter die Kandidatinnen und Kandidaten in alphabetischer Reihenfolge unter Angabe von Name und Vorname aufzuführen. Die Wahlleiterin oder der Wahlleiter trifft Vorkehrungen, dass die Wählerinnen und Wähler ihre Stimme geheim abgeben können. Unverzüglich nach Beendigung der Wahlhandlung zählt sie oder er öffentlich die Stimmen aus und gibt das Ergebnis bekannt.

(4) § 9 Abs. 7, § 11 Abs. 2 Sätze 3, 4 und 6, § 11 Abs. 6 bis 8 und § 12 gelten entsprechend; an die Stelle des Wahlausschusses tritt die Wahlleiterin oder der Wahlleiter.

§ 12
Anfechtung der Wahl

(1) Jede wahlberechtigte Mitarbeiterin und jeder wahlberechtigte Mitarbeiter oder der Dienstgeber hat das Recht, die Wahl wegen eines Verstoßes gegen die §§ 6 bis 11 c innerhalb einer Frist von einer Woche nach Bekanntgabe des Wahlergebnisses schriftlich anzufechten. Die Anfechtungserklärung ist dem Wahlausschuss zuzuleiten.

(2) Unzulässige oder unbegründete Anfechtungen weist der Wahlausschuss zurück. Stellt er fest, dass die Anfechtung begründet ist und dadurch das Wahlergebnis beeinflusst sein kann, so erklärt er die Wahl für ungültig; in diesem Falle ist die Wahl unverzüglich zu wiederholen. Im Falle einer

sonstigen begründeten Wahlanfechtung berichtigt er den durch den Verstoß verursachten Fehler.

(3) Gegen die Entscheidung des Wahlausschusses ist die Klage beim Kirchlichen Arbeitsgericht innerhalb einer Ausschlussfrist von zwei Wochen nach Bekanntgabe der Entscheidung zulässig.

(4) Eine für ungültig erklärte Wahl lässt die Wirksamkeit der zwischenzeitlich durch die Mitarbeitervertretung getroffenen Entscheidungen unberührt.

(5) Die Wiederholung einer erfolgreich angefochtenen Wahl obliegt dem Wahlausschuss. Besteht kein ordnungsgemäß besetzter Wahlausschuss (§ 9 Abs. 2 Satz 2) mehr, so findet § 10 Anwendung.

§ 13
Amtszeit der Mitarbeitervertretung

(1) Die regelmäßigen Wahlen zur Mitarbeitervertretung finden alle vier Jahre in der Zeit vom 1. März bis 30. Juni (einheitlicher Wahlzeitraum) statt.[4]

(2) Die Amtszeit beginnt mit dem Tag der Wahl oder, wenn zu diesem Zeitpunkt noch eine Mitarbeitervertretung besteht, mit Ablauf der Amtszeit dieser Mitarbeitervertretung. Sie beträgt vier Jahre. Sie endet jedoch vorbehaltlich der Regelung in Abs. 5 spätestens am 30. Juni des Jahres, in dem nach Abs. 1 die regelmäßigen Mitarbeitervertretungswahlen stattfinden.

(3) Außerhalb des einheitlichen Wahlzeitraumes findet eine Neuwahl statt, wenn

1. an dem Tage, an dem die Hälfte der Amtszeit seit Amtsbeginn abgelaufen ist, die Zahl der wahlberechtigten Mitarbeiterinnen und Mitarbeiter um die Hälfte, mindestens aber um 50, gestiegen oder gesunken ist,
2. die Gesamtzahl der Mitglieder der Mitarbeitervertretung auch nach Eintreten sämtlicher Ersatzmitglieder um mehr als die Hälfte der ursprünglich vorhandenen Mitgliederzahl gesunken ist,
3. die Mitarbeitervertretung mit der Mehrheit ihrer Mitglieder ihren Rücktritt beschlossen hat,
4. die Wahl der Mitarbeitervertretung mit Erfolg angefochten worden ist,
5. die Mitarbeiterversammlung der Mitarbeitervertretung gemäß § 22 Abs. 2 das Misstrauen ausgesprochen hat,
6. die Mitarbeitervertretung im Falle grober Vernachlässigung oder Verletzung der Befugnisse und Verpflichtungen als Mitarbeitervertretung durch rechtskräftige Entscheidung der kirchlichen Gerichte für Arbeitssachen aufgelöst ist.

(4) Außerhalb des einheitlichen Wahlzeitraumes ist die Mitarbeitervertretung zu wählen, wenn in einer Einrichtung keine Mitarbeitervertretung besteht und die Voraussetzungen für die Bildung der Mitarbeitervertretung (§ 10) vorliegen.

---

4 Beginn und Ende des einheitlichen Wahlzeitraumes können abweichend durch diözesane Regelung festgelegt werden.

(5) Hat außerhalb des einheitlichen Wahlzeitraumes eine Wahl stattgefunden, so ist die Mitarbeitervertretung in dem auf die Wahl folgenden nächsten einheitlichen Wahlzeitraum neu zu wählen. Hat die Amtszeit der Mitarbeitervertretung zu Beginn des nächsten einheitlichen Wahlzeitraumes noch nicht ein Jahr betragen, so ist die Mitarbeitervertretung in dem übernächsten einheitlichen Wahlzeitraum neu zu wählen.

§ 13 a
Weiterführung der Geschäfte

Ist bei Ablauf der Amtszeit (§ 13 Abs. 2) noch keine neue Mitarbeitervertretung gewählt, führt die Mitarbeitervertretung die Geschäfte bis zur Übernahme durch die neugewählte Mitarbeitervertretung fort, längstens für die Dauer von sechs Monaten vom Tag der Beendigung der Amtszeit an gerechnet. Dies gilt auch in den Fällen des § 13 Abs. 3 Nr. 1 bis 3.

§ 13 b
Ersatzmitglied, Verhinderung des ordentlichen Mitglieds und ruhende Mitgliedschaft

(1) Scheidet ein Mitglied der Mitarbeitervertretung während der Amtszeit vorzeitig aus, so tritt an seine Stelle das nächstberechtigte Ersatzmitglied (§ 11 Abs. 6 Satz 2).

(2) Im Falle einer zeitweiligen Verhinderung eines Mitglieds tritt für die Dauer der Verhinderung das nächstberechtigte Ersatzmitglied ein. Die Mitarbeitervertretung entscheidet darüber, ob eine zeitweilige Verhinderung vorliegt.

(3) Die Mitgliedschaft in der Mitarbeitervertretung ruht, solange dem Mitglied die Ausübung seines Dienstes untersagt ist. Für die Dauer des Ruhens tritt das nächstberechtigte Ersatzmitglied ein.

§ 13 c
Erlöschen der Mitgliedschaft

Die Mitgliedschaft in der Mitarbeitervertretung erlischt durch

1. Ablauf der Amtszeit der Mitarbeitervertretung,
2. Niederlegung des Amtes,
3. Ausscheiden aus der Einrichtung oder Eintritt in die Freistellungsphase eines nach dem Blockmodell vereinbarten Altersteilzeitarbeitsverhältnisses,
4. rechtskräftige Entscheidung der kirchlichen Gerichte für Arbeitssachen, die den Verlust der Wählbarkeit oder eine grobe Vernachlässigung oder Verletzung der Befugnisse und Pflichten als Mitglied der Mitarbeitervertretung festgestellt hat.

§ 13 d
Übergangsmandat

(1) Wird eine Einrichtung gespalten, so bleibt deren Mitarbeitervertretung im Amt und führt die Geschäfte für die ihr bislang zugeordneten Teile einer Einrichtung weiter, soweit sie die Voraussetzungen des § 6 Abs. 1 erfüllen und nicht in eine Einrichtung eingegliedert werden, in der eine Mitarbeitervertretung besteht (Übergangsmandat). Die Mitarbeitervertretung hat insbesondere unverzüglich Wahlausschüsse zu bestellen. Das Übergangsmandat endet, sobald in den Teilen einer Einrichtung eine neue Mitarbeitervertretung gewählt und das Wahlergebnis bekannt gegeben ist, spätestens jedoch sechs Monate nach Wirksamwerden der Spaltung. Durch Dienstvereinbarung kann das Übergangsmandat um bis zu weitere sechs Monate verlängert werden.

(2) Werden Einrichtungen oder Teile von Einrichtungen zu einer Einrichtung zusammengelegt, so nimmt die Mitarbeitervertretung der nach der Zahl der wahlberechtigten Mitarbeiterinnen und Mitarbeiter größten Einrichtung oder des größten Teils einer Einrichtung das Übergangsmandat wahr. Absatz 1 gilt entsprechend.

(3) Die Absätze 1 und 2 gelten auch, wenn die Spaltung oder Zusammenlegung von Einrichtungen und Teilen von Einrichtungen im Zusammenhang mit einer Betriebsveräußerung oder einer Umwandlung nach dem Umwandlungsgesetz erfolgt.

(4) Führt eine Spaltung, Zusammenlegung oder Übertragung dazu, dass eine ehemals nicht in den Geltungsbereich nach § 1 fallende Einrichtung oder ein Teil einer Einrichtung nunmehr in den Geltungsbereich dieser Ordnung fällt, so gelten Abs. 1 und 2 entsprechend. Die nicht nach dieser Ordnung gebildete Arbeitnehmervertretung handelt dann als Mitarbeitervertretung. Bestehende Vereinbarungen zwischen dem Dienstgeber und der nicht nach dieser Ordnung gebildeten Arbeitnehmervertretung erlöschen und zuvor eingeleitete Beteiligungsverfahren enden.

§ 13 e
Restmandat

Geht eine Einrichtung durch Stilllegung, Spaltung oder Zusammenlegung unter, so bleibt deren Mitarbeitervertretung so lange im Amt, wie dies zur Wahrnehmung der damit im Zusammenhang stehenden Beteiligungsrechte erforderlich ist.

§ 14
Tätigkeit der Mitarbeitervertretung

(1) Die Mitarbeitervertretung wählt bei ihrem ersten Zusammentreten, das innerhalb einer Woche nach der Wahl stattfinden soll und von der oder dem Vorsitzenden des Wahlausschusses einzuberufen ist, mit einfacher Mehrheit aus den Mitgliedern ihre Vorsitzende oder ihren Vorsitzenden. Die oder

der Vorsitzende soll katholisch sein. Außerdem sollen eine stellvertretende Vorsitzende oder ein stellvertretender Vorsitzender und eine Schriftführerin oder ein Schriftführer gewählt werden. Die oder der Vorsitzende der Mitarbeitervertretung oder im Falle ihrer oder seiner Verhinderung deren Stellvertreterin oder Stellvertreter vertritt die Mitarbeitervertretung im Rahmen der von ihr gefassten Beschlüsse. Zur Entgegennahme von Erklärungen sind die oder der Vorsitzende, deren Stellvertreterin oder Stellvertreter oder ein von der Mitarbeitervertretung zu benennendes Mitglied berechtigt.

(2) Die Mitarbeitervertretung kann ihrer oder ihrem Vorsitzenden mit Zweidrittelmehrheit der Mitglieder das Vertrauen entziehen. In diesem Fall hat eine Neuwahl der oder des Vorsitzenden stattzufinden.

(3) Die oder der Vorsitzende oder bei Verhinderung deren Stellvertreterin oder Stellvertreter beruft die Mitarbeitervertretung unter Angabe der Tagesordnung zu den Sitzungen ein und leitet sie. Sie oder er hat die Mitarbeitervertretung einzuberufen, wenn die Mehrheit der Mitglieder es verlangt.

(4) Die Sitzungen der Mitarbeitervertretung sind nicht öffentlich. Sie finden in der Regel während der Arbeitszeit in der Einrichtung statt. Bei Anberaumung und Dauer der Sitzung ist auf die dienstlichen Erfordernisse Rücksicht zu nehmen.

(5) Die Mitarbeitervertretung ist beschlussfähig, wenn mehr als die Hälfte ihrer Mitglieder anwesend ist. Die Mitarbeitervertretung beschließt mit Stimmenmehrheit der anwesenden Mitglieder. Bei Stimmengleichheit gilt ein Antrag als abgelehnt.

(6) Über die Sitzung der Mitarbeitervertretung ist eine Niederschrift zu fertigen, die die Namen der An- und Abwesenden, die Tagesordnung, den Wortlaut der Beschlüsse und das jeweilige Stimmenverhältnis enthalten muss. Die Niederschrift ist von der oder dem Vorsitzenden zu unterzeichnen. Soweit die Leiterin oder der Leiter der Dienststelle oder deren Beauftragte oder Beauftragter an der Sitzung teilgenommen haben, ist ihnen der entsprechende Teil der Niederschrift abschriftlich zuzuleiten.

(7) Der Dienstgeber hat dafür Sorge zu tragen, dass die Unterlagen der Mitarbeitervertretung in der Einrichtung verwahrt werden können.

(8) Die Mitarbeitervertretung kann sich eine Geschäftsordnung geben.

(9) Die Mitarbeitervertretung kann in ihrer Geschäftsordnung bestimmen, dass Beschlüsse im Umlaufverfahren gefasst werden können, sofern dabei Einstimmigkeit erzielt wird. Beschlüsse nach Satz 1 sind spätestens in der Niederschrift der nächsten Sitzung im Wortlaut festzuhalten.

(10) Die Mitarbeitervertretung kann aus ihrer Mitte Ausschüsse bilden, denen mindestens drei Mitglieder der Mitarbeitervertretung angehören müssen. Den Ausschüssen können Aufgaben zur selbständigen Erledigung übertragen werden; dies gilt nicht für die Beteiligung bei Kündigungen sowie für den Abschluss und die Kündigung von Dienstvereinbarungen. Die Übertragung von Aufgaben zur selbständigen Erledigung erfordert eine Dreiviertelmehrheit der Mitglieder. Die Mitarbeitervertretung kann die Übertragung von Aufgaben zur selbständigen Erledigung durch Beschluss

mit Stimmenmehrheit ihrer Mitglieder widerrufen. Die Übertragung und der Widerruf sind dem Dienstgeber schriftlich anzuzeigen.

§ 15
Rechtsstellung der Mitarbeitervertretung

(1) Die Mitglieder der Mitarbeitervertretung führen ihr Amt unentgeltlich als Ehrenamt.

(2) Die Mitglieder der Mitarbeitervertretung sind zur ordnungsgemäßen Durchführung ihrer Aufgaben im notwendigen Umfang von der dienstlichen Tätigkeit freizustellen. Die Freistellung beinhaltet den Anspruch auf Reduzierung der übertragenen Aufgaben.

(3)[5] Auf Antrag der Mitarbeitervertretung sind von ihrer dienstlichen Tätigkeit jeweils für die Hälfte der durchschnittlichen regelmäßigen Arbeitszeit einer oder eines Vollbeschäftigten freizustellen in Einrichtungen mit – im Zeitpunkt der Wahl – mehr als

- 300 wahlberechtigten Mitarbeiterinnen und Mitarbeitern zwei Mitarbeitervertreterinnen oder Mitarbeitervertreter,
- 600 wahlberechtigten Mitarbeiterinnen und Mitarbeitern drei Mitarbeitervertreterinnen oder Mitarbeitervertreter,
- 1000 wahlberechtigten Mitarbeiterinnen und Mitarbeitern vier Mitarbeitervertreterinnen oder Mitarbeitervertreter.

Dienstgeber und Mitarbeitervertretung können sich für die Dauer der Amtszeit dahingehend einigen, dass das Freistellungskontingent auf mehr oder weniger Mitarbeitervertreterinnen oder Mitarbeitervertreter verteilt werden kann.

(3a) Einem Mitglied der Mitarbeitervertretung, das von seiner dienstlichen Tätigkeit völlig freigestellt war, ist innerhalb eines Jahres nach Beendigung der Freistellung im Rahmen der Möglichkeiten der Einrichtung Gelegenheit zu geben, eine wegen der Freistellung unterbliebene einrichtungsübliche berufliche Entwicklung nachzuholen. Für ein Mitglied im Sinne des Satzes 1, das drei volle aufeinanderfolgende Amtszeiten freigestellt war, erhöht sich der Zeitraum nach Satz 1 auf zwei Jahre.

(4) Zum Ausgleich für die Tätigkeit als Mitglied der Mitarbeitervertretung, die aus einrichtungsbedingten Gründen außerhalb der Arbeitszeit durchzuführen ist, hat das Mitglied der Mitarbeitervertretung Anspruch auf entsprechende Arbeitsbefreiung unter Fortzahlung des Arbeitsentgelts. Kann ein Mitglied der Mitarbeitervertretung die Lage seiner Arbeitszeit ganz oder teilweise selbst bestimmen, hat es die Tätigkeit als Mitglied der Mitarbeitervertretung außerhalb seiner Arbeitszeit dem Dienstgeber zuvor mitzuteilen. Gibt dieser nach Mitteilung keine Möglichkeit zur Tätigkeit innerhalb der Arbeitszeit, liegt ein einrichtungsbedingter Grund vor. Einrichtungsbedingte Gründe liegen auch vor, wenn die Tätigkeit als Mitglied der Mitarbeitervertretung wegen der unterschiedlichen Arbeitszeiten der Mitglieder der Mitarbeitervertretung

5 Muster für eine diözesane Fassung.

nicht innerhalb der persönlichen Arbeitszeit erfolgen kann. Die Arbeitsbefreiung soll vor Ablauf der nächsten sechs Kalendermonate gewährt werden. Ist dies aus einrichtungsbedingten Gründen nicht möglich, kann der Dienstgeber die aufgewendete Zeit wie Mehrarbeit vergüten.

(5) Kommt es in den Fällen nach den Absätzen 2 und 4 nicht zu einer Einigung, entscheidet auf Antrag der Mitarbeitervertretung die Einigungsstelle.

(6) Für Reisezeiten von Mitgliedern der Mitarbeitervertretung gelten die für die Einrichtung bestehenden Bestimmungen.

§ 16
Schulung der Mitarbeitervertretung und des Wahlausschusses

(1) Den Mitgliedern der Mitarbeitervertretung ist auf Antrag der Mitarbeitervertretung während ihrer Amtszeit bis zu insgesamt drei Wochen Arbeitsbefreiung unter Fortzahlung der Bezüge für die Teilnahme an Schulungsveranstaltungen zu gewähren, wenn diese die für die Arbeit in der Mitarbeitervertretung erforderlichen Kenntnisse vermitteln, von der (Erz-)Diözese oder dem Diözesan-Caritasverband als geeignet anerkannt sind und dringende dienstliche oder betriebliche Erfordernisse einer Teilnahme nicht entgegenstehen. Bei Mitgliedschaft in mehreren Mitarbeitervertretungen kann der Anspruch nur einmal geltend gemacht werden. Teilzeitbeschäftigten Mitgliedern der Mitarbeitervertretung, deren Teilnahme an Schulungsveranstaltungen außerhalb ihrer persönlichen Arbeitszeit liegt, steht ein Anspruch auf Freizeitausgleich pro Schulungstag zu, jedoch höchstens bis zur Arbeitszeit eines vollbeschäftigten Mitglieds der Mitarbeitervertretung.

(1a) Absatz 1 gilt auch für das mit der höchsten Stimmenzahl gewählte Ersatzmitglied (§ 11 Abs. 6 Satz 2), wenn wegen

1. ständiger Heranziehung,
2. häufiger Vertretung eines Mitglieds der Mitarbeitervertretung für längere Zeit oder
3. absehbaren Nachrückens in das Amt als Mitglied der Mitarbeitervertretung in kurzer Frist

die Teilnahme an Schulungsveranstaltungen erforderlich ist.

(2) Die Mitglieder des Wahlausschusses erhalten für ihre Tätigkeit und für Schulungsmaßnahmen, die Kenntnisse für diese Tätigkeit vermitteln, Arbeitsbefreiung, soweit dies zur ordnungsgemäßen Durchführung der Aufgaben erforderlich ist. Abs. 1 Satz 2 gilt entsprechend.

§ 17
Kosten der Mitarbeitervertretung[6]

(1) Der Dienstgeber trägt die durch die Tätigkeit der Mitarbeitervertretung entstehenden und für die Wahrnehmung ihrer Aufgaben erforderlichen Kosten

6 Abs. 3 ist Muster für eine diözesane Fassung.

einschließlich der Reisekosten im Rahmen der für den Dienstgeber bestehenden Bestimmungen. Zu den erforderlichen Kosten gehören auch
- die Kosten für die Teilnahme an Schulungsveranstaltungen im Sinne des § 16;
- die Kosten, die durch die Beiziehung sachkundiger Personen entstehen, soweit diese zur ordnungsgemäßen Erfüllung der Aufgaben notwendig ist und der Dienstgeber der Kostenübernahme vorher zugestimmt hat; die Zustimmung darf nicht missbräuchlich verweigert werden;
- die Kosten der Beauftragung eines Bevollmächtigten in Verfahren vor der Einigungsstelle, soweit der Vorsitzende der Einigungsstelle feststellt, dass die Bevollmächtigung zur Wahrung der Rechte des Bevollmächtigenden notwendig ist;
- die Kosten der Beauftragung eines Bevollmächtigten in Verfahren vor den kirchlichen Gerichten für Arbeitssachen, soweit die Bevollmächtigung zur Wahrung der Rechte des Bevollmächtigenden notwendig ist.

(2) Der Dienstgeber stellt unter Berücksichtigung der bei ihm vorhandenen Gegebenheiten die sachlichen und personellen Hilfen zur Verfügung.

(3) Abs. 1 und 2 gelten entsprechend für gemeinsame Mitarbeitervertretungen (§ 1 b) und erweiterte Gesamtmitarbeitervertretungen (§ 24 Abs. 2), mit der Maßgabe, dass die Kosten von den beteiligten Dienstgebern entsprechend dem Verhältnis der Zahl der Mitarbeiterinnen und Mitarbeiter im Zeitpunkt der Bildung getragen werden. Die beteiligten Dienstgeber haften als Gesamtschuldner.

§ 18
Schutz der Mitglieder der Mitarbeitervertretung

(1) Die Mitglieder der Mitarbeitervertretung dürfen in der Ausübung ihres Amtes nicht behindert und aufgrund ihrer Tätigkeit weder benachteiligt noch begünstigt werden.

(1a) Das Arbeitsentgelt von Mitgliedern der Mitarbeitervertretung darf einschließlich eines Zeitraums von einem Jahr nach Beendigung der Mitgliedschaft nicht geringer bemessen werden als das Arbeitsentgelt vergleichbarer Mitarbeiterinnen und Mitarbeiter mit einrichtungsüblicher Entwicklung.

(1b) Die Mitglieder der Mitarbeitervertretung dürfen von Maßnahmen der beruflichen Bildung innerhalb und außerhalb der Einrichtung nicht ausgeschlossen werden.

(2) Mitglieder der Mitarbeitervertretung können gegen ihren Willen in eine andere Einrichtung nur versetzt oder abgeordnet werden, wenn dies auch unter Berücksichtigung dieser Mitgliedschaft aus wichtigen dienstlichen Gründen unvermeidbar ist und die Mitarbeitervertretung gemäß § 33 zugestimmt hat. Dies gilt auch im Falle einer Zuweisung oder Personalgestellung an einen anderen Rechtsträger.

(3) Erleidet eine Mitarbeiterin oder ein Mitarbeiter, die oder der Anspruch auf Unfallfürsorge nach beamtenrechtlichen Grundsätzen hat, anlässlich

der Wahrnehmung von Rechten oder in Erfüllung von Pflichten nach dieser Ordnung einen Unfall, der im Sinne der beamtenrechtlichen Unfallfürsorgevorschriften ein Dienstunfall wäre, so sind diese Vorschriften entsprechend anzuwenden.

(4) Beantragt eine in einem Berufsausbildungsverhältnis stehende Mitarbeiterin oder ein in einem Berufsausbildungsverhältnis stehender Mitarbeiter, die oder der Mitglied der Mitarbeitervertretung oder Sprecherin oder Sprecher der Jugendlichen und der Auszubildenden ist, spätestens einen Monat vor Beendigung des Ausbildungsverhältnisses für den Fall des erfolgreichen Abschlusses ihrer oder seiner Ausbildung schriftlich die Weiterbeschäftigung, so bedarf die Ablehnung des Antrages durch den Dienstgeber der Zustimmung der Mitarbeitervertretung gemäß § 33, wenn der Dienstgeber gleichzeitig andere Auszubildende weiterbeschäftigt. Die Zustimmung kann nur verweigert werden, wenn der durch Tatsachen begründete Verdacht besteht, dass die Ablehnung der Weiterbeschäftigung wegen der Tätigkeit als Mitarbeitervertreterin oder Mitarbeitervertreter erfolgt. Verweigert die Mitarbeitervertretung die vom Dienstgeber beantragte Zustimmung, so kann dieser gemäß § 33 Abs. 4 das Kirchliche Arbeitsgericht anrufen.

§ 19
Kündigungsschutz

(1) Einem Mitglied der Mitarbeitervertretung kann nur gekündigt werden, wenn ein Grund für eine außerordentliche Kündigung vorliegt. Abweichend von Satz 1 kann in den Fällen des Artikels 5 Abs. 3 bis 5 der Grundordnung des kirchlichen Dienstes im Rahmen kirchlicher Arbeitsverhältnisse auch eine ordentliche Kündigung ausgesprochen werden. Die Sätze 1 und 2 gelten ebenfalls innerhalb eines Jahres nach Beendigung der Amtszeit, es sei denn die Mitgliedschaft ist nach § 13c Nrn. 2, 4 erloschen.

(2) Nach Ablauf der Probezeit darf einem Mitglied des Wahlausschusses vom Zeitpunkt seiner Bestellung an, einer Wahlbewerberin oder einem Wahlbewerber vom Zeitpunkt der Aufstellung des Wahlvorschlages an, jeweils bis sechs Monate nach Bekanntgabe des Wahlergebnisses nur gekündigt werden, wenn ein Grund für eine außerordentliche Kündigung vorliegt. Für die ordentliche Kündigung gilt Abs. 1 Satz 2 entsprechend.

(3) Die ordentliche Kündigung eines Mitglieds der Mitarbeitervertretung, eines Mitglieds des Wahlausschusses oder einer Wahlbewerberin oder eines Wahlbewerbers ist auch zulässig, wenn eine Einrichtung geschlossen wird, frühestens jedoch zum Zeitpunkt der Schließung der Einrichtung, es sei denn, dass die Kündigung zu einem früheren Zeitpunkt durch zwingende betriebliche Erfordernisse bedingt ist. Wird nur ein Teil der Einrichtung geschlossen, so sind die in Satz 1 genannten Mitarbeiterinnen und Mitarbeiter in einen anderen Teil der Einrichtung zu übernehmen. Ist dies aus betrieblichen Gründen nicht möglich, gilt Satz 1.

§ 20
Schweigepflicht

Die Mitglieder und die Ersatzmitglieder der Mitarbeitervertretung haben über dienstliche Angelegenheiten oder Tatsachen, die ihnen aufgrund ihrer Zugehörigkeit zur Mitarbeitervertretung bekannt geworden sind, Stillschweigen zu bewahren. Dies gilt auch für die Zeit nach Ausscheiden aus der Mitarbeitervertretung. Die Schweigepflicht besteht nicht für solche dienstlichen Angelegenheiten oder Tatsachen, die offenkundig sind oder ihrer Bedeutung nach keiner Geheimhaltung bedürfen. Die Schweigepflicht gilt ferner nicht gegenüber Mitgliedern der Mitarbeitervertretung sowie gegenüber der Gesamtmitarbeitervertretung. Eine Verletzung der Schweigepflicht stellt in der Regel eine grobe Pflichtverletzung im Sinne des § 13c Nr. 4 dar.

III. Mitarbeiterversammlung

§ 21
Einberufung der Mitarbeiterversammlung

(1) Die Mitarbeiterversammlung (§ 4) ist nicht öffentlich. Sie wird von der oder dem Vorsitzenden der Mitarbeitervertretung einberufen und geleitet. Die Einladung hat unter Angabe der Tagesordnung mindestens eine Woche vor dem Termin durch Aushang oder in sonst geeigneter Weise, die den Mitarbeiterinnen und Mitarbeitern die Möglichkeit der Kenntnisnahme gibt, zu erfolgen.

(2) Die Mitarbeiterversammlung hat mindestens einmal im Jahr stattzufinden. Auf ihr hat die oder der Vorsitzende der Mitarbeitervertretung einen Tätigkeitsbericht zu erstatten.

(3) Auf Verlangen von einem Drittel der wahlberechtigten Mitarbeiterinnen und Mitarbeiter hat die oder der Vorsitzende der Mitarbeitervertretung die Mitarbeiterversammlung unter Angabe der Tagesordnung innerhalb von zwei Wochen einzuberufen. Das gleiche gilt, wenn der Dienstgeber aus besonderem Grunde die Einberufung verlangt. In diesem Fall ist in der Tagesordnung der Grund anzugeben. An dieser Versammlung nimmt der Dienstgeber teil.

(4) Jährlich eine Mitarbeiterversammlung findet während der Arbeitszeit statt, sofern nicht dienstliche Gründe eine andere Regelung erfordern. Die Zeit der Teilnahme an dieser Mitarbeiterversammlung und die zusätzliche Wegezeit sind wie Arbeitszeit zu vergüten, auch wenn die Mitarbeiterversammlung außerhalb der Arbeitszeit stattfindet. Notwendige Fahrtkosten für jährlich höchstens zwei Mitarbeiterversammlungen sowie für die auf Verlangen des Dienstgebers einberufene Mitarbeiterversammlung (Abs. 3) werden von dem Dienstgeber nach den bei ihm geltenden Regelungen erstattet.

§ 22
Aufgaben und Verfahren der Mitarbeiterversammlung

(1) Die Mitarbeiterversammlung befasst sich mit allen Angelegenheiten, die zur Zuständigkeit der Mitarbeitervertretung gehören. In diesem Rahmen ist die Mitarbeitervertretung der Mitarbeiterversammlung berichtspflichtig. Sie kann der Mitarbeitervertretung Anträge unterbreiten und zu den Beschlüssen der Mitarbeitervertretung Stellung nehmen.

(2) Spricht mindestens die Hälfte der wahlberechtigten Mitarbeiterinnen und Mitarbeiter in einer Mitarbeiterversammlung der Mitarbeitervertretung das Misstrauen aus, so findet eine Neuwahl statt (§ 13 Abs. 3 Nr. 5).

(3) Jede ordnungsgemäß einberufene Mitarbeiterversammlung ist ohne Rücksicht auf die Zahl der erschienenen Mitglieder beschlussfähig. Die Beschlüsse bedürfen der einfachen Mehrheit aller anwesenden Mitarbeiterinnen und Mitarbeiter. Anträge der Mitarbeiterversammlung gelten bei Stimmengleichheit als abgelehnt.

(4) Anträge und Beschlüsse sind in einer Niederschrift festzuhalten und von der oder dem Vorsitzenden und der Schriftführerin oder dem Schriftführer der Mitarbeitervertretung zu unterzeichnen. Der Niederschrift soll eine Anwesenheitsliste beigefügt werden. Bei Teilversammlungen (§ 4 Satz 2) und im Falle des Abs. 2 ist eine Anwesenheitsliste beizufügen.

III a. Sonderregelungen für gemeinsame Mitarbeitervertretungen[7]

§ 22 a
Sonderregelungen für gemeinsame Mitarbeitervertretungen nach § 1 b

(1) Die dem Dienstgeber gegenüber der Mitarbeitervertretung nach dieser Ordnung obliegenden Pflichten obliegen bei der gemeinsamen Mitarbeitervertretung den betroffenen Dienstgebern gemeinschaftlich. Dies gilt auch für die Einberufung der Mitarbeiterversammlung zur Vorbereitung der Wahl einer gemeinsamen Mitarbeitervertretung (§ 10) sowie die Führung des gemeinsamen Gesprächs nach § 39 Absatz 1 Satz 1. Die Informationspflicht des Dienstgebers nach § 27 Abs. 1, § 27 a und die Verpflichtungen aus den Beteiligungsrechten nach §§ 29 bis 37 sind auf die jeweils eigenen Mitarbeiterinnen und Mitarbeiter beschränkt. Die betroffenen Dienstgeber können sich gegenseitig ermächtigen, die Aufgaben füreinander wahrzunehmen.

(2) Die §§ 7 Absätze 1 und 2, 8 Absatz 1 und 13 c Ziffer 4* finden mit der Maßgabe Anwendung, dass der Wechsel einer Mitarbeiterin oder eines Mitarbeiters zu einem kirchlichen Dienstgeber innerhalb des Zuständigkeitsbereichs der

* Wegen der neuen Zählung in § 13c muss die Verweisungsvorschrift zu 13c Ziffer 4 geändert werden in: § 13 Ziffer 3 erste Alternative.

7 Muster für eine diözesane Fassung.

Mitarbeitervertretung nicht den Verlust des Wahlrechts, der Wählbarkeit oder der Mitgliedschaft in der Mitarbeitervertretung zur Folge hat.

(3) Für die Wahl der gemeinsamen Mitarbeitervertretung gelten die §§ 9 bis 11 c, soweit das Wahlverfahren nicht durch besondere diözesane Verordnung geregelt wird.

(4) Die Mitarbeiterversammlung ist die Versammlung aller Mitarbeiterinnen und Mitarbeiter der Einrichtungen, für die eine gemeinsame Mitarbeitervertretung gemäß § 1 b gebildet ist.

IV. Besondere Formen der Vertretung von Mitarbeiterinnen und Mitarbeitern

§ 23
Sondervertretung[8]

(1) Mitarbeiterinnen und Mitarbeiter, die von ihrem Dienstgeber einer Einrichtung eines anderen kirchlichen oder nichtkirchlichen Rechtsträgers zugeordnet worden sind, bilden eine Sondervertretung.

(2) Die Sondervertretung wirkt mit bei Maßnahmen, die vom Dienstgeber getroffen werden. Bei Zuordnung zu einem kirchlichen Rechtsträger ist im übrigen die Mitarbeitervertretung der Einrichtung zuständig.

(3) Das Nähere, einschließlich der Einzelheiten des Wahlverfahrens, wird in Sonderbestimmungen geregelt.

§ 24
Gesamtmitarbeitervertretung und erweiterte Gesamtmitarbeitervertretung[9]

(1) Bestehen bei einem Dienstgeber (§ 2) mehrere Mitarbeitervertretungen, so kann im Einvernehmen zwischen Dienstgeber und allen Mitarbeitervertretungen eine Gesamtmitarbeitervertretung gebildet werden.

(2) Die Mitarbeitervertretungen oder, soweit vorhanden, die Gesamtmitarbeitervertretungen mehrerer Einrichtungen mehrerer Rechtsträger können durch eine gemeinsame Dienstvereinbarung mit allen betroffenen Dienstgebern die Bildung einer erweiterten Gesamtmitarbeitervertretung vereinbaren, soweit dies der wirksamen und zweckmäßigen Interessenvertretung der Mitarbeiterinnen und Mitarbeiter dient. Diese tritt an die Stelle bestehender Gesamtmitarbeitervertretungen.

(3) Jede Mitarbeitervertretung entsendet in die Gesamtmitarbeitervertretung oder erweiterte Gesamtmitarbeitervertretung ein Mitglied. Außerdem wählen die Sprecherinnen oder Sprecher der Jugendlichen und Auszubildenden und die Vertrauensperson der schwerbehinderten Mitarbeiterinnen und Mitarbeiter der beteiligten Mitarbeitervertretungen aus ihrer Mitte je eine Vertreterin oder einen Vertreter und je eine Ersatzvertreterin oder einen Ersatzvertreter in die

8 Muster für eine diözesane Fassung.

9 Muster für eine diözesane Fassung.

Gesamtmitarbeitervertretung oder erweiterte Gesamtmitarbeitervertretung. Durch Dienstvereinbarung kann die Mitgliederzahl und Zusammensetzung abweichend geregelt werden.

(4) Die Gesamtmitarbeitervertretung oder erweiterte Gesamtmitarbeitervertretung wirkt bei den Angelegenheiten im Sinne der §§ 26 bis 38 mit, die Mitarbeiterinnen und Mitarbeiter aus dem Zuständigkeitsbereich mehrerer Mitarbeitervertretungen betreffen. In allen übrigen Angelegenheiten wirkt die Mitarbeitervertretung der Einrichtung mit, unabhängig davon, wer für den Dienstgeber handelt.

(5) Soll eine einmal eingerichtete Gesamtmitarbeitervertretung oder erweiterte Gesamtmitarbeitervertretung aufgelöst werden, so bedarf es dafür der Zustimmung aller betroffenen Mitarbeitervertretungen und Dienstgeber. Für die Gesamtmitarbeitervertretung kann anlässlich des Einvernehmens nach Abs. 1 und für die erweiterte Gesamtmitarbeitervertretung kann durch die zugrundeliegende Dienstvereinbarung eine abweichende Regelung getroffen werden.

(6) Für die Gesamtmitarbeitervertretung und erweiterte Gesamtmitarbeitervertretung gelten im Übrigen die Bestimmungen dieser Ordnung sinngemäß mit Ausnahme des § 15 Abs. 3.

§ 25
Arbeitsgemeinschaften der Mitarbeitervertretungen[10]

(1) Die Mitarbeitervertretungen im Anwendungsbereich dieser Ordnung bilden die »Diözesane Arbeitsgemeinschaft der Mitarbeitervertretungen im (Erz-) Bistum ....«.

(2) Zweck der Arbeitsgemeinschaft ist
1. gegenseitige Information und Erfahrungsaustausch mit den vertretenen Mitarbeitervertretungen,
2. Beratung der Mitarbeitervertretungen in Angelegenheiten des Mitarbeitervertretungsrechtes,
3. Beratung der Mitarbeitervertretungen im Falle des § 38 Abs. 2,
4. Förderung der Anwendung der Mitarbeitervertretungsordnung,
5. Sorge um die Schulung der Mitarbeitervertreterinnen und Mitarbeitervertreter,
6. Erarbeitung von Vorschlägen zur Fortentwicklung der Mitarbeitervertretungsordnung,
7. Abgabe von Stellungnahmen zu Vorhaben der Bistums-/Regional-KODA und der Arbeitsrechtlichen Kommission des Deutschen Caritasverbandes jeweils nach Aufforderung durch die Vorsitzende oder den Vorsitzenden der Kommission,
8. Erstellung von Beisitzerlisten nach § 44 Abs. 2 Satz 1,

10 Absätze 1 bis 4 sind Muster für eine diözesane Fassung.

9. Mitwirkung an der Wahl zu einer nach Art. 7 GrO zu bildenden Kommission zur Ordnung des Arbeitsvertragsrechts, soweit eine Ordnung dies vorsieht,
10. Mitwirkung bei der Besetzung der Kirchlichen Arbeitsgerichte nach Maßgabe der Vorschriften der KAGO.

(3) Organe der Arbeitsgemeinschaft sind
– die Mitgliederversammlung
– der Vorstand.

Zusammensetzung der Mitgliederversammlung und Wahl des Vorstandes werden in Sonderbestimmungen geregelt.

(4) Das (Erz-)Bistum trägt im Rahmen der der Arbeitsgemeinschaft im (Erz-)Bistumshaushalt zur Wahrnehmung der Aufgaben zur Verfügung gestellten Mittel die notwendigen Kosten einschließlich der Reisekosten entsprechend der für das (Erz-)Bistum geltenden Reisekostenregelung. Für die Teilnahme an der Mitgliederversammlung und für die Tätigkeit des Vorstandes besteht Anspruch auf Arbeitsbefreiung, soweit dies zur ordnungsgemäßen Durchführung der Aufgaben der Arbeitsgemeinschaft erforderlich ist und kein unabwendbares dienstliches oder betriebliches Interesse entgegensteht. § 15 Abs. 4 gilt entsprechend. Regelungen zur Erstattung der Kosten der Freistellung werden in Sonderbestimmungen geregelt. Den Mitgliedern des Vorstandes ist im zeitlichen Umfang des Anspruchs nach § 16 Abs. 1 Satz 1 Arbeitsbefreiung unter Fortzahlung der Bezüge für die Teilnahme an solchen Schulungsveranstaltungen zu gewähren, welche die für die Arbeit in der Arbeitsgemeinschaft erforderlichen Kenntnisse vermitteln.

(5) Die Arbeitsgemeinschaft kann sich mit Arbeitsgemeinschaften anderer (Erz-)Diözesen zu einer Bundesarbeitsgemeinschaft der Mitarbeitervertretungen zur Wahrung folgender Aufgaben zusammenschließen:
1. Förderung des Informations- und Erfahrungsaustausches unter ihren Mitgliedern,
2. Erarbeitung von Vorschlägen zur Anwendung des Mitarbeitervertretungsrechts,
3. Erarbeitung von Vorschlägen zur Entwicklung der Rahmenordnung für eine Mitarbeitervertretungsordnung,
4. Kontaktpflege mit der Kommission für Personalwesen des Verbandes der Diözesen Deutschlands,
5. Abgabe von Stellungnahmen zu Vorhaben der Zentral-KODA nach Aufforderung durch die Vorsitzende oder den Vorsitzenden der Kommission,
6. Mitwirkung bei der Besetzung des Kirchlichen Arbeitsgerichtshofes nach Maßgabe der Vorschriften der KAGO.

Das Nähere bestimmt die Vollversammlung des Verbandes der Diözesen Deutschlands.

V. Zusammenarbeit zwischen Dienstgeber und Mitarbeitervertretung

§ 26
Allgemeine Aufgaben der Mitarbeitervertretung

(1) Der Dienst in der Kirche verpflichtet Dienstgeber und Mitarbeitervertretung in besonderer Weise, vertrauensvoll zusammenzuarbeiten und sich bei der Erfüllung der Aufgaben gegenseitig zu unterstützen. Dienstgeber und Mitarbeitervertretung haben darauf zu achten, dass alle Mitarbeiterinnen und Mitarbeiter nach Recht und Billigkeit behandelt werden. In ihrer Mitverantwortung für die Aufgabe der Einrichtung soll auch die Mitarbeitervertretung bei den Mitarbeiterinnen und Mitarbeitern das Verständnis für den Auftrag der Kirche stärken und für eine gute Zusammenarbeit innerhalb der Dienstgemeinschaft eintreten.

(2) Der Mitarbeitervertretung sind auf Verlangen die zur Durchführung ihrer Aufgaben erforderlichen Unterlagen vorzulegen. Personalakten dürfen nur mit schriftlicher Zustimmung der Mitarbeiterin oder des Mitarbeiters eingesehen werden.

(3) Die Mitarbeitervertretung hat folgende allgemeine Aufgaben:

1. Maßnahmen, die der Einrichtung und den Mitarbeiterinnen und Mitarbeitern dienen, anzuregen,
2. Anregungen und Beschwerden von Mitarbeiterinnen und Mitarbeitern entgegenzunehmen und, falls sie berechtigt erscheinen, vorzutragen und auf ihre Erledigung hinzuwirken,
3. die Eingliederung und berufliche Entwicklung schwerbehinderter und anderer schutzbedürftiger, insbesondere älterer Mitarbeiterinnen und Mitarbeiter zu fördern,
4. die Eingliederung ausländischer Mitarbeiterinnen und Mitarbeiter in die Einrichtung und das Verständnis zwischen ihnen und den anderen Mitarbeiterinnen und Mitarbeitern zu fördern,
5. Maßnahmen zur beruflichen Förderung schwerbehinderter Mitarbeiterinnen und Mitarbeiter anzuregen,
6. mit den Sprecherinnen oder Sprechern der Jugendlichen und der Auszubildenden zur Förderung der Belange der jugendlichen Mitarbeiterinnen und Mitarbeiter und der Auszubildenden zusammenzuarbeiten,
7. sich für die Durchführung der Vorschriften über den Arbeitsschutz, die Unfallverhütung und die Gesundheitsförderung in der Einrichtung einzusetzen,
8. auf frauen- und familienfreundliche Arbeitsbedingungen hinzuwirken,
9. die Mitglieder der Mitarbeiterseite in den Kommissionen zur Behandlung von Beschwerden gegen Leistungsbeurteilungen und zur Kontrolle des Systems der Leistungsfeststellung und -bezahlung zu benennen, soweit dies in einer kirchlichen Arbeitsvertragsordnung vorgesehen ist.

(3a) Auf Verlangen der Mitarbeiterin oder des Mitarbeiters ist ein Mitglied der Mitarbeitervertretung hinzuzuziehen bei einem Gespräch mit dem Dienstgeber über

1. personen-, verhaltens- oder betriebsbedingte Schwierigkeiten, die zur Gefährdung des Dienst- oder Arbeitsverhältnisses führen können oder
2. den Abschluss eines Änderungs- oder Aufhebungsvertrages.

(4) Die Mitarbeitervertretung wirkt an der Wahl zu einer nach Art. 7 GrO zu bildenden Kommission zur Ordnung des Arbeitsvertragsrechts mit, soweit eine Ordnung dies vorsieht.

§ 27
Information

(1) Dienstgeber und Mitarbeitervertretung informieren sich gegenseitig über die Angelegenheiten, welche die Dienstgemeinschaft betreffen. Auf Wunsch findet eine Aussprache statt.

(2) Der Dienstgeber informiert die Mitarbeitervertretung insbesondere über

- Stellenausschreibungen,
- Änderungen und Ergänzungen des Stellenplanes,
- Behandlung der von der Mitarbeitervertretung vorgetragenen Anregungen und Beschwerden,
- Bewerbungen von schwerbehinderten Menschen und Vermittlungsvorschläge nach § 81 Abs. 1 Satz 4 SGB IX,
- Einrichtung von Langzeitkonten und deren Inhalt,
- den für ihren Zuständigkeitsbereich maßgeblichen Inhalt des Verzeichnisses gemäß § 80 Absatz 1 SGB IX sowie der Anzeige gemäß § 80 Absatz 2 Satz 1 SGB IX.

§ 27 a
Information in wirtschaftlichen Angelegenheiten

(1) Der Dienstgeber einer Einrichtung, in der in der Regel mehr als 50 Mitarbeiterinnen und Mitarbeiter ständig beschäftigt sind und deren Betrieb überwiegend durch Zuwendungen der öffentlichen Hand, aus Leistungs- und Vergütungsvereinbarungen mit Kostenträgern oder Zahlungen sonstiger nicht-kirchlicher Dritter finanziert wird, hat die Mitarbeitervertretung über die wirtschaftlichen Angelegenheiten der Einrichtung rechtzeitig, mindestens aber einmal im Kalenderjahr unter Vorlage der erforderlichen Unterlagen schriftlich zu unterrichten, sowie die sich daraus ergebenden Auswirkungen auf die Personalplanung darzustellen. Die Mitarbeitervertretung kann Anregungen geben. Besteht eine Gesamtmitarbeitervertretung oder erweiterte Gesamtmitarbeitervertretung, so ist diese anstelle der Mitarbeitervertretung zu informieren.

(2) Zu den wirtschaftlichen Angelegenheiten im Sinne dieser Vorschrift gehören insbesondere

1. der allgemeine Rahmen der wirtschaftlichen und finanziellen Lage der Einrichtung;
2. Rationalisierungsvorhaben;
3. die Änderung der Organisation oder des Zwecks einer Einrichtung sowie
4. sonstige Veränderungen und Vorhaben, welche die Interessen der Mitarbeiterinnen und Mitarbeiter der Einrichtung wesentlich berühren können.

(3) Als erforderliche Unterlagen im Sinne des Abs. 1 sind diejenigen Unterlagen vorzulegen, die ein den tatsächlichen Verhältnissen entsprechendes Bild der Einrichtung vermitteln. Sofern für die Einrichtung nach den Vorschriften des Handels- oder Steuerrechts Rechnungs-, Buchführungs- und Aufzeichnungspflichten bestehen, sind dies der Jahresabschluss nach den jeweils maßgeblichen Gliederungsvorschriften sowie der Anhang und, sofern zu erstellen, der Lagebericht; für Einrichtungen einer Körperschaft des öffentlichen Rechts sind dies der auf die Einrichtung bezogene Teil des Verwaltungshaushalts und der Jahresrechnung.

(4) Die Mitarbeitervertretung oder an ihrer Stelle die Gesamtmitarbeitervertretung oder erweiterte Gesamtmitarbeitervertretung können die Bildung eines Ausschusses zur Wahrnehmung der Informationsrechte nach Abs. 1 beschließen. Soweit es zur ordnungsgemäßen Erfüllung der Aufgaben der Mitarbeitervertretung oder des Ausschusses erforderlich ist, hat der Dienstgeber sachkundige Mitarbeiterinnen und Mitarbeiter zur Verfügung zu stellen; er hat hierbei die Vorschläge des Ausschusses oder der Mitarbeitervertretung zu berücksichtigen, soweit einrichtungsbedingte Notwendigkeiten nicht entgegenstehen. Für diese Mitarbeiterinnen und Mitarbeiter gilt § 20 entsprechend.

(5) In Einrichtungen i.S. des Abs. 1 mit in der Regel nicht mehr als 50 ständig beschäftigten Mitarbeiterinnen und Mitarbeitern hat der Dienstgeber mindestens einmal in jedem Kalenderjahr in einer Mitarbeiterversammlung über das Personal- und Sozialwesen der Einrichtung und über die wirtschaftliche Lage und Entwicklung der Einrichtung zu berichten.

(6) Die Informationspflicht besteht nicht, soweit dadurch Betriebs- oder Geschäftsgeheimnisse gefährdet werden.

§ 27b
Einrichtungsspezifische Regelungen

Die Mitarbeitervertretung kann Anträge auf abweichende Gestaltung der Arbeitsentgelte und sonstigen Arbeitsbedingungen gegenüber einer nach Art. 7 GrO gebildeten Kommission zur Ordnung des Arbeitsvertragsrechts stellen, soweit die für die Kommission geltende Ordnung dies vorsieht.

Anmerkung: Siehe z.B. § 11 AK-Ordnung.

x Beispiel: Amtsblatt für das Bistum Passau 2012 Nr. 46 S. 110

§ 28
Formen der Beteiligung, Dienstvereinbarung

(1) Die Beteiligung der Mitarbeitervertretung an Entscheidungen des Dienstgebers vollzieht sich im Rahmen der Zuständigkeit der Einrichtung nach den §§ 29 bis 37.
Formen der Beteiligung sind:
- Anhörung und Mitberatung,
- Vorschlagsrecht,
- Zustimmung,
- Antragsrecht.

(2) Dienstvereinbarungen sind im Rahmen des § 38 zulässig.

§ 28 a
Aufgaben und Beteiligung der Mitarbeitervertretung zum Schutz schwerbehinderter Menschen

(1) Die Mitarbeitervertretung fördert die Eingliederung schwerbehinderter Menschen. Sie achtet darauf, dass die dem Dienstgeber nach §§ 71, 72, 81, 83 und 84 SGB IX obliegenden Verpflichtungen erfüllt werden und wirkt auf die Wahl einer Vertrauensperson der schwerbehinderten Mitarbeiterinnen und Mitarbeiter hin.

(2) Der Dienstgeber trifft mit der Vertrauensperson der schwerbehinderten Mitarbeiterinnen und Mitarbeiter und der Mitarbeitervertretung in Zusammenarbeit mit dem Beauftragten des Dienstgebers gemäß § 98 SGB IX eine verbindliche Integrationsvereinbarung. Auf Verlangen der Vertrauensperson der schwerbehinderten Mitarbeiterinnen und Mitarbeiter wird unter Beteiligung der Mitarbeitervertretung hierüber verhandelt. Ist eine Vertrauensperson der schwerbehinderten Mitarbeiterinnen und Mitarbeiter nicht vorhanden, so steht das Recht, die Aufnahme von Verhandlungen zu verlangen, der Mitarbeitervertretung zu. Der Dienstgeber oder die Vertrauensperson der schwerbehinderten Mitarbeiterinnen und Mitarbeiter können das Integrationsamt einladen, sich an den Verhandlungen über die Integrationsvereinbarung zu beteiligen. Der Agentur für Arbeit und dem Integrationsamt, die für den Sitz des Dienstgebers zuständig sind, wird die Vereinbarung übermittelt. Der Inhalt der Integrationsvereinbarung richtet sich nach § 83 Abs. 2 SGB IX.

(3) Treten ernsthafte Schwierigkeiten in einem Beschäftigungsverhältnis einer schwerbehinderten Mitarbeiterin oder eines schwerbehinderten Mitarbeiters auf, die dieses Beschäftigungsverhältnis gefährden können, sind zunächst unter möglichst frühzeitiger Einschaltung des Beauftragten des Dienstgebers nach § 98 SGB IX, der Vertrauensperson der schwerbehinderten Mitarbeiterinnen und Mitarbeiter und der Mitarbeitervertretung sowie des Integrationsamtes alle Möglichkeiten und alle zur Verfügung stehenden Hilfen zu erörtern, mit denen die Schwierigkeiten beseitigt werden können und das Beschäftigungsverhältnis möglichst dauerhaft fortgesetzt werden kann.

§ 29
Anhörung und Mitberatung

(1) Das Recht der Anhörung und der Mitberatung ist bei folgenden Angelegenheiten gegeben:

1. Maßnahmen innerbetrieblicher Information und Zusammenarbeit,
2. Änderung von Beginn und Ende der täglichen Arbeitszeit einschließlich der Pausen sowie der Verteilung der Arbeitszeit auf die einzelnen Wochentage für Mitarbeiterinnen und Mitarbeiter für pastorale Dienste oder religiöse Unterweisung, die zu ihrer Tätigkeit der ausdrücklichen bischöflichen Sendung oder Beauftragung bedürfen, sowie für Mitarbeiterinnen und Mitarbeiter im liturgischen Dienst,
3. Regelung der Ordnung in der Einrichtung (Haus- und Heimordnungen),
4. Festlegung von Richtlinien zur Durchführung des Stellenplans,
5. Verpflichtung zur Teilnahme oder Auswahl der Teilnehmerinnen oder Teilnehmer an beruflichen Fort- und Weiterbildungsmaßnahmen,
6. Durchführung beruflicher Fort- und Weiterbildungsmaßnahmen, die die Einrichtung für ihre Mitarbeiterinnen und Mitarbeiter anbietet,
7. Einführung von Unterstützungen, Vorschüssen, Darlehen und entsprechenden sozialen Zuwendungen sowie deren Einstellung,
8. Fassung von Musterdienst- und Musterarbeitsverträgen,
9. Regelung zur Erstattung dienstlicher Auslagen,
10. Abordnung von mehr als drei Monaten, Versetzung an eine andere Einrichtung, Zuweisung oder Personalgestellung an einen anderen Rechtsträger von Mitarbeiterinnen und Mitarbeitern für pastorale Dienste oder religiöse Unterweisung, die zu ihrer Tätigkeit der ausdrücklichen bischöflichen Sendung oder Beauftragung bedürfen,
11. vorzeitige Versetzung in den Ruhestand, wenn die Mitarbeiterin oder der Mitarbeiter die Mitwirkung beantragt,
12. Entlassung aus einem Probe- oder Widerrufsverhältnis in Anwendung beamtenrechtlicher Bestimmungen, wenn die Mitarbeiterin oder der Mitarbeiter die Mitwirkung beantragt,
13. Überlassung von Wohnungen, die für Mitarbeiterinnen oder Mitarbeiter vorgesehen sind,
14. grundlegende Änderungen von Arbeitsmethoden,
15. Maßnahmen zur Hebung der Arbeitsleistung und zur Erleichterung des Arbeitsablaufes,
16. Festlegung von Grundsätzen für die Gestaltung von Arbeitsplätzen,
17. Schließung, Einschränkung, Verlegung oder Zusammenlegung von Einrichtungen oder wesentlichen Teilen von ihnen,
18. Bestellung zur Mitarbeiterin oder zum Mitarbeiter in leitender Stellung gemäß § 3 Abs. 2 Nrn. 3 und 4,
19. Zurückweisung von Bewerbungen schwerbehinderter Menschen um einen freien Arbeitsplatz, soweit die Beschäftigungspflicht des § 71 Abs. 1 SGB IX noch nicht erfüllt ist,

20. Regelung einer Einrichtung nach § 1 a Abs. 2.

(2) In den in Abs. 1 genannten Fällen wird die Mitarbeitervertretung zu der vom Dienstgeber beabsichtigten Maßnahme oder Entscheidung angehört. Diese ist der Mitarbeitervertretung rechtzeitig mitzuteilen.

(3) Erhebt die Mitarbeitervertretung binnen einer Frist von einer Woche keine Einwendungen, so gilt die vorbereitete Maßnahme oder Entscheidung als nicht beanstandet. Auf Antrag der Mitarbeitervertretung kann der Dienstgeber eine Fristverlängerung um eine weitere Woche bewilligen. Erhebt die Mitarbeitervertretung Einwendungen, so werden die Einwendungen in einer gemeinsamen Sitzung von Dienstgeber und Mitarbeitervertretung mit dem Ziel der Verständigung beraten.

(4) Hält die Mitarbeitervertretung auch danach ihre Einwendungen aufrecht und will der Dienstgeber den Einwendungen nicht Rechnung tragen, so teilt er dies der Mitarbeitervertretung schriftlich mit.

(5) Der Dienstgeber kann bei Maßnahmen oder Entscheidungen, die der Anhörung und Mitberatung der Mitarbeitervertretung bedürfen und der Natur der Sache nach keinen Aufschub dulden, bis zur endgültigen Entscheidung vorläufige Regelungen treffen. Die Mitarbeitervertretung ist über die getroffene Regelung unverzüglich zu verständigen.

§ 30
Anhörung und Mitberatung bei ordentlicher Kündigung

(1) Der Mitarbeitervertretung ist vor jeder ordentlichen Kündigung durch den Dienstgeber schriftlich die Absicht der Kündigung mitzuteilen. Bestand das Arbeitsverhältnis im Zeitpunkt der beabsichtigten Kündigung bereits mindestens sechs Monate, so hat er auch die Gründe der Kündigung darzulegen.

(2) Will die Mitarbeitervertretung gegen die Kündigung Einwendungen geltend machen, so hat sie diese unter Angabe der Gründe dem Dienstgeber spätestens innerhalb einer Woche schriftlich mitzuteilen. Erhebt die Mitarbeitervertretung innerhalb der Frist keine Einwendungen, so gilt die beabsichtigte Kündigung als nicht beanstandet. Erhebt die Mitarbeitervertretung Einwendungen und hält der Dienstgeber an der Kündigungsabsicht fest, so werden die Einwendungen in einer gemeinsamen Sitzung von Dienstgeber und Mitarbeitervertretung mit dem Ziel einer Verständigung beraten. Der Dienstgeber setzt den Termin der gemeinsamen Sitzung fest und lädt hierzu ein.

(3) Als Einwendung kann insbesondere geltend gemacht werden, dass nach Ansicht der Mitarbeitervertretung

1. die Kündigung gegen ein Gesetz, eine Rechtsverordnung, kircheneigene Ordnung oder sonstiges geltendes Recht verstößt,
2. der Dienstgeber bei der Auswahl der zu kündigenden Mitarbeiterin oder des zu kündigenden Mitarbeiters soziale Gesichtspunkte nicht oder nicht ausreichend berücksichtigt hat,

3. die zu kündigende Mitarbeiterin oder der zu kündigende Mitarbeiter an einem anderen Arbeitsplatz in einer Einrichtung desselben Dienstgebers weiter beschäftigt werden kann,
4. die Weiterbeschäftigung der Mitarbeiterin oder des Mitarbeiters nach zumutbaren Umschulungs- oder Fortbildungsmaßnahmen möglich ist oder
5. eine Weiterbeschäftigung der Mitarbeiterin oder des Mitarbeiters unter geänderten Vertragsbedingungen möglich ist und die Mitarbeiterin oder der Mitarbeiter sein Einverständnis hiermit erklärt hat.

Diese Einwendungen bedürfen der Schriftform und der Angabe der konkreten, auf den Einzelfall bezogenen Gründe.

(4) Kündigt der Dienstgeber, obwohl die Mitarbeitervertretung Einwendungen gemäß Abs. 3 Nrn. 1 bis 5 erhoben hat, so hat er der Mitarbeiterin oder dem Mitarbeiter mit der Kündigung eine Abschrift der Einwendungen der Mitarbeitervertretung zuzuleiten.

(5) Eine ohne Einhaltung des Verfahrens nach den Absätzen 1 und 2 ausgesprochene Kündigung ist unwirksam.

§ 30 a
Anhörung und Mitberatung bei Massenentlassungen

Beabsichtigt der Dienstgeber, nach § 17 Abs. 1 des Kündigungsschutzgesetzes anzeigepflichtige Entlassungen vorzunehmen, hat er der Mitarbeitervertretung rechtzeitig die zweckdienlichen Auskünfte zu erteilen und sie schriftlich insbesondere zu unterrichten über

1. die Gründe für die geplanten Entlassungen,
2. die Zahl und die Berufsgruppen der zu entlassenden Mitarbeiterinnen und Mitarbeiter,
3. die Zahl und die Berufsgruppen der in der Regel beschäftigten Mitarbeiterinnen und Mitarbeiter,
4. den Zeitraum, in dem die Entlassungen vorgenommen werden sollen,
5. die vorgesehenen Kriterien für die Auswahl der zu entlassenden Mitarbeiterinnen und Mitarbeiter,
6. die für die Berechnung etwaiger Abfindungen vorgesehenen Kriterien.

Dienstgeber und Mitarbeitervertretung haben insbesondere die Möglichkeiten zu beraten, Entlassungen zu vermeiden oder einzuschränken und ihre Folgen zu mildern.

§ 31
Anhörung und Mitberatung bei außerordentlicher Kündigung

(1) Der Mitarbeitervertretung sind vor einer außerordentlichen Kündigung durch den Dienstgeber schriftlich die Absicht der Kündigung und die Gründe hierfür mitzuteilen.

(2) Will die Mitarbeitervertretung gegen die Kündigung Einwendungen geltend machen, so hat sie diese unter Angabe der Gründe dem Dienstgeber spätestens innerhalb von drei Tagen schriftlich mitzuteilen. Diese Frist kann vom Dienstgeber auf 48 Stunden verkürzt werden. Erhebt die Mitarbeitervertretung innerhalb der Frist keine Einwendungen, so gilt die beabsichtigte Kündigung als nicht beanstandet. Erhebt die Mitarbeitervertretung Einwendungen, so entscheidet der Dienstgeber über den Ausspruch der außerordentlichen Kündigung.

(3) Eine ohne Einhaltung des Verfahrens nach den Absätzen 1 und 2 ausgesprochene Kündigung ist unwirksam.

§ 32
Vorschlagsrecht

(1) Die Mitarbeitervertretung hat in folgenden Angelegenheiten ein Vorschlagsrecht:
1. Maßnahmen innerbetrieblicher Information und Zusammenarbeit,
2. Änderung von Beginn und Ende der täglichen Arbeitszeit einschließlich der Pausen sowie der Verteilung der Arbeitszeit auf die einzelnen Wochentage für Mitarbeiterinnen und Mitarbeiter für pastorale Dienste oder religiöse Unterweisung, die zu ihrer Tätigkeit der ausdrücklichen bischöflichen Sendung oder Beauftragung bedürfen, sowie für Mitarbeiterinnen und Mitarbeiter im liturgischen Dienst,
3. Regelung der Ordnung in der Einrichtung (Haus- und Heimordnungen),
4. Durchführung beruflicher Fort- und Weiterbildungsmaßnahmen, die die Einrichtung für ihre Mitarbeiterinnen und Mitarbeiter anbietet,
5. Regelung zur Erstattung dienstlicher Auslagen,
6. Einführung von Unterstützungen, Vorschüssen, Darlehen und entsprechenden sozialen Zuwendungen und deren Einstellung,
7. Überlassung von Wohnungen, die für Mitarbeiterinnen und Mitarbeiter vorgesehen sind,
8. grundlegende Änderungen von Arbeitsmethoden,
9. Maßnahmen zur Hebung der Arbeitsleistung und zur Erleichterung des Arbeitsablaufes,
10. Festlegung von Grundsätzen für die Gestaltung von Arbeitsplätzen,
11. Regelungen gemäß § 6 Abs. 3,
12. Sicherung der Beschäftigung, insbesondere eine flexible Gestaltung der Arbeitszeit, die Förderung von Teilzeitarbeit und Altersteilzeit, neue Formen der Arbeitsorganisation, Änderungen der Arbeitsverfahren und Arbeitsabläufe, die Qualifizierung der Mitarbeiterinnen und Mitarbeiter, Alternativen zur Ausgliederung von Arbeit oder ihrer Vergabe an andere Unternehmen.

(2) Will der Dienstgeber einem Vorschlag der Mitarbeitervertretung im Sinne des Abs. 1 nicht entsprechen, so ist die Angelegenheit in einer gemeinsamen Sitzung von Dienstgeber und Mitarbeitervertretung mit dem Ziel der Einigung

zu beraten. Kommt es nicht zu einer Einigung, so teilt der Dienstgeber die Ablehnung des Vorschlages der Mitarbeitervertretung schriftlich mit.

§ 33
Zustimmung

(1) In den Angelegenheiten der §§ 34 bis 36 sowie des § 18 Absätze 2 und 4 kann der Dienstgeber die von ihm beabsichtigte Maßnahme oder Entscheidung nur mit Zustimmung der Mitarbeitervertretung treffen.

(2) Der Dienstgeber unterrichtet die Mitarbeitervertretung von der beabsichtigten Maßnahme oder Entscheidung und beantragt ihre Zustimmung. Die Zustimmung gilt als erteilt, wenn die Mitarbeitervertretung nicht binnen einer Woche nach Eingang des Antrages bei ihr Einwendungen erhebt. Auf Antrag der Mitarbeitervertretung kann der Dienstgeber die Frist um eine weitere Woche verlängern. Wenn Entscheidungen nach Ansicht des Dienstgebers eilbedürftig sind, so kann er die Frist auf drei Tage, bei Anstellungen und Einstellungen auch bis zu 24 Stunden unter Angabe der Gründe verkürzen.

(3) Erhebt die Mitarbeitervertretung Einwendungen, so haben Dienstgeber und Mitarbeitervertretung mit dem Ziel der Einigung zu verhandeln, falls nicht der Dienstgeber von der beabsichtigten Maßnahme oder Entscheidung Abstand nimmt. Der Dienstgeber setzt den Termin für die Verhandlung fest und lädt dazu ein. Die Mitarbeitervertretung erklärt innerhalb von drei Tagen nach Abschluss der Verhandlung, ob sie die Zustimmung erteilt oder verweigert. Äußert sie sich innerhalb dieser Frist nicht, gilt die Zustimmung als erteilt.

(4) Hat die Mitarbeitervertretung die Zustimmung verweigert, so kann der Dienstgeber in den Fällen der §§ 34 und 35 das Kirchliche Arbeitsgericht, in den Fällen des § 36 die Einigungsstelle anrufen.

(5) Der Dienstgeber kann in Angelegenheiten der §§ 34 bis 36, die der Natur der Sache nach keinen Aufschub dulden, bis zur endgültigen Entscheidung vorläufige Regelungen treffen. Er hat unverzüglich der Mitarbeitervertretung die vorläufige Regelung mitzuteilen und zu begründen und das Verfahren nach den Absätzen 2 bis 4 einzuleiten oder fortzusetzen.

§ 34
Zustimmung bei Einstellung und Anstellung

(1) Die Einstellung und Anstellung von Mitarbeiterinnen und Mitarbeitern bedürfen der Zustimmung der Mitarbeitervertretung. Dasselbe gilt für die Beschäftigung von Personen, die dem Dienstgeber zur Arbeitsleistung überlassen werden im Sinne des Arbeitnehmerüberlassungsgesetzes (§ 3 Absatz 1 Satz 2). Der Zustimmung der Mitarbeitervertretung bedarf es nicht im Falle von

1. Mitarbeiterinnen und Mitarbeitern für pastorale Dienste oder religiöse Unterweisung, die zu ihrer Tätigkeit der ausdrücklichen bischöflichen Sendung oder Beauftragung bedürfen,
2. Mitarbeiterinnen und Mitarbeitern, deren Tätigkeit geringfügig im Sinne von § 8 Abs. 1 Nr. 2 SGB IV ist.

(2) Die Mitarbeitervertretung kann die Zustimmung nur verweigern, wenn
1. die Maßnahme gegen ein Gesetz, eine Rechtsverordnung, kircheneigene Ordnungen oder sonstiges geltendes Recht verstößt,
2. durch bestimmte Tatsachen der Verdacht begründet wird, dass die Bewerberin oder der Bewerber durch ihr oder sein Verhalten den Arbeitsfrieden in der Einrichtung in einer Weise stören wird, die insgesamt für die Einrichtung unzuträglich ist oder
3. der Dienstgeber eine Person, die ihm zur Arbeitsleistung überlassen wird im Sinne des Arbeitnehmerüberlassungsgesetzes, länger als sechs Monate beschäftigen will. Mehrere Beschäftigungen einer Leiharbeitnehmerin oder eines Leiharbeitnehmers bei demselben Dienstgeber werden zusammengerechnet.

(3) Bei Einstellungs- oder Anstellungsverfahren ist die Mitarbeitervertretung für ihre Mitwirkung über die Person der oder des Einzustellenden zu unterrichten. Der Mitarbeitervertretung sind auf Verlangen ein Verzeichnis der eingegangenen einrichtungsinternen Bewerbungen sowie der Bewerbungen von Schwerbehinderten zu überlassen und Einsicht in die Bewerbungsunterlagen der oder des Einzustellenden zu gewähren. Anstelle der Überlassung eines Verzeichnisses können auch die erforderlichen Bewerbungsunterlagen zur Einsichtnahme vorgelegt werden.

§ 35
Zustimmung bei sonstigen persönlichen Angelegenheiten

(1) Die Entscheidung des Dienstgebers bedarf in folgenden persönlichen Angelegenheiten von Mitarbeiterinnen und Mitarbeitern der Zustimmung der Mitarbeitervertretung:
1. Eingruppierung von Mitarbeiterinnen und Mitarbeitern,
2. Höhergruppierung oder Beförderung von Mitarbeiterinnen und Mitarbeitern,
3. Rückgruppierung von Mitarbeiterinnen und Mitarbeitern,
4. nicht nur vorübergehende Übertragung einer höher oder niedriger zu bewertenden Tätigkeit,
5. Abordnung von mehr als drei Monaten, Versetzung an eine andere Einrichtung, Zuweisung oder Personalgestellung an einen anderen Rechtsträger, es sei denn, dass es sich um Mitarbeiterinnen oder Mitarbeiter für pastorale Dienste oder religiöse Unterweisung handelt, die zu ihrer Tätigkeit der ausdrücklichen bischöflichen Sendung oder Beauftragung bedürfen,

6. Versagen und Widerruf der Genehmigung einer Nebentätigkeit sowie Untersagung einer Nebentätigkeit,
7. Weiterbeschäftigung über die Altersgrenze hinaus,
8. Hinausschiebung des Eintritts in den Ruhestand wegen Erreichens der Altersgrenze,
9. Anordnungen, welche die Freiheit in der Wahl der Wohnung beschränken mit Ausnahme der Dienstwohnung, die die Mitarbeiterin oder der Mitarbeiter kraft Amtes beziehen muss,
10. Auswahl der Ärztin oder des Arztes zur Beurteilung der Leistungsfähigkeit der Mitarbeiterin oder des Mitarbeiters, sofern nicht die Betriebsärztin/der Betriebsarzt beauftragt werden soll, soweit eine kirchliche Arbeitsvertragsordnung dies vorsieht.[11]

(2) Die Mitarbeitervertretung kann die Zustimmung nur verweigern, wenn
1. die Maßnahme gegen ein Gesetz, eine Rechtsverordnung, kircheneigene Ordnungen, eine Dienstvereinbarung oder sonstiges geltendes Recht verstößt,
2. der durch bestimmte Tatsachen begründete Verdacht besteht, dass durch die Maßnahme die Mitarbeiterin oder der Mitarbeiter ohne sachliche Gründe bevorzugt oder benachteiligt werden soll.

§ 36
Zustimmung bei Angelegenheiten der Dienststelle

(1) Die Entscheidung bei folgenden Angelegenheiten der Dienststelle bedarf der Zustimmung der Mitarbeitervertretung, soweit nicht eine kirchliche Arbeitsvertragsordnung oder sonstige Rechtsnorm Anwendung findet:
1. Änderung von Beginn und Ende der täglichen Arbeitszeit einschließlich der Pausen sowie der Verteilung der Arbeitszeit auf die einzelnen Wochentage,
2. Festlegung der Richtlinien zum Urlaubsplan und zur Urlaubsregelung,
3. Planung und Durchführung von Veranstaltungen für die Mitarbeiterinnen und Mitarbeiter,
4. Errichtung, Verwaltung und Auflösung sozialer Einrichtungen,
5. Inhalt von Personalfragebogen für Mitarbeiterinnen und Mitarbeiter,
6. Beurteilungsrichtlinien für Mitarbeiterinnen und Mitarbeiter,
7. Richtlinien für die Gewährung von Unterstützungen, Vorschüssen, Darlehen und entsprechenden sozialen Zuwendungen,
8. Durchführung der Ausbildung, soweit nicht durch Rechtsnormen oder durch Ausbildungsvertrag geregelt,
9. Einführung und Anwendung technischer Einrichtungen, die dazu bestimmt sind, das Verhalten oder die Leistung der Mitarbeiterinnen und Mitarbeiter zu überwachen,

11 Abs. 1 Nr. 10 ist ein Muster für eine diözesane Fassung.

10. Maßnahmen zur Verhütung von Dienst- und Arbeitsunfällen und sonstigen Gesundheitsschädigungen,
11. Maßnahmen zum Ausgleich und zur Milderung von wesentlichen wirtschaftlichen Nachteilen für die Mitarbeiterinnen und Mitarbeiter wegen Schließung, Einschränkung, Verlegung oder Zusammenlegung von Einrichtungen oder wesentlichen Teilen von ihnen,
12. Zuweisung zu den einzelnen Stufen des Bereitschaftsdienstes, soweit eine kirchliche Arbeitsvertragsordnung dies vorsieht.

(2) Abs. 1 Nr. 1 findet keine Anwendung auf Mitarbeiterinnen und Mitarbeiter für pastorale Dienste oder religiöse Unterweisung, die zu ihrer Tätigkeit der ausdrücklichen bischöflichen Sendung oder Beauftragung bedürfen, sowie auf Mitarbeiterinnen und Mitarbeiter im liturgischen Dienst.

(3) Muss für eine Einrichtung oder für einen Teil der Einrichtung die tägliche Arbeitszeit gemäß Abs. 1 Nr. 1 nach Erfordernissen, die die Einrichtung nicht voraussehen kann, unregelmäßig oder kurzfristig festgesetzt werden, ist die Beteiligung der Mitarbeitervertretung auf die Grundsätze für die Aufstellung der Dienstpläne, insbesondere für die Anordnung von Arbeitsbereitschaft, Mehrarbeit und Überstunden beschränkt.

§ 37
Antragsrecht

(1) Die Mitarbeitervertretung hat in folgenden Angelegenheiten ein Antragsrecht, soweit nicht eine kirchliche Arbeitsvertragsordnung oder sonstige Rechtsnorm Anwendung findet:
1. Änderung von Beginn und Ende der täglichen Arbeitszeit einschließlich der Pausen sowie der Verteilung der Arbeitszeit auf die einzelnen Wochentage,
2. Festlegung der Richtlinien zum Urlaubsplan und zur Urlaubsregelung,
3. Planung und Durchführung von Veranstaltungen für die Mitarbeiterinnen und Mitarbeiter,
4. Errichtung, Verwaltung und Auflösung sozialer Einrichtungen,
5. Inhalt von Personalfragebogen für Mitarbeiterinnen und Mitarbeiter,
6. Beurteilungsrichtlinien für Mitarbeiterinnen und Mitarbeiter,
7. Richtlinien für die Gewährung von Unterstützungen, Vorschüssen, Darlehen und entsprechenden sozialen Zuwendungen,
8. Durchführung der Ausbildung, soweit nicht durch Rechtsnormen oder durch Ausbildungsvertrag geregelt,
9. Einführung und Anwendung technischer Einrichtungen, die dazu bestimmt sind, das Verhalten oder die Leistung der Mitarbeiterinnen und Mitarbeiter zu überwachen,
10. Maßnahmen zur Verhütung von Dienst- und Arbeitsunfällen und sonstigen Gesundheitsschädigungen,
11. Maßnahmen zum Ausgleich und zur Milderung von wesentlichen wirtschaftlichen Nachteilen für die Mitarbeiterinnen und Mitarbeiter wegen

Schließung, Einschränkung, Verlegung oder Zusammenlegung von Einrichtungen oder wesentlichen Teilen von ihnen,

12. Zuweisung zu den einzelnen Stufen des Bereitschaftsdienstes, soweit eine kirchliche Arbeitsvertragsordnung dies vorsieht.

(2) § 36 Absätze 2 und 3 gelten entsprechend.

(3) Will der Dienstgeber einem Antrag der Mitarbeitervertretung im Sinne des Abs. 1 nicht entsprechen, so teilt er ihr dies schriftlich mit. Die Angelegenheit ist danach in einer gemeinsamen Sitzung von Dienstgeber und Mitarbeitervertretung zu beraten. Kommt es nicht zu einer Einigung, so kann die Mitarbeitervertretung die Einigungsstelle anrufen.

§ 38
Dienstvereinbarungen

(1) Dienstvereinbarungen sind in folgenden Angelegenheiten zulässig:

1. Arbeitsentgelte und sonstige Arbeitsbedingungen, die in Rechtsnormen, insbesondere in kirchlichen Arbeitsvertragsordnungen, geregelt sind oder üblicherweise geregelt werden, wenn eine Rechtsnorm den Abschluss ergänzender Dienstvereinbarungen ausdrücklich zulässt,
2. Änderung von Beginn und Ende der täglichen Arbeitszeit einschließlich der Pausen sowie der Verteilung der Arbeitszeit auf die einzelnen Wochentage; § 36 Abs. 2 gilt entsprechend,
3. Festlegung der Richtlinien zum Urlaubsplan und zur Urlaubsregelung,
4. Planung und Durchführung von Veranstaltungen für die Mitarbeiterinnen und Mitarbeiter,
5. Errichtung, Verwaltung und Auflösung sozialer Einrichtungen,
6. Inhalt von Personalfragebogen für Mitarbeiterinnen und Mitarbeiter,
7. Beurteilungsrichtlinien für Mitarbeiterinnen und Mitarbeiter,
8. Richtlinien für die Gewährung von Unterstützungen, Vorschüssen, Darlehen und entsprechenden sozialen Zuwendungen,
9. Durchführung der Ausbildung, soweit nicht durch Rechtsnormen oder durch Ausbildungsvertrag geregelt,
10. Durchführung der Qualifizierung der Mitarbeiterinnen und Mitarbeiter,
11. Einführung und Anwendung technischer Einrichtungen, die dazu bestimmt sind, das Verhalten oder die Leistung der Mitarbeiterinnen und Mitarbeiter zu überwachen,
12. Maßnahmen zur Verhütung von Dienst- und Arbeitsunfällen und sonstigen Gesundheitsschädigungen, x
13. Maßnahmen zum Ausgleich und zur Milderung von wesentlichen wirtschaftlichen Nachteilen für die Mitarbeiterinnen und Mitarbeiter wegen Schließung, Einschränkung, Verlegung oder Zusammenlegung von Einrichtungen oder wesentlichen Teilen von ihnen,
14. Festsetzungen nach § 1 b und § 24 Abs. 2 und 3,
15. Verlängerungen des Übergangsmandats nach § 13 d Abs. 1 Satz 4.

x Beispiel: suchtgefährdete und suchtkranke Mitarbeiter, Amtsblatt für das Bistum Passau 2012 Nr. 48 S. 116

(2) Zur Verhandlung und zum Abschluss von Dienstvereinbarungen im Sinne des Abs. 1 Nr. 1 kann die Mitarbeitervertretung Vertreter der Diözesanen Arbeitsgemeinschaft der Mitarbeitervertretungen oder Vertreter einer in der Einrichtung vertretenen Koalition im Sinne des Art. 6 GrO beratend hinzuziehen. Die Aufnahme von Verhandlungen ist der Diözesanen Arbeitsgemeinschaft oder einer in der Einrichtung vertretenen Koalition durch die Mitarbeitervertretung anzuzeigen.

(3) Dienstvereinbarungen dürfen Rechtsnormen, insbesondere kirchlichen Arbeitsvertragsordnungen, nicht widersprechen. Bestehende Dienstvereinbarungen werden mit dem Inkrafttreten einer Rechtsnorm gemäß Satz 1 unwirksam.

(3a) Dienstvereinbarungen gelten unmittelbar und zwingend. Werden Mitarbeiterinnen oder Mitarbeitern durch die Dienstvereinbarung Rechte eingeräumt, so ist ein Verzicht auf sie nur mit Zustimmung der Mitarbeitervertretung zulässig.

(4) Dienstvereinbarungen werden durch Dienstgeber und Mitarbeitervertretung gemeinsam beschlossen, sind schriftlich niederzulegen, von beiden Seiten zu unterzeichnen und in geeigneter Weise bekannt zu machen. Dienstvereinbarungen können von beiden Seiten mit einer Frist von 3 Monaten zum Monatsende schriftlich gekündigt werden.

(5) Im Falle der Kündigung wirkt die Dienstvereinbarung in den Angelegenheiten des Abs. 1 Nr. 2 bis 13 nach. In Dienstvereinbarungen nach Absatz 1 Nr. 1 kann festgelegt werden, ob und in welchem Umfang darin begründete Rechte der Mitarbeiterinnen und Mitarbeiter bei Außerkrafttreten der Dienstvereinbarung fortgelten sollen. Eine darüber hinausgehende Nachwirkung ist ausgeschlossen.

§ 39
Gemeinsame Sitzungen und Gespräche

(1) Dienstgeber und Mitarbeitervertretung kommen mindestens einmal jährlich zu einer gemeinsamen Sitzung zusammen. Eine gemeinsame Sitzung findet ferner dann statt, wenn Dienstgeber oder Mitarbeitervertretung dies aus besonderem Grund wünschen. Zur gemeinsamen Sitzung lädt der Dienstgeber unter Angabe des Grundes und nach vorheriger einvernehmlicher Terminabstimmung mit der Mitarbeitervertretung ein. Die Tagesordnung und das Besprechungsergebnis sind in einer Niederschrift festzuhalten, die vom Dienstgeber und von der oder dem Vorsitzenden der Mitarbeitervertretung zu unterzeichnen ist. Dienstgeber und Mitarbeitervertretung erhalten eine Ausfertigung der Niederschrift.

(2) Außer zu den gemeinsamen Sitzungen sollen Dienstgeber und Mitarbeitervertretung regelmäßig zu Gesprächen über allgemeine Fragen des Dienstbetriebes und der Dienstgemeinschaft sowie zum Austausch von Anregungen und Erfahrungen zusammentreffen.

VI. Einigungsstelle

§ 40
Bildung der Einigungsstelle – Aufgaben

(1) Für den Bereich der (Erz-)Diözese wird beim (Erz-)Bischöflichen Ordinariat/Generalvikariat in … eine ständige Einigungsstelle gebildet.[12]

(2) Für die Einigungsstelle wird eine Geschäftsstelle eingerichtet.

(3) Die Einigungsstelle wirkt in den Fällen des § 45 (Regelungsstreitigkeiten) auf eine Einigung zwischen Dienstgeber und Mitarbeitervertretung hin. Kommt eine Einigung nicht zustande, ersetzt der Spruch der Einigungsstelle die erforderliche Zustimmung der Mitarbeitervertretung (§ 45 Abs. 1) oder tritt an die Stelle einer Einigung zwischen Dienstgeber und Mitarbeitervertretung (§ 45 Abs. 2 und 3).

§ 41
Zusammensetzung – Besetzung

(1) Die Einigungsstelle besteht aus
- a) der oder dem Vorsitzenden und der oder dem stellvertretenden Vorsitzenden,
- b) jeweils ….[13] Besitzerinnen oder Beisitzer aus den Kreisen der Dienstgeber und der Mitarbeiter, die auf getrennten Listen geführt werden (Listen-Beisitzerinnen und Listen-Beisitzer),
- c) Beisitzerinnen oder Beisitzer, die jeweils für die Durchführung des Verfahrens von der Antragstellerin oder dem Antragsteller und von der Antragsgegnerin oder dem Antragsgegner zu benennen sind (Ad-hoc-Beisitzerinnen und Ad-hoc-Beisitzer).

(2) Die Einigungsstelle tritt zusammen und entscheidet in der Besetzung mit der oder dem Vorsitzenden, je einer Beisitzerin oder einem Beisitzer aus den beiden Beisitzerlisten und je einer oder einem von der Antragstellerin oder dem Antragsteller und der Antragsgegnerin oder dem Antragsgegner benannten Ad-hoc-Beisitzerinnen und Ad-hoc-Beisitzer. Die Teilnahme der Listen-Beisitzerinnen und Listen-Beisitzer an der mündlichen Verhandlung bestimmt sich nach der alphabetischen Reihenfolge in der jeweiligen Beisitzer-Liste. Bei Verhinderung einer Listen-Beisitzerin oder eines Listen-Beisitzers tritt an dessen Stelle die Beisitzerin oder der Beisitzer, welche oder welcher der Reihenfolge nach an nächster Stelle steht.

(3) Ist die oder der Vorsitzende an der Ausübung ihres oder seines Amtes gehindert, tritt an ihre oder seine Stelle die oder der stellvertretende Vorsitzende.

---

12 Die Bildung einer gemeinsamen Einigungsstelle durch mehrere Diözesen wird nicht ausformuliert, ist jedoch möglich.

13 Die Zahl der Beisitzerinnen und Beisitzer bleibt der Festlegung durch die Diözesen vorbehalten; es müssen jedoch mindestens jeweils 2 Personen benannt werden.

§ 42
Rechtsstellung der Mitglieder

(1) Die Mitglieder der Einigungsstelle sind unabhängig und nur an Gesetz und Recht gebunden. Sie dürfen in der Übernahme oder Ausübung ihres Amtes weder beschränkt, benachteiligt noch bevorzugt werden. Sie unterliegen der Schweigepflicht auch nach dem Ausscheiden aus dem Amt.
(2) Die Tätigkeit der Mitglieder der Einigungsstelle ist ehrenamtlich. Die Mitglieder erhalten Auslagenersatz gemäß den in der (Erz-)Diözese … jeweils geltenden reisekostenrechtlichen Vorschriften. Der oder dem Vorsitzenden und der oder dem stellvertretenden Vorsitzenden kann eine Aufwandsentschädigung gewährt werden.
(3) Die Beisitzerinnen und Beisitzer werden für die Teilnahme an Sitzungen der Einigungsstelle im notwendigen Umfang von ihrer dienstlichen Tätigkeit freigestellt.
(4) Auf die von der Diözesanen Arbeitsgemeinschaft der Mitarbeitervertretungen bestellten Beisitzerinnen und Beisitzer finden die §§ 18 und 19 entsprechende Anwendung.

§ 43
Berufungsvorsaussetzungen

(1) Die Mitglieder der Einigungsstelle müssen der katholischen Kirche angehören, dürfen in der Ausübung der allen Kirchenmitgliedern zustehenden Rechte nicht behindert sein und müssen die Gewähr dafür bieten, jederzeit für das kirchliche Gemeinwohl einzutreten. Wer als Vorsitzende/r oder beisitzende/r Richter/in eines kirchlichen Gerichts für Arbeitssachen tätig ist, darf nicht gleichzeitig der Einigungsstelle angehören.
(2) Die oder der Vorsitzende und die oder der stellvertretende Vorsitzende sollen im Arbeitsrecht oder Personalwesen erfahrene Personen sein und dürfen innerhalb des Geltungsbereichs dieser Ordnung keinen kirchlichen Beruf ausüben.
(3) Zur Listen-Beisitzerin oder zum Listen-Beisitzer aus den Kreisen der Dienstgeber und zur oder zum vom Dienstgeber benannten Ad-hoc-Beisitzerin oder Ad-hoc-Beisitzer kann bestellt werden, wer gemäß § 3 Abs. 2 Nr. 1-5 nicht als Mitarbeiterin oder Mitarbeiter gilt. Zur Listen-Beisitzerin oder zum Listen-Beisitzer aus den Kreisen der Mitarbeiter und zur oder zum von der Mitarbeitervertretung benannten Ad-hoc-Beisitzerin oder Ad-hoc-Beisitzer kann bestellt werden, wer gemäß § 8 die Voraussetzungen für die Wählbarkeit in die Mitarbeitervertretung erfüllt und im Dienst eines kirchlichen Anstellungsträgers im Geltungsbereich dieser Ordnung steht.
(4) Mitarbeiterinnen und Mitarbeiter, die im Personalwesen tätig sind oder mit der Rechtsberatung der Mitarbeitervertretung betraut sind, können nicht zur Listen-Beisitzerin oder zum Listen-Beisitzer bestellt werden.
(5) Die Amtszeit der Mitglieder der Einigungsstelle beträgt fünf Jahre.

§ 44
Berufung der Mitglieder

(1) Die oder der Vorsitzende und die oder der stellvertretende Vorsitzende werden aufgrund eines Vorschlags der Listen-Beisitzerinnen und Listen-Beisitzer vom Diözesanbischof ernannt. Die Abgabe eines Vorschlages bedarf einer Zweidrittelmehrheit der Listen-Beisitzerinnen und Listen-Beisitzer. Kommt ein Vorschlag innerhalb einer vom Diözesanbischof gesetzten Frist nicht zustande, ernennt der Diözesanbischof die Vorsitzende oder den Vorsitzenden und die stellvertretende Vorsitzende oder den stellvertretenden Vorsitzenden nach vorheriger Anhörung des Domkapitels als Konsultorenkollegium und/oder des Diözesanvermögensverwaltungsrates[14] und des Vorstandes/der Vorstände der diözesanen Arbeitsgemeinschaft(en) der Mitarbeitervertretungen. Sind zum Ende der Amtszeit die oder der neue Vorsitzende und die oder der stellvertretende Vorsitzende noch nicht ernannt, führen die oder der bisherige Vorsitzende und deren Stellvertreterin oder Stellvertreter die Geschäfte bis zur Ernennung der Nachfolgerinnen und Nachfolger weiter.

(2) Die Bestellung der Listen-Beisitzerinnen und Listen-Beisitzer erfolgt aufgrund von jeweils vom Generalvikar sowie dem Vorstand/den Vorständen der diözesanen Arbeitsgemeinschaft(en) der Mitarbeitervertretungen zu erstellenden Beisitzer-Listen, in denen die Namen in alphabetischer Reihenfolge geführt werden.[15] Bei der Aufstellung der Liste der Beisitzerinnen und Beisitzer aus den Kreisen der Dienstgeber werden Personen aus Einrichtungen der Caritas, die vom zuständigen Diözesan-Caritasverband benannt werden, angemessen berücksichtigt.

(3) Das Amt eines Mitglieds der Einigungsstelle endet vor Ablauf der Amtszeit
   (a) mit dem Rücktritt,
   (b) mit der Feststellung des Wegfalls der Berufungsvoraussetzungen durch den Diözesanbischof.

(4) Bei vorzeitigem Ausscheiden des Vorsitzenden oder des stellvertretenden Vorsitzenden ernennt der Diözesanbischof die Nachfolgerin oder den Nachfolger für die Dauer der verbleibenden Amtszeit. Bei vorzeitigem Ausscheiden einer Listen-Beisitzerin oder eines Listen-Beisitzers haben der Generalvikar bzw. der Vorstand der diözesanen Arbeitsgemeinschaft der Mitarbeitervertretungen die Beisitzer-Liste für die Dauer der verbleibenden Amtszeit zu ergänzen.

14 Das Nähere regelt das diözesane Recht.

15 Die Festlegung der Zahl der Beisitzer bleibt der Regelung durch diözesanes Recht überlassen.

§ 45
Zuständigkeit

(1) Auf Antrag des Dienstgebers findet das Verfahren vor der Einigungsstelle in folgenden Fällen statt:
1. bei Streitigkeiten über Änderung von Beginn und Ende der täglichen Arbeitszeit einschließlich der Pausen sowie der Verteilung der Arbeitszeit auf die einzelnen Wochentage (§ 36 Abs. 1 Nr. 1),
2. bei Streitigkeiten über Festlegung der Richtlinien zum Urlaubsplan und zur Urlaubsregelung (§ 36 Abs. 1 Nr. 2),
3. bei Streitigkeiten über Planung und Durchführung von Veranstaltungen für die Mitarbeiterinnen und Mitarbeiter (§ 36 Abs. 1 Nr. 3),
4. bei Streitigkeiten über Errichtung, Verwaltung und Auflösung sozialer Einrichtungen (§ 36 Abs. 1 Nr. 4),
5. bei Streitigkeiten über Inhalt von Personalfragebogen für Mitarbeiterinnen und Mitarbeiter (§ 36 Abs. 1 Nr. 5),
6. bei Streitigkeiten über Beurteilungsrichtlinien für Mitarbeiterinnen und Mitarbeiter (§ 36 Abs. 1 Nr. 6),
7. bei Streitigkeiten über Richtlinien für die Gewährung von Unterstützungen, Vorschüssen, Darlehen und entsprechenden sozialen Zuwendungen (§ 36 Abs. 1 Nr. 7),
8. bei Streitigkeiten über die Durchführung der Ausbildung, soweit nicht durch Rechtsvorschriften oder durch Ausbildungsvertrag geregelt (§ 36 Abs. 1 Nr. 8),
9. bei Streitigkeiten über Einführung und Anwendung technischer Einrichtungen, die dazu bestimmt sind, das Verhalten oder die Leistung der Mitarbeiterinnen und Mitarbeiter zu überwachen (§ 36 Abs. 1 Nr. 9),
10. bei Streitigkeiten über Maßnahmen zur Verhütung von Dienst- und Arbeitsunfällen und sonstigen Gesundheitsschädigungen (§ 36 Abs. 1 Nr. 10),
11. bei Streitigkeiten über Maßnahmen zum Ausgleich und zur Milderung von wesentlichen wirtschaftlichen Nachteilen für die Mitarbeiterinnen und Mitarbeiter wegen Schließung, Einschränkung, Verlegung oder Zusammenlegung von Einrichtungen oder wesentlichen Teilen von ihnen (§ 36 Abs. 1 Nr. 11),
12. bei Streitigkeiten über die Zuweisung zu den einzelnen Stufen des Bereitschaftsdienstes (§ 36 Abs. 1 Nr. 12).

(2) Darüber hinaus findet auf Antrag des Dienstgebers das Verfahren vor der Einigungsstelle statt bei Streitigkeiten über die Versetzung, Abordnung, Zuweisung oder Personalgestellung eines Mitglieds der Mitarbeitervertretung (§ 18 Abs. 2).

(3) Auf Antrag der Mitarbeitervertretung findet das Verfahren vor der Einigungsstelle in folgenden Fällen statt:
1. bei Streitigkeiten über die Freistellung eines Mitglieds der Mitarbeitervertretung (§ 15 Abs. 5),

2. bei Streitigkeiten im Falle der Ablehnung von Anträgen der Mitarbeitervertretung (§ 37 Abs. 3).

§ 46
Verfahren

(1) Der Antrag ist schriftlich in doppelter Ausfertigung über die Geschäftsstelle an den Vorsitzenden zu richten. Er soll die Antragstellerin oder den Antragsteller, die Antragsgegnerin oder den Antragsgegner und den Streitgegenstand bezeichnen und eine Begründung enthalten. Die oder der Vorsitzende bereitet die Verhandlung der Einigungsstelle vor, übersendet den Antrag an die Antragsgegnerin oder den Antragsgegner und bestimmt eine Frist zur schriftlichen Erwiderung. Die Antragserwiderung übermittelt er an die Antragstellerin oder den Antragsteller und bestimmt einen Termin, bis zu dem abschließend schriftsätzlich vorzutragen ist.

(2) Sieht die oder der Vorsitzende nach Eingang der Antragserwiderung aufgrund der Aktenlage eine Möglichkeit der Einigung, unterbreitet sie oder er schriftlich einen begründeten Einigungsvorschlag. Erfolgt eine Einigung, beurkundet die oder der Vorsitzende diese und übersendet den Beteiligten eine Abschrift.

(3) Erfolgt keine Einigung, bestimmt die oder der Vorsitzende einen Termin zur mündlichen Verhandlung vor der Einigungsstelle. Sie oder er kann der Antragstellerin oder dem Antragsteller und der Antragsgegnerin oder dem Antragsgegner eine Frist zur Äußerung setzen. Die oder der Vorsitzende veranlasst unter Einhaltung einer angemessenen Ladungsfrist die Ladung der Beteiligten und die Benennung der Ad-hoc-Beisitzerinnen und Ad-hoc-Beisitzer durch die Beteiligten.

(4) Die Verhandlung vor der Einigungsstelle ist nicht öffentlich. Die oder der Vorsitzende leitet die Verhandlung. Sie oder er führt in den Sach- und Streitgegenstand ein. Die Einigungsstelle erörtert mit den Beteiligten das gesamte Streitverhältnis und gibt ihnen Gelegenheit zur Stellungnahme. Im Falle der Nichteinigung stellen die Beteiligten die wechselseitigen Anträge. Über die mündliche Verhandlung ist ein Protokoll zu fertigen.

§ 47
Einigungsspruch

(1) Kommt eine Einigung in der mündlichen Verhandlung zustande, wird dies beurkundet und den Beteiligten eine Abschrift der Urkunden übersandt.

(2) Kommt eine Einigung der Beteiligten nicht zustande, so entscheidet die Einigungsstelle durch Spruch. Der Spruch der Einigungsstelle ergeht unter angemessener Berücksichtigung der Belange der Einrichtung des Dienstgebers sowie der betroffenen Mitarbeiter nach billigem Ermessen. Der Spruch ist schriftlich abzufassen.

(3) Der Spruch der Einigungsstelle ersetzt die nicht zustande gekommene Einigung zwischen Dienstgeber und Mitarbeitervertretung bzw. Gesamtmitarbeitervertretung. Der Spruch bindet die Beteiligten. Der Dienstgeber kann durch den Spruch nur insoweit gebunden werden, als für die Maßnahmen finanzielle Deckung in seinen Haushalts-, Wirtschafts- und Finanzierungsplänen ausgewiesen ist.

(4) Rechtliche Mängel des Spruchs oder des Verfahrens der Einigungsstelle können durch den Dienstgeber oder die Mitarbeitervertretung beim Kirchlichen Arbeitsgericht geltend gemacht werden; die Überschreitung der Grenzen des Ermessens kann nur binnen einer Frist von zwei Wochen nach Zugang des Spruchs beim Kirchlichen Arbeitsgericht geltend gemacht werden. Beruft sich der Dienstgeber im Fall des Absatzes 3 Satz 3 auf die fehlende finanzielle Deckung, können dieser Einwand sowie rechtliche Mängel des Spruchs oder des Verfahrens vor der Einigungsstelle nur innerhalb einer Frist von vier Wochen nach Zugang des Spruchs geltend gemacht werden.

(5) Das Verfahren vor der Einigungsstelle ist kostenfrei. Die durch das Tätigwerden der Einigungsstelle entstehenden Kosten trägt die (Erz-)Diözese. Jeder Verfahrensbeteiligte trägt seine Auslagen selbst; der Mitarbeitervertretung werden gemäß § 17 Abs. 1 die notwendigen Auslagen erstattet.

VII. Sprecherinnern und Sprecher der Jugendlichen und der Auszubildenden, Vertrauensperson der schwerbehinderten Mitarbeiterinnen und Mitarbeitern, Vertrauensmann der Zivildienstleistenden

§ 48
Wahl und Anzahl der Sprecherinnen und Sprecher der Jugendlichen und der Auszubildenden

In Einrichtungen mit in der Regel mindestens fünf Mitarbeiterinnen oder Mitarbeitern, die das 18. Lebensjahr noch nicht vollendet haben (Jugendliche) oder die zu ihrer Berufsausbildung beschäftigt sind und das 25. Lebensjahr noch nicht vollendet haben (Auszubildende), werden von diesen Sprecherinnen und Sprecher der Jugendlichen und der Auszubildenden gewählt.

Es werden gewählt

- eine Sprecherin oder ein Sprecher bei 5 bis 10 Jugendlichen und Auszubildenden sowie
- drei Sprecherinnen oder Sprecher bei mehr als 10 Jugendlichen und Auszubildenden.

§ 49
Versammlung der Jugendlichen und Auszubildenden

(1) Die Sprecherinnen und Sprecher der Jugendlichen und Auszubildenden können vor oder nach einer Mitarbeiterversammlung im Einvernehmen mit der Mitarbeitervertretung eine Versammlung der Jugendlichen und

Auszubildenden einberufen. Im Einvernehmen mit der Mitarbeitervertretung und dem Dienstgeber kann die Versammlung der Jugendlichen und Auszubildenden auch zu einem anderen Zeitpunkt einberufen werden. Der Dienstgeber ist zu diesen Versammlungen unter Mitteilung der Tagesordnung einzuladen. Er ist berechtigt, in der Versammlung zu sprechen. § 2 Abs. 2 Satz 2 findet Anwendung. An den Versammlungen kann die oder der Vorsitzende der Mitarbeitervertretung oder ein beauftragtes Mitglied der Mitarbeitervertretung teilnehmen. Die Versammlung der Jugendlichen und Auszubildenden befasst sich mit Angelegenheiten, die zur Zuständigkeit der Mitarbeitervertretung gehören, soweit sie Jugendliche und Auszubildende betreffen.

(2) § 21 Abs. 4 gilt entsprechend.

§ 50
Amtszeit der Sprecherinnen und Sprecher der Jugendlichen und Auszubildenden

Die Amtszeit der Sprecherinnen und Sprecher der Jugendlichen und der Auszubildenden beträgt zwei Jahre. Die Sprecherinnen und Sprecher der Jugendlichen und der Auszubildenden bleiben im Amt, auch wenn sie während der Amtszeit das 26. Lebensjahr vollendet haben.

§ 51
Mitwirkung der Sprecherinnen und Sprecher der Jugendlichen und Auszubildenden

(1) Die Sprecherinnen und Sprecher der Jugendlichen und der Auszubildenden nehmen an den Sitzungen der Mitarbeitervertretung teil. Sie haben, soweit Angelegenheiten der Jugendlichen und Auszubildenden beraten werden,

1. das Recht, vor und während der Sitzungen der Mitarbeitervertretung Anträge zu stellen. Auf ihren Antrag hat die oder der Vorsitzende der Mitarbeitervertretung eine Sitzung in angemessener Frist einzuberufen und den Gegenstand, dessen Beratung beantragt wird, auf die Tagesordnung zu setzen,
2. Stimmrecht,
3. das Recht, zu Besprechungen mit dem Dienstgeber eine Sprecherin oder einen Sprecher der Jugendlichen und Auszubildenden zu entsenden.

(2) Für eine Sprecherin oder einen Sprecher der Jugendlichen und der Auszubildenden gelten im übrigen die anwendbaren Bestimmungen der §§ 7 bis 20 sinngemäß. Die gleichzeitige Kandidatur für das Amt einer Sprecherin oder eines Sprechers der Jugendlichen und Auszubildenden und das Amt der Mitarbeitervertreterin oder des Mitarbeitervertreters ist ausgeschlossen.

§ 52
Mitwirkung der Vertrauensperson der schwerbehinderten Mitarbeiterinnen und Mitarbeiter

(1) Die entsprechend den Vorschriften des Sozialgesetzbuches IX gewählte Vertrauensperson der schwerbehinderten Mitarbeiterinnen und Mitarbeiter nimmt an den Sitzungen der Mitarbeitervertretung teil. Die Vertrauensperson hat, soweit Angelegenheiten der schwerbehinderten Menschen beraten werden,
   1. das Recht, vor und während der Sitzungen der Mitarbeitervertretung Anträge zu stellen. Auf ihren Antrag hat die oder der Vorsitzende der Mitarbeitervertretung eine Sitzung in angemessener Frist einzuberufen und den Gegenstand, dessen Beratung beantragt wird, auf die Tagesordnung zu setzen,
   2. Stimmrecht,
   3. das Recht, an Besprechungen bei dem Dienstgeber teilzunehmen.

(2) Der Dienstgeber hat die Vertrauensperson der schwerbehinderten Mitarbeiterinnen und Mitarbeiter in allen Angelegenheiten, die einen einzelnen oder die schwerbehinderten Menschen als Gruppe berühren, unverzüglich und umfassend zu unterrichten und vor einer Entscheidung anzuhören; er hat ihr die getroffene Entscheidung unverzüglich mitzuteilen. Ist dies bei einem Beschluss der Mitarbeitervertretung nicht geschehen oder erachtet die Vertrauensperson der schwerbehinderten Mitarbeiterinnen und Mitarbeiter einen Beschluss der Mitarbeitervertretung als eine erhebliche Beeinträchtigung wichtiger Interessen schwerbehinderter Menschen, wird auf ihren Antrag der Beschluss für die Dauer von einer Woche vom Zeitpunkt der Beschlussfassung ausgesetzt. Durch die Aussetzung wird eine Frist nicht verlängert.

(3) Die Vertrauensperson der schwerbehinderten Mitarbeiterinnen und Mitarbeiter hat das Recht, mindestens einmal im Jahr eine Versammlung der schwerbehinderten Mitarbeiter und Mitarbeiterinnen in der Dienststelle durchzuführen. Die für die Mitarbeiterversammlung geltenden Vorschriften der §§ 21, 22 gelten entsprechend.

(4) Die Räume und der Geschäftsbedarf, die der Dienstgeber der Mitarbeitervertretung für deren Sitzungen, Sprechstunden und laufenden Geschäftsbedarf zur Verfügung stellt, stehen für die gleichen Zwecke auch der Vertrauensperson der schwerbehinderten Mitarbeiterinnen und Mitarbeiter zur Verfügung, soweit hierfür nicht eigene Räume und sachliche Mittel zur Verfügung gestellt werden.

(5) Für die Vertrauensperson der schwerbehinderten Mitarbeiterinnen und Mitarbeiter gelten die §§ 15 bis 20 entsprechend. Weitergehende persönliche Rechte und Pflichten, die sich aus den Bestimmungen des SGB IX ergeben, bleiben hiervon unberührt.

§ 53
Rechte des Vertrauensmannes der Zivildienstleistenden

(1) Der Vertrauensmann der Zivildienstleistenden kann an den Sitzungen der Mitarbeitervertretung beratend teilnehmen, wenn Angelegenheiten behandelt werden, die auch die Zivildienstleistenden betreffen.

(2) Ist ein Vertrauensmann nicht gewählt, so können sich die Zivildienstleistenden an die Mitarbeitervertretung wenden. Sie hat auf die Berücksichtigung der Anliegen, falls sie berechtigt erscheinen, beim Dienstgeber hinzuwirken.

VIII. Schulen, Hochschulen
§ 54

(1) Die Ordnung gilt auch für die Schulen und Hochschulen im Anwendungsbereich des § 1.[16]

(2) Bei Hochschulen finden die für die Einstellung und Anstellung sowie die Eingruppierung geltenden Vorschriften keine Anwendung, soweit es sich um hauptberuflich Lehrende handelt, die in einem förmlichen Berufungsverfahren berufen werden.

(3) Lehrbeauftragte an Hochschulen sind keine Mitarbeiterinnen oder Mitarbeiter im Sinne dieser Ordnung.

IX. Schlussbestimmungen
§ 55

Durch anderweitige Regelungen oder Vereinbarung kann das Mitarbeitervertretungsrecht nicht abweichend von dieser Ordnung geregelt werden.

§ 56

(1) Vorstehende Ordnung gilt ab ....

(2) Beim Inkrafttreten bestehende Mitarbeitervertretungen bleiben für die Dauer ihrer Amtszeit bestehen. Sie führen ihre Tätigkeit weiter nach Maßgabe der Bestimmungen in den Abschnitten III, IV, V und VI.

XVII. Caritas-Werkstätten-Mitwirkungsordnung (CWMO)

(u.a. Amtsblatt der Erzdiözese Freiburg 2003 Nr. 139 S. 131; Amtsblatt des Erzbistums Köln 2003 Nr. 196 S. 209, Änderungen gemäß KAGO-Anpassungsgesetz: Amtsblatt des Erzbistums Köln 2005 S. 328 f.)

Caritas ist eine Lebens- und Wesensäußerung der katholischen Kirche. Dieser caritative Grundgedanke gilt auch für die Werkstatt für behinderte Menschen.

16 Für Mitarbeiterinnen und Mitarbeiter an Schulen, die im Dienste eines Bundeslandes stehen, können Sonderregelungen getroffen werden.

Die Werkstatt betrachtet es als ihre Aufgabe, Menschen mit Behinderungen bei der Teilhabe am Arbeitsleben Hilfestellung zu leisten. Jeder Mensch mit Behinderungen soll in dem ihm möglichen Rahmen die Arbeitswelt kennen lernen, tätigkeitsbezogene Fähigkeiten erlernen, handwerkliche und berufliche Kenntnisse erhalten und seine Fähigkeiten in tätigkeitsbezogenen Feldern einsetzen. Teil dieser Teilhabe am Arbeitsleben ist die Mitwirkung und das Erlernen von Mitsprache in der Werkstatt. Da die Tätigkeit der Werkstatt auf die Menschen mit Behinderungen ausgerichtet ist, ist ein Mitspracherecht in allen die Beschäftigten betreffenden Angelegenheiten geboten.

Inhalt

Abschnitt 1
Anwendungsbereich, Errichtung, Zusammensetzung und Aufgaben des Werkstattrats

Abschnitt 2
Wahl des Werkstattrats

Unterabschnitt 1
Wahlberechtigung und Wählbarkeit; Zeitpunkt der Wahlen

Unterabschnitt 2
Vorbereitung der Wahl

§ 19 Wahlvorschläge
§ 20 Bekanntmachung der Bewerber und Bewerberinnen

Unterabschnitt 3
Durchführung der Wahl

§ 21 Stimmabgabe
§ 22 Wahlvorgang
§ 23 Feststellung des Wahlergebnisses
§ 24 Benachrichtigung der Gewählten und Annahme der Wahl
§ 25 Bekanntmachung der Gewählten
§ 26 Aufbewahrung der Wahlunterlagen
§ 27 Wahlanfechtung
§ 28 Wahlschutz und Wahlkosten

Abschnitt 3
Amtszeit des Werkstattrats

§ 29 Amtszeit des Werkstattrats
§ 30 Erlöschen der Mitgliedschaft im Werkstattrat; Ersatzmitglieder

Abschnitt 4
Geschäftsführung des Werkstattrats

§ 31 Vorsitz des Gewerkschaftsrats
§ 32 Einberufung der Sitzungen
§ 33 Sitzungen des Werkstattrats
§ 34 Beschlüsse des Werkstattrats
§ 35 Sitzungsniederschrift
§ 36 Geschäftsordnung des Werkstattrats
§ 37 Persönliche Rechte und Pflichten der Mitglieder des Werkstattrats
§ 38 Sprechstunden
§ 39 Kosten und Sachaufwand des Werkstattrats

Abschnitt 5
Schlussvorschriften

§ 40 Zuständigkeiten für Streitigkeiten
§ 41 Amtszeit der bestehenden Werkstatträte
§ 42 Inkrafttreten

Abschnitt 1
Anwendungsbereich, Errichtung, Zusammensetzung und Aufgaben des Werkstattrats

§ 1
Anwendungsbereich

(1) Behinderte Menschen im Arbeitsbereich der Werkstatt wirken nach dieser Ordnung an den Angelegenheiten der Werkstatt mit. Die Mitwirkung geschieht im Rahmen eines Werkstattrats. Die Mitwirkung geschieht unabhängig von der Geschäftsfähigkeit der behinderten Menschen.

(2) Diese Ordnung gilt für Werkstätten für behinderte Menschen in Trägerschaft der katholischen Kirche und der ihr zugeordneten Verbände.

§ 2
Errichtung von Werkstatträten

(1) Ein Werkstattrat wird in Werkstätten gewählt.

(2) In Zweig- und Teilwerkstätten können gesonderte selbständige Werkstatträte gebildet werden. Dies gilt insbesondere, wenn diese auf die Teilhabe besonderer Personenkreise ausgerichtet sind. Die Entscheidung hierüber trifft die Werkstatt im Einvernehmen mit dem Werkstattrat.

(3) Rechte und Pflichten der Werkstatt sind solche des Trägers der Werkstatt.

§ 3
Zahl der Mitglieder des Werkstattrats

Der Werkstattrat besteht aus mindestens drei Mitgliedern, in Werkstätten mit in der Regel 200 bis 400 Wahlberechtigten aus fünf Mitgliedern, in Werkstätten mit in der Regel mehr als 400 Wahlberechtigten aus sieben Mitgliedern. Die Geschlechter sollen entsprechend ihrem zahlenmäßigen Verhältnis vertreten sein.

§ 4
Allgemeine Aufgaben des Werkstattrats

(1) Der Werkstattrat wirkt am Gesamtgeschehen der Werkstatt verantwortungsvoll mit.

(2) Der Werkstattrat hat folgende allgemeine Aufgaben:
   a) darüber zu wachen, dass die zugunsten der Beschäftigten geltenden Gesetze und Verordnungen, insbesondere zur Arbeitssicherheit, zum Arbeitsschutz, Unfallverhütung und Gesundheitsförderung eingehalten werden,
   b) darüber zu wachen, dass die Rechte der Beschäftigten aus dem arbeitnehmerähnlichen Rechtsverhältnis von der Werkstatt beachtet werden,
   c) auf die Gleichbehandlung aller Beschäftigten in der Werkstatt hinzuwirken,

d) sich für die Einbeziehung aller Beschäftigten und Gruppen von Beschäftigten einzusetzen,
e) Maßnahmen, die dem Betrieb der Werkstatt und den Beschäftigten dienen, bei der Werkstatt zu beantragen,
f) Anregungen und Beschwerden von Beschäftigten entgegenzunehmen und, falls sie berechtigt erscheinen, durch Verhandlungen mit der Werkstatt auf eine Erledigung hinzuwirken; er hat die betreffenden Beschäftigten über den Stand und das Ergebnis der Verhandlungen zu unterrichten.

(3) Werden in Absatz 2 genannte Angelegenheiten zwischen der Werkstatt und der betroffenen Person erörtert, so nimmt auf deren Wunsch ein Mitglied des Werkstattrats an der Erörterung teil. Er ist verpflichtet, über Inhalt und Gegenstand der Erörterung Stillschweigen zu bewahren, soweit er nicht im Einzelfall von dieser Verpflichtung entbunden wird.

(4) Der Werkstattrat berücksichtigt die Interessen der im Eingangsverfahren und im Berufsbildungsbereich tätigen behinderten Menschen in angemessener und geeigneter Weise, solange für diese eine Vertretung nach § 36 SGB IX nicht besteht.

§ 5
Mitwirkungsrechte des Werkstattrats

(1) In Angelegenheiten, in denen der Werkstattrat ein Mitwirkungsrecht hat, hat die Werkstatt den Werkstattrat rechtzeitig, umfassend und in angemessener Weise zu unterrichten und ihn vor Durchführung einer Maßnahme anzuhören. Beide Seiten haben darauf hinzuwirken, dass Einvernehmen erreicht wird. Lässt sich Einvernehmen nicht herstellen, so kann jede Seite die Vermittlungsstelle anrufen.

(2) Der Werkstattrat hat in folgenden Angelegenheiten mitzuwirken:
a) Fragen der Ordnung im Arbeitsbereich der Werkstatt und des Verhaltens der Beschäftigten einschließlich der Aufstellung und Änderung einer so genannten Werkstattordnung,
b) Beginn und Ende der täglichen Beschäftigungszeit einschließlich der Pausen und Zeiten für begleitende Maßnahmen,
c) Verteilung der Arbeitszeit auf die einzelnen Wochentage und vorübergehende Verkürzung oder Verlängerung der üblichen Beschäftigungszeit,
d) Darstellung und Verwendung des Arbeitsergebnisses und der dafür maßgeblichen wirtschaftlichen Verhältnisse,
e) Fragen der Gestaltung der Arbeitsentgelte, insbesondere die Aufstellung von Entlohnungsgrundsätzen und die Einführung und Anwendung von neuen Entlohnungsmethoden sowie deren Änderung, Festsetzung der Grund- und der Steigerungsbeträge und vergleichbarer leistungsbezogener Entgelte, Zeit, Ort und Art der Auszahlung der Arbeitsentgelte sowie Gestaltung der Arbeitsentgeltbescheinigungen,
f) Aufstellung allgemeiner Urlaubsgrundsätze und der zeitlichen Lage des Betriebsurlaubs,

g) Einführung und Anwendung von technischen Einrichtungen, die dazu bestimmt sind, das Verhalten oder die Leistung der Beschäftigten zu überwachen,
h) Regelungen über die Verhütung von Arbeitsunfällen und Berufskrankheiten sowie über den Gesundheitsschutz im Rahmen der gesetzlichen Vorschriften oder der Unfallverhütungsvorschriften,
i) Fragen der Fort- und Weiterbildung, der begleitenden Maßnahmen sowie der Maßnahmen zur Förderung des Übergangs auf den allgemeinen Arbeitsmarkt,
j) Fragen der Verpflegung,
k) Planung von Neu-, Um- und Erweiterungsbauten sowie von neuen technischen Anlagen,
l) Einschränkung, Stilllegung und Verlegung der Werkstatt oder wesentlicher Teile der Werkstatt,
m) grundlegende Änderungen der Werkstattorganisation und des Werkstattzwecks,
n) Gestaltung von Arbeitsplätzen, Arbeitsablauf und Arbeitsumgebung sowie von Sanitär- und Aufenthaltsräumen,
o) Einführung neuer oder erhebliche Änderung bestehender technischer Arbeitsverfahren,
p) Eröffnung oder Schließung von bedeutenden Tätigkeitsfeldern im Arbeitsbereich der Werkstatt,
q) Mitgestaltung sozialer Aktivitäten für die Werkstattbeschäftigten,
r) Fragen der Beförderung.

(3) Soweit Angelegenheiten im Sinne des Absatzes 2 nur einheitlich für Mitarbeiter und Werkstattbeschäftigte geregelt werden können, haben die Beteiligten in einem gemeinsamen Gespräch auf eine einvernehmliche Regelung hinzuwirken. Der Werkstattrat hat das Recht, zu diesem Gespräch die Vertrauensperson (§ 39 Abs. 3) hinzuzuziehen.

(4) Weitergehende, einvernehmlich vereinbarte Formen der Beteiligung in den Angelegenheiten des Absatzes 2 bleiben unberührt.

(5) In den Angelegenheiten des § 5 hat der Werkstattrat ein eigenes Fragerecht. Er kann von sich aus auch Initiativen in diesen Angelegenheiten ergreifen und der Werkstatt Vorschläge machen.

§ 6
Unterrichtungsrechte des Werkstattrats

(1) In Angelegenheiten, in denen der Werkstattrat ein Unterrichtungsrecht hat, hat die Werkstatt den Werkstattrat rechtzeitig und umfassend unter Vorlage der erforderlichen Unterlagen zu unterrichten. Die in den Fällen des Absatzes 2 Buchstabe a einzuholende Stellungnahme des Fachausschusses und die in diesem Rahmen erfolgende Anhörung des/der Werkstattbeschäftigten bleiben unberührt.

(2) Der Werkstattrat ist in folgenden Angelegenheiten zu unterrichten:

a) Beendigung des arbeitnehmerähnlichen Rechtsverhältnisses, Versetzungen und Umsetzungen von Beschäftigten
b) Verlauf und Ergebnis der Eltern- und Betreuerversammlung,
c) Einstellung, Versetzung und Umsetzung des Fachpersonals (Angehörige der begleitenden Dienste und die Fachkräfte zur Arbeits- und Berufsförderung) und des sonstigen Personals der Werkstatt.

§ 7
Zusammenarbeit

(1) Die Werkstatt, ihre Mitarbeitervertretung, sonstige Gremien und der Werkstattrat arbeiten im Interesse der Beschäftigten vertrauensvoll zusammen. Der Werkstattrat kann hierbei die Unterstützung von der Vertrauensperson (§ 39 Abs. 3) in Anspruch nehmen.
(2) Werkstatt und Werkstattrat treten regelmäßig, mindestens vierteljährlich zu einer Besprechung zusammen. Sie haben über strittige Fragen mit dem ernsten Willen zur Einigung zu verhandeln und Vorschläge für die Beilegung von Meinungsverschiedenheiten zu machen.

§ 8
Werkstattversammlung

Der Werkstattrat führt mindestens einmal im Kalenderjahr eine Versammlung der Beschäftigten durch. Die in der Werkstatt für Versammlungen der Mitarbeiter geltenden Vorschriften finden entsprechende Anwendung; Teil- sowie Abteilungsversammlungen sind zulässig. Der Werkstattrat kann im Einvernehmen mit der Werkstatt in Werkstattangelegenheiten erfahrene Personen sowie behinderte Menschen, die an Maßnahmen im Eingangsverfahren oder im Berufsbildungsbereich teilnehmen, einladen.

§ 9
Vermittlungsstelle

(1) Bei Streitigkeiten zwischen dem Werkstattrat und der Werkstatt in den Fällen des § 5 sowie bei schweren oder wiederholten Verstößen der Werkstatt oder des Werkstattrats gegen die Bestimmungen der §§ 6-9 kann jede Seite die Vermittlungsstelle anrufen.
(2) Die Vermittlungsstelle besteht aus drei Personen, von denen je eine von dem Werkstattrat und von der Werkstatt benannt werden. Die vorsitzende Person wird von Werkstattrat und Werkstatt gemeinsam benannt, sie soll unparteiisch und in Werkstattangelegenheiten erfahren sein. Kommt eine Einigung nicht zustande, so schlagen die Werkstatt und der Werkstattrat je eine Person vor; durch Los wird entschieden, wer von diesen beiden den Vorsitz übernimmt.
(3) Die Vermittlungsstelle hört beide Seiten an und fasst dann ihren Beschluss für einen Einigungsvorschlag innerhalb von zwölf Tagen. Sie entscheidet

nach mündlicher Beratung mit Stimmenmehrheit. Die Beschlüsse der Vermittlungsstelle sind schriftlich niederzulegen und von der vorsitzenden Person zu unterschreiben. Werkstatt und Werkstattrat können weitere Einzelheiten des Verfahrens vor der Vermittlungsstelle vereinbaren.

(4) Der Einigungsvorschlag der Vermittlungsstelle ersetzt nicht die Entscheidung der Werkstatt. Die Werkstatt hat unter Berücksichtigung des Einigungsvorschlages endgültig zu entscheiden. Bis dahin ist die Durchführung der Maßnahme auszusetzen. Fasst die Vermittlungsstelle innerhalb der in Absatz 3 genannten Frist keinen Beschluss für einen Einigungsvorschlag, gilt die Entscheidung der Werkstatt.

Abschnitt 2
Wahl des Werkstattrats

Unterabschnitt 1
Wahlberechtigung und Wählbarkeit; Zeitpunkt der Wahlen

§ 10
Wahlberechtigung

Wahlberechtigt sind alle Beschäftigten, die am Tag vor der Wahl in der Werksstatt beschäftigt sind.

§ 11
Wählbarkeit

Wählbar sind alle Wahlberechtigten, die am Wahltag seit mindestens sechs Monaten in der Werkstatt beschäftigt sind.

§ 12
Zeitpunkt der Wahlen zum Werkstattrat

(1) Die regelmäßigen Wahlen zum Werkstattrat finden alle vier Jahre in der Zeit vom 1. Oktober bis 30. November statt, erstmals im Jahre 2001.

(2) Außerhalb dieser Zeit finden Wahlen statt, wenn
   1. die Gesamtzahl der Mitglieder nach Eintreten sämtlicher Ersatzmitglieder unter die vorgeschriebene Zahl der Werkstattratsmitglieder gesunken ist,
   2. der Werkstattrat mit der Mehrheit seiner Mitglieder seinen Rücktritt beschlossen hat,
   3. die Wahl des Werkstattrats mit Erfolg angefochten worden ist oder
   4. ein Werkstattrat noch nicht gewählt ist.

(3) Hat außerhalb des für die regelmäßigen Wahlen festgelegten Zeitraumes eine Wahl zum Werkstattrat stattgefunden, so ist er in dem auf die Wahl folgenden nächsten Zeitraum der regelmäßigen Wahlen neu zu wählen. Hat die Amtszeit des Werkstattrats zu Beginn des für die nächsten regelmäßigen

Wahlen festgelegten Zeitraumes noch nicht ein Jahr betragen, ist der Werkstattrat in dem übernächsten Zeitraum der regelmäßigen Wahlen neu zu wählen.

Unterabschnitt 2
Vorbereitung der Wahl

§ 13
Bestellung des Wahlvorstandes

(1) Spätestens zehn Wochen vor Ablauf seiner Amtszeit bestellt der Werkstattrat einen Wahlvorstand. Dieser besteht aus drei Wahlberechtigten oder sonstigen der Werkstatt angehörenden Personen. Sie wählen eine Person aus diesem Kreis zur vorsitzenden Person.

(2) Ist in der Werkstatt ein Werkstattrat nicht vorhanden, werden der Wahlvorstand und die vorsitzende Person in einer Versammlung der Wahlberechtigten gewählt. Die Werkstatt hat die Wahl zu fördern und zu dieser Versammlung einzuladen. Unabhängig davon können drei Wahlberechtigte einladen.

§ 14
Aufgaben des Wahlvorstandes

(1) Der Wahlvorstand bereitet die Wahl vor und führt sie durch. Die Werkstatt hat dem Wahlvorstand auf dessen Wunsch aus den Angehörigen des Fachpersonals eine Person seines Vertrauens zur Verfügung zu stellen, die ihn bei der Vorbereitung und Durchführung der Wahl unterstützt. Der Wahlvorstand kann in der Werkstatt Beschäftigte als Wahlhelfer oder Wahlhelferinnen zu seiner Unterstützung bei der Durchführung der Stimmabgabe und bei der Stimmenauszählung bestellen. Die Mitglieder des Wahlvorstandes, die Vertrauensperson und die Wahlhelfer und Wahlhelferinnen haben die gleichen persönlichen Rechte und Pflichten wie die Mitglieder des Werkstattrats (§ 37). Die Vertrauensperson nimmt ihre Aufgabe unabhängig von Weisungen der Werkstatt wahr.

(2) Die Beschlüsse des Wahlvorstandes werden mit Stimmenmehrheit seiner Mitglieder gefasst. Über jede Sitzung des Wahlvorstandes ist eine Niederschrift aufzunehmen, die mindestens den Wortlaut der gefassten Beschlüsse enthält. Die Niederschrift ist von dem/der Vorsitzenden zu unterzeichnen sowie von einem weiteren Mitglied des Wahlvorstandes oder der Vertrauensperson.

(3) Der Wahlvorstand hat die Wahl unverzüglich einzuleiten; sie soll spätestens eine Woche vor dem Tag stattfinden, an dem die Amtszeit des Werkstattrats abläuft.

(4) Die Werkstatt unterstützt den Wahlvorstand bei der Erfüllung seiner Aufgaben. Sie gibt ihm insbesondere alle für die Anfertigung der Liste der Wahl-

berechtigten erforderlichen Auskünfte und stellt die notwendigen Unterlagen zur Verfügung.

§ 15
Erstellung der Liste der Wahlberechtigten

Der Wahlvorstand stellt eine Liste der Wahlberechtigten auf. Die Wahlberechtigten sollen mit dem Familiennamen und dem Vornamen, erforderlichenfalls dem Geburtsdatum, in alphabetischer Reihenfolge aufgeführt werden.

§ 16
Bekanntmachung der Liste der Wahlberechtigten

Die Liste der Wahlberechtigten oder eine Abschrift ist unverzüglich nach Einleitung der Wahl bis zum Abschluss der Stimmabgabe an geeigneter Stelle zur Einsicht auszulegen.

§ 17
Einspruch gegen die Liste der Wahlberechtigten

(1) Wahlberechtigte und sonstige Beschäftigte, die ein berechtigtes Interesse an einer ordnungsgemäßen Wahl glaubhaft machen, können innerhalb von zwei Wochen seit Erlass des Wahlausschreibens (§ 18) beim Wahlvorstand Einspruch gegen die Richtigkeit der Liste der Wahlberechtigten einlegen.

(2) Über Einsprüche nach Absatz 1 entscheidet der Wahlvorstand unverzüglich. Hält er den Einspruch für begründet, berichtigt er die Liste der Wahlberechtigten. Der Person, die den Einspruch eingelegt hat, wird die Entscheidung unverzüglich mitgeteilt; die Entscheidung muss ihr spätestens am Tag vor der Stimmabgabe zugehen.

(3) Nach Ablauf der Einspruchsfrist soll der Wahlvorstand die Liste der Wahlberechtigten nochmals auf ihre Vollständigkeit hin überprüfen. Im Übrigen kann nach Ablauf der Einspruchsfrist die Liste der Wahlberechtigten nur bei Schreibfehlern, offenbaren Unrichtigkeiten, in Erledigung rechtzeitig eingelegter Einsprüche oder bei Eintritt oder Ausscheiden eines Wahlberechtigten oder einer Wahlberechtigten bis zum Tage vor dem Beginn der Stimmabgabe berichtigt oder ergänzt werden.

§ 18
Wahlausschreiben

(1) Spätestens sechs Wochen vor dem Wahltag erlässt der Wahlvorstand ein Wahlausschreiben, das von dem/der Vorsitzenden und mindestens einem weiteren Mitglied des Wahlvorstandes zu unterschreiben ist. Es muss enthalten:
   1. das Datum seines Erlasses,
   2. die Namen und Fotos der Mitglieder des Wahlvorstandes,

3. die Voraussetzungen der Wählbarkeit zum Werkstattrat,
4. den Hinweis, wo und wann die Liste der Wahlberechtigten und diese Ordnung zur Einsicht ausliegen,
5. den Hinweis, dass nur wählen kann, wer in die Liste der Wahlberechtigten eingetragen ist, und dass Einsprüche gegen die Liste der Wahlberechtigten nur vor Ablauf von zwei Wochen seit dem Erlass des Wahlausschreibens beim Wahlvorstand schriftlich oder zur Niederschrift eingelegt werden können; der letzte Tag der Frist ist anzugeben,
6. die Aufforderung, Wahlvorschläge innerhalb von zwei Wochen nach Erlass des Wahlausschreibens beim Wahlvorstand einzureichen; der letzte Tag der Frist ist anzugeben,
7. die Mindestzahl von Wahlberechtigten, von denen ein Wahlvorschlag unterstützt werden muss (§ 19 Satz 2),
8. den Hinweis, dass die Stimmabgabe an die Wahlvorschläge gebunden ist und dass nur solche Wahlvorschläge berücksichtigt werden dürfen, die fristgerecht (Nummer 6) eingereicht sind,
9. die Bestimmung des Ortes, an dem die Wahlvorschläge bis zum Abschluss der Stimmabgabe durch Aushang oder in sonst geeigneter Weise bekannt gegeben werden,
10. Ort, Tag und Zeit der Stimmabgabe,
11. den Ort und die Zeit der Stimmauszählung und der Sitzung des Wahlvorstandes, in der das Wahlergebnis abschließend festgestellt wird,
12. den Ort, an dem Einsprüche, Wahlvorschläge und sonstige Erklärungen gegenüber dem Wahlvorstand abzugeben sind.

(2) Eine Abschrift oder ein Abdruck des Wahlausschreibens ist vom Tag seines Erlasses bis zum Wahltag an einer oder mehreren geeigneten Stellen vom Wahlvorstand auszuhängen.

§ 19
Wahlvorschläge

Die Wahlberechtigten können innerhalb von zwei Wochen seit Erlass des Wahlausschreibens Vorschläge beim Wahlvorstand einreichen. Jeder Wahlvorschlag muss von mindestens drei Wahlberechtigten unterstützt werden. Der Wahlvorschlag bedarf der Zustimmung des Vorgeschlagenen oder der Vorgeschlagenen. Der Wahlvorstand entscheidet über die Zulassung zur Wahl.

§ 20
Bekanntmachung der Bewerber und Bewerberinnen

Spätestens eine Woche vor Beginn der Stimmabgabe und bis zum Abschluss der Stimmabgabe macht der Wahlvorstand die Namen und Fotos oder anderes Bildmaterial der Bewerber und Bewerberinnen aus zugelassenen Wahlvorschlägen in alphabetischer Reihenfolge in gleicher Weise bekannt wie das Wahlausschreiben (§ 18 Abs. 2).

Unterabschnitt 3
Durchführung der Wahl

§ 21
Stimmabgabe

(1) Der Werkstattrat wird in geheimer und unmittelbarer Wahl nach den Grundsätzen der Mehrheitswahl gewählt.
(2) Wer wahlberechtigt ist, kann seine Stimme nur für rechtswirksam vorgeschlagene Bewerber(innen) abgeben. Jede(r) Wahlberechtigte hat so viele Stimmen, wie Mitglieder des Werkstattrats gewählt werden. Der Stimmzettel muss einen Hinweis darauf enthalten, wie viele Bewerber im Höchstfall gewählt werden dürfen. Für jeden Bewerber oder jede Bewerberin kann nur eine Stimme abgegeben werden.
(3) Das Wahlrecht wird durch Abgabe eines Stimmzettels in einem Wahlumschlag ausgeübt. Auf dem Stimmzettel sind die Bewerber in alphabetischer Reihenfolge unter Angabe von Familienname und Vorname, erforderlichenfalls des Geburtsdatums, sowie mit Foto oder anderem Bildmaterial aufzuführen. Die Stimmzettel müssen sämtlich die gleiche Größe, Farbe, Beschaffenheit und Beschriftung haben. Das Gleiche gilt für die Wahlumschläge.
(4) Bei der Stimmabgabe wird durch Ankreuzen an der im Stimmzettel jeweils vorgesehenen Stelle die von dem/der Wählenden gewählte Person gekennzeichnet. Stimmzettel, auf denen mehr als die zulässige Anzahl der Bewerber oder Bewerberinnen gekennzeichnet ist oder aus denen sich der Wille des Wählenden oder der Wählenden nicht zweifelsfrei ergibt, sind ungültig.
(5) Ist für mehr als die Hälfte der Wahlberechtigten infolge ihrer Behinderung eine Stimmabgabe durch Abgabe eines Stimmzettels nach den Absätzen 3 und 4 überwiegend nicht möglich, kann der Wahlvorstand eine andere Form der Ausübung des Wahlrechts beschließen.

§ 22
Wahlvorgang

(1) Der Wahlvorstand hat geeignete Vorkehrungen für die unbeobachtete Kennzeichnung der Stimmzettel im Wahlraum zu treffen und für die Bereitstellung einer Wahlurne zu sorgen. Die Wahlurne muss vom Wahlvorstand verschlossen und so eingerichtet sein, dass die eingeworfenen Stimmzettel nicht herausgenommen werden können, ohne dass die Urne geöffnet wird.
(2) Während der Wahl müssen immer mindestens zwei Mitglieder des Wahlvorstandes im Wahlraum anwesend sein. Sind Wahlhelfer oder Wahlhelferinnen bestellt (§ 14 Abs. 1 Satz 3), genügt die Anwesenheit eines Mitgliedes des Wahlvorstandes und eines Wahlhelfers oder einer Wahlhelferin.
(3) Der gekennzeichnete und in den Wahlumschlag gelegte Stimmzettel ist in die hierfür bereitgestellte Wahlurne einzuwerfen, nachdem die Stimmabgabe

von einem Mitglied des Wahlvorstandes oder einem Wahlhelfer oder einer Wahlhelferin vermerkt worden ist.

(4) Wer infolge seiner Behinderung bei der Stimmabgabe beeinträchtigt ist, bestimmt eine Person seines Vertrauens, die ihm bei der Stimmabgabe behilflich sein soll, und teilt dies dem Wahlvorstand mit. Personen, die sich bei der Wahl bewerben, Mitglieder des Wahlvorstandes, Vertrauenspersonen im Sinne des § 14 Abs. 1 Satz 2 sowie Wahlhelfer und Wahlhelferinnen dürfen nicht zur Hilfeleistung herangezogen werden. Die Hilfeleistung beschränkt sich auf die Erfüllung der Wünsche des Wählers oder der Wählerin zur Stimmabgabe; die Vertrauensperson darf gemeinsam mit dem Wähler oder der Wählerin die Wahlkabine aufsuchen. Die Vertrauensperson ist zur Geheimhaltung der Kenntnisse von der Wahl einer anderen Person verpflichtet, die sie bei der Hilfeleistung erlangt hat. Die Sätze 1 bis 4 gelten entsprechend für Wähler und Wählerinnen, die des Lesens unkundig sind.

(5) Nach Abschluss der Wahl ist die Wahlurne zu versiegeln, wenn die Stimmenauszählung nicht unmittelbar nach der Beendigung der Wahl durchgeführt wird.

§ 23
Feststellung des Wahlergebnisses

(1) Unverzüglich nach Abschluss der Wahl nimmt der Wahlvorstand öffentlich die Auszählung der Stimmen vor und stellt das Ergebnis fest.

(2) Gewählt sind die Bewerber und Bewerberinnen, die die meisten Stimmen erhalten haben. Bei Stimmengleichheit entscheidet das Los.

(3) Der Wahlvorstand fertigt über das Ergebnis eine Niederschrift, die von dem/der Vorsitzenden und mindestens einem weiteren Mitglied des Wahlvorstandes unterschrieben wird. Die Niederschrift muss die Zahl der abgegebenen gültigen und ungültigen Stimmzettel, die auf jeden Bewerber oder jede Bewerberin entfallenen Stimmenzahlen sowie die Namen der gewählten Bewerber und Bewerberinnen enthalten.

§ 24
Benachrichtigung der Gewählten und Annahme der Wahl

(1) Der Wahlvorstand benachrichtigt die zum Werkstattrat Gewählten unverzüglich von ihrer Wahl. Erklärt eine gewählte Person nicht innerhalb von drei Arbeitstagen nach Zugang der Benachrichtigung dem Wahlvorstand ihre Ablehnung der Wahl, gilt dies als Annahme der Wahl.

(2) Lehnt eine gewählte Person die Wahl ab, tritt an ihre Stelle der Bewerber oder die Bewerberin mit der nächsthöchsten Stimmenzahl.

§ 25
Bekanntmachung der Gewählten

Sobald die Namen der Mitglieder des Werkstattrats endgültig feststehen, macht der Wahlvorstand sie durch zweiwöchigen Aushang in gleicher Weise wie das Wahlausschreiben bekannt (§ 18 Abs. 2) und teilt sie unverzüglich der Werkstatt mit.

§ 26
Aufbewahrung der Wahlunterlagen

Die Wahlunterlagen, insbesondere die Niederschriften, Bekanntmachungen und Stimmzettel, werden vom Werkstattrat mindestens bis zum Ende der Wahlperiode aufbewahrt.

§ 27
Wahlanfechtung

(1) Die Wahl kann bei dem nach § 40 benannten Kirchlichen Arbeitsgericht angefochten werden, wenn gegen wesentliche Vorschriften über das Wahlrecht, die Wählbarkeit oder das Wahlverfahren verstoßen worden ist und eine Berichtigung nicht erfolgt ist, es sei denn, dass durch den Verstoß das Wahlergebnis nicht geändert oder beeinflusst werden konnte.

(2) Zur Anfechtung berechtigt sind mindestens drei Wahlberechtigte oder die Werkstatt. Die Wahlanfechtung ist nur binnen einer Frist von zwei Wochen, vom Tage der Bekanntgabe des Wahlergebnisses an gerechnet, zulässig.

§ 28
Wahlschutz und Wahlkosten

(1) Niemand darf die Wahl des Werkstattrats behindern. Insbesondere dürfen Beschäftigte in der Ausübung des aktiven und passiven Wahlrechts nicht beschränkt werden.

(2) Niemand darf die Wahl des Werkstattrats durch Zufügung oder Androhung von Nachteilen oder durch Gewährung oder Versprechen von Vorteilen beeinflussen.

(3) Die Kosten der Wahl trägt die Werkstatt. Versäumnis von Beschäftigungszeit, die zur Ausübung des Wahlrechts, zur Betätigung im Wahlvorstand oder zur Tätigkeit als Wahlhelfer oder Wahlhelferin erforderlich ist, berechtigt die Werkstatt nicht zur Minderung des Arbeitsentgeltes. Die Ausübung der genannten Tätigkeiten steht der Beschäftigung gleich.

Abschnitt 3
Amtszeit des Werkstattrats

§ 29
Amtszeit des Werkstattrats

Die regelmäßige Amtszeit des Werkstattrats beträgt vier Jahre. Die Amtszeit beginnt mit der Bekanntgabe des Wahlergebnisses oder, wenn die Amtszeit des bisherigen Werkstattrats noch nicht beendet ist, mit deren Ablauf. Die Amtszeit des außerhalb des regelmäßigen Wahlzeitraumes gewählten Werkstattrats endet mit der Bekanntgabe des Wahlergebnisses des nach § 12 Abs. 1 neu gewählten Werkstattrats, spätestens jedoch am 30. November des maßgebenden Wahljahres. Im Falle des § 12 Abs. 2 Nr. 1 und 2 endet die Amtszeit des bestehenden Werkstattrats mit der Bekanntgabe des Wahlergebnisses des neu gewählten Werkstattrats.

§ 30
Erlöschen der Mitgliedschaft im Werkstattrat; Ersatzmitglieder

(1) Die Mitgliedschaft im Werkstattrat erlischt durch
   1. Ablauf der Amtszeit,
   2. Niederlegung des Amtes,
   3. Ausscheiden aus der Werkstatt,
   4. Beendigung des arbeitnehmerähnlichen Rechtsverhältnisses.

(2) Scheidet ein Mitglied aus dem Werkstattrat aus, so rückt ein Ersatzmitglied nach. Dies gilt entsprechend für die Stellvertretung eines längerfristig verhinderten Mitgliedes des Werkstattrats.

(3) Die Ersatzmitglieder werden der Reihe nach aus den nicht gewählten Bewerbern und Bewerberinnen der Vorschlagsliste entnommen. Die Reihenfolge bestimmt sich nach der Höhe der erreichten Stimmenzahlen. Bei Stimmengleichheit entscheidet das Los.

Abschnitt 4
Geschäftsführung des Werkstattrats

§ 31
Vorsitz des Werkstattrats

(1) Der Werkstattrat wählt aus seiner Mitte den/die Vorsitzende und eine Stellvertretung.

(2) Der/die Vorsitzende vertritt den Werkstattrat im Rahmen der von diesem gefassten Beschlüsse und ist zur Entgegennahme von Erklärungen, die dem Werkstattrat gegenüber abzugeben sind, berechtigt.

(3) Im Falle der Verhinderung wird der/die Vorsitzende durch den Stellvertreter vertreten.

§ 32
Einberufung der Sitzungen

(1) Innerhalb einer Woche nach dem Wahltag beruft der/die Vorsitzende des Wahlvorstandes den neu gewählten Werkstattrat zu der nach § 31 Abs. 1 vorgeschriebenen Wahl ein und leitet die Sitzung.
(2) Die weiteren Sitzungen beruft der/die Vorsitzende des Werkstattrats ein, setzt die Tagesordnung fest und leitet die Sitzung. Der/die Vorsitzende hat die Mitglieder des Werkstattrats rechtzeitig unter Mitteilung der Tagesordnung zu laden.
(3) Der/die Vorsitzende hat eine Sitzung einzuberufen und den Gegenstand, dessen Beratung beantragt wird, auf die Tagesordnung zu setzen, wenn dies von der Werkstatt beantragt wird.
(4) Die Werkstatt nimmt an den Sitzungen teil, die auf ihr Verlangen anberaumt sind, und an den Sitzungen, zu denen sie ausdrücklich eingeladen worden ist.

§ 33
Sitzungen des Werkstattrats

(1) Die Sitzungen des Werkstattrats finden in der Regel während der Beschäftigungszeit statt. Der Werkstattrat hat bei der Ansetzung der Sitzungen auf die Arbeitsabläufe in der Werkstatt Rücksicht zu nehmen. Die Werkstatt ist vom Zeitpunkt der Sitzung vorher zu verständigen. Die Sitzungen des Werkstattrats sind nicht öffentlich.
(2) Der Werkstattrat kann die Vertrauensperson (§ 39 Abs. 3), eine Schreibkraft oder nach Vereinbarung mit der Werkstatt sonstige Dritte zu seinen Sitzungen hinzuziehen. Für alle diese gelten die Geheimhaltungspflicht sowie die Offenbarungs- und Verwertungsverbote gemäß § 37 Abs. 8 entsprechend.

§ 34
Beschlüsse des Werkstattrats

(1) Die Beschlüsse des Werkstattrats werden mit der Mehrheit der Stimmen der anwesenden Mitglieder gefasst. Bei Stimmengleichheit ist ein Antrag abgelehnt.
(2) Der Werkstattrat ist beschlussfähig, wenn mindestens die Hälfte seiner Mitglieder an der Beschlussfassung teilnimmt.
(3) Im Falle längerfristiger Verhinderung wird ein Mitglied durch das Ersatzmitglied nach § 30 Abs. 2 vertreten. Die Entscheidung, ob ein längerfristiger Verhinderungsfall vorliegt, trifft der Werkstattrat.

§ 35
Sitzungsniederschrift

(1) Über die Sitzungen des Werkstattrats ist eine Sitzungsniederschrift aufzunehmen. Sie muss enthalten:
- den Wortlaut der Beschlüsse,
- und die Stimmenmehrheit, mit der sie gefasst wurden,
- die Anwesenheitsliste.

(2) Die Niederschrift ist von dem/der Vorsitzenden zu unterschreiben. Weiterhin unterschreibt ein weiteres Mitglied oder die Vertrauensperson (§ 39 Abs. 3).

(3) Hat die Werkstatt an der Sitzung teilgenommen, so ist ihr der entsprechende Teil der Niederschrift abschriftlich auszuhändigen.

§ 36
Geschäftsordnung des Werkstattrats

Der Werkstattrat kann sich für seine Arbeit eine schriftliche Geschäftsordnung geben. In dieser können weitere Bestimmungen über die Geschäftsführung getroffen werden.

§ 37
Persönliche Rechte und Pflichten der Mitglieder des Werkstattrats

(1) Die Mitglieder des Werkstattrats führen ihr Amt unentgeltlich als Ehrenamt.

(2) Sie dürfen in der Ausübung ihres Amtes nicht behindert oder wegen ihres Amtes nicht benachteiligt oder begünstigt werden; dies gilt auch für ihre berufliche Entwicklung.

(3) Sie sind von ihrer Tätigkeit ohne Minderung des Arbeitsentgeltes zu befreien, wenn und soweit es zur Durchführung ihrer Aufgaben erforderlich ist. Die Werkstattratstätigkeit steht der Beschäftigung gleich.

(4) In Werkstätten mit 200 oder mehr Wahlberechtigten ist auf Verlangen des Werkstattrats der/die Vorsitzende des Werkstattrats und, wenn der Werkstattrat es verlangt, ein weiteres Mitglied des Werkstattrats von der Tätigkeit im Arbeitsbereich der Werkstatt freizustellen. Die Freistellung erfolgt jeweils höchstens bis zur Hälfte der üblichen Beschäftigungszeit. Mit der Werkstatt kann eine andere Regelung innerhalb dieses Rahmens vereinbart werden.

(5) Die Freistellung nach Abs. 3 und 4 erstreckt sich nicht auf Maßnahmen nach § 5 Abs. 3 der Werkstättenordnung.

(6) Absatz 3 gilt entsprechend für die Teilnahme an Schulungs- und Bildungsveranstaltungen, soweit diese Kenntnisse vermitteln, die für die Arbeit des Werkstattrats erforderlich sind. Unbeschadet von Satz 1 hat jedes Mitglied des Werkstattrats während seiner regelmäßigen Amtszeit Anspruch auf Freistellung ohne Minderung des Arbeitsentgelts für insgesamt zehn Tage zur Teilnahme an solchen Schulungs- und Bildungsveranstaltungen; der An-

spruch erhöht sich für Beschäftigte, die erstmals das Amt eines Mitgliedes des Werkstattrats übernehmen, auf 20 Tage.

(7) Bei Streitigkeiten in Angelegenheiten der Absätze 3 und 4 kann die Vermittlungsstelle angerufen werden. § 9 Absatz 3 und 4 gelten entsprechend. Das Recht zur Anrufung des Kirchlichen Arbeitsgerichts gemäß § 40 bleibt unberührt.

(8) Die Mitglieder des Werkstattrats sind verpflichtet,
  a) über persönliche Verhältnisse und Angelegenheiten von Beschäftigten, die ihrer Bedeutung oder ihrem Inhalt nach einer vertraulichen Behandlung bedürfen, und
  b) über Betriebs- und Geschäftsgeheimnisse, die ihnen auf Grund ihrer Tätigkeit im Werkstattrat bekannt geworden sind, oder die von der Werkstatt ausdrücklich als geheimhaltungsbedürftig bezeichnet werden,

Stillschweigen zu bewahren. Die Pflichten gelten auch nach dem Ausscheiden aus dem Werkstattrat. Sie gelten nicht gegenüber den Mitgliedern des Werkstattrats und der Vertrauensperson (§ 39 Abs. 3) sowie vor der Vermittlungsstelle.

§ 38
Sprechstunden

(1) Der Werkstattrat kann während der Beschäftigungszeit Sprechstunden einrichten. Zeit und Ort sind mit der Werkstatt zu vereinbaren.

(2) Versäumt ein(e) Beschäftigte(r) wegen des Besuchs der Sprechstunde des Werkstattrats Beschäftigungszeit, so ist die Werkstatt ihm/ihr gegenüber nicht zur Minderung des Arbeitsentgelts berechtigt. Diese Zeit steht der Beschäftigung gleich.

§ 39
Kosten und Sachaufwand des Werkstattrats

(1) Die durch die Tätigkeit des Werkstattrats entstehenden Kosten trägt die Werkstatt. Das Gleiche gilt für Kosten, die für die Teilnahme an Schulungs- und Bildungsveranstaltungen gemäß § 37 Abs. 6 entstehen.

(2) Für die Sitzungen, die Sprechstunden und die laufende Geschäftsführung hat die Werkstatt in erforderlichem Umfang Räume, sächliche Mittel und eine Bürokraft zur Verfügung zu stellen.

(3) Die Werkstatt hat dem Werkstattrat auf dessen Wunsch aus dem Fachpersonal eine Person seines Vertrauens zur Verfügung zu stellen, die ihn bei seiner Tätigkeit unterstützt. Der Werkstattrat hat ein Vorschlagsrecht, die vorgesehene Person muss zu diesem Vorschlag das Einverständnis geben. Die Vertrauensperson nimmt ihre Aufgabe unabhängig von Weisungen der Werkstatt wahr. Die Werkstatt hat sie bei der Erfüllung ihrer Aufgabe zu fördern. Für die Vertrauensperson gilt § 37 entsprechend.

Abschnitt 5
Schlussvorschriften

§ 40
Zuständigkeit für Streitigkeiten

Für Rechtsstreitigkeiten nach dieser Ordnung ist das im Bereich der (Erz-)Diözese eingerichtete Kirchliche Arbeitsgericht zuständig.

§ 41
Amtszeit der bestehenden Werkstatträte

Die Amtszeit der zum Zeitpunkt des Inkrafttretens dieser Ordnung bereits bestehenden Werkstatträte endet am Tag der Bekanntgabe des Wahlergebnisses der erstmaligen regelmäßigen Wahl eines Werkstattrats nach den Bestimmungen dieser Ordnung, spätestens jedoch am 30. November 2001. § 13 gilt entsprechend.

§ 42
Inkrafttreten

Diese Ordnung tritt am 1. August 2001 in Kraft.

Anmerkung: Die erst im Jahre 2003 in den Amtsblättern der Diözesen veröffentlichte CWMO war bereits zuvor vom Deutschen Caritasverband erlassen worden, bedurfte aber zu ihrer Wirksamkeit im Sinne des Staatskirchenrechts (Art. 140 GG i.V.m. Art. 137 Abs. 3 WRV) diözesanbischöflicher Gesetzgebung. Auf §§ 136 ff. SGB IX, besonders § 144 SGB IX, S. 289 f. wird hingewiesen. Vorgängerin der CWMO war die Ordnung zur Vertretung der Rehabilitanden in katholischen Berufsbildungswerken (Caritas-Korrespondenz 1994/1 S. 29).

XVIII. Kirchliche Arbeitsgerichtsordnung (KAGO)

in der Fassung des Beschlusses der Vollversammlung der Deutschen Bischofskonferenz vom 25.2.2010 (veröffentlicht u.a. in: Amtsblatt des Erzbistums Köln 2010 Nr. 136 S. 139),
rekognosziert durch das Höchste Gericht der Apostolischen Signatur am 25.3.2010 (Kirchlicher Anzeiger Bistum Hildesheim 2010 S. 90).

Inhaltsübersicht

Präambel

Erster Teil
Allgemeine Vorschriften

Zweiter Teil
Aufbau der Kirchlichen Gerichte für Arbeitssachen

1. Abschnitt
Kirchliche Arbeitsgerichte erster Instanz

2. Abschnitt
Kirchlicher Arbeitsgerichtshof

Dritter Teil
Verfahren vor den kirchlichen Gerichten für Arbeitssachen

1. Abschnitt
Verfahren im ersten Rechtszug

1. Unterabschnitt
Allgemeine Verfahrensvorschriften

§ 27 Anwendbares Recht
§ 28 Klageschrift
§ 29 Klagerücknahme
§ 30 Klageänderung
§ 31 Zustellung der Klage/Klageerwiderung
§ 32 Ladung zur mündlichen Verhandlung
§ 33 Vorbereitung der mündlichen Verhandlung
§ 34 Alleinentscheidung durch den Vorsitzenden
§ 35 Ablehnung von Gerichtspersonen
§ 36 Zustellungen und Fristen
§ 37 Wiedereinsetzung in versäumte Fristen

2. Unterabschnitt
Mündliche Verhandlung

§ 38 Gang der mündlichen Verhandlung
§ 39 Anhörung Dritter
§ 40 Beweisaufnahme
§ 41 Vergleich, Erledigung des Verfahrens
§ 42 Beratung und Abstimmung
§ 43 Urteil

3. Unterabschnitt
Besondere Verfahrensarten

§ 44 Auflösung der Mitarbeitervertretung/Verlust der Mitgliedschaft in der Mitarbeitervertretung
§ 44 a Verlust der Mitgliedschaft in einer Kommission nach Art. 7 GrO
§ 44 b Wahlprüfungsklage
§ 45 Organstreitverfahren über Zuständigkeit einer nach Artikel 7 GrO gebildeten Kommission

2. Abschnitt
Verfahren im zweiten Rechtszug

§ 46 Anwendbares Recht
§ 47 Revision

3. Abschnitt
Vorläufiger Rechtsschutz

4. Abschnitt
Vollstreckung gerichtlicher Entscheidungen

5. Abschnitt
Beschwerdeverfahren

Vierter Teil
Schlussvorschriften

Präambel

Die Deutsche Bischofskonferenz erlässt aufgrund eines besonderen Mandats des Apostolischen Stuhles gemäß can. 455 § 1 CIC in Wahrnehmung der der Kirche durch das Grundgesetz für die Bundesrepublik Deutschland garantierten Freiheit, ihre Angelegenheiten selbständig innerhalb der Schranken des für alle geltenden Gesetzes zu ordnen,

- zur Sicherung der Glaubwürdigkeit der Einrichtungen, welche die Kirche unterhält und anerkennt, um ihren Auftrag in der Gesellschaft wirksam wahrnehmen zu können,
- zur Herstellung und Gewährleistung eines wirksamen gerichtlichen Rechtsschutzes auf den Gebieten der kirchlichen Ordnungen für das Zustandekommen von arbeitsvertragsrechtlichen Regelungen und das Mitarbeitervertretungsrecht, wie dies in Artikel 10 Absatz 2 der »Grundordnung des kirchlichen Dienstes im Rahmen kirchlicher Arbeitsverhältnisse« (GrO) vorgesehen ist,
- zur Sicherstellung einer einheitlichen Auslegung und Anwendung der in den deutschen Bistümern übereinstimmend geltenden arbeitsrechtlichen Grundlagen

die folgende Ordnung:

Erster Teil
Allgemeine Vorschriften

§ 1
Kirchliche Gerichte für Arbeitssachen

Die Gerichtsbarkeit in kirchlichen Arbeitssachen (§ 2) wird in erster Instanz durch Kirchliche Arbeitsgerichte und in zweiter Instanz durch den Kirchlichen Arbeitsgerichtshof ausgeübt.

§ 2
Sachliche Zuständigkeit

(1) Die kirchlichen Gerichte für Arbeitssachen sind zuständig für Rechtsstreitigkeiten aus dem Recht der nach Art. 7 GrO gebildeten Kommissionen zur Ordnung des Arbeitsvertragsrechts.

(2) Die kirchlichen Gerichte für Arbeitssachen sind ferner zuständig für Rechtsstreitigkeiten aus dem Mitarbeitervertretungsrecht sowie dem Recht der Mitwirkung in Caritas-Werkstätten für Menschen mit Behinderungen einschließlich des Wahlverfahrensrechts und des Verfahrens vor der Einigungsstelle.

(3) Die Zuständigkeit der kirchlichen Gerichte für Arbeitssachen ist nicht gegeben für Streitigkeiten aus dem Arbeitsverhältnis.

(4) Ein besonderes Verfahren zur Überprüfung der Rechtmäßigkeit von kirchlichen Rechtsnormen (Normenkontrollverfahren) findet nicht statt.

Anmerkung zu Abs. 3: siehe Art. 10 Abs. 1 GrO.

§ 3
Örtliche Zuständigkeit

(1) Das Gericht, in dessen Dienstbezirk eine beteiligungsfähige Person (§ 8) ihren Sitz hat, ist für alle gegen sie zu erhebenden Klagen zuständig. Ist der Beklagte eine natürliche Person, bestimmt sich der Gerichtsstand nach dem dienstlichen Einsatzort des Beklagten.

(2) In Rechtsstreitigkeiten nach § 2 Absatz 1 ist das Gericht ausschließlich zuständig, in dessen Dienstbezirk die Geschäftsstelle der Kommission ihren Sitz hat. Sind mehrere Kommissionen am Verfahren beteiligt, ist das für die beklagte Kommission errichtete Gericht ausschließlich zuständig.

(3) In Rechtsstreitigkeiten nach § 2 Absatz 2, an denen ein mehrdiözesaner und überdiözesaner Rechtsträger beteiligt ist, ist das Gericht ausschließlich zuständig, in dessen Dienstbezirk sich der Sitz der Hauptniederlassung des Rechtsträgers eines Verfahrensbeteiligten befindet, soweit nicht durch Gesetz eine hiervon abweichende Regelung der örtlichen Zuständigkeit getroffen wird.

§ 4
Besetzung der Gerichte

Die kirchlichen Gerichte für Arbeitssachen sind mit Personen, welche die Befähigung zum Richteramt nach staatlichem oder kirchlichem Recht besitzen, und mit ehrenamtlichen Richtern (beisitzenden Richtern) aus den Kreisen der Dienstgeber und Mitarbeiter, welche nach Maßgabe dieser Ordnung stimmberechtigt an der Entscheidungsfindung mitwirken, besetzt.

§ 5
Aufbringung der Mittel

Die Kosten des Kirchlichen Arbeitsgerichts trägt das Bistum, für das es errichtet ist. Im Falle der Errichtung eines gemeinsamen kirchlichen Arbeitsgerichts durch mehrere Diözesanbischöfe (§ 14 Absatz 2) tragen die beteiligten Bistümer die Kosten nach einem zwischen ihnen vereinbarten Verteilungsmaßstab. Die Kosten des Kirchlichen Arbeitsgerichtshofs trägt der Verband der Diözesen Deutschlands.

§ 6
Gang des Verfahrens

(1) Im ersten Rechtszug ist das Kirchliche Arbeitsgericht zuständig.
(2) Gegen das Urteil des Kirchlichen Arbeitsgerichts findet die Revision an den Kirchlichen Arbeitsgerichtshof nach Maßgabe des § 47 statt.

§ 7
Verfahrensgrundsätze

(1) Das Gericht entscheidet, soweit diese Ordnung nichts anderes bestimmt, auf Grund mündlicher Verhandlung durch Urteil. Mit Einverständnis der Beteiligten kann das Gericht ohne mündliche Verhandlung entscheiden.
(2) Die Verhandlung einschließlich der Beweisaufnahme ist öffentlich. Das Gericht kann die Öffentlichkeit für die Verhandlung oder für einen Teil der Verhandlung aus wichtigem Grund ausschließen, insbesondere wenn durch die Öffentlichkeit eine erhebliche Beeinträchtigung kirchlicher Belange oder schutzwürdiger Interessen eines Beteiligten zu besorgen ist oder wenn Dienstgeheimnisse zum Gegenstand der Verhandlung oder der Beweisaufnahme gemacht werden. Die Entscheidung wird auch im Fall des Satzes 2 öffentlich verkündet.
(3) Das Gericht erforscht den Sachverhalt von Amts wegen. Die am Verfahren Beteiligten haben an der Aufklärung des Sachverhalts mitzuwirken. Zur Aufklärung des Sachverhalts können Urkunden eingesehen, Auskünfte eingeholt, Zeugen, Sachverständige und Beteiligte vernommen und ein Augenschein eingenommen werden.
(4) Alle mit einem befristeten Rechtsmittel anfechtbaren Entscheidungen enthalten die Belehrung über das Rechtsmittel. Soweit ein Rechtsmittel nicht

gegeben ist, ist eine entsprechende Belehrung zu erteilen. Die Frist für ein Rechtsmittel beginnt nur, wenn der Beteiligte über das Rechtsmittel und das Gericht, bei dem das Rechtsmittel einzulegen ist, die Anschrift des Gerichts und die einzuhaltende Frist und Form schriftlich belehrt worden ist. Ist die Belehrung unterblieben oder unrichtig erteilt, so ist die Einlegung des Rechtsmittels nur innerhalb eines Jahres seit Zustellung der Entscheidung zulässig.

(5) Das Gericht soll in jeder Lage des Verfahrens auf eine gütliche Beilegung des Rechtsstreits hinwirken.

§ 8
Verfahrensbeteiligte

(1) In Rechtsstreitigkeiten gemäß § 2 Absatz 1 können beteiligt sein:
   a) in allen Angelegenheiten die Hälfte der Mitglieder der nach Artikel 7 GrO gebildeten Kommission oder die Mehrheit der Mitglieder der Dienstgeber- bzw. Mitarbeiterseite der Kommission,
   b) in Angelegenheiten, welche die eigene Rechtsstellung als Kommissions-Mitglied betreffen, das einzelne Mitglied der Kommission und der Dienstgeber,
   c) in Angelegenheiten des Wahlverfahrensrechts darüber hinaus der Dienstgeber, der einzelne Mitarbeiter und die Wahlorgane und Koalitionen nach Art. 6 GrO,
   d) in Angelegenheiten, welche die Rechtsstellung als Koalition nach Art. 6 GrO betreffen, die anerkannte Koalition.

(2) In Rechtsstreitigkeiten gemäß § 2 Absatz 2 können beteiligt sein:
   a) in Angelegenheiten der Mitarbeitervertretungsordnung einschließlich des Verfahrens vor der Einigungsstelle die Mitarbeitervertretung und der Dienstgeber,
   b) in Angelegenheiten des Wahlverfahrensrechts und des Rechts der Mitarbeiterversammlung die Mitarbeitervertretung, der Dienstgeber und der einzelne Mitarbeiter und die Wahlorgane,
   c) in Angelegenheiten aus dem Recht der Arbeitsgemeinschaften für Mitarbeitervertretungen die Organe der Arbeitsgemeinschaft, der Dienstgeber und die (Erz-)Bistümer bzw. Diözesan-Caritasverbände,
   d) in Angelegenheiten aus dem Recht der Mitwirkung in Caritas-Werkstätten für Menschen mit Behinderungen der Werkstattrat und der Rechtsträger der Werkstatt,
   e) in Angelegenheiten, welche die eigene Rechtsstellung als Mitglied einer Mitarbeitervertretung, als Sprecherin oder Sprecher der Jugendlichen und Auszubildenden, als Vertrauensperson der Schwerbehinderten, als Vertrauensmann der Zivildienstleistenden oder als Mitglied einer Arbeitsgemeinschaft der Mitarbeitervertretungen betreffen, die jeweils betroffene Person, die Mitarbeitervertretung und der Dienstgeber.

§ 9
Beiladung

(1) Das Gericht kann, solange das Verfahren noch nicht rechtskräftig abgeschlossen oder in höherer Instanz anhängig ist, von Amts wegen oder auf Antrag andere, deren rechtliche Interessen durch die Entscheidung berührt werden, beiladen.

(2) Sind an dem streitigen Rechtsverhältnis Dritte derart beteiligt, dass die Entscheidung auch ihnen gegenüber nur einheitlich ergehen kann, so sind sie beizuladen (notwendige Beiladung). Dies gilt auch für einen Dritten, der aufgrund Rechtsvorschrift verpflichtet ist, einer Partei oder einem Beigeladenen die Kosten des rechtshängig gemachten Anspruchs zu ersetzen (Kostenträger).

(3) Der Beiladungsbeschluss ist allen Beteiligten zuzustellen. Dabei sollen der Stand der Sache und der Grund der Beiladung angegeben werden. Die Beiladung ist unanfechtbar.

(4) Der Beigeladene kann innerhalb der Anträge eines Beteiligten selbständig Angriffs- und Verteidigungsmittel geltend machen und alle Verfahrenshandlungen wirksam vornehmen. Abweichende Sachanträge kann er nur stellen, wenn eine notwendige Beiladung vorliegt.

§ 10
Klagebefugnis

Die Klage ist nur zulässig, wenn der Kläger geltend macht, in eigenen Rechten verletzt zu sein, oder wenn er eine Verletzung von Rechten eines Organs, dem er angehört, geltend macht.

Anmerkung: Die diözesane Arbeitsgemeinschaft der Mitarbeitervertretungen (DiAG-MAV) hat im Rahmen ihrer Aufgaben gemäß § 25 Abs. 2 MAVO u.a. das Recht und die Pflicht, die Anwendung der Mitarbeitervertretungsordnung der betreffenden Diözese zu fördern. Wendet ein unter die MAVO fallender Dienstgeber die diözesane MAVO willentlich nicht an, so dass die DiAG-MAV ihre Rechte nicht ausüben kann, ist sie in ihren Rechten verletzt und folglich durch ihre Organe klagebefugt (siehe auch § 8 Abs. 2 Buchstabe c KAGO; KAGH, 25.6.2010 – M 06/10; Gemeinsames Kirchliches Arbeitsgericht in Hamburg, 2.3.2011 – I MAVO 14/10).

§ 11
Prozessvertretung

Die Beteiligten können vor den kirchlichen Gerichten für Arbeitssachen den Rechtsstreit selbst führen oder sich von einer sach- und rechtskundigen Person vertreten lassen.

§ 12
Kosten (Gebühren und Auslagen)

(1) Im Verfahren vor den kirchlichen Gerichten für Arbeitssachen werden Gebühren nicht erhoben. Im Übrigen entscheidet das Gericht durch Urteil, ob Auslagen aufgrund materiell-rechtlicher Vorschriften erstattet werden und wer diese zu tragen hat.

(2) Der Vorsitzende kann auf Antrag eines Beteiligten auch vor Verkündung des Urteils durch selbständig anfechtbaren Beschluss (§ 55) entscheiden, ob Auslagen gemäß Absatz 1 Satz 2 erstattet werden.

(3) Zeugen und Sachverständige werden in Anwendung des staatlichen Gesetzes über die Entschädigung von Zeugen und Sachverständigen entschädigt.

Anmerkung: Die kirchlichen Gerichte für Arbeitssachen entscheiden durch Beschluss über die Höhe des Gegenstandswerts des Rechtsstreits, worauf im Prozess mit Anwälten diese Antrag stellen.

§ 13
Rechts- und Amtshilfe

(1) Die kirchlichen Gerichte für Arbeitssachen leisten einander Rechtshilfe. Die Vorschriften des staatlichen Gerichtsverfassungsgesetzes über Rechtshilfe finden entsprechende Anwendung.

(2) Alle kirchlichen Dienststellen und Einrichtungen leisten den kirchlichen Gerichten für Arbeitssachen auf Anforderung Amtshilfe.

Zweiter Teil
Aufbau der kirchlichen Gerichte für Arbeitssachen

1. Abschnitt
Kirchliche Arbeitsgerichte erster Instanz

§ 14
Errichtung

(1) Für jedes Bistum/Erzbistum wird ein Kirchliches Arbeitsgericht als Gericht erster Instanz errichtet. Das Nähere wird im Errichtungsdekret des zuständigen Diözesanbischofs geregelt.

(2) Für mehrere Bistümer/Erzbistümer kann aufgrund Vereinbarung der Diözesanbischöfe ein gemeinsames Kirchliches Arbeitsgericht als Gericht erster Instanz errichtet werden. Dem gemeinsamen Kirchlichen Arbeitsgericht können alle nach dieser Ordnung wahrzunehmenden Zuständigkeiten oder nur die Zuständigkeiten nach § 2 Absatz 1 oder § 2 Absatz 2 übertragen werden. Das Nähere wird im gemeinsamen Errichtungsdekret der Diözesanbischöfe geregelt.

Anmerkung: Auf die einschlägigen Errichtungsdekrete der Jahre 2005 und 2010 wird verwiesen.

§ 15
Gerichtssitz/Dienstaufsicht/Geschäftsstelle

(1) Der Sitz des Gerichts wird durch diözesanes Recht bestimmt.
(2) Die Dienstaufsicht über die Mitglieder des Kirchlichen Arbeitsgerichts übt der Diözesanbischof des Bistums, in dem sich der Sitz des Gerichtes befindet, aus.[1]
(3) Die Geschäftsstelle des Kirchlichen Arbeitsgerichts wird beim Erz-/Bischöflichen Diözesangericht (Offizialat/Konsistorium) eingerichtet.

§ 16
Zusammensetzung/Besetzung

(1) Das Kirchliche Arbeitsgericht besteht aus dem Vorsitzenden, dem stellvertretenden Vorsitzenden, sechs beisitzenden Richtern aus den Kreisen der Dienstgeber, drei beisitzenden Richtern aus den Kreisen der Mitarbeitervertretungen und drei beisitzenden Richtern aus den Kreisen der Mitarbeiter.
(2) Das Kirchliche Arbeitsgericht entscheidet in der Besetzung mit dem Vorsitzenden oder dem stellvertretenden Vorsitzenden, einem beisitzenden Richter aus den Kreisen der Dienstgeber und einem beisitzenden Richter aus den Kreisen der Mitarbeiter.
(3) Die Verteilung der Verfahren zwischen dem Vorsitzenden und dem stellvertretenden Vorsitzenden erfolgt anhand eines Geschäftsverteilungsplans, der spätestens am Ende des laufenden Jahres für das folgende Jahr vom Vorsitzenden nach Anhörung des stellvertretenden Vorsitzenden schriftlich festzulegen ist.
(4) Ist der Vorsitzende oder der stellvertretende Vorsitzende an der Ausübung seines Amtes gehindert, tritt an seine Stelle der stellvertretende Vorsitzende oder der Vorsitzende.

Anmerkung: Der Geschäftsverteilungsplan des Kirchlichen Arbeitsgerichts Rottenburg-Stuttgart für das Jahr 2011 ist im Kirchlichen Amtsblatt Rottenburg-Stuttgart 2011 S. 20 f. veröffentlicht.

§ 17
Rechtsstellung der Richter

(1) Die Richter sind von Weisungen unabhängig und nur an Gesetz und Recht gebunden. Sie dürfen in der Übernahme oder Ausübung ihres Amtes weder beschränkt, noch wegen der Übernahme oder Ausübung ihres Amtes benachteiligt oder bevorzugt werden. Sie unterliegen der Schweigepflicht auch nach dem Ausscheiden aus dem Amt.

1 Die Einzelheiten bleiben den Regelungen durch diözesanes Recht überlassen.

(2) Dem Vorsitzenden und dem stellvertretenden Vorsitzenden kann eine Aufwandsentschädigung oder eine Vergütung gewährt werden.
(3) Die Tätigkeit der beisitzenden Richter ist ehrenamtlich. Sie erhalten Auslagenersatz gemäß den am Sitz des Gerichts geltenden reisekostenrechtlichen Vorschriften.
(4) Die beisitzenden Richter werden für die Teilnahme an Verhandlungen im notwendigen Umfang von ihrer dienstlichen Tätigkeit freigestellt. Auf die beisitzenden Richter der Mitarbeiterseite finden die §§ 18 und 19 der Mitarbeitervertretungsordnung entsprechend Anwendung.

§ 18
Ernennungsvoraussetzungen/Beendigung des Richteramtes

(1) Zum Richter kann ernannt werden, wer katholisch ist und nicht in der Ausübung der allen Kirchenmitgliedern zustehenden Rechte behindert ist sowie die Gewähr dafür bietet, dass er jederzeit für das kirchliche Gemeinwohl eintritt.
(2) Der Vorsitzende und der stellvertretende Vorsitzende
  a) müssen die Befähigung zum Richteramt nach dem Deutschen Richtergesetz[2] oder nach kanonischem Recht besitzen,
  b) dürfen keinen anderen kirchlichen Dienst als den eines Richters oder Hochschullehrers beruflich ausüben und keinem Leitungsorgan einer kirchlichen Körperschaft oder eines anderen Trägers einer kirchlichen Einrichtung angehören,
  c) sollen Erfahrung auf dem Gebiet des kanonischen Rechts und Berufserfahrung im Arbeitsrecht oder Personalwesen haben.
(3) Die beisitzenden Richter der Dienstgeberseite müssen die Voraussetzungen für die Mitgliedschaft in einer Kommission nach Artikel 7 GrO erfüllen. Die beisitzenden Richter der Mitarbeiterseite müssen die Voraussetzungen für die Wählbarkeit in die Mitarbeitervertretung erfüllen und im Dienst eines kirchlichen Anstellungsträgers im Geltungsbereich dieser Ordnung stehen.
(4) Das Amt eines Richters endet vor Ablauf der Amtszeit
  a) mit dem Rücktritt;
  b) mit der Feststellung des Wegfalls der Ernennungsvoraussetzungen oder der Feststellung eines schweren Dienstvergehens. Diese Feststellungen trifft der Diözesanbischof oder ein von ihm bestimmtes kirchliches Gericht nach Maßgabe des diözesanen Rechts.[3]

---

2 Der Befähigung zum Richteramt nach dem Deutschen Richtergesetz steht die Befähigung zum Dienst als Berufsrichter nach Anlage 1 Kapitel III Sachgebiet A Abschnitt III Nr. 8 des Einigungsvertrages gleich.

3 Das Nähere regeln die jeweiligen in der Diözese geltenden disziplinarrechtlichen Bestimmungen oder für anwendbar erklärte Bestimmungen des staatlichen Rechts, hilfsweise die cc. 192 – 195 CIC, auf das jeweils anwendbare Recht wird an dieser Stelle verwiesen.

Anmerkung: Zur Beschwerde gegen Verwaltungsdekrete (Feststellungen i.S. von § 18 Abs. 4 Buchstabe b) wird auf can. 1732 ff. CIC hingewiesen.

Endet das Amt eines Richters vor Ablauf seiner regulären Amtszeit, wird für die Dauer der Amtszeit, die dem ausgeschiedenen Richter verblieben wäre, ein Nachfolger ernannt.

(5) Das Amt eines Richters an einem Kirchlichen Arbeitsgericht endet auch mit Beginn seiner Amtszeit beim Kirchlichen Arbeitsgerichtshof. Absatz 4 Satz 2 gilt entsprechend. Niemand darf gleichzeitig beisitzender Richter der Dienstgeberseite und der Mitarbeiterseite sein oder als beisitzender Richter bei mehr als einem kirchlichen Gericht für Arbeitssachen ernannt werden.

(6) Sind zum Ende der Amtszeit neue Richter noch nicht ernannt, führen die bisherigen Richter die Geschäfte bis zur Ernennung der Nachfolger weiter.

§ 19
Ernennung des Vorsitzenden

Der Vorsitzende und der stellvertretende Vorsitzende des Kirchlichen Arbeitsgerichts werden vom Diözesanbischof für die Dauer von fünf Jahren ernannt. Der Diözesanbischof gibt dem Domkapitel als Konsultorenkollegium und/oder dem Diözesanvermögensverwaltungsrat[4], dem Diözesancaritasverband, sowie der/den diözesanen Arbeitsgemeinschaft(en) für Mitarbeitervertretungen und der Mitarbeiterseite der Bistums/Regional-KODA zuvor Gelegenheit zur Stellungnahme. Die Wiederernennung ist zulässig.

§ 20
Ernennung/Mitwirkung der beisitzenden Richter

(1) Die sechs beisitzenden Richter aus den Kreisen der Dienstgeber werden auf Vorschlag des Domkapitels als Konsultorenkollegium und/oder des Diözesanvermögensverwaltungsrats[5] vom Diözesanbischof ernannt. Die drei beisitzenden Richter aus den Kreisen der Mitarbeiter werden auf Vorschlag des Vorstands/der Vorstände der diözesanen Arbeitsgemeinschaft(en) für Mitarbeitervertretungen und drei beisitzende Richter auf Vorschlag der Mitarbeitervertreter in der Bistums-/Regional-KODA vom Diözesanbischof ernannt. Die Ernennung erfolgt für die Dauer von fünf Jahren. Bei der Abgabe der Vorschläge durch die vorschlagsberechtigten Gremien werden Vertreter aus Einrichtungen der Caritas, die jeweils von der Dienstgeberseite und der Mitarbeiterseite der zuständigen Regional-Kommission der Arbeitsrechtlichen Kommission des Deutschen Caritasverbandes nominiert werden, angemessen berücksichtigt. Die Wiederernennung ist zulässig.

(2) Die beisitzenden Richter wirken in alphabetischer Reihenfolge an der mündlichen Verhandlung mit. Zieht sich ein Verfahren über mehrere

4 Das Nähere regelt das diözesane Recht.
5 Das Nähere regelt das diözesane Recht.

Verhandlungstage hin, findet ein Wechsel bei den beisitzenden Richtern grundsätzlich nicht statt. Bei Verhinderung eines beisitzenden Richters tritt an dessen Stelle derjenige, der in der Reihenfolge an nächster Stelle steht.

(3) Bei unvorhergesehener Verhinderung kann der Vorsitzende abweichend von Absatz 2 aus der Beisitzerliste einen beisitzenden Richter heranziehen, der am Gerichtssitz oder in der Nähe wohnt oder seinen Dienstsitz hat.

2. Abschnitt
Kirchlicher Arbeitsgerichtshof

§ 21
Errichtung

Für die Bistümer im Bereich der Deutschen Bischofskonferenz wird als Kirchliches Arbeitsgericht zweiter Instanz der Kirchliche Arbeitsgerichtshof mit Sitz in Bonn errichtet.

§ 22
Zusammensetzung/Besetzung

(1) Der Kirchliche Arbeitsgerichtshof besteht aus dem Präsidenten und dem Vizepräsidenten (§ 18 Abs. 2 Buchstabe a), einem Mitglied mit der Befähigung zum staatlichen Richteramt (§ 5 DRiG) und dessen Stellvertreter, einem Mitglied mit der Befähigung zum kirchlichen Richteramt (can. 1421 § 3 CIC) und dessen Stellvertreter, sechs beisitzenden Richtern aus den Kreisen der Dienstgeber und sechs beisitzenden Richtern aus den Kreisen der Mitarbeiter.

(2) Der Kirchliche Arbeitsgerichtshof entscheidet in der Besetzung mit dem Präsidenten oder dem Vizepräsidenten, den beiden Mitgliedern mit der Befähigung zum Richteramt, einem beisitzenden Richter aus den Kreisen der Dienstgeber und einem beisitzenden Richter aus den Kreisen der Mitarbeiter.

(3) Die Verteilung der Verfahren zwischen dem Präsidenten und dem Vizepräsidenten erfolgt anhand eines Geschäftsverteilungsplans, der spätestens am Ende des laufenden Jahres für das folgende Jahr vom Präsidenten nach Anhörung des Vizepräsidenten schriftlich festzulegen ist (§ 16 Abs. 3).

(4) Sind der Präsident bzw. Vizepräsident oder ein Mitglied mit der Befähigung zum Richteramt an der Ausübung ihres Amtes gehindert, treten an deren Stelle der Vizepräsident bzw. Präsident bzw. die jeweiligen Stellvertreter.

§ 23
Dienstaufsicht/Verwaltung

(1) Die Dienstaufsicht über die Mitglieder des Kirchlichen Arbeitsgerichtshofes übt der Vorsitzende der Deutschen Bischofskonferenz aus.

(2) Die Geschäftsstelle des Kirchlichen Arbeitsgerichtshofs wird beim Sekretariat der Deutschen Bischofskonferenz eingerichtet.

§ 24
Rechtsstellung der Richter, Ernennungsvoraussetzungen, Beendigung des Richteramtes

(1) § 17 gilt entsprechend.

(2) § 18 gilt entsprechend mit der Maßgabe, dass auch für die weiteren Mitglieder mit der Befähigung zum Richteramt sowie deren Stellvertreter die Voraussetzungen für die Ernennung nach § 18 Absatz 2 Buchstaben b) und c) entsprechend Anwendung finden und dass die Feststellungen nach § 18 Absatz 4 durch den Vorsitzenden der Deutschen Bischofskonferenz oder durch ein von ihm bestimmtes Gericht auf der Grundlage der entsprechenden Vorschriften des Bistums, in dem der Kirchliche Arbeitsgerichtshof seinen Sitz hat, zu treffen sind.

§ 25
Ernennung des Präsidenten und der weiteren Mitglieder mit der Befähigung zum Richteramt

Der Präsident und die weiteren Mitglieder mit der Befähigung zum Richteramt werden auf Vorschlag des Ständigen Rates der Deutschen Bischofskonferenz vom Vorsitzenden der Deutschen Bischofskonferenz für die Dauer von fünf Jahren ernannt. Der Vorsitzende der Deutschen Bischofskonferenz gibt dem Verwaltungsrat des Verbandes der Diözesen Deutschlands, dem Deutschen Caritasverband, der Bundesarbeitsgemeinschaft der Mitarbeitervertretungen, der Mitarbeiterseite der Zentral-KODA und der Deutschen Ordensobernkonferenz zuvor Gelegenheit zur Stellungnahme. Die Wiederernennung ist zulässig.

§ 26
Ernennung/Mitwirkung der beisitzenden Richter aus den Kreisen der Dienstgeber und Mitarbeiter

(1) Die beisitzenden Richter aus den Kreisen der Dienstgeber werden auf Vorschlag des Verwaltungsrates des Verbandes der Diözesen Deutschlands, die beisitzenden Richter aus den Kreisen der Mitarbeiter werden auf Vorschlag des Vorstandes der Bundesarbeitsgemeinschaft der Mitarbeitervertretungen und auf Vorschlag der Mitarbeiterseite der Zentral-KODA vom Vorsitzenden der Deutschen Bischofskonferenz für die Dauer von fünf Jahren ernannt. Bei der Abgabe des Vorschlages für die beisitzenden Richter aus den Kreisen der Dienstgeber werden Vertreter aus Einrichtungen der Caritas bzw. der Orden, die von der Dienstgeberseite der Bundeskommission der Arbeitsrechtlichen Kommission bzw. der Deutschen Ordensobernkonferenz nominiert werden, angemessen berücksichtigt. Bei der Abgabe des Vorschlages für die beisitzenden Richter aus den Kreisen der Mitarbeiter werden Vertreter der Caritas, die von der Mitarbeiterseite der Bundeskommission der Arbeitsrechtlichen Kommission nominiert werden, angemessen berücksichtigt. Die Wiederernennung ist zulässig.

(2) § 20 Absatz 2 und 3 gilt entsprechend.

Dritter Teil
Verfahren vor den kirchlichen Gerichten für Arbeitssachen

1. Abschnitt
Verfahren im ersten Rechtszug

1. Unterabschnitt
Allgemeine Verfahrensvorschriften

§ 27
Anwendbares Recht

Auf das Verfahren vor den Kirchlichen Arbeitsgerichten im ersten Rechtszug finden die Vorschriften des staatlichen Arbeitsgerichtsgesetzes über das Urteilsverfahren in ihrer jeweiligen Fassung Anwendung, soweit diese Ordnung nichts anderes bestimmt.

§ 28
Klageschrift

Das Verfahren wird durch Erhebung der Klage eingeleitet; die Klage ist bei Gericht schriftlich einzureichen oder bei seiner Geschäftsstelle mündlich zur Niederschrift anzubringen. Die Klage muss den Kläger, den Beklagten, den Streitgegenstand mit einem bestimmten Antrag und die Gründe für die Klage bezeichnen. Zur Begründung dienende Tatsachen und Beweismittel sollen angegeben werden.

§ 29
Klagerücknahme

Die Klage kann jederzeit in derselben Form zurückgenommen werden. In diesem Fall ist das Verfahren durch Beschluss des Vorsitzenden einzustellen. Von der Einstellung des Verfahrens ist den Beteiligten Kenntnis zu geben, soweit ihnen die Klage vom Gericht mitgeteilt worden ist.

§ 30
Klageänderung

Eine Änderung der Klage ist zuzulassen, wenn die übrigen Beteiligten zustimmen oder das Gericht die Änderung für sachdienlich hält. Die Zustimmung der Beteiligten zu der Änderung der Klage gilt als erteilt, wenn die Beteiligten sich, ohne zu widersprechen, in einem Schriftsatz oder in der mündlichen Verhandlung auf die geänderte Klage eingelassen haben. Die Entscheidung, dass eine Änderung der Klage nicht vorliegt oder zugelassen wird, ist unanfechtbar.

§ 31
Zustellung der Klage/Klageerwiderung

Der Vorsitzende stellt dem Beklagten die Klageschrift zu mit der Aufforderung, auf die Klage innerhalb einer von ihm bestimmten Frist schriftlich zu erwidern.

§ 32
Ladung zur mündlichen Verhandlung

Der Vorsitzende bestimmt nach Eingang der Klageerwiderung, spätestens nach Fristablauf Termin zur mündlichen Verhandlung. Er lädt dazu die Beteiligten mit einer Frist von mindestens zwei Wochen. Dabei ist darauf hinzuweisen, dass auch in Abwesenheit einer Partei verhandelt und entschieden werden kann.

§ 33
Vorbereitung der mündlichen Verhandlung

(1) Der Vorsitzende hat die streitige Verhandlung so vorzubereiten, dass sie möglichst in einem Termin zu Ende geführt werden kann. Zu diesem Zweck soll er, soweit es sachdienlich erscheint, insbesondere
   1. den Parteien die Ergänzung oder Erläuterung ihrer vorbereitenden Schriftsätze sowie die Vorlegung von Urkunden und von anderen zur Niederlegung bei Gericht geeigneten Gegenständen aufgeben, insbesondere eine Frist zur Erklärung über bestimmte klärungsbedürftige Punkte setzen;
   2. kirchliche Behörden und Dienststellen oder Träger eines kirchlichen Amtes um Mitteilung von Urkunden oder um Erteilung von Auskünften ersuchen;
   3. das persönliche Erscheinen der Parteien anordnen;
   4. Zeugen, auf die sich eine Partei bezogen hat, und Sachverständige zur mündlichen Verhandlung laden sowie eine Anordnung nach § 378 der Zivilprozessordnung treffen.

   Von diesen Maßnahmen sind die Parteien zu benachrichtigen.

(2) Angriffs- und Verteidigungsmittel, die erst nach Ablauf einer nach Absatz 1 Satz 2 Nr. 1 gesetzten Frist vorgebracht werden, sind nur zuzulassen, wenn nach der freien Überzeugung des Gerichts ihre Zulassung die Erledigung des Rechtsstreits nicht verzögern würde oder wenn die Partei die Verspätung genügend entschuldigt. Die Parteien sind über die Folgen der Versäumung der nach Absatz 1 Satz 2 Nr. 1 gesetzten Frist zu belehren.

§ 34
Alleinentscheidung durch den Vorsitzenden

(1) Der Vorsitzende entscheidet allein
   1. bei Zurücknahme der Klage,
   2. bei Verzicht auf den geltend gemachten Anspruch,
   3. bei Anerkenntnis des geltend gemachten Anspruchs.

(2) Der Vorsitzende kann in den Fällen des Absatzes 1 eine Entscheidung ohne mündliche Verhandlung treffen.

(3) Der Vorsitzende entscheidet ferner allein, wenn eine das Verfahren beendende Entscheidung ergehen kann und die Parteien übereinstimmend eine Entscheidung durch den Vorsitzenden beantragen; der Antrag ist in die Niederschrift aufzunehmen.

(4) Der Vorsitzende kann vor der streitigen Verhandlung einen Beweisbeschluss erlassen, soweit er anordnet

1. eine Beweisaufnahme durch den ersuchten Richter;
2. eine schriftliche Beantwortung der Beweisfrage nach § 377 Abs. 3 der Zivilprozessordnung;
3. die Einholung amtlicher Auskünfte;
4. eine Parteivernehmung.

Anordnungen nach Nummer 1 bis 3 können vor der streitigen Verhandlung ausgeführt werden.

§ 35
Ablehnung von Gerichtspersonen

Für die Ausschließung und die Ablehnung von Gerichtspersonen gelten die §§ 41 bis 49 der Zivilprozessordnung entsprechend mit der Maßgabe, dass die Entscheidung über die Ausschließung oder die Ablehnung eines beisitzenden Richters aus den Kreisen der Dienstgeber und der Mitarbeiter der Vorsitzende trifft. Ist der Vorsitzende betroffen, entscheidet der Arbeitsgerichtshof ohne mündliche Verhandlung und ohne Hinzuziehung der beisitzenden Richter aus den Kreisen der Dienstgeber und der Mitarbeiter.

§ 36
Zustellungen und Fristen

(1) Anordnungen und Entscheidungen, durch die eine Frist in Lauf gesetzt wird, sind gegen Empfangsbescheinigung oder durch Übergabeeinschreiben mit Rückschein zuzustellen.

(2) Der Lauf einer Frist beginnt mit der Zustellung.

§ 37
Wiedereinsetzung in versäumte Fristen

(1) Ist jemand ohne eigenes Verschulden gehindert, eine Ausschlussfrist einzuhalten, ist ihm auf Antrag Wiedereinsetzung in versäumte Fristen zu gewähren.

(2) Der Antrag muss die Angabe der die Wiedereinsetzung rechtfertigenden Tatsachen und der Mittel zu ihrer Glaubhaftmachung enthalten.

(3) Der Antrag ist innerhalb von zwei Wochen nach Wegfall des Hindernisses zu stellen. In derselben Frist ist die versäumte Rechtshandlung nachzuholen.

(4) Über den Antrag entscheidet die Stelle, die über die versäumte Rechtshandlung zu befinden hat.

2. Unterabschnitt
Mündliche Verhandlung

§ 38
Gang der mündlichen Verhandlung

(1) Der Vorsitzende eröffnet und leitet die Verhandlung. Nach Aufruf der Sache trägt er den bisherigen Streitstand vor. Hierauf erhalten die Beteiligten das Wort, um ihr Begehren zu nennen und zu begründen.
(2) Der Vorsitzende erörtert die Sache mit den Beteiligten sachlich und rechtlich. Dabei soll er ihre Einigung fördern.
(3) Die beisitzenden Richter haben das Recht, Fragen zu stellen.

§ 39
Anhörung Dritter

In dem Verfahren können der Dienstgeber, die Dienstnehmer und die Stellen gehört werden, die nach den in § 2 Absatz 1 und 2 genannten Ordnungen im einzelnen Fall betroffen sind, ohne am Verfahren im Sinne der §§ 8 und 9 beteiligt zu sein.

§ 40
Beweisaufnahme

(1) Das Gericht erhebt Beweis in der mündlichen Verhandlung. Es kann insbesondere Zeugen, Sachverständige und Beteiligte vernehmen und Urkunden heranziehen.
(2) Das Gericht kann schon vor der mündlichen Verhandlung durch eines seiner Mitglieder Beweis erheben lassen oder ein anderes Gericht um die Beweisaufnahme ersuchen. Die Beteiligten werden von allen Beweisterminen benachrichtigt und können der Beweisaufnahme beiwohnen.

§ 41
Vergleich, Erledigung des Verfahrens

(1) Die Beteiligten können, um das Verfahren ganz oder zum Teil zu erledigen, zur Niederschrift des Gerichts oder des Vorsitzenden einen Vergleich schließen, soweit sie über den Gegenstand des Vergleichs verfügen können, oder das Verfahren für erledigt erklären.
(2) Haben die Beteiligten das Verfahren für erledigt erklärt, so ist es vom Vorsitzenden des Arbeitsgerichts einzustellen. § 30 Satz 3 ist entsprechend anzuwenden.
(3) Hat der Kläger das Verfahren für erledigt erklärt, so sind die übrigen Beteiligten binnen einer von dem Vorsitzenden zu bestimmenden Frist von mindestens zwei Wochen aufzufordern, mitzuteilen, ob sie der Erledigung

zustimmen. Die Zustimmung gilt als erteilt, wenn sich der Beteiligte innerhalb der vom Vorsitzenden bestimmten Frist nicht äußert.

§ 42
Beratung und Abstimmung

(1) An der Beratung und Abstimmung nehmen ausschließlich der Vorsitzende und die beisitzenden Richter teil.
(2) Das Gericht entscheidet mit der Mehrheit der Stimmen. Die Stimmabgabe kann nicht verweigert werden. Der Vorsitzende stimmt zuletzt ab.
(3) Über den Hergang der Beratung und Abstimmung ist Stillschweigen zu bewahren.

§ 43
Urteil

(1) Das Gericht entscheidet nach seiner freien, aus dem Gesamtergebnis des Verfahrens gewonnenen Überzeugung. Das Urteil ist schriftlich abzufassen. In dem Urteil sind die Gründe tatsächlicher und rechtlicher Art anzugeben, die für die richterliche Überzeugung leitend gewesen sind. Das Urteil ist von allen mitwirkenden Richtern zu unterschreiben.
(2) Das Urteil darf nur auf Tatsachen und Beweisergebnisse gestützt werden, zu denen sich die Beteiligten äußern konnten.

3. Unterabschnitt
Besondere Verfahrensarten

§ 44
Auflösung der Mitarbeitervertretung, Verlust der Mitgliedschaft in der Mitarbeitervertretung

Sieht das materielle Recht die Möglichkeit einer Klage auf Auflösung der Mitarbeitervertretung, auf Amtsenthebung eines einzelnen Mitglieds einer Mitarbeitervertretung oder auf Feststellung des Verlusts der Mitgliedschaft in der Mitarbeitervertretung vor, ist die Erhebung der Klage innerhalb einer Frist von vier Wochen von dem Tage an zulässig, an dem der Kläger vom Sachverhalt Kenntnis erlangt hat. Eine Klage nach Satz 1 kann nur von mindestens der Hälfte der Mitglieder der Mitarbeitervertretung oder vom Dienstgeber erhoben werden.

§ 44 a
Verlust der Mitgliedschaft in einer Kommission nach Art. 7 GrO

§ 44 Satz 1 gilt entsprechend für Klagen auf Amtsenthebung oder Feststellung des Verlusts der Mitgliedschaft in einer Kommission nach Art. 7 GrO. Eine Klage nach Satz 1 kann nur von der Hälfte der Mitglieder der Kommission oder der Mehrheit der Mitglieder einer Seite der Kommission erhoben werden.

§ 44 b
Wahlprüfungsklage

Eine Klage auf Feststellung der Ungültigkeit einer Wahl einer Mitarbeitervertretung, eines Mitglieds einer Mitarbeitervertretung, einer Kommission nach Art. 7 GrO oder eines Mitarbeitervertreters in einer Kommission nach Art. 7 GrO ist nur innerhalb einer Frist von zwei Wochen nach Bekanntgabe der Entscheidung zulässig.

Anmerkung: Gemeint ist die Entscheidung des Wahlorgans, bei dem die Wahl angefochten worden ist und von dem eine Entscheidung über die Wahlanfechtung ergangen und bekannt gegeben worden ist. Siehe z.B. § 12 Abs. 3 MAVO; § 6 Wahlordnung der Mitarbeiterseite gemäß § 4 Abs. 5 der Ordnung der Arbeitsrechtlichen Kommission des Deutschen Caritasverbandes sowie § 6 Wahlordnung der Dienstgeberseite gemäß § 5 Abs. 6 der Ordnung der Arbeitsrechtlichen Kommission des Deutschen Caritasverbandes.

§ 45
Organstreitverfahren über Zuständigkeit einer nach Artikel 7 GrO gebildeten Kommission

In Verfahren über den Streitgegenstand, welche Kommission für den Beschluss über eine arbeitsvertragsrechtliche Angelegenheit zuständig ist, sind nur Kommissionen im Sinne von § 2 Absatz 1 beteiligungsfähig. Die Beschlussfassung über die Anrufung des Kirchlichen Arbeitsgerichts bedarf mindestens einer Drei-Viertel-Mehrheit der Gesamtzahl der Mitglieder der Kommission.

2. Abschnitt
Verfahren im zweiten Rechtszug

§ 46
Anwendbares Recht

Auf das Verfahren vor dem Kirchlichen Arbeitsgerichtshof im zweiten Rechtszug finden die Vorschriften über das Verfahren im ersten Rechtszug (§§ 27 bis 43) Anwendung, soweit die Vorschriften dieses Abschnitts (§§ 47 bis 51) nichts anderes bestimmen.

§ 47
Revision

(1) Gegen das Urteil des Kirchlichen Arbeitsgerichts findet die Revision an den Kirchlichen Arbeitsgerichtshof statt, wenn sie in dem Urteil des Kirchlichen Arbeitsgerichts oder in dem Beschluss des Kirchlichen Arbeitsgerichtshofes nach § 48 Abs. 5 Satz 1 zugelassen worden ist. Die Nichtzulassung der Revision ist schriftlich zu begründen.

(2) Die Revision ist zuzulassen, wenn
   a) die Rechtssache grundsätzliche Bedeutung hat oder
   b) das Urteil von einer Entscheidung des Kirchlichen Arbeitsgerichtshofes oder, solange eine Entscheidung des Kirchlichen Arbeitsgerichtshofes in der Rechtsfrage nicht ergangen ist, von einer Entscheidung eines anderen Kirchlichen Arbeitsgerichts abweicht und die Entscheidung auf dieser Abweichung beruht oder
   c) ein Verfahrensmangel geltend gemacht wird, auf dem die Entscheidung beruhen kann.

(3) Der Kirchliche Arbeitsgerichtshof ist an die Zulassung der Revision durch das Kirchliche Arbeitsgericht gebunden.

(4) Gegen Beschlüsse, durch die über die Anordnung, Abänderung oder Aufhebung einer einstweiligen Verfügung entschieden wird, ist die Revision nicht zulässig.

Anmerkung: siehe BAG, 28.6.2011 – 3 AZN 146/11 NZA 2011, 939

§ 48
Nichtzulassungsbeschwerde

(1) Die Nichtzulassung der Revision kann durch Beschwerde angefochten werden.

(2) Die Beschwerde ist beim Kirchlichen Arbeitsgerichtshof innerhalb eines Monats nach Zustellung des vollständigen Urteils schriftlich einzulegen. Die Frist ist auch gewahrt, wenn die Beschwerde innerhalb der Frist bei dem Gericht, dessen Urteil angefochten wird, eingelegt wird. Die Beschwerde muss das angefochtene Urteil bezeichnen.

(3) Die Beschwerde ist innerhalb von zwei Monaten nach der Zustellung des vollständigen Urteils zu begründen. Die Begründung ist beim Kirchlichen Arbeitsgerichtshof einzureichen. In der Begründung muss die grundsätzliche Bedeutung der Rechtssache dargelegt oder die Entscheidung, von welcher das Urteil abweicht, oder der Verfahrensmangel bezeichnet werden.

(4) Die Einlegung der Beschwerde hemmt die Rechtskraft des Urteils.

(5) Über die Beschwerde entscheidet der Kirchliche Arbeitsgerichtshof ohne Hinzuziehung der beisitzenden Richter durch Beschluss, der ohne mündliche Verhandlung ergehen kann. Der Beschluss soll kurz begründet werden; von einer Begründung kann abgesehen werden, wenn sie nicht geeignet ist, zur Klärung der Voraussetzungen beizutragen, unter denen eine Revision zugelassen ist. Mit der Ablehnung der Beschwerde durch den Kirchlichen Arbeitsgerichtshof wird das Urteil rechtskräftig.

§ 49
Revisionsgründe

(1) Die Revision kann nur darauf gestützt werden, dass das Urteil des Kirchlichen Arbeitsgerichts auf der Verletzung einer Rechtsnorm beruht.

(2) Ein Urteil ist stets als auf der Verletzung einer Rechtsnorm beruhend anzusehen, wenn
   a) das erkennende Gericht nicht vorschriftsmäßig besetzt war,
   b) bei der Entscheidung ein Richter mitgewirkt hat, der von der Ausübung des Richteramtes kraft Gesetzes ausgeschlossen oder wegen Besorgnis der Befangenheit mit Erfolg abgelehnt war,
   c) einem Beteiligten das rechtliche Gehör versagt war,
   d) das Urteil auf eine mündliche Verhandlung ergangen ist, bei der die Vorschriften über die Öffentlichkeit des Verfahrens verletzt worden sind, oder
   e) die Entscheidung nicht mit Gründen versehen ist.

§ 50
Einlegung der Revision

(1) Die Revision ist beim Kirchlichen Arbeitsgerichtshof innerhalb eines Monats nach Zustellung des vollständigen Urteils oder des Beschlusses über die Zulassung der Revision nach § 48 Abs. 5 Satz 1 schriftlich einzulegen. Die Frist ist auch gewahrt, wenn die Revision innerhalb der Frist bei dem Gericht, dessen Urteil angefochten wird, eingelegt wird. Die Revision muss das angefochtene Urteil bezeichnen.

(2) Die Revision ist innerhalb von zwei Monaten nach Zustellung des vollständigen Urteils oder des Beschlusses über die Zulassung der Revision nach § 48 Abs. 5 Satz 1 zu begründen. Die Begründung ist bei dem Kirchlichen Arbeitsgerichtshof einzureichen. Die Begründungsfrist kann auf einen vor ihrem Ablauf gestellten Antrag vom Präsidenten einmalig um einen weiteren Monat verlängert werden. Die Begründung muss einen bestimmten Antrag enthalten, die verletzte Rechtsnorm und, soweit Verfahrensmängel gerügt werden, die Tatsachen angeben, die den Mangel ergeben.

§ 51
Revisionsentscheidung

(1) Der Kirchliche Arbeitsgerichtshof prüft, ob die Revision statthaft und ob sie in der gesetzlichen Form und Frist eingelegt und begründet worden ist. Mangelt es an einem dieser Erfordernisse, so ist die Revision unzulässig.

(2) Ist die Revision unzulässig, so verwirft sie der Kirchliche Arbeitsgerichtshof ohne Mitwirkung der beisitzenden Richter durch Beschluss, der ohne mündliche Verhandlung ergehen kann.

(3) Ist die Revision unbegründet, so weist der Kirchliche Arbeitsgerichtshof durch Urteil die Revision zurück.

(4) Ist die Revision begründet, so kann der Kirchliche Arbeitsgerichtshof
   a) in der Sache selbst entscheiden,
   b) das angefochtene Urteil aufheben und die Sache zur anderweitigen Verhandlung und Entscheidung zurückverweisen.

(5) Ergeben die Entscheidungsgründe zwar eine Verletzung des bestehenden Rechts, stellt sich die Entscheidung selbst aber aus anderen Gründen als richtig dar, so ist die Revision zurückzuweisen.
(6) Das Kirchliche Arbeitsgericht, an das die Sache zur anderweitigen Verhandlung und Entscheidung zurückverwiesen ist, hat seiner Entscheidung die rechtliche Beurteilung des Kirchlichen Arbeitsgerichtshofes zugrunde zu legen.

3. Abschnitt
Vorläufiger Rechtsschutz

§ 52
Einstweilige Verfügung

(1) Auf Antrag kann, auch schon vor der Erhebung der Klage, eine einstweilige Verfügung in Bezug auf den Streitgegenstand getroffen werden, wenn die Gefahr besteht, dass in dem Zeitraum bis zur rechtskräftigen Beendigung des Verfahrens die Verwirklichung eines Rechtes des Klägers vereitelt oder wesentlich erschwert werden könnte, oder wenn die Regelung eines vorläufigen Zustandes in einem streitigen Rechtsverhältnis erforderlich ist, um wesentliche Nachteile abzuwenden.
(2) Für das Verfahren gelten die Vorschriften des Achten Buches der Zivilprozessordnung über die einstweilige Verfügung (§§ 935 – 944) entsprechend mit der Maßgabe, dass die Entscheidungen ohne mündliche Verhandlung und ohne Hinzuziehung der beisitzenden Richter ergehen und erforderliche Zustellungen von Amts wegen erfolgen.

Anmerkung: Voraussetzung für den Antrag ist ein Verfügungsanspruch und ein Verfügungsgrund. Der Verfügungsgrund ist gegeben, wenn der Antragsteller dringend auf den Erlass einer einstweiligen Verfügung angewiesen ist, mithin eine besondere Dringlichkeit bzw. Eilbedürftigkeit vorliegt (Kirchliches Arbeitsgericht Freiburg, 12.2.2011 – K1/2011).

4. Abschnitt
Vollstreckung gerichtlicher Entscheidungen

§ 53
Vollstreckungsmaßnahmen

(1) Ist ein Beteiligter rechtskräftig zu einer Leistung verpflichtet worden, hat er dem Gericht, das die Streitigkeit verhandelt und entschieden hat, innerhalb eines Monats nach Eintritt der Rechtskraft zu berichten, dass die auferlegten Verpflichtungen erfüllt sind.
(2) Berichtet der Beteiligte nicht innerhalb eines Monats, fordert der Vorsitzende des Gerichts ihn auf, die Verpflichtungen unverzüglich zu erfüllen. Bleibt

die Aufforderung erfolglos, ersucht das Gericht den kirchlichen Vorgesetzten des verpflichteten Beteiligten um Vollstreckungshilfe. Dieser berichtet dem Gericht über die von ihm getroffenen Maßnahmen.

(3) Bleiben auch die nach Absatz 2 getroffenen Maßnahmen erfolglos, kann das Gericht auf Antrag gegen den säumigen Beteiligten eine Geldbuße bis zu 2500 Euro verhängen und anordnen, dass die Entscheidung des Gerichts unter Nennung der Verfahrensbeteiligten im Amtsblatt des für den säumigen Beteiligten zuständigen Bistums zu veröffentlichen ist.

§ 54
Vollstreckung von Willenserklärungen

Ist ein Beteiligter zur Abgabe einer Willenserklärung verurteilt, so gilt die Erklärung als abgegeben, sobald das Urteil Rechtskraft erlangt hat.

5. Abschnitt
Beschwerdeverfahren

§ 55
Verfahrensbeschwerde

Hinsichtlich der Beschwerde gegen Entscheidungen des Kirchlichen Arbeitsgerichts oder seines Vorsitzenden gilt § 78 Satz 1 des Arbeitsgerichtsgesetzes entsprechend mit der Maßgabe, dass über die Beschwerde der Präsident des Arbeitsgerichtshofes durch Beschluss ohne mündliche Verhandlung entscheidet.

Vierter Teil
Schlussvorschriften

§ 56
Inkrafttreten

Diese Ordnung tritt am 1. Juli 2010 in Kraft.

Anmerkung: Die KAGO ist in den Amtsblättern aller Diözesen des Jahres 2010 veröffentlicht.

XIX. Anordnung über den kirchlichen Datenschutz (KDO)

– Auszug –

(u.a. abgedruckt in: Amtsblatt des Erzbistums Köln 2003 Nr. 263 S. 249, Ergänzung in § 18 a: Kirchliches Amtsblatt Bistum Essen 2010 Nr. 159 S. 207 bzw. Neufassung: OVB Speyer 2010 S. 280); Amtsblatt des Erzbistums Köln 2011 Nr. 189 S. 315 mit Neufassung des § 18a

§ 1
Zweck und Anwendungsbereich

(1) Zweck dieser Anordnung ist es, den Einzelnen davor zu schützen, dass er durch den Umgang mit seinen personenbezogenen Daten in seinem Persönlichkeitsrecht beeinträchtigt wird.

(2) Diese Anordnung gilt für die Erhebung, Verarbeitung und Nutzung personenbezogener Daten durch:
1. das Bistum, die Kirchengemeinden, die Kirchenstiftungen und die Kirchengemeindeverbände,
2. den Deutschen Caritasverband, die Diözesan-Caritasverbände, ihre Untergliederungen und ihre Fachverbände ohne Rücksicht auf ihre Rechtsform,
3. die kirchlichen Körperschaften, Stiftungen, Anstalten, Werke, Einrichtungen und die sonstigen kirchlichen Rechtsträger ohne Rücksicht auf ihre Rechtsform.

(3) Soweit besondere kirchliche oder staatliche Rechtsvorschriften auf personenbezogene Daten einschließlich deren Veröffentlichung anzuwenden sind, gehen sie den Vorschriften dieser Anordnung vor. Die Verpflichtung zur Wahrung des Beicht- und Seelsorgegeheimnisses, anderer gesetzlicher Geheimhaltungspflichten oder von anderen Berufs- oder besonderen Amtsgeheimnissen, die nicht auf gesetzlichen Vorschriften beruhen, bleibt unberührt.

§ 3 a
Meldepflicht und Verzeichnis

(1) Die in § 1 Abs. 2 genannten Stellen sind verpflichtet, Verfahren automatisierter Verarbeitung vor Inbetriebnahme dem Diözesandatenschutzbeauftragten zu melden.

(2) Die Meldung hat folgende Angaben zu enthalten
1. Name und Anschrift der verantwortlichen Stelle,
2. Vorstände, Geschäftsführer oder sonstige gesetzliche oder nach der Verfassung der Stelle berufene Leiter und die mit der Leitung der Datenverarbeitung beauftragten Personen,
3. Zweckbestimmungen der Datenerhebung, -verarbeitung oder -nutzung,
4. eine Beschreibung der betroffenen Personengruppen und der diesbezüglichen Daten oder Datenkategorien,
5. Empfänger oder Kategorien von Empfängern, denen die Daten mitgeteilt werden können,
6. Regelfristen für die Löschung der Daten,
7. eine geplante Datenübermittlung ins Ausland,
8. eine allgemeine Beschreibung, die es ermöglicht, vorläufig zu beurteilen, ob die Maßnahmen nach § 6 dieser Anordnung zur Gewährleistung der Sicherheit der Bearbeitung angemessen sind,
9. zugriffsberechtigte Personen.

(3) Die Meldepflicht entfällt, wenn für die verantwortliche Stelle ein betrieblicher Datenschutzbeauftragter nach § 18 a bestellt wurde oder bei ihr höchstens zehn Personen mit der Erhebung, Verarbeitung oder Nutzung personenbezogener Daten betraut sind.

(4) Die Angaben nach Abs. 2 sind von der kirchlichen Stelle in einem Verzeichnis vorzuhalten. Sie macht die Angaben nach Abs. 2 Nr. 1 bis 7 auf Antrag jedermann in geeigneter Weise verfügbar, der ein berechtigtes Interesse nachweist.

§ 4
Datengeheimnis

Den bei der Datenverarbeitung tätigen Personen ist untersagt, personenbezogene Daten unbefugt zu erheben, zu verarbeiten oder zu nutzen (Datengeheimnis). Diese Personen sind bei der Aufnahme ihrer Tätigkeit auf das Datengeheimnis schriftlich zu verpflichten. Das Datengeheimnis besteht auch nach Beendigung der Tätigkeit fort.

§ 5
Unabdingbare Rechte des Betroffenen

(1) Die Rechte des Betroffenen auf Auskunft (§ 13) und auf Berichtigung, Löschung oder Sperrung (§ 14) können durch Rechtsgeschäft ausgeschlossen oder beschränkt werden.

(2) Sind die Daten des Betroffenen automatisiert in einer Weise gespeichert, dass mehrere Stellen speicherungsberechtigt sind, und ist der Betroffene nicht in der Lage festzustellen, welche Stelle die Daten gespeichert hat, so kann er sich an jede dieser Stellen wenden. Diese ist verpflichtet, das Vorbringen des Betroffenen an die Stelle, die die Daten gespeichert hat, weiterzuleiten. Der Betroffene ist über die Weiterleitung und jede Stelle zu unterrichten.

§ 6
Technische und organisatorische Maßnahmen

Kirchliche Stellen im Geltungsbereich des § 1 Abs. 2, die selbst oder im Auftrag personenbezogene Daten erheben, verarbeiten oder nutzen, haben die technischen und organisatorischen Maßnahmen zu treffen, die erforderlich sind, um die Ausführung der Vorschriften dieser Anordnung, insbesondere die in der Anlage zu dieser Anordnung genannten Anforderungen zu gewährleisten. Erforderlich sind Maßnahmen nur, wenn ihr Aufwand in einem angemessenen Verhältnis zu dem angestrebten Schutzzweck steht.

§ 9
Datenerhebung

(1) Das Erheben personenbezogener Daten ist zulässig, wenn ihre Kenntnis zur Erfüllung der Aufgaben der verantwortlichen Stellen erforderlich ist.

(2) ....
(3) ....
(4) ....
(5) Das Erheben besonderer Arten personenbezogener Daten (§ 2 Abs. 10) ist nur zulässig, soweit
   1. eine Rechtsvorschrift dies vorsieht oder dies aus Gründen eines wichtigen öffentlichen Interesses zwingend erforderlich ist,
   2. bis 8. .....
   9. dies zur Eingehung, Durchführung, Beendigung oder Abwicklung des Dienst- oder Arbeitsverhältnisses erforderlich ist.

§ 10
Datenspeicherung, -veränderung und -nutzung

(1) Das Speichern, Verändern oder Nutzen personenbezogener Daten ist zulässig, wenn es zur Erfüllung der in der Zuständigkeit der verantwortlichen Stelle liegenden Aufgaben erforderlich ist und es für die Zwecke erfolgt, für die die Daten erhoben worden sind. Ist keine Erhebung vorausgegangen, dürfen die Daten nur für die Zwecke geändert oder genutzt werden, für die sie gespeichert worden sind.
(2) bis (6)....

§ 15
Anrufung des Diözesandatenschutzbeauftragten

Jedermann kann sich an den Datenschutzbeauftragten wenden, wenn er der Ansicht ist, bei der Erhebung, Verarbeitung oder Nutzung seiner personenbezogenen Daten durch Stellen gemäß § 1 Abs. 2 in seinen Rechten verletzt worden zu sein.

§ 16
Bestellung und Rechtsstellung des Diözesandatenschutzbeauftragten

(1) Der Bischof bestellt für den Bereich seines Bistums einen Diözesandatenschutzbeauftragten. Die Bestellung erfolgt für die Dauer von drei Jahren. Wiederbestellung ist möglich. Bei Vorliegen eines wichtigen Grundes kann der Bischof vorzeitig die Bestellung zurücknehmen. Auf Antrag des Beauftragten nimmt der Bischof die Bestellung zurück.
(2) Zum Diözesandatenschutzbeauftragten darf nur bestellt werden, wer die zur Erfüllung seiner Aufgaben erforderliche Fachkunde und Zuverlässigkeit besitzt. Er ist auf die gewissenhafte Erfüllung seiner Pflichten und die Einhaltung des kirchlichen und des für die Kirchen verbindlichen staatlichen Rechts zu verpflichten.
(3) Der Diözesandatenschutzbeauftragte ist in Ausübung seiner Tätigkeit unabhängig und nur dem kirchlichen Recht und dem für die Kirchen verbindlichen staatlichen Recht unterworfen.

(4) Der Diözesandatenschutzbeauftragte ist, auch nach Beendigung seines Auftrages, verpflichtet über die ihm in seiner Eigenschaft als Diözesandatenschutzbeauftragten bekannt gewordenen Angelegenheiten Verschwiegenheit zu bewahren. Dies gilt nicht für Mitteilungen im dienstlichen Verkehr oder über Tatsachen, die offenkundig sind oder ihrer Bedeutung nach keiner Geheimhaltung bedürfen.

(5) Der Diözesandatenschutzbeauftragte darf, auch wenn sein Auftrag beendet ist, über solche Angelegenheiten ohne Genehmigung des Bischofs weder vor Gericht noch außergerichtlich Aussagen oder Erklärungen abgeben. Die Genehmigung, als Zeuge auszusagen, wird in der Regel erteilt. Unberührt bleibt die gesetzlich begründete Pflicht, Straftaten anzuzeigen.

Anmerkung: ⌐

§ 17
Aufgaben des Diözesandatenschutzbeauftragten

(1) Der Diözesandatenschutzbeauftragte wacht über die Einhaltung der Vorschriften dieser Anordnung sowie anderer Vorschriften über den Datenschutz. Er kann Empfehlungen zur Verbesserung des Datenschutzes geben. Des Weiteren kann er die bischöfliche Behörde und sonstige kirchliche Dienststellen in seinem Bereich in Fragen des Datenschutzes beraten. Auf Anforderung der bischöflichen Behörde hat der Diözesandatenschutzbeauftragte Gutachten zu erstellen und Berichte zu erstatten.

(2) Die in § 1 Abs. 2 genannten Stellen sind verpflichtet, den Diözesandatenschutzbeauftragten bei der Erfüllung seiner Aufgaben zu unterstützen. Ihm ist dabei insbesondere
   1. Auskunft zu seinen Fragen sowie Einsicht in alle Unterlagen und Akten zu gewähren, die im Zusammenhang mit der Verarbeitung personenbezogener Daten stehen, namentlich in die gespeicherten Daten und in die Datenverarbeitungsprogramme;
   2. während der Dienstzeit Zutritt zu allen Diensträumen, die der Verarbeitung und Aufbewahrung automatisierter Dateien dienen, zu gewähren,

soweit nicht sonstige kirchliche Vorschriften entgegenstehen.

(3) Der Diözesandatenschutzbeauftragte erstattet dem Bischof alle drei Jahre einen Tätigkeitsbericht. Der Tätigkeitsbericht soll auch eine Darstellung der wesentlichen Entwicklungen des Datenschutzes im nichtkirchlichen Bereich enthalten.

(4) Der Diözesandatenschutzbeauftragte wirkt auf die Zusammenarbeit mit den kirchlichen Stellen, insbesondere mit den anderen Diözesandatenschutzbeauftragten, hin.

(5) Zu seinem Aufgabenbereich gehört die Zusammenarbeit mit den staatlichen Beauftragten für den Datenschutz.

⌐ Zur Abberufung eines Datenschutzbeauftragten aus wichtigem Grund vgl. BAG, 23.3.2011 – 10 AZR 562/09, NZA 2011, 1036

§ 18
Beanstandungen durch den Diözesandatenschutzbeauftragten

(1) Stellt der Diözesandatenschutzbeauftragte Verstöße gegen die Vorschriften dieser Anordnung oder gegen andere Datenschutzbestimmungen oder sonstige Mängel bei der Verarbeitung personenbezogener Daten fest, so beanstandet er diese gegenüber der zuständigen aufsichtsführenden Stelle und fordert zur Stellungnahme innerhalb einer von ihm zu bestimmenden Frist auf.
(2) Der Diözesandatenschutzbeauftragte kann von einer Beanstandung absehen oder auf eine Stellungnahme der betroffenen Stelle verzichten, wenn es sich um unerhebliche Mängel handelt.
(3) Mit der Beanstandung kann der Diözesandatenschutzbeauftragte Vorschläge zur Beseitigung der Mängel und zur sonstigen Verbesserung des Datenschutzes verbinden.
(4) Die gemäß Abs. 1 abzugebende Stellungnahme soll auch eine Darstellung der Maßnahmen enthalten, die aufgrund der Beanstandungen des Diözesandatenschutzbeauftragten getroffen worden sind.

§ 18 a
Betrieblicher Beauftragter für den Datenschutz

(1) Kirchliche Stellen im Sinne des § 1 Abs. 2, die personenbezogene Daten automatisiert erheben, verarbeiten oder nutzen, können einen betrieblichen Datenschutzbeauftragten schriftlich bestellen.
(2) Sind mit der automatisierten Datenerhebung-, verarbeitung oder -nutzung mehr als zehn Personen befasst, so soll ein betrieblicher Datenschutzbeauftragter bestellt werden.
(3) Zum betrieblichen Datenschutzbeauftragten darf nur bestellt werden, wer die zur Erfüllung seiner Aufgaben erforderliche Fachkunde und Zuverlässigkeit besitzt. Mit dieser Aufgabe kann auch eine Person außerhalb der kirchlichen Stelle betraut werden. Ein betrieblicher Datenschutzbeauftragter kann von mehreren kirchlichen Stellen bestellt werden.
(4) Der betriebliche Datenschutzbeauftragte ist dem Leiter der kirchlichen Stelle unmittelbar zu unterstellen. Er ist in Ausübung seiner Fachkunde auf dem Gebiet des Datenschutzes weisungsfrei. Er darf wegen der Erfüllung seiner Aufgaben nicht benachteiligt werden.
(5) Die kirchlichen Stellen haben den betrieblichen Datenschutzbeauftragten bei der Erfüllung seiner Aufgaben zu unterstützen. Betroffene können sich jederzeit an den betrieblichen Datenschutzbeauftragten wenden.
(6) Ist ein betrieblicher Beauftragter für den Datenschutz bestellt worden, so ist die Kündigung seines Arbeitsverhältnisses unzulässig, es sei denn, dass Tatsachen vorliegen, welche die verantwortliche Stelle zur Kündigung aus wichtigem Grund ohne Einhaltung einer Kündigungsfrist berechtigen. Nach der Abberufung als betrieblicher Beauftragter für den Datenschutz ist die Kündigung innerhalb eines Jahres nach der Beendigung der Bestellung

unzulässig, es sei denn, dass die verantwortliche Stelle zur Kündigung aus wichtigem Grund ohne Einhaltung einer Kündigungsfrist berechtigt ist.

(7) Zur Erhaltung der zur Erfüllung seiner Aufgaben erforderlichen Fachkunde hat die verantwortliche Stelle dem betrieblichen Beauftragten für den Datenschutz die Teilnahme an Fort- und Weiterbildungsveranstaltungen in angemessenem Umfang zu ermöglichen und deren Kosten zu übernehmen.

(8) Im Übrigen findet § 16 entsprechende Anwendung.

§ 18 b
Aufgaben des betrieblichen Datenschutzbeauftragen

(1) Der betriebliche Datenschutzbeauftragte wirkt auf die Einhaltung dieser Anordnung und anderer Vorschriften über den Datenschutz hin. Zu diesem Zweck kann er sich in Zweifelsfällen an den Diözesandatenschutzbeauftragten gemäß § 16 dieser Anordnung wenden. Er hat insbesondere
   1. die ordnungsgemäße Anwendung der Datenverarbeitungsprogramme, mit deren Hilfe personenbezogene Daten verarbeitet werden sollen, zu überwachen; zu diesem Zweck ist er über Vorhaben der automatisierten Verarbeitung personenbezogener Daten rechtzeitig zu unterrichten,
   2. die bei der Verarbeitung personenbezogener Daten tätigen Personen durch geeignete Maßnahmen mit den Vorschriften dieser Anordnung sowie anderer Vorschriften über den Datenschutz und mit den jeweiligen besonderen Erfordernissen des Datenschutzes vertraut zu machen.

(2) Dem betrieblichen Datenschutzbeauftragten ist von der verantwortlichen Stelle eine Übersicht nach § 3 a Abs. 2 zur Verfügung zu stellen.

(3) Der betriebliche Datenschutzbeauftragte macht die Angaben nach § 3 a Abs. 2 Nr. 1 bis 7 auf Antrag jedermann in geeigneter Weise verfügbar, der ein berechtigtes Interesse nachweist.

Anmerkung: § 32 BDSG lautet:

§ 32 Datenerhebung, -verarbeitung und -nutzung für Zwecke des Beschäftigungsverhältnisses

(1) Personenbezogene Daten eines Beschäftigten dürfen für Zwecke des Beschäftigungsverhältnisses erhoben, verarbeitet oder genutzt werden, wenn dies für die Entscheidung über die Begründung eines Beschäftigungsverhältnisses oder nach Begründung des Beschäftigungsverhältnisses für dessen Durchführung oder Beendigung erforderlich ist. Zur Aufdeckung von Straftaten dürfen personenbezogene Daten eines Beschäftigten nur dann erhoben, verarbeitet oder genutzt werden, wenn zu dokumentierende tatsächliche Anhaltspunkte den Verdacht begründen, dass der Betroffene im Beschäftigungsverhältnis ein Straftat begangen hat, die Erhebung, Verarbeitung oder Nutzung zur Aufdeckung erforderlich ist und das schutzwürdige Interesse eines Beschäftigten an dem Ausschluss der Erhebung, Verarbeitung oder Nutzung nicht überwiegt, insbesondere Art und Ausmaß im Hinblick auf den Anlass nicht unverhältnismäßig sind.

(2) *Absatz 1 ist auch anzuwenden, wenn personenbezogene Daten erhoben, verarbeitet oder genutzt werden, ohne dass sie automatisiert verarbeitet oder aus einer nicht automatisierten Datei verarbeitet, genutzt oder für die Verarbeitung oder Nutzung in einer solchen Datei erhoben werden.*

(3) *Die Beteiligungsrechte der Interessenvertretungen der Beschäftigten bleiben unberührt.*

C. Staatliche Gesetze

I. Grundgesetz für die Bundesrepublik Deutschland (GG)

– Auszug –

Art. 1 (Schutz der Menschenwürde)

(1) Die Würde des Menschen ist unantastbar. Sie zu achten und zu schützen ist Verpflichtung aller staatlichen Gewalt.

…

Art. 2 (Persönliche Freiheitsrechte)

(1) Jeder hat das Recht auf die freie Entfaltung seiner Persönlichkeit, soweit er nicht die Rechte anderer verletzt und nicht gegen die verfassungsmäßige Ordnung oder das Sittengesetz verstößt.

(2) Jeder hat das Recht auf Leben und körperliche Unversehrtheit. Die Freiheit der Person ist unverletzlich. In diese Rechte darf nur auf Grund eines Gesetzes eingegriffen werden.

Art. 3 (Gleichheit vor dem Gesetz)

(1) Alle Menschen sind vor dem Gesetz gleich.

(2) Männer und Frauen sind gleichberechtigt. Der Staat fördert die tatsächliche Durchsetzung der Gleichberechtigung von Frauen und Männern und wirkt auf die Beseitigung bestehender Nachteile hin.

(3) Niemand darf wegen seines Geschlechtes, seiner Abstammung, seiner Rasse, seiner Sprache, seiner Heimat und Herkunft, seines Glaubens, seiner religiösen oder politischen Anschauungen benachteiligt oder bevorzugt werden. Niemand darf wegen seiner Behinderung benachteiligt werden.

Art. 4 (Glaubens-, Gewissens- und Bekenntnisfreiheit)

(1) Die Freiheit des Glaubens, des Gewissens und die Freiheit des religiösen und weltanschaulichen Bekenntnisses sind unverletzlich.

(2) Die ungestörte Religionsausübung wird gewährleistet

(3) Niemand darf gegen sein Gewissen zum Kriegsdienst mit der Waffe gezwungen werden. Das Nähere regelt ein Bundesgesetz.

Art. 9 (Vereinigungsfreiheit)

…

(3) Das Recht, zur Wahrung und Förderung der Arbeits- und Wirtschaftsbedingungen Vereinigungen zu bilden, ist für jedermann und für alle Berufe

gewährleistet. Abreden, die dieses Recht einschränken oder zu behindern suchen, sind nichtig, hierauf gerichtete Maßnahmen sind rechtswidrig. Maßnahmen nach den Artikeln 12 a, 35 Abs. 2 und 3, Artikel 87 a Abs. 4 und Artikel 91 dürfen sich nicht gegen Arbeitskämpfe richten, die zur Wahrung und Förderung der Arbeits- und Wirtschaftsbedingungen von Vereinigungen im Sinne des Satzes 1 geführt werden.

Anmerkung: Ein betriebliches Zugangsrecht der Gewerkschaften zum Zwecke der Mitgliederwerbung in einen kirchlichen Betrieb ist in der Entscheidung des BVerfG vom 17.2.1981 – 2 BvR 384/78 – AP Nr. 9 zu Art. 140 GG – jedenfalls dann verneint worden, wenn die Gewerkschaft im kirchlichen Betrieb bereits durch Mitglieder vertreten ist. Dieser Beschluss entfaltet im kirchlichen Bereich auch nach Aufgabe der Kernbereichslehre zu Art. 9 Abs. 3 GG im Beschluss der BVerfG vom 14.11.1995 – 1 BvR 601/92 – AP Nr. 80 zu Art. 9 GG – weiterhin Bindungswirkung gemäß § 31 Abs. 1 BVerfGG (LAG Baden-Württemberg, 8.9.2010 – 2 Sa 24/10, Revision zugelassen, ZTR 2011, 121).
Siehe aber auch § 38 Abs. 2 MAVO i.V.m. Art. 6 GrO.

Art. 12 (Berufsfreiheit)

(1) Alle Deutschen haben das Recht, Beruf, Arbeitsplatz und Ausbildungsstätte frei zu wählen. Die Berufsausübung kann durch Gesetz oder auf Grund eines Gesetzes geregelt werden.
(2) Niemand darf zu einer bestimmten Arbeit gezwungen werden, außer im Rahmen einer herkömmlichen allgemeinen, für alle gleichen öffentlichen Dienstleistungspflicht.
(3) Zwangsarbeit ist nur bei einer gerichtlich angeordneten Freiheitsentziehung zulässig.

Art. 140 (Weimarer Verfassung)

Die Bestimmungen der Artikel 136, 137, 138, 139 und 141 der Deutschen Verfassung vom 11. August 1919 sind Bestandteil dieses Grundgesetzes.

Auszug aus der WRV:

Art. 137 WRV

…
(3) Jede Religionsgesellschaft ordnet und verwaltet ihre Angelegenheiten selbständig innerhalb der Schranken des für alle geltenden Gesetzes. Sie verleiht ihre Ämter ohne Mitwirkung des Staates oder der bürgerlichen Gemeinde.
(4) Religionsgesellschaften erwerben die Rechtsfähigkeit nach den allgemeinen Vorschriften des bürgerlichen Rechtes.
(5) Die Religionsgesellschaften bleiben Körperschaften des öffentlichen Rechts, soweit sie solche bisher waren. Anderen Religionsgesellschaften sind auf ihren

Antrag gleiche Rechte zu gewähren, wenn sie durch ihre Verfassung und die Zahl ihrer Mitglieder die Gewähr der Dauer bieten. Schließen sich mehrere derartige öffentlich-rechtliche Religionsgesellschaften zu einem Verbande zusammen, so ist auch dieser Verband eine öffentlich-rechtliche Körperschaft.

Art. 139 WRV

Der Sonntag und die staatlich anerkannten Feiertage bleiben als Tage der Arbeitsruhe und der seelischen Erhebung gesetzlich geschützt.

Anmerkung: Zum verfassungsrechtlich gebotenen Sonntagsschutz siehe BVerfG, 1.12.2009 – 1 BvR 2857/07, 2858/07, JZ 2010, 137.

Art. 141 WRV

Soweit das Bedürfnis nach Gottesdienst und Seelsorge im Heer, in Krankenhäusern, Strafanstalten oder sonstigen öffentlichen Anstalten besteht, sind die Religionsgesellschaften zur Vornahme religiöser Handlungen zuzulassen, wobei jeder Zwang fernzuhalten ist.

Siehe dazu u.a.: Art. 2, 3, 8, 9, 12 des Vertrages zwischen dem Land Schleswig-Holstein und dem Heiligen Stuhl vom 12. Januar 2009 (GVBl. für Schleswig-Holstein 2009, 265 – 285).

II. Bürgerliches Gesetzbuch (BGB)

– Auszug –

Buch 1
Allgemeiner Teil

§ 1
Beginn der Rechtsfähigkeit

Die Rechtsfähigkeit des Menschen beginnt mit der Vollendung der Geburt.

§ 13
Verbraucher

Verbraucher ist jede natürliche Person, die ein Rechtsgeschäft zu einem Zwecke abschließt, der weder ihrer gewerblichen noch ihrer selbständigen beruflichen Tätigkeit zugerechnet werden kann.

§ 14
Unternehmer

(1) Unternehmer ist eine natürliche oder juristische Person oder eine rechtsfähige Personengesellschaft, die bei Abschluss eines Rechtsgeschäfts in Ausübung ihrer gewerblichen oder selbständigen beruflichen Tätigkeit handelt.
(2) Eine rechtsfähige Personengesellschaft ist eine Personengesellschaft, die mit der Fähigkeit ausgestattet ist, Rechte zu erwerben und Verbindlichkeiten einzugehen.

§ 119
Anfechtbarkeit wegen Irrtums

(1) Wer bei der Abgabe einer Willenserklärung über deren Inhalt im Irrtum war oder eine Erklärung dieses Inhalts überhaupt nicht abgeben wollte, kann die Erklärung anfechten, wenn anzunehmen ist, dass er sie bei Kenntnis der Sachlage und bei verständiger Würdigung des Falles nicht abgegeben haben würde.
(2) Als Irrtum über den Inhalt der Erklärung gilt auch der Irrtum über solche Eigenschaften der Person oder Sache, die im Verkehr als wesentlich angesehen werden.

§ 123
Anfechtung wegen Täuschung oder Drohung

(1) Wer zur Abgabe einer Willenserklärung durch arglistige Täuschung oder widerrechtlich durch Drohung bestimmt worden ist, kann die Erklärung anfechten.
(2) Hat einer Dritter die Täuschung verübt, so ist eine Erklärung, die einem anderen gegenüber abzugeben war, nur dann anfechtbar, wenn dieser die Täuschung kannte oder erkennen musste. Soweit eine anderer als derjenige, welchem gegenüber die Erklärung abzugeben war, aus der Erklärung unmittelbar ein Recht erworben hat, ist die Erklärung ihm gegenüber anfechtbar, wenn er die Täuschung kannte oder kennen musste.

§ 125
Nichtigkeit wegen Formmangels

Ein Rechtsgeschäft, welches der durch Gesetz vorgeschriebenen Form ermangelt, ist nichtig. Der Mangel der durch Rechtsgeschäft bestimmten Form hat im Zweifel gleichfalls Nichtigkeit zur Folge.

§ 126
Schriftform

(1) Ist durch Gesetz schriftliche Form vorgeschrieben, so muss die Urkunde von dem Aussteller eingenhändig durch Namensunterschrift oder mittels notariell beglaubigten Handzeichens unterzeichnet werden.

(2) Bei einem Vertrag muss die Unterzeichnung der Parteien auf derselben Urkunde erfolgen. Werden über den Vertrag mehrere gleichlautende Urkunden aufgenommen, so genügt es, wenn jede Partei die für die andere Partei bestimmte Urkunde unterzeichnet.
(3) Die schriftliche Form kann durch die elektronische Form ersetzt werden, wenn sich nicht aus dem Gesetz ein anderes ergibt.
(4) Die schriftliche Form wird durch die notarielle Beurkundung ersetzt.

§ 126 a
Elektronische Form

(1) Soll die gesetzlich vorgeschriebene schriftliche Form durch die elektronische Form ersetzt werden, so muss der Aussteller der Erklärung dieser seinen Namen hinzufügen und das elektronische Dokument mit einer qualifizierten elektronischen Signatur nach dem Signaturgesetz versehen.
(2) Bei einem Vertrag müssen die Parteien jeweils ein gleichlautendes Dokument in der in Absatz 1 bezeichneten Weise elektronisch signieren.

§ 126 b
Textform

Ist durch Gesetz Textform vorgeschrieben, so muss die Erklärung in einer Urkunde oder auf andere zur dauerhaften Wiedergabe in Schriftzeichen geeignete Weise abgegeben, die Person des Erklärenden genannt und der Abschluss der Erklärung durch Nachbildung der Namensunterschrift oder anders erkennbar gemacht werden.

§ 127
Vereinbarte Form

(1) Die Vorschriften des § 126, des § 126 a oder des § 126 b gelten im Zweifel auch für die durch Rechtsgeschäft bestimmte Form.

…

Anmerkung: Kirchliche Arbeitsvertragsordnungen sehen regelmäßig für den Abschluss von Arbeitsverträgen die Schriftform vor.

§ 134
Gesetzliches Verbot

Ein Rechtsgeschäft, das gegen ein gesetzliches Verbot verstößt, ist nichtig, wenn sich nicht aus dem Gesetz ein anderes ergibt.

§ 157
Auslegung von Verträgen

Verträge sind so auszulegen, wie Treu und Glauben mit Rücksicht auf die Verkehrssitte es erfordern.

§ 186
Geltungsbereich (Fristen, Termine)

Für die in Gesetzen, gerichtlichen Verfügungen und Rechtsgeschäften enthaltenen Frist- und Terminsbestimmungen gelten die Auslegungsvorschriften der §§ 187 bis 193.

§ 187
Fristbeginn

(1) Ist für den Anfang einer Frist ein Ereignis oder ein in den Lauf eines Tages fallender Zeitpunkt maßgebend, so wird bei der Berechnung der Frist der Tag nicht mitgerechnet, in welchen das Ereignis oder der Zeitpunkt fällt.

(2) Ist der Beginn eines Tages der für den Anfang einer Frist maßgebende Zeitpunkt, so wird dieser Tag bei der Berechnung der Frist mitgerechnet. Das Gleiche gilt von dem Tage der Geburt bei der Berechnung des Lebensalters.

§ 188
Fristende

(1) Eine nach Tagen bestimmte Frist endigt mit dem Ablaufe des letzten Tages der Frist.

(2) Eine Frist, die nach Wochen, Monaten oder nach einem mehrere Monate umfassenden Zeitraume – Jahr, halbes Jahr, Vierteljahr – bestimmt ist, endigt im Falle des § 187 Abs. 1 mit dem Ablauf desjenigen Tages der letzten Woche oder des letzten Monats, welcher durch seine Benennung oder seine Zahl dem Tage entspricht, in den das Ereignis oder der Zeitpunkt fällt, im Falle des § 187 Abs. 2 mit dem Ablauf desjenigen Tages der letzten Woche oder des letzten Monats, welcher dem Tage vorhergeht, der durch seine Benennung oder seine Zahl dem Anfangstag der Frist entspricht.

(3) Fehlt bei einer nach Monaten bestimmten Frist in dem letzten Monat der für ihren Ablauf maßgebende Tag, so endigt die Frist mit dem Ablauf des letzten Tages dieses Monats.

§ 189
Berechnung einzelner Fristen

(1) Unter einem halben Jahr wird eine Frist von sechs Monaten, unter einem Vierteljahr eine Frist von drei Monaten, unter einem halben Monat eine Frist von fünfzehn Tagen verstanden.

(2) Ist eine Frist auf einen oder mehrere ganze Monate und einen halben Monat gestellt, so sind die 15 Tage zuletzt zu zählen.

§ 190
Fristverlängerung

Im Falle der Verlängerung einer Frist wird die neue Frist von dem Ablauf der vorigen Frist an berechnet.

§ 191
Berechnungen von Zeiträumen

Ist ein Zeitraum nach Monaten oder nach Jahren in dem Sinne bestimmt, dass er nicht zusammenhängend zu verlaufen braucht, so wird der Monat zu 30, das Jahr zu 365 Tagen gerechnet.

§ 192
Anfang, Mitte, Ende des Monats

Unter Anfang des Monats wird der erste, unter Mitte des Monats der 15., unter Ende des Monats der letzte Tag des Monats verstanden.

§ 193
Sonn- und Feiertag; Sonnabend

Ist an einem bestimmten Tage oder innerhalb einer Frist eine Willenserklärung abzugeben oder eine Leistung zu bewirken und fällt der bestimmte Tag oder der letzte Tag der Frist auf einen staatlich anerkannten allgemeinen Feiertag oder einen Sonnabend, so tritt an die Stelle eines solchen Tages der nächste Werktag.

§ 195
Regelmäßige Verjährungsfrist

Die regelmäßige Verjährungsfrist beträgt drei Jahre.

Anmerkung: Von der Verjährung zu unterscheiden ist die in kirchlichen Arbeitsvertragsordnungen geregelte kürzere Ausschlussfrist. Vgl. z.B. § 23 AVR-Caritas, wonach Ansprüche aus dem Dienstverhältnis verfallen, wenn sie nicht innerhalb einer Ausschlussfrist von sechs Monaten nach Fälligkeit vom Mitarbeiter oder vom Dienstgeber schriftlich geltend gemacht werden, soweit die AVR nichts anderes bestimmen. Für denselben Sachverhalt reicht die einmalige Geltendmachung des Anspruchs aus, um die Ausschlussfrist auch für später fällig werdende Leistungen unwirksam zu machen.

Buch 2
Recht der Schuldverhältnisse

§ 241
Pflichten aus dem Schuldverhältnis

(1) Kraft des Schuldverhältnisses ist der Gläubiger berechtigt, von dem Schuldner eine Leistung zu fordern. Die Leistung kann auch in einem Unterlassen bestehen.

(2) Das Schuldverhältnis kann nach seinem Inhalt jeden Teil zur Rücksicht auf die Rechte, Rechtsgüter und Interessen des anderen Teils verpflichten.

§ 242
Leistung nach Treu und Glauben

Der Schuldner ist verpflichtet, die Leistung so zu bewirken, wie Treu und Glauben mit Rücksicht auf die Verkehrssitte es erfordern.

§ 305
Einbeziehung Allgemeiner Geschäftsbedingungen in den Vertrag

(1) Allgemeine Geschäftsbedingungen sind alle für eine Vielzahl von Verträgen vorformulierten Vertragsbedingungen, die eine Vertragspartei (Verwender) der anderen Vertragspartei bei Abschluss eines Vertrags stellt. Gleichgültig ist, ob die Bestimmungen einen äußerlich gesonderten Bestandteil des Vertrages bilden oder in die Vertragsurkunde selbst aufgenommen werden, welchen Umfang sie haben, in welcher Schriftart sie verfasst sind und welche Form der Vertrag hat. Allgemeine Geschäftsbedingungen liegen nicht vor, soweit die Vertragsbedingungen zwischen den Vertragsparteien im Einzelnen ausgehandelt sind.

(2) Allgemeine Geschäftsbedingungen werden nur dann Bestandteil eines Vertrags, wenn der Verwender bei Vertragsschluss
   1. die andere Vertragspartei ausdrücklich oder, wenn ein ausdrücklicher Hinweis wegen der Art des Vertragsschlusses nur unter unverhältnismäßigen Schwierigkeiten möglich ist, durch deutlich sichtbaren Aushang am Orte des Vertragsschlusses auf sie hinweist und
   2. der anderen Vertragspartei die Möglichkeit verschafft, in zumutbarer Weise die auch eine für den Verwender erkennbare körperliche Behinderung der anderen Vertragspartei angemessen berücksichtigt, von ihrem Inhalt Kenntnis zu nehmen,

   und wenn die andere Vertragspartei mit ihrer Geltung einverstanden ist.

(3) Die Vertragsparteien können für eine bestimmte Art von Rechtsgeschäften die Geltung bestimmter Allgemeiner Geschäftsbedingungen unter Beachtung der in Absatz 2 bezeichneten Erfordernisse im Voraus vereinbaren.

Anmerkung: Kirchliche Arbeitsvertragsrichtlinien hat der Gesetzgeber bei der Neuregelung des Rechts Allgemeiner Geschäftsbedingungen in Kenntnis der Rechtsprechung des Bundesarbeitsgerichts zur Rechtsqualität solcher Richtlinien nicht in die Formulierung des § 310 Abs. 4 Satz 1 BGB aufgenommen; kirchliche Arbeitsvertragsregelungen unterliegen grundsätzlich einer Überprüfung nach den §§ 305 ff. BGB (BAG, 17.11.2005 – 6 AZR 160/05, AP § 611 BGB Kirchendienst Nr. 45).

§ 305 b
Vorrang der Individualabrede

Individuelle Vertragsabreden haben Vorrang vor Allgemeinen Geschäftsbedingungen.

§ 305 c
Überraschende und mehrdeutige Klauseln

(1) Bestimmungen in Allgemeinen Geschäftsbedingungen, die nach den Umständen, insbesondere nach dem äußeren Erscheinungsbild des Vertrags, so ungewöhnlich sind, dass der Vertragspartner des Verwenders mit ihnen nicht zu rechnen braucht, werden nicht Vertragsbestandteil.
(2) Zweifel bei der Auslegung Allgemeiner Geschäftsbedingungen gehen zu Lasten des Verwenders.

§ 306
Rechtsfolgen bei Nichteinbeziehung und Unwirksamkeit

(1) Sind Allgemeine Geschäftsbedingungen ganz oder teilweise nicht Vertragsbestandteil geworden oder unwirksam, so bleibt der Vertrag im Übrigen wirksam.
(2) Soweit Bestimmungen nicht Vertragsbestandteil geworden oder unwirksam sind, richtet sich der Inhalt des Vertrags nach den gesetzlichen Vorschriften.
(3) Der Vertrag ist unwirksam, wenn das Festhalten an ihm auch unter Berücksichtigung der nach Absatz 2 vorgesehenen Änderung eine unzumutbare Härte für eine Vertragspartei darstellen würde.

§ 307
Inhaltskontrolle

(1) Bestimmungen in Allgemeinen Geschäftsbedingungen sind unwirksam, wenn sie den Vertragspartner des Verwenders entgegen den Geboten von Treu und Glauben unangemessen benachteiligen. Eine unangemessene Benachteiligung kann sich auch daraus ergeben, dass die Bestimmung nicht klar und verständlich ist.
(2) Eine unangemessene Benachteiligung ist im Zweifel anzunehmen, wenn eine Bestimmung
   1. mit wesentlichen Grundgedanken der gesetzlichen Regelung, von der abgewichen wird, nicht zu vereinbaren ist oder
   2. wesentliche Rechte oder Pflichten, die sich aus der Natur des Vertrags ergeben, so einschränkt, dass die Erreichung des Vertragszwecks gefährdet ist.
(3) Die Absätze 1 und 2 sowie die §§ 308 und 309 gelten nur für Bestimmungen in Allgemeinen Geschäftsbedingungen, durch die von Rechtsvorschriften abweichende oder diese ergänzende Regelungen vereinbart werden. Andere Bestimmungen können nach Absatz 1 Satz 2 in Verbindung mit Absatz 1 Satz 1 unwirksam sein.

§ 310
Anwendungsbereich

...

(4) Dieser Abschnitt findet keine Anwendung bei Verträgen auf dem Gebiet des Erb-, Familien- und Gesellschaftsrechts sowie auf Tarifverträge, Betriebs- und Dienstvereinbarungen. Bei der Anwendung auf Arbeitsverträge sind die im Arbeitsrecht geltenden Besonderheiten angemessen zu berücksichtigen; § 305 Abs. 2 und 3 ist nicht anzuwenden. Tarifverträge, Betriebs- und Dienstvereinbarungen stehen Rechtsvorschriften im Sinne von § 307 Abs. 3 gleich.

§ 315
Bestimmung der Leistung durch eine Partei

(1) Soll die Leistung durch einen der Vertragschließenden bestimmt werden, so ist im Zweifel anzunehmen, dass die Bestimmung nach billigem Ermessen zu treffen ist.

(2) Die Bestimmung erfolgt durch Erklärung gegenüber dem anderen Teil.

(3) Soll die Bestimmung nach billigem Ermessen erfolgen, so ist die getroffene Bestimmung für den anderen Teil nur verbindlich, wenn sie der Billigkeit entspricht. Entspricht sie nicht der Billigkeit, so wird die Bestimmung durch Urteil getroffen; das Gleiche gilt, wenn die Bestimmung verzögert wird.

Anmerkung: Siehe dazu auch § 106 GewO.

§ 317
Bestimmung der Leistung durch einen Dritten

(1) Ist die Bestimmung der Leistung einem Dritten überlassen, so ist im Zweifel anzunehmen, dass sie nach billigem Ermessen zu treffen ist.

(2) Soll die Bestimmung durch mehrere Dritte erfolgen, so ist im Zweifel Übereinstimmung aller erforderlich; soll eine Summe bestimmt werden, so ist, wenn verschiedene Summen bestimmt werden, im Zweifel die Durchschnittssumme maßgebend.

§ 319
Unwirksamkeit der Bestimmung; Ersetzung

(1) Soll der Dritte die Leistung nach billigem Ermessen bestimmen, so ist die getroffene Bestimmung für die Vertragschließenden nicht verbindlich, wenn sie offenbar unbillig ist. Die Bestimmung erfolgt in diesem Falle durch Urteil; das Gleiche gilt, wenn der Dritte die Bestimmung nicht treffen kann oder will oder wenn er sie verzögert.

(2) Soll der Dritte die Bestimmung nach freiem Belieben treffen, so ist der Vertrag unwirksam, wenn der Dritte die Bestimmung nicht treffen kann oder will oder wenn er sie verzögert.

§ 576
Fristen der ordentlichen Kündigung bei Werkmietwohnungen

(1) Ist Wohnraum mit Rücksicht auf das Bestehen eines Dienstverhältnisses vermietet, so kann der Vermieter nach Beendigung des Dienstverhältnisses abweichend von § 573 c Abs. 1 Satz 2 mit folgenden Fristen kündigen:
   1. bei Wohnraum, der dem Mieter weniger als zehn Jahre überlassen war, spätestens am dritten Werktag eines Kalendermonats zum Ablauf des übernächsten Monats, wenn der Wohnraum für einen anderen zur Dienstleistung Verpflichteten benötigt wird;
   2. spätestens am dritten Werktag eines Kalendermonats zum Ablauf dieses Monats, wenn das Dienstverhältnis seiner Art nach die Überlassung von Wohnraum erfordert hat, der in unmittelbarer Beziehung oder Nähe zur Arbeitsstätte steht, und der Wohnraum aus dem gleichen Grund für einen anderen zur Dienstleistung Verpflichteten benötigt wird.

(2) Eine zum Nachteil des Mieters abweichende Vereinbarung ist unwirksam.

§ 576 a
Besonderheiten des Widerspruchsrechts bei Werkmietwohnungen

(1) Bei Anwendung der §§ 574 bis 574 c auf Werkmietwohnungen sind auch die Belange des Dienstberechtigten zu berücksichtigen.

(2) Die §§ 574 bis 574 c gelten nicht, wenn
   1. der Vermieter nach § 576 Abs.1 Nr. 2 gekündigt hat;
   2. der Mieter das Dienstverhältnis gelöst hat, ohne dass ihm von dem Dienstberechtigten gesetzlich begründeter Anlass dazu gegeben war, oder der Mieter durch sein Verhalten dem Dienstberechtigten gesetzlich begründeten Anlass zur Auflösung des Dienstverhältnisses gegeben hat.

(3) Eine zum Nachteil des Mieters abweichende Vereinbarung ist unwirksam.

§ 576 b
Entsprechende Geltung des Mietrechts bei Werkdienstwohnungen

(1) Ist Wohnraum im Rahmen eines Dienstverhältnisses überlassen, so gelten für die Beendigung des Rechtsverhältnisses hinsichtlich des Wohnraums die Vorschriften über Mietverhältnisse entsprechend, wenn der zur Dienstleistung Verpflichtete den Wohnraum überwiegend mit Einrichtungsgegenständen ausgestattet hat oder in dem Wohnraum mit seiner Familie oder Personen lebt, mit denen er einen auf Dauer angelegten gemeinsamen Haushalt führt.

(2) Eine zum Nachteil des Mieters abweichende Vereinbarung ist unwirksam.

Anmerkungen: Auf arbeitsvertragsrechtliche Regelungen der Diözesen zur Vergabe von so genannten Dienstwohnungen wird hingewiesen. Für bestimmte Funktionsträger gelten besondere Regelungen, z.B. Leitlinien für Dienstwohnungen von Laien in den Kirchengemeindeverbänden (Kirchlicher Anzeiger für die Diözese Aachen 2011

Nr. 26 S. 35). Dienstwohnungen sind solche Wohnungen, die Inhabern bestimmter Stellen unter ausdrücklicher Bezeichnung als Dienstwohnung ohne Abschluss eines Mietvertrages schriftlich zugewiesen werden, wobei Nutzungsentschädigung, Schönheitsreparaturen, Betriebskosten festzulegen sind, wie dies auch aus der Anlage 11 zur KAVO der Diözesen in Nordrhein-Westfalen ersichtlich ist. Siehe auch Leitlinien für Betriebskostenabrechnungen in den Kirchengemeindeverbänden (Kirchlicher Anzeiger für die Diözese Aachen 2011 Nr. 27 S. 36).

§ 611
Vertragstypische Pflichten beim Dienstvertrag

(1) Durch den Dienstvertrag wird derjenige, welcher Dienste zusagt, zur Leistung der versprochenen Dienste, der andere Teil zur Gewährung der vereinbarten Vergütung verpflichtet.
(2) Gegenstand des Dienstvertrages können Dienste jeder Art sein.

Anmerkungen: Zur Teilzeitarbeit siehe §§ 6 ff. TzBfG. Zur Gestaltung des Arbeitsvertrages siehe § 105 GewO sowie kirchliche Arbeitsvertragsordnungen zur schriftlichen Bestimmung der Arbeitsbedingungen, wie AVR-Caritas, ABD, KAVO u.a. mit Regelungen der Höhe der Vergütung aufgrund der Eingruppierungsvorschriften und der dazu bestehenden Vergütungs- bzw. Entgelttabellen.
Eine auf dem Dritten Weg zustande kommende Arbeitsrechtsregelung wirkt auch dann nicht normativ in das staatliche Arbeitsvertragsrecht hinein, wenn das einschlägige Kirchengesetz dies so vorsieht (BAG, 8.6.2005 – 4 AZR 412/04, AP Nr. 1 zu § 42 MitarbeitervertretungsG – EK Rheinland-Westfalen); BAG, 16.2.2012 – 6 AZR 573/10, ZTR 2012, 346.

§ 612
Vergütung

(1) Eine Vergütung gilt als stillschweigend vereinbart, wenn die Dienstleistung den Umständen nach nur gegen eine Vergütung zu erwarten ist.
(2) Ist die Höhe der Vergütung nicht bestimmt, so ist bei dem Bestehen einer Taxe die taxmäßige Vergütung, in Ermangelung einer Taxe die übliche Vergütung als vereinbart anzusehen.

Anmerkung: Zur Berechnung und Zahlung des Arbeitsentgelts sowie seiner Abrechnung siehe §§ 107 und 108 GewO und kirchliche Arbeitsvertragsordnungen.

§ 612 a
Maßregelungsverbot

Der Arbeitgeber darf einen Arbeitnehmer bei einer Vereinbarung oder einer Maßnahme nicht benachteiligen, weil der Arbeitnehmer in zulässiger Weise seine Rechte ausübt.

§ 613
Unübertragbarkeit

Der zur Dienstleistung Verpflichtete hat die Dienste im Zweifel in Person zu leisten. Der Anspruch auf die Dienste ist im Zweifel nicht übertragbar.

§ 613 a
Rechte und Pflichten bei Betriebsübergang

(1) Geht ein Betrieb oder Betriebsteil durch Rechtsgeschäft auf einen anderen Inhaber über, so tritt dieser in die Rechte und Pflichten aus den im Zeitpunkt des Übergangs bestehenden Arbeitsverhältnissen ein. Sind diese Rechte und Pflichten durch Rechtsnormen eines Tarifvertrags oder durch eine Betriebsvereinbarung geregelt, so werden sie Inhalt des Arbeitsverhältnisses zwischen dem neuen Inhaber und dem Arbeitnehmer und dürfen nicht vor Ablauf eines Jahres nach dem Zeitpunkt des Übergangs zum Nachteil des Arbeitnehmers geändert werden. Satz 2 gilt nicht, wenn die Rechte und Pflichten bei dem neuen Inhaber durch Rechtsnormen eines anderen Tarifvertrages oder durch eine andere Betriebsvereinbarung geregelt werden. Vor Ablauf der Frist nach Satz 2 können die Rechte und Pflichten geändert werden, wenn der Tarifvertrag oder die Betriebsvereinbarung nicht mehr gilt oder bei fehlender beiderseitiger Tarifgebundenheit im Geltungsbereich eines anderen Tarifvertrags dessen Anwendung zwischen dem neuen Inhaber und dem Arbeitnehmer vereinbart wird.

(2) Der bisherige Arbeitgeber haftet neben dem neuen Inhaber für Verpflichtungen nach Absatz 1, soweit sie vor dem Zeitpunkt des Übergangs entstanden sind und vor Ablauf von einem Jahr nach diesem Zeitpunkt fällig werden, als Gesamtschuldner. Werden solche Verpflichtungen nach dem Zeitpunkt des Übergangs fällig, so haftet der bisherige Arbeitgeber für sie jedoch nur in dem Umfang, der dem im Zeitpunkt des Übergangs abgelaufenen Teil ihres Bemessungszeitraums entspricht.

(3) Absatz 2 gilt nicht, wenn eine juristische Person oder eine Personenhandelsgesellschaft durch Umwandlung erlischt.

(4) Die Kündigung des Arbeitsverhältnisses eines Arbeitnehmers durch den bisherigen Arbeitgeber oder durch den neuen Inhaber wegen des Übergangs eines Betriebs oder eines Betriebsteils ist unwirksam. Das Recht zur Kündigung des Arbeitsverhältnisses aus anderen Gründen bleibt unberührt.

(5) Der bisherige Arbeitgeber oder der neue Inhaber hat die von einem Übergang betroffenen Arbeitnehmer vor dem Übergang in Textform zu unterrichten über:
1. den Zeitpunkt oder den geplanten Zeitpunkt des Übergangs,
2. den Grund für den Übergang,
3. die rechtlichen, wirtschaftlichen und sozialen Folgen des Übergangs für die Arbeitnehmer und
4. die hinsichtlich der Arbeitnehmer in Aussicht genommenen Maßnahmen.

(6) Der Arbeitnehmer kann dem Übergang des Arbeitsverhältnisses innerhalb eines Monats nach Zugang der Unterrichtung nach Absatz 5 schriftlich widersprechen. Der Widerspruch kann gegenüber dem bisherigen Arbeitgeber oder dem neuen Inhaber erklärt werden.

Anmerkung: Im kirchlichen Bereich ist zu unterscheiden zwischen rechtgeschäftlicher Übertragung einer Einrichtung oder des Teils einer Einrichtung auf einen Erwerber und der Gesamtrechtsnachfolge durch einen neuen Rechtsträger infolge einer Umstrukturierung von öffentlich-rechtlichen Körperschaften etwa durch Dekret des Diözesanbischofs hinsichtlich der Zusammenlegung von Pfarreien (Kirchengemeinden) mit der Bildung einer größeren Pfarrei. Werden Mitarbeiter von einem Rechtsträger zu einem anderen Rechtsträger auf der Basis eines Personalüberleitungsvertrages versetzt, um beim neuen Rechtsträger als ihr Arbeitgeber nach dessen Weisung Arbeitsleistungen zu den bisherigen Bedingungen am bisherigen Arbeitsplatz (z.B. Küster-, Organisten-, Chorleiter-, Pfarrsekretärs- oder Hausmeisterdienste) zu erbringen, handelt es sich nicht um einen Betriebsübergang. In jedem Einzelfall ist beim Betriebsübergang – besonders beim Übergang auf einen nichtkirchlichen Erwerber – zu prüfen, ob im zum Zeitpunkt des Übergangs bestehenden Arbeitsvertrag eine dynamische Bezugnahme auf eine näher bestimmte kirchliche Arbeitsvertragsordnung enthalten ist, wonach für das Dienst- bzw. Arbeitsverhältnis die jeweilige Fassung der Ordnung zu gelten hat. Im Fall des Betriebsübergangs bleibt eine arbeitsvertragliche Bezugnahmeklausel nach § 613 a Abs. 1 Satz 1 BGB beim Erwerber mit unverändert rechtsbegründender Bedeutung bestehen (BAG, 17.11.2010 – 4 AZR 391/09, NZA 2011, 356).
Auf die Richtlinie 2001/23/EG des Rates vom 12.3.2001 zur Angleichung der Rechtsvorschriften der Mitgliedstaaten über die Wahrung von Ansprüchen beim Übergang von Unternehmen, Betrieben oder Unternehmens- und Betriebsteilen wird ergänzend hingewiesen.

§ 614
Fälligkeit der Vergütung

Die Vergütung ist nach der Leistung der Dienste zu entrichten. Ist die Vergütung nach Zeitabschnitten bemessen, so ist sie nach dem Ablauf der einzelnen Zeitabschnitte zu entrichten.

Anmerkung: Kirchliche Arbeitsvertragsordnungen bestimmen die Auszahlung des Entgelts bzw. der Vergütung zum Monatsende, soweit nicht einzelarbeitsvertragliche abweichende Bestimmungen bestehen, wie etwa bei beamtenähnlich Beschäftigten, wonach Vergütung zum Monatsbeginn geschuldet ist.

§ 615
Vergütung bei Annahmeverzug und bei Betriebsrisiko

Kommt der Dienstberechtigte mit der Annahme der Dienste in Verzug, so kann der Verpflichtete für die infolge des Verzugs nicht geleisteten Dienste die vereinbarte Vergütung verlangen, ohne zur Nachleistung verpflichtet zu sein. Er muss sich jedoch den Wert desjenigen anrechnen lassen, was er infolge des Unterbleibens der Dienstleistung erspart oder durch anderweitige Verwendung seiner Dienste erwirbt oder zu erwerben böswillig unterlässt. Die Sätze 1 und 2 gelten entsprechend in den Fällen, in denen der Arbeitgeber das Risiko des Arbeitsausfalls trägt.

§ 616
Vorübergehende Verhinderung

Der zur Dienstleistung Verpflichtete wird des Anspruchs auf die Vergütung nicht dadurch verlustig, dass er für eine verhältnismäßig nicht erhebliche Zeit durch einen in seiner Person liegenden Grund ohne sein Verschulden an der Dienstleistung verhindert wird. Er muss sich jedoch den Betrag anrechnen lassen, welcher ihm für die Zeit der Verhinderung aus einer auf Grund gesetzlicher Verpflichtung bestehenden Kranken- oder Unfallversicherung zukommt.

Anmerkung: Dazu bestehen in kirchlichen Arbeitsvertragsordnungen konkretisierende Spezialvorschriften zur Arbeitsbefreiung von Mitarbeitern und Mitarbeiterinnen aus näher genannten Anlässen. Zur Lohnfortzahlung im Krankheitsfall siehe Entgeltfortzahlungsgesetz und kirchliche Arbeitsvertragsregelungen.

§ 619 a
Beweislast bei Haftung des Arbeitnehmers

Abweichend von § 280 Abs. 1 hat der Arbeitnehmer dem Arbeitgeber Ersatz für den aus der Verletzung einer Pflicht aus dem Arbeitsverhältnis entstehenden Schaden nur zu leisten, wenn er die Pflichtverletzung zu vertreten hat.

§ 620
Beendigung des Dienstverhältnisses

…

(3) Für Arbeitsverträge, die auf bestimmte Zeit abgeschlossen werden, gilt das Teilzeit- und Befristungsgesetz.

Anmerkung: Siehe dazu §§ 14 ff. TzBfG.

§ 622
Kündigungsfristen bei Arbeitsverhältnissen

Anmerkungen:

1. *Die Kündigungsfristen des § 622 BGB sind in kirchlichen Arbeitsvertragsordnungen durch jeweils längere Kündigungsfristen zur ordentlichen Kündigung ersetzt.*

Exemplarisch: § 14 Abs. 2 AVR-Caritas hat zur ordentlichen Kündigung folgenden Wortlaut:
»Die Kündigungsfrist beträgt für den Dienstgeber und den Mitarbeiter in den ersten zwölf Monaten des Dienstverhältnisses einen Monat zum Monatsschluss. Darüber hinaus beträgt sie für den Dienstgeber und Mitarbeiter bei einer Beschäftigungszeit

a) bis zu fünf Jahren	*6 Wochen*
b) von mindestens fünf Jahren	*3 Monate*
c) von mindestens acht Jahren	*4 Monate*
d) von mindestens zehn Jahren	*5 Monate*
e) von mindestens zwölf Jahren	*6 Monate*

zum Schluss des Kalendervierteljahres.«

2. *Auf folgende Kündigungsschutzbestimmungen nach staatlichem Recht einerseits und kirchlichem Recht andererseits wird hingewiesen.*

a. *Zum allgemeinen Kündigungsschutz siehe Kündigungsschutzgesetz (KSchG)*

Zum besonderen Kündigungsschutz
- *§ 613 a BGB: Betriebsübergang*
- *§§ 18 f. BEEG: Elternzeit*
- *§ 9 MuSchG: Mutterschutz*
- *§§ 85 ff. SGB IX: schwerbehinderte Arbeitnehmer/Arbeitnehmerinnen*
- *§ 5 PflegeZG: Pflege von Angehörigen (§§ 2 und 3 PflegeZG)*
- *§ 22 BBiG: Berufsausbildungsverhältnis*
- *§ 126 InsO: Beschlussverfahren zum Kündigungsschutz*
- *§ 127 InsO: Klage des Arbeitnehmers gegen Kündigung des Insolvenzverwalters*

b. *Zum besonderen Kündigungsschutz nach kirchlichen Bestimmungen*
- *§§ 30, 30 a, 31 MAVO: Beteiligung der Mitarbeitervertretung*
- *§ 19 MAVO; §§ 51 Abs. 2 S. 1, 52 Abs. 5 i.V.m. § 19 MAVO: Schutz von Amtsträgern und Wahlbewerbern im Sinne der MAVO*
- *§ 14 Abs. 5 AVR-Caritas und andere Arbeitsvertragsordnungen: Ausschluss der ordentlichen dienstgeberseitigen Kündigung unter Vorbehalt (z.B. § 15 AVR-Caritas)*
- *§ 2 Abs. 2 Ordnung über die Rechtsstellung der Mitglieder der Regional-KODA für die (Erz-) Diözesen Aachen, Essen, Köln, Münster (nordrhein-westfälischer Teil) und Paderborn und Erstattung von Kosten (Rechtsstellungs- und KostenO) vom 20.3.1992, geändert am 27.10.1997 (u.a. Amtsblatt des Erzbistums Köln 1992 S. 189; 1997 S. 200): Schutz der Mitglieder der Mitarbeiterseite in der Regional-KODA*
- *Schutz der beisitzenden Richter aus der Mitarbeiterseite gemäß § 17 Abs. 4 S. 2 KAGO i.V.m. § 19 MAVO.*

3. *Schriftform der Kündigung*

a) *§ 623 BGB (nachstehend)*
b) *§ 22 BBiG*
c) *Kirchliche Arbeitsvertragsordnungen (z.B. § 17 AVR-Caritas).*

§ 623
Schriftform der Kündigung

Die Beendigung von Arbeitsverhältnissen durch Kündigung oder Aufhebungsvertrag bedürfen zu ihrer Wirksamkeit der Schriftform; die elektronische Form ist ausgeschlossen.

§ 626
Fristlose Kündigung aus wichtigem Grund

(1) Das Dienstverhältnis kann von jedem Vertragsteil aus wichtigem Grund ohne Einhaltung einer Kündigungsfrist gekündigt werden, wenn Tatsachen vorliegen, auf Grund derer dem Kündigenden und unter Abwägung der Interessen beider Vertragsteile die Fortsetzung des Dienstverhältnisses bis zum Ablauf der Kündigungsfrist oder bis zu der vereinbarten Beendigung des Dienstverhältnisses nicht zugemutet werden kann.

(2) Die Kündigung kann nur innerhalb von zwei Wochen erfolgen. Die Frist beginnt mit dem Zeitpunkt, in dem der Kündigungsberechtigte von für die Kündigung maßgebenden Tatsachen Kenntnis erlangt. Der Kündigende muss dem anderen Teil auf Verlangen den Kündigungsgrund unverzüglich mitteilen.

Anmerkung: Zur (ordentlichen) Kündigung siehe auch §§ 1, 1a, 2, 4, 5, 6, 7, 8, 9, 10, 12, 13, und 14 KSchG. Zu kirchenspezifischen Kündigungsgründen Art. 5 GrO; ferner Entscheidungen des Europäischen Gerichtshofs für Menschenrechte (EGMR) zu Art. 8 EMRK zur berechtigten arbeitgeberseitigen Kündigung im Falle des Ehebruchs eines Mitglieds der Mormonenkirche in leitender Funktion (NZA 2011, 277); einer bei einer evangelischen Kirchengemeinde angestellten Kindergartenleiterin wegen Mitgliedschaft in anderer Religionsgemeinschaft (ZMV 2011, 105 f.), wonach die Eigenständigkeit von Religionsgemeinschaften gegen unzulässige staatliche Einmischung nach Art. 9 i.V.m. Art. 11 EMRK geschützt ist. Anders die Beurteilung der Kündigung einer katholischen Kirchengemeinde gegenüber ihrem Kirchenmusiker, der sich von seiner Familie abwandte, um mit einer anderen Frau eine neue Familie zu gründen (NZA 2011, 279).

III. Gewerbeordnung

– Auszug –

§ 105
Freie Gestaltung des Arbeitsvertrages

Arbeitgeber und Arbeitnehmer können Abschluss, Inhalt und Form des Arbeitsvertrages frei vereinbaren, soweit nicht zwingende gesetzliche Vorschriften, Bestimmungen eines anwendbaren Tarifvertrages oder einer Betriebsvereinbarung entgegenstehen. Soweit die Vertragsbedingungen wesentlich sind, richtet sich ihr Nachweis nach den Bestimmungen des Nachweisgesetzes.

Anmerkung: Auf kirchliche Arbeitsvertragsregelungen im Rahmen des Dritten Weges (Art. 7 GrO) wird hingewiesen. Die für die kirchlichen Dienstgeber jeweils verbindlichen Arbeitsvertragsregelungen sind arbeitsvertraglich schriftlich in Bezug zu nehmen. Eine auf dem Dritte n Weg zustande kommende Arbeitsrechtsregelung wirkt auch dann nicht normativ in das staatliche Arbeitsvertragsrecht hinein, wenn das einschlägige Kirchengesetz dies so vorsieht (BAG, 8.6.2005 – 4 AZR 412/04, NZA 2006, 611).

§ 106
Weisungsrecht des Arbeitgebers

Der Arbeitgeber kann Inhalt, Ort und Zeit der Arbeitsleistung nach billigem Ermessen näher bestimmen, soweit diese Arbeitsbedingungen nicht durch den Arbeitsvertrag, Bestimmungen einer Betriebsvereinbarung, eines anwendbaren Tarifvertrages oder gesetzliche Vorschriften festgelegt sind. Dies gilt auch hinsichtlich der Ordnung des Verhaltens der Arbeitnehmer im Betrieb. Bei der Ausübung des Ermessens hat der Arbeitgeber auch auf Behinderungen des Arbeitnehmers Rücksicht zu nehmen.

Anmerkung: Auf allgemeine kirchliche Anordnungen zum Rauchverbot sei als Beispiel hingewiesen. Soweit staatliche Gesetze auch für den kirchlichen Bereich – und sei es im Wege einer kirchlicherseits ergangenen Bestimmung zu ihrer Anwendung – relevant sind, hat der Dienstgeber das zutreffende Gesetz im Wege seiner Weisungsberechtigung umzusetzen.
Ein Versetzungsvorbehalt verhindert die Beschränkung der Tätigkeit auf den im Vertrag genannten Arbeitsort (BAG, 19.1.2011 – 10 AZR 738/09, DB 2011, 1056).

§ 107
Berechnung und Zahlung des Arbeitsentgelts

(1) Das Arbeitsentgelt ist in Euro zu berechnen und auszuzahlen.

(2) Arbeitgeber und Arbeitnehmer können Sachbezüge als Teil des Arbeitsentgelts vereinbaren, wenn dies dem Interesse des Arbeitnehmers oder der Eigenart des Arbeitsverhältnisses entspricht. Der Arbeitgeber darf dem Arbeitnehmer keine Waren auf Kredit überlassen. Er darf ihm nach Vereinbarung Waren in Anrechnung auf das Arbeitsentgelt überlassen, wenn die Anrechnung zu den durchschnittlichen Selbstkosten erfolgt. Die geleisteten Gegenstände müssen mittlerer Art und Güte sein, soweit nicht ausdrücklich eine andere Vereinbarung getroffen worden ist. Der Wert der vereinbarten Sachbezüge oder die Anrechnung der überlassenen Waren auf das Arbeitsentgelt darf die Höhe des pfändbaren Teils des Arbeitsentgelts nicht übersteigen.

(3) Die Zahlung eines regelmäßigen Arbeitsentgelts kann nicht für die Fälle ausgeschlossen werden, in denen der Arbeitnehmer für seine Tätigkeit von

Dritten ein Trinkgeld erhält. Trinkgeld ist ein Geldbetrag, den ein Dritter ohne rechtliche Verpflichtung dem Arbeitnehmer zusätzlich zu einer dem Arbeitgeber geschuldeten Leistung zahlt.

§ 108
Abrechnung des Arbeitsentgelts

(1) Dem Arbeitnehmer ist bei Zahlung des Arbeitsentgelts eine Abrechnung in Textform zu erteilen. Die Abrechnung muss mindestens Angaben über Abrechnungszeitraum und Zusammensetzung des Arbeitsentgelts enthalten. Hinsichtlich der Zusammensetzung sind insbesondere Angaben über Art und Höhe der Zuschläge, Zulagen, sonstige Vergütungen, Art und Höhe der Abzüge, Abschlagszahlungen sowie Vorschüsse erforderlich.

(2) Die Verpflichtung zur Abrechnung entfällt, wenn sich die Angaben gegenüber der letzten ordnungsgemäßen Abrechnung nicht geändert haben.

§ 109
Zeugnis

(1) Der Arbeitnehmer hat bei Beendigung eines Arbeitsverhältnisses Anspruch auf ein schriftliches Zeugnis. Das Zeugnis muss mindestens Angaben zu Art und Dauer der Tätigkeit (einfaches Zeugnis) enthalten. Der Arbeitnehmer kann verlangen, dass sich die Angaben darüber hinaus auf Leistung und Verhalten im Arbeitsverhältnis (qualifiziertes Zeugnis) erstrecken.

(2) Das Zeugnis muss klar und verständlich formuliert sein. Es darf keine Merkmale oder Formulierungen enthalten, die den Zweck haben, eine andere als aus der äußeren Form oder aus dem Wortlaut ersichtliche Aussage über den Arbeitnehmer zu treffen.

(3) Die Erteilung des Zeugnisses in elektronischer Form ist ausgeschlossen.

IV. Nachweisgesetz

– Auszug –

§ 1
Anwendungsbereich

Dieses Gesetz gilt für alle Arbeitnehmer, es sei denn, dass sie nur zur vorübergehenden Aushilfe von höchstens einem Monat eingestellt werden.

§ 2
Nachweispflicht

(1) Der Arbeitgeber hat spätestens einen Monat nach dem vereinbarten Beginn des Arbeitsverhältnisses die wesentlichen Vertragsbedingungen schriftlich

niederzulegen, die Niederschrift zu unterzeichnen und dem Arbeitnehmer auszuhändigen. In die Niederschrift sind mindestens aufzunehmen:

1. der Name und die Anschrift der Vertragsparteien,
2. der Zeitpunkt des Beginns des Arbeitsverhältnisses,
3. bei befristeten Arbeitsverträgen: die vorhersehbare Dauer des Arbeitsverhältnisses,
4. der Arbeitsort oder, falls der Arbeitnehmer nicht nur an einem bestimmten Arbeitsort tätig sein soll, ein Hinweis darauf, dass der Arbeitnehmer an verschiedenen Orten beschäftigt werden kann, X
5. eine kurze Charakterisierung oder Beschreibung der vom Arbeitnehmer zu leistenden Tätigkeit,
6. die Zusammensetzung und die Höhe des Arbeitsentgelts einschließlich der Zuschläge, der Zulagen, Prämien und Sonderzahlungen sowie anderer Bestandteile des Arbeitsentgelts und deren Fälligkeit,
7. die vereinbarte Arbeitszeit,
8. die Dauer des jährlichen Erholungsurlaubs,
9. die Fristen für die Kündigung des Arbeitsverhältnisses,
10. ein in allgemeiner Form gehaltener Hinweis auf die Tarifverträge, Betriebs- oder Dienstvereinbarungen, die auf das Arbeitsverhältnis anzuwenden sind.

Der Nachweis der wesentlichen Vertragsbedingungen in elektronischer Form ist ausgeschlossen. Bei Arbeitnehmern, die eine geringfügige Beschäftigung nach § 8 Abs. 1 Nr. 1 des Vierten Buches Sozialgesetzbuch ausüben, ist außerdem der Hinweis aufzunehmen, dass der Arbeitnehmer in der gesetzlichen Rentenversicherung die Stellung eines versicherungspflichtigen Arbeitnehmers erwerben kann, wenn er nach § 5 Abs. 2 Satz 2 des Sechsten Buches Sozialgesetzbuch auf die Versicherungsfreiheit durch Erklärung gegenüber dem Arbeitgeber verzichtet.

(2) …

(3) Die Angaben nach Absatz 1 Satz 2 Nr. 6 bis 9 und Absatz 2 Nr. 2 und 3 können ersetzt werden durch einen Hinweis auf die einschlägigen Tarifverträge, Betriebs- oder Dienstvereinbarungen und ähnlichen Regelungen, die für das Arbeitsverhältnis gelten. Ist in den Fällen des Absatzes 1 Satz 2 Nr. 8 und 9 die jeweilige gesetzliche Regelung maßgebend, so kann hierauf verwiesen werden.

(4) Wenn dem Arbeitnehmer ein schriftlicher Arbeitsvertrag ausgehändigt worden ist, entfällt die Verpflichtung nach den Absätzen 1 und 2, soweit der Vertrag die in den Absätzen 1 bis 3 geforderten Angaben enthält.

Anmerkung: Nimmt der im kirchlichen Dienst verwendete schriftliche Arbeitsvertrag, auf eine allgemeine Arbeitsvertragsordnung inhaltlich Bezug, so müssen die in § 2 Abs. 1 bis 3 Nachweisgesetz geforderten Angaben enthalten sein.
Die Befristung eines Arbeitsvertrages bedarf gemäß § 14 Abs. 4 Teilzeit- und Befristungsgesetz zu ihrer Wirksamkeit der Schriftform.

x Anm. Auf das Direktionsrecht gemäß §106 GewO wird hingewiesen

V. Allgemeines Gleichbehandlungsgesetz (AGG)

– Auszug –

Abschnitt 1
Allgemeiner Teil

§ 1
Ziel des Gesetzes

Ziel des Gesetzes ist, Benachteiligungen aus Gründen der Rasse oder wegen der ethnischen Herkunft, des Geschlechts, der Religion oder Weltanschauung, einer Behinderung, des Alters oder der sexuellen Identität zu verhindern oder zu beseitigen.

§ 2
Anwendungsbereich

(1) Benachteiligungen aus einem in § 1 genannten Grund sind nach Maßgabe dieses Gesetzes unzulässig in Bezug auf:
1. die Bedingungen, einschließlich Auswahlkriterien und Einstellungsbedingungen, für den Zugang zu unselbstständiger und selbstständiger Erwerbstätigkeit, unabhängig von Tätigkeitsfeld und beruflicher Position, sowie für den beruflichen Aufstieg,
2. die Beschäftigungs- und Arbeitsbedingungen einschließlich Arbeitsentgelt und Entlassungsbedingungen, insbesondere in individual- und kollektivrechtlichen Vereinbarungen und Maßnahmen bei der Durchführung und Beendigung eines Beschäftigungsverhältnisses sowie beim beruflichen Aufstieg,
3. den Zugang zu allen Formen und allen Ebenen der Berufsberatung, der Berufsbildung einschließlich der Berufsausbildung, der beruflichen Weiterbildung und der Umschulung sowie der praktischen Berufserfahrung,
4. die Mitgliedschaft und Mitwirkung in einer Beschäftigten- oder Arbeitgebervereinigung oder einer Vereinigung, deren Mitglieder einer bestimmten Berufsgruppe angehören, einschließlich der Inanspruchnahme der Leistungen solcher Vereinigungen,
5. den Sozialschutz, einschließlich der sozialen Sicherheit und der Gesundheitsdienste,
6. die sozialen Vergünstigungen,
7. die Bildung,
8. den Zugang zu und die Versorgung mit Gütern und Dienstleistungen, die der Öffentlichkeit zur Verfügung stehen, einschließlich von Wohnraum.

(2) Für Leistungen nach dem Sozialgesetzbuch gelten § 33 c des Ersten Buches Sozialgesetzbuch und § 19 a des Vierten Buches Sozialgesetzbuch. Für die betriebliche Altersvorsorge gilt das Betriebsrentengesetz.
(3) Die Geltung sonstiger Benachteiligungsverbote oder Gebote der Gleichbehandlung wird durch dieses Gesetz nicht berührt. Dies gilt auch für öffentlich-rechtliche Vorschriften, die dem Schutz bestimmter Personengruppen dienen.
(4) Für Kündigungen gelten ausschließlich die Bestimmungen zum allgemeinen und besonderen Kündigungsschutz.

§ 3
Begriffsbestimmungen

(1) Eine unmittelbare Benachteiligung liegt vor, wenn eine Person wegen eines in § 1 genannten Grundes eine weniger günstige Behandlung erfährt, als eine andere Person in einer vergleichbaren Situation erfährt, erfahren hat oder erfahren würde. Eine unmittelbare Benachteiligung wegen des Geschlechts liegt in Bezug auf § 2 Abs. 1 Nr. 1 bis 4 auch im Falle einer ungünstigeren Behandlung einer Frau wegen Schwangerschaft oder Mutterschaft vor.
(2) Eine mittelbare Benachteiligung liegt vor, wenn dem Anschein nach neutrale Vorschriften, Kriterien oder Verfahren Personen wegen eines in § 1 genannten Grundes gegenüber anderen Personen in besonderer Weise benachteiligen können, es sei denn, die betreffenden Vorschriften, Kriterien oder Verfahren sind durch eine rechtmäßiges Ziel sachlich gerechtfertigt und die Mittel sind zur Erreichung dieses Ziels angemessen und erforderlich.
(3) Eine Belästigung ist eine Benachteiligung, wenn unerwünschte Verhaltensweisen, die mit einem in § 1 genannten Grund in Zusammenhang stehen, bezwecken oder bewirken, dass die Würde der betreffenden Person verletzt und ein von Einschüchterungen, Anfeindungen, Erniedrigungen, Entwürdigungen oder Beleidigungen gekennzeichnetes Umfeld geschaffen wird.
(4) Eine sexuelle Belästigung ist eine Benachteiligung in Bezug auf § 2 Abs. 1 Nr. 1 bis 4, wenn ein unerwünschtes, sexuell bestimmtes Verhalten, wozu auch unerwünschte sexuelle Handlungen und Aufforderungen zu diesen, sexuell bestimmte körperliche Berührungen, Bemerkungen sexuellen Inhalts sowie unerwünschtes Zeigen und sichtbares Anbringen von pornographischen Darstellungen gehören, bezweckt oder bewirkt, dass die Würde der betreffenden Person verletzt wird, insbesondere wenn ein von Einschüchterungen, Anfeindungen, Erniedrigungen, Entwürdigungen oder Beleidigungen gekennzeichnetes Umfeld geschaffen wird.
(5) Die Anweisung zur Benachteiligung einer Person aus einem in § 1 genannten Grund gilt als Benachteiligung. Eine solche Anweisung liegt in Bezug auf § 2 Abs. 1 Nr. 1 bis 4 insbesondere vor, wenn jemand eine Person zu

einem Verhalten bestimmt, das einen Beschäftigten oder eine Beschäftigte wegen eines in § 1 genannten Grundes benachteiligt oder benachteiligen kann.

Anmerkung: Voraussetzung für eine ungünstigere Behandlung ist die vergleichbare Situation, so dass ein Bewerber für eine Anstellung die für die ausgeschriebene Stelle objektive Eignung besitzen muss. Maßgeblich für die objektive Eignung sind die Anforderungen, die an die jeweilige Tätigkeit nach der im Arbeitsleben herrschenden Verkehrsanschauung gestellt werden (BAG, 19.8.2010 – 8 AZR 466/09, DB 2011, 359 = NZA 2011, 203 – Merkmal Religion).

§ 4
Unterschiedliche Behandlung wegen mehrerer Gründe

Erfolgt eine unterschiedliche Behandlung wegen mehrerer der in § 1 genannten Gründe, so kann diese unterschiedliche Behandlung nach den §§ 8 bis 10 und 20 nur gerechtfertigt werden, wenn sich die Rechtfertigung auf alle diese Gründe erstreckt, derentwegen die unterschiedliche Behandlung erfolgt.

§ 5
Positive Maßnahmen

Ungeachtet der in den §§ 8 bis 10 sowie in § 20 benannten Gründe ist eine unterschiedliche Behandlung auch zulässig, wenn durch geeignete und angemessene Maßnahmen bestehende Nachteile wegen eines in § 1 genannten Grundes verhindert oder ausgeglichen werden sollen.

Abschnitt 2
Schutz der Beschäftigten vor Benachteiligung

Unterabschnitt 1
Verbot der Benachteiligung

§ 6
Persönlicher Anwendungsbereich

(1) Beschäftigte im Sinne dieses Gesetzes sind
1. Arbeitnehmerinnen und Arbeitnehmer,
2. die zu ihrer Berufsbildung Beschäftigten,
3. Personen, die wegen ihrer wirtschaftlichen Unselbständigkeit als arbeitnehmerähnliche Personen anzusehen sind; zu diesen gehören auch die in Heimarbeit Beschäftigten und die ihnen Gleichgestellten.

Als Beschäftigte gelten auch die Bewerberinnen und Bewerber für ein Beschäftigungsverhältnis sowie Personen, deren Beschäftigungsverhältnis beendet ist.

(2) Arbeitgeber (Arbeitgeber und Arbeitgeberinnen) im Sinne dieses Abschnitts sind natürliche und juristische Personen sowie rechtsfähige Personengesellschaften, die Personen nach Absatz 1 beschäftigen. Werden Beschäftigte einem Dritten zur Arbeitsleistung überlassen, so gilt auch dieser als Arbeitgeber im Sinne dieses Abschnitts. Für die in Heimarbeit Beschäftigten und die ihnen Gleichgestellten tritt an die Stelle des Arbeitgebers der Auftraggeber oder Zwischenmeister.

(3) Soweit es die Bedingungen für den Zugang zur Erwerbstätigkeit sowie den beruflichen Aufstieg betrifft, gelten die Vorschriften dieses Abschnitts für Selbstständige und Organmitglieder, insbesondere Geschäftsführer oder Geschäftsführerinnen und Vorstände, entsprechend.

Anmerkung: Arbeitgeber ist auch derjenige, der um Bewerbungen für ein von ihm angestrebtes Beschäftigungsverhältnis bittet (BAG, 19.8.2010 – 8 AZR 370/09, NZA 2011 200).

§ 7
Benachteiligungsverbot

(1) Beschäftigte dürfen nicht wegen eines in § 1 genannten Grundes benachteiligt werden; dies gilt auch, wenn die Person, die die Benachteiligung begeht, das Vorliegen eines in § 1 genannten Grundes bei der Benachteiligung nur annimmt.

(2) Bestimmungen in Vereinbarungen, die gegen das Benachteiligungsverbot des Absatzes 1 verstoßen, sind unwirksam.

(3) Eine Benachteiligung nach Absatz 1 durch Arbeitgeber oder Beschäftigte ist eine Verletzung vertraglicher Pflichten.

§ 8
Zulässige unterschiedliche Behandlung wegen beruflicher Anforderungen

(1) Eine unterschiedliche Behandlung wegen eines in § 1 genannten Grundes ist zulässig, wenn dieser Grund wegen der Art der auszuübenden Tätigkeit oder der Bedingungen ihrer Ausübung eine wesentliche und entscheidende berufliche Anforderung darstellt, sofern der Zweck rechtmäßig und die Anforderung angemessen ist.

(2) Die Vereinbarung einer geringeren Vergütung für gleiche oder gleichwertige Arbeit wegen eines in § 1 genannten Grundes wird nicht dadurch gerechtfertigt, dass wegen eines in § 1 genannten Grundes besondere Schutzvorschriften gelten.

§ 9
Zulässige unterschiedliche Behandlung wegen der Religion oder Weltanschauung

(1) Ungeachtet des § 8 ist eine unterschiedliche Behandlung wegen der Religion oder der Weltanschauung bei der Beschäftigung durch Religionsgemein-

schaften, die ihnen zugeordneten Einrichtungen ohne Rücksicht auf ihre Rechtsform oder durch Vereinigungen, die sich die gemeinschaftliche Pflege einer Religion oder Weltanschauung zur Aufgabe machen, auch zulässig, wenn eine bestimmte Religion oder Weltanschauung unter Beachtung des Selbstverständnisses der jeweiligen Religionsgemeinschaft oder Vereinigung im Hinblick auf ihr Selbstbestimmungsrecht oder nach der Art der Tätigkeit eine gerechtfertigte berufliche Anforderung darstellt.

(2) Das Verbot unterschiedlicher Behandlung wegen der Religion oder der Weltanschauung berührt nicht das Recht der in Absatz 1 genannten Religionsgemeinschaften, der ihnen zugeordneten Einrichtungen ohne Rücksicht auf ihre Rechtsform oder der Vereinigungen, die sich die gemeinschaftliche Pflege einer Religion oder Weltanschauung zur Aufgabe machen, von ihren Beschäftigten ein loyales und aufrichtiges Verhalten im Sinne ihres jeweiligen Selbstverständnisses verlangen zu können

§ 10
Zulässige unterschiedliche Behandlung wegen des Alters

Ungeachtet des § 8 ist eine unterschiedliche Behandlung wegen des Alters auch zulässig, wenn sie objektiv und angemessen und durch ein legitimes Ziel gerechtfertigt ist. Die Mittel zur Erreichung dieses Ziels müssen angemessen und erforderlich sein. Derartige unterschiedliche Behandlungen können insbesondere Folgendes einschließen:

1. die Festlegung besonderer Bedingungen für den Zugang zur Beschäftigung und zur beruflichen Bildung sowie besonderer Beschäftigungs- und Arbeitsbedingungen, einschließlich der Bedingungen für Entlohnung und Beendigung des Beschäftigungsverhältnisses, um die berufliche Eingliederung von Jugendlichen, älteren Beschäftigten und Personen mit Fürsorgepflichten zu fördern oder ihren Schutz sicherzustellen,
2. die Festlegung von Mindestanforderungen an das Alter, die Berufserfahrung oder das Dienstalter für den Zugang zur Beschäftigung oder für bestimmte mit der Beschäftigung verbundene Vorteile,
3. die Festsetzung eines Höchstalters für die Einstellung auf Grund der spezifischen Ausbildungsanforderungen eines bestimmten Arbeitsplatzes oder auf Grund der Notwendigkeit einer angemessenen Beschäftigungszeit vor dem Eintritt in den Ruhestand,
4. die Festsetzung von Altersgrenzen bei den betrieblichen Systemen der sozialen Sicherheit als Voraussetzung für die Mitgliedschaft oder den Bezug von Altersrente oder von Leistungen bei Invalidität einschließlich der Festsetzung unterschiedlicher Altersgrenzen im Rahmen dieser Systeme für bestimmte Beschäftigte oder Gruppen von Beschäftigten und die Verwendung von Alterskriterien im Rahmen dieser Systeme für versicherungsmathematische Berechnungen,
5. eine Vereinbarung, die die Beendigung des Beschäftigungsverhältnisses ohne Kündigung zu einem Zeitpunkt vorsieht, zu dem der oder die Beschäftigte

ein Rente wegen Alters beantragen kann; § 41 des Sechsten Buches Sozialgesetzbuch bleibt unberührt,

6. Differenzierungen von Leistungen in Sozialplänen im Sinne des Betriebsverfassungsgesetzes, wenn die Parteien eine nach Alter oder Betriebszugehörigkeit gestaffelte Abfindungsregelung geschaffen haben, in der die wesentlich vom Alter abhängenden Chancen auf dem Arbeitsmarkt durch eine verhältnismäßig starke Betonung des Lebensalters erkennbar berücksichtigt worden sind, oder Beschäftigte von den Leistungen des Sozialplans ausgeschlossen haben, die wirtschaftlich abgesichert sind, weil sie, gegebenenfalls nach Bezug von Arbeitslosengeld, rentenberechtigt sind.

Unterabschnitt 2
Organisationspflichten des Arbeitgebers

§ 11
Ausschreibung

Ein Arbeitsplatz darf nicht unter Verstoß gegen § 7 Abs. 1 ausgeschrieben werden.

§ 12
Maßnahmen und Pflichten des Arbeitgebers

(1) Der Arbeitgeber ist verpflichtet, die erforderlichen Maßnahmen zum Schutz vor Benachteiligungen wegen eines in § 1 genannten Grundes zu treffen. Dieser Schutz umfasst auch vorbeugende Maßnahmen.

(2) Der Arbeitgeber soll in geeigneter Art und Weise, insbesondere im Rahmen der beruflichen Aus- und Fortbildung, auf die Unzulässigkeit solcher Benachteiligungen hinweisen und darauf hinwirken, dass diese unterbleiben. Hat der Arbeitgeber seine Beschäftigten in geeigneter Weise zum Zwecke der Verhinderung von Benachteiligungen geschult, gilt dies als Erfüllung seiner Pflichten nach Absatz 1.

(3) Verstoßen Beschäftigte gegen das Benachteiligungsverbot des § 7 Abs. 1, so hat der Arbeitgeber die im Einzelfall geeigneten, erforderlichen und angemessenen Maßnahmen zur Unterbindung der Benachteiligung wie Abmahnung, Umsetzung, Versetzung oder Kündigung zu ergreifen.

(4) Werden Beschäftigte bei der Ausübung ihrer Tätigkeit durch Dritte nach § 7 Abs. 1 benachteiligt, so hat der Arbeitgeber die im Einzelfall geeigneten, erforderlichen und angemessenen Maßnahmen zum Schutz der Beschäftigten zu ergreifen.

(5) Dieses Gesetz und § 61 b des Arbeitsgerichtsgesetzes sowie Informationen über die für die Behandlung von Beschwerden nach § 13 zuständigen Stellen sind im Betrieb oder in der Dienststelle bekannt zu machen. Die Bekanntmachung kann durch Aushang oder Auslegung an geeigneter Stelle oder den Einsatz der im Betrieb oder der Dienststelle üblichen Informations- und Kommunikationstechnik erfolgen.

Anmerkung: § 61 b ArbGG hat folgenden Wortlaut:

§ 61 b Klage wegen Benachteiligung

(1) Eine Klage auf Entschädigung nach § 15 des Allgemeinen Gleichbehandlungsgesetzes muss innerhalb von drei Monaten, nachdem der Anspruch schriftlich geltend gemacht worden ist, erhoben werden.
(2) Machen mehrere Bewerber wegen Benachteiligung bei der Begründung eines Arbeitsverhältnisses oder beim beruflichen Aufstieg eine Entschädigung nach § 15 des Allgemeinen Gleichbehandlungsgesetzes gerichtlich geltend, so wird auf Antrag des Arbeitgebers das Arbeitsgericht, bei dem die erste Klage erhoben worden ist, auch für die übrigen Klagen ausschließlich zuständig. Die Rechtsstreitigkeiten sind von Amts wegen an dieses Arbeitsgericht zu verweisen; die Prozesse sind zur gleichzeitigen Verhandlung und Entscheidung zu verbinden.
(3) Auf Antrag des Arbeitgebers findet die mündliche Verhandlung nicht vor Ablauf von sechs Monaten seit Erhebung der ersten Klage statt.

Unterabschnitt 3
Rechte der Beschäftigten

§ 13
Beschwerderecht

(1) Die Beschäftigten haben das Recht, sich bei den zuständigen Stellen des Betriebs, des Unternehmens oder der Dienststelle zu beschweren, wenn sie sich im Zusammenhang mit ihrem Beschäftigungsverhältnis vom Arbeitgeber, von Vorgesetzten, anderen Beschäftigten oder Dritten wegen eines in § 1 genannten Grundes benachteiligt fühlen. Die Beschwerde ist zu prüfen und das Ergebnis der oder dem beschwerdeführenden Beschäftigten mitzuteilen.
(2) Die Rechte der Arbeitnehmervertretungen bleiben unberührt.

§ 14
Leistungsverweigerungsrecht

Ergreift der Arbeitgeber keine oder offensichtlich ungeeignete Maßnahmen zur Unterbindung einer Belästigung oder sexuellen Belästigung am Arbeitsplatz, sind die betroffenen Beschäftigten berechtigt ihre Tätigkeit ohne Verlust des Arbeitsentgelts einzustellen, soweit dies zu ihrem Schutz erforderlich ist. § 273 des Bürgerlichen Gesetzbuchs bleibt unberührt.

§ 15
Entschädigung und Schadensersatz

(1) Bei einem Verstoß gegen das Benachteiligungsverbot ist der Arbeitgeber verpflichtet, den hierdurch entstandenen Schaden zu ersetzen. Dies gilt nicht, wenn der Arbeitgeber die Pflichtverletzung nicht zu vertreten hat.

(2) Wegen eines Schadens, der nicht Vermögensschaden ist, kann der oder die Beschäftigte eine angemessene Entschädigung in Geld verlangen. Die Entschädigung darf bei einer Nichteineinstellung drei Monatsgehälter nicht übersteigen, wenn der oder die Beschäftigte auch bei benachteiligungsfreier Auswahl nicht eingestellt worden wäre.

(3) Der Arbeitgeber ist bei der Anwendung kollektivrechtlicher Vereinbarungen nur dann zur Entschädigung verpflichtet, wenn er vorsätzlich oder grob fahrlässig handelt.

(4) Ein Anspruch nach Absatz 1 oder 2 muss innerhalb einer Frist von zwei Monaten schriftlich geltend gemacht werden, es sei denn, die Tarifvertragsparteien haben etwas anderes vereinbart. Die Frist beginnt im Falle einer Bewerbung oder eines beruflichen Aufstiegs mit dem Zugang der Ablehnung und in den sonstigen Fällen einer Benachteiligung zu dem Zeitpunkt, in dem der oder die Beschäftigte von der Benachteiligung Kenntnis erlangt.

(5) Im Übrigen bleiben Ansprüche gegen den Arbeitgeber, die sich anderen Rechtsvorschriften ergeben, unberührt.

(6) Ein Verstoß des Arbeitgebers gegen das Benachteiligungsverbot des § 7 Abs. 1 begründet keinen Anspruch auf Begründung eines Beschäftigungsverhältnisses, Berufsausbildungsverhältnisses oder einen beruflichen Aufstieg, es sei denn, ein solcher ergibt sich aus einem anderen Rechtsgrund.

§ 16
Maßregelungsverbot

(1) Der Arbeitgeber darf Beschäftigte nicht wegen der Inanspruchnahme von Rechten nach diesem Abschnitt oder wegen der Weigerung, eine gegen diesen Abschnitt verstoßende Anweisung auszuführen, benachteiligen. Gleiches gilt für Personen, die den Beschäftigten hierbei unterstützen oder als Zeuginnen oder Zeugen aussagen.

(2) Die Zurückweisung oder Duldung benachteiligender Verhaltensweisen durch betroffene Beschäftigte darf nicht als Grundlage für eine Entscheidung herangezogen werden, die diese Beschäftigten berührt. Absatz 1 Satz 2 gilt entsprechend.

(3) § 22 gilt entsprechend.

Unterabschnitt 4
Ergänzende Vorschriften

§ 17
Soziale Verantwortung der Beteiligten

(1) Tarifvertragsparteien, Arbeitgeber, Beschäftigte und deren Vertretungen sind aufgefordert, im Rahmen ihrer Aufgaben und Handlungsmöglichkeiten an der Verwirklichung des in § 1 genannten Ziels mitzuwirken.

(2) In Betrieben, in denen die Voraussetzungen des § 1 Abs. 1 Satz 1 des Betriebsverfassungsgesetzes vorliegen, können bei einem groben Verstoß des Arbeitgebers gegen Vorschriften aus diesem Abschnitt der Betriebsrat oder eine im Betrieb vertretene Gewerkschaft unter der Voraussetzung des § 23 Abs. 3 Satz 1 des Betriebsverfassungsgesetzes die dort genannten Rechte gerichtlich geltend machen; § 23 Abs. 3 Satz 2 bis 5 des Betriebsverfassungsgesetzes gilt entsprechend. Mit dem Antrag dürfen nicht Ansprüche des Benachteiligten geltend gemacht werden.

§ 18
Mitgliedschaft in Vereinigungen

(1) Die Vorschriften dieses Abschnitts gelten entsprechend für die Mitgliedschaft oder Mitwirkung in einer
   1. Tarifvertragspartei,
   2. Vereinigung, deren Mitglieder einer bestimmten Berufsgruppe angehören oder die eine überragende Machtstellung im wirtschaftlichen oder sozialen Bereich innehat, wenn ein grundlegendes Interesse am Erwerb der Mitgliedschaft besteht,

   sowie deren jeweiligen Zusammenschlüssen.

(2) Wenn die Ablehnung einen Verstoß gegen das Benachteiligungsverbot des § 7 Abs. 1 darstellt, besteht ein Anspruch auf Mitgliedschaft oder Mitwirkung in den in Absatz 1 genannten Vereinigungen.

Abschnitt 4
Rechtsschutz

§ 22
Beweislast

Wenn im Streitfall die eine Partei Indizien beweist, die eine Benachteiligung wegen eines in § 1 genannten Grundes vermuten lassen, trägt die andere Partei die Beweislast dafür, dass kein Verstoß gegen die Bestimmungen zum Schutz vor Benachteiligung vorgelegen hat.

VI. Arbeitszeitgesetz (ArbZG)

– Auszug –

§ 1
Zweck des Gesetzes

Zweck des Gesetzes ist es,

1. die Sicherheit und den Gesundheitsschutz der Arbeitnehmer bei der Arbeitszeitgestaltung zu gewährleisten und die Rahmenbedingungen für flexible Arbeitszeiten zu verbessern sowie

2. den Sonntag und die staatlich anerkannten Feiertage als Tage der Arbeitsruhe und der seelischen Erhebung der Arbeitnehmer zu schützen.

§ 3
Arbeitszeit der Arbeitnehmer

Die werktägliche Arbeitszeit der Arbeitnehmer darf acht Stunden nicht überschreiten. Sie kann auf bis zu zehn Stunden nur verlängert werden, wenn innerhalb von sechs Kalendermonaten oder innerhalb von 24 Wochen im Durchschnitt acht Stunden werktäglich nicht überschritten werden.

§ 4
Ruhepausen

Die Arbeit ist durch im voraus feststehende Ruhepausen von mindestens 30 Minuten bei einer Arbeitszeit von mehr als sechs bis zu neun Stunden und 45 Minuten bei einer Arbeitszeit von mehr als neun Stunden insgesamt zu unterbrechen. Die Ruhepausen nach Satz 1 können in Zeitabschnitte von jeweils mindestens 15 Minuten aufgeteilt werden. Länger als sechs Stunden hintereinander dürfen Arbeitnehmer nicht ohne Ruhepausen beschäftigt werden.

§ 5
Ruhezeit

(1) Die Arbeitnehmer müssen nach Beendigung der täglichen Arbeitszeit eine ununterbrochene Ruhezeit von mindestens elf Stunden haben.

(2) Die Dauer der Ruhezeit des Absatzes 1 kann in Krankenhäusern und anderen Einrichtungen zur Behandlung, Pflege und Betreuung von Personen, in Gaststätten und anderen Einrichtungen der Bewirtung und Beherbergung, in Verkehrsbetrieben, beim Rundfunk sowie in der Landwirtschaft und in der Tierhaltung um bis zu eine Stunde verkürzt werden, wenn jede Verkürzung der Ruhezeit innerhalb eines Kalendermonats oder innerhalb von vier Wochen durch Verlängerung einer anderen Ruhezeit auf mindestens zwölf Stunden ausgeglichen wird.

(3) Abweichend von Absatz 1 können in Krankenhäusern und anderen Einrichtungen zur Behandlung, Pflege und Betreuung von Personen Kürzungen der Ruhezeit durch Inanspruchnahmen während der Rufbereitschaft, die nicht mehr als die Hälfte der Ruhezeit betragen, zu anderen Zeiten ausgeglichen werden.

§ 6
Nacht- und Schichtarbeit

(1) Die Arbeitszeit der Nacht- und Schichtarbeitnehmer ist nach den gesicherten arbeitswissenschaftlichen Erkenntnissen über die menschengerechte Gestaltung der Arbeit festzulegen.

(2) Die werktägliche Arbeitszeit der Nachtarbeitnehmer darf acht Stunden nicht überschreiten. Sie kann auf bis zu zehn Stunden nur verlängert werden, wenn abweichend von § 3 innerhalb von einem Kalendermonat oder innerhalb von vier Wochen im Durchschnitt acht Stunden werktäglich nicht überschritten werden. Für Zeiträume, in denen Nachtarbeitnehmer im Sinne des § 2 Abs. 5 Nr. 2 nicht zur Nacharbeit herangezogen werden, findet § 3 Satz 2 Anwendung.

(3) Nachtarbeitnehmer sind berechtigt, sich vor Beginn der Beschäftigung und danach in regelmäßigen Zeitabständen von nicht weniger als drei Jahren arbeitsmedizinisch untersuchen zu lassen. Nach Vollendung des 50. Lebensjahres steht Nachtarbeitnehmern dieses Recht in Zeitabständen von einem Jahr zu. Die Kosten der Untersuchungen hat der Arbeitgeber zu tragen, sofern er die Untersuchungen den Nachtarbeitnehmern nicht kostenlos durch einen Betriebsarzt oder einen überbetrieblichen Dienst von Betriebsärzten anbietet.

(4) Der Arbeitgeber hat den Nachtarbeitnehmer auf dessen Verlangen auf einen für ihn geeigneten Tagesarbeitsplatz umzusetzen, wenn
  a) nach arbeitsmedizinischer Feststellung die weitere Verrichtung von Nachtarbeit den Arbeitnehmer in seiner Gesundheit gefährdet oder
  b) im Haushalt des Arbeitnehmers ein Kind unter zwölf Jahren lebt, das nicht von einer anderen im Haushalt lebenden Person betreut werden kann, oder
  c) der Arbeitnehmer einen schwerpflegebedürftigen Angehörigen zu versorgen hat, der nicht von einem anderen im Haushalt lebenden Angehörigen versorgt werden kann,

sofern dem nicht dringende betriebliche Erfordernisse entgegenstehen. Stehen der Umsetzung des Nachtarbeitnehmers auf einen für ihn geeigneten Tagesarbeitsplatz nach Auffassung des Arbeitgebers dringende betriebliche Erfordernisse entgegen, so ist der Betriebs- oder Personalrat zu hören. Der Betriebs- oder Personalrat kann dem Arbeitgeber Vorschläge für eine Umsetzung unterbreiten.

(5) Soweit keine tarifvertraglichen Ausgleichsregelungen bestehen, hat der Arbeitgeber dem Nachtarbeitnehmer für die während der Nachtzeit geleisteten Arbeitsstunden eine angemessene Zahl bezahlter freier Tage oder einen angemessenen Zuschlag auf das ihm hierfür zustehende Bruttoarbeitsentgelt zu gewähren.

(6) Es ist sicherzustellen, dass Nachtarbeitnehmer den gleichen Zugang zur betrieblichen Weiterbildung und zu aufstiegsfördernden Maßnahmen haben wie die übrigen Arbeitnehmer.

§ 7
Abweichende Regelungen

(1) In einem Tarifvertrag oder auf Grund eines Tarifvertrages in einer Betriebs- oder Dienstvereinbarung kann zugelassen werden,
  1. abweichend von § 3

   a) die Arbeitszeit über zehn Stunden werktäglich zu verlängern, wenn in die Arbeitszeit regelmäßig und in erheblichem Umfang Arbeitsbereitschaft oder Bereitschaftsdienst fällt,
   b) einen anderen Ausgleichszeitraum festzulegen,
2. abweichend von § 4 Satz 2 die Gesamtdauer der Ruhepausen in Schichtbetrieben und Verkehrsbetrieben auf Kurzpausen von angemessener Dauer aufzuteilen,
3. abweichend von § 5 Abs. 1 die Ruhezeit um bis zu zwei Stunden zu kürzen, wenn die Art der Arbeit dies erfordert und die Kürzung der Ruhezeit innerhalb eines festzulegenden Ausgleichszeitraums ausgeglichen wird,
4. abweichend von § 6 Abs. 2
   a) die Arbeitszeit über zehn Stunden werktäglich hinaus zu verlängern, wenn in die Arbeitszeit regelmäßig und in erheblichem Umfang Arbeitsbereitschaft oder Bereitschaftsdienst fällt,
   b) einen anderen Ausgleichszeitraum festzulegen,
5. den Beginn des siebenstündigen Nachtzeitraums des § 2 Abs. 3 auf die Zeit zwischen 22 und 24 festzulegen.

(2) Sofern der Gesundheitsschutz der Arbeitnehmer durch einen entsprechenden Zeitausgleich gewährleistet wird, kann in einem Tarifvertrag oder auf Grund eines Tarifvertrages in einer Betriebs- oder Dienstvereinbarung ferner zugelassen werden,
1. abweichend von § 5 Abs. 1 die Ruhezeiten bei Rufbereitschaft den Besonderheiten dieses Dienstes anzupassen, insbesondere Kürzungen der Ruhezeit infolge von Inanspruchnahmen während dieses Dienstes zu anderen Zeiten auszugleichen,
2. die Regelungen der §§ 3, 5 Abs. 1 und § 6 Abs. 2 in der Landwirtschaft der Bestellungs- und Erntezeit sowie den Witterungseinflüssen anzupassen,
3. die Regelungen der §§ 3, 4, 5 Abs. 1 und § 6 Abs. 2 bei der Behandlung, Pflege und Betreuung von Personen der Eigenart dieser Tätigkeit und dem Wohl dieser Personen entsprechend anzupassen,
4. die Regelungen der §§ 3, 4, 5 Abs. 1 und § 6 Abs. 2 bei Verwaltungen und Betrieben des Bundes, der Länder, der Gemeinden und sonstigen Körperschaften, Anstalten und Stiftungen des öffentlichen Rechts sowie bei anderen Arbeitgebern, die der Tarifbindung eines für den öffentlichen Dienst geltenden oder eines im wesentlichen inhaltsgleichen Tarifvertrags unterliegen, der Eigenart der Tätigkeit bei diesen Stellen anzupassen.

(2a) In einem Tarifvertrag oder auf Grund eines Tarifvertrages in einer Betriebs- oder Dienstvereinbarung kann abweichend von §§ 3, 5 Abs. 1 und § 6 Abs. 2 zugelassen werden, die werktägliche Arbeitszeit auch ohne Ausgleich über acht Stunden zu verlängern, wenn in die Arbeitszeit regelmäßig und in erheblichem Umfang Arbeitsbereitschaft oder Bereitschaftsdienst fällt und durch besondere Regelungen sichergestellt wird, dass die Gesundheit der Arbeitnehmer nicht gefährdet wird.

(3) …

(4) Die Kirchen und die öffentlich-rechtlichen Religionsgesellschaften können die in Absatz 1, 2 oder 2 a genannten Abweichungen in ihren Regelungen vorsehen.

(5) In einem Bereich, in dem Regelungen durch Tarifvertrag üblicherweise nicht getroffen werden, können Ausnahmen im Rahmen des Absatzes 1, 2 oder 2 a durch die Aufsichtsbehörde bewilligt werden, wenn dies aus betrieblichen Gründen erforderlich ist und die Gesundheit der Arbeitnehmer nicht gefährdet wird.

(6) …

(7) Auf Grund einer Regelung nach Absatz 2 a oder den Absätzen 3 bis 5 jeweils in Verbindung mit Absatz 2 a darf die Arbeitszeit nur verlängert werden, wenn der Arbeitnehmer schriftlich eingewilligt hat. Der Arbeitnehmer kann die Einwilligung mit einer Frist von sechs Monaten schriftlich widerrufen. Der Arbeitgeber darf einen Arbeitnehmer nicht benachteiligen, weil dieser die Einwilligung zur Verlängerung der Arbeitszeit nicht erklärt oder die Einwilligung widerrufen hat.

(8) Werden Regelungen nach Absatz 1 Nr. 1 und 4, Absatz 2 Nr. 2 bis 4 oder solche Regelungen auf Grund der Absätze 3 und 4 zugelassen, darf die Arbeitszeit 48 Stunden wöchentlich im Durchschnitt von zwölf Kalendermonaten nicht überschreiten. Erfolgt die Zulassung auf Grund des Absatzes 5, darf die Arbeitszeit 48 Stunden wöchentlich im Durchschnitt von sechs Kalendermonaten oder 24 Wochen nicht überschreiten.

(9) Wird die werktägliche Arbeitszeit über zwölf Stunden hinaus verlängert, muss im unmittelbaren Anschluss an die Beendigung der Arbeitszeit eine Ruhezeit von mindestens elf Stunden gewährt werden.

§ 10
Sonn- und Feiertagsbeschäftigung

(1) Sofern die Arbeiten nicht an Werktagen vorgenommen werden können, dürfen Arbeitnehmer an Sonn- und Feiertagen abweichend von § 9 beschäftigt werden

1. in Not- und Rettungsdiensten sowie bei der Feuerwehr,
2. ….
3. in Krankenhäusern und anderen Einrichtungen zur Behandlung, Pflege und Betreuung von Personen,
4. …
5. …
6. bei nichtgewerblichen Aktionen und Veranstaltungen der Kirchen, Religionsgesellschaften, Verbände, Vereine, Parteien und anderer ähnlicher Vereinigungen,

…

§ 11
Ausgleich für Sonn- und Feiertagsbeschäftigung

(1) Mindestens 15 Sonntage im Jahr müssen beschäftigungsfrei bleiben.
(2) Für die Beschäftigung an Sonn- und Feiertagen gelten die §§ 3 bis 8 entsprechend, jedoch dürfen durch die Arbeitszeit an Sonn- und Feiertagen die in den §§ 3, 6 Abs. 2, §§ 7, 21 a Abs. 4 bestimmten Höchstzeiten und Ausgleichszeiträume nicht überschritten werden.
(3) Werden Arbeitnehmer an einem Sonntag beschäftigt, müssen sie einen Ersatzruhetag haben, der innerhalb eines den Beschäftigungstag einschließenden Zeitraums von zwei Wochen zu gewähren ist. Werden Arbeitnehmer an einem auf einen Werktag fallenden Feiertag beschäftigt, müssen sie einen Ersatzruhetag haben, der innerhalb eines den Beschäftigungstag einschließenden Zeitraums von acht Wochen zu gewähren ist.
(4) Die Sonn- oder Feiertagsruhe des § 9 oder der Ersatzruhetag des Absatzes 3 ist den Arbeitnehmern unmittelbar in Verbindung mit einer Ruhezeit nach § 5 zu gewähren, soweit dem technische oder arbeitsorganisatorische Gründe nicht entgegenstehen.

§ 12
Abweichende Regelungen

(1) In einem Tarifvertrag oder auf Grund eines Tarifvertrages in einer Betriebs- oder Dienstvereinbarung kann zugelassen werden,
   1. abweichend von § 11 Abs. 1 die Anzahl der beschäftigungsfreien Sonntage in den Einrichtungen des § 10 Abs. 1 Nr. 2, 3, 4 und 10 auf mindestens zehn Sonntage, im Rundfunk, in Theaterbetrieben, Orchestern sowie bei Schaustellungen auf mindestens acht Sonntage, in Filmtheatern und in der Tierhaltung auf mindestens sechs Sonntage im Jahr zu verringern,
   2. abweichend von § 11 Abs. 3 den Wegfall von Ersatzruhtagen für auf Werktage fallende Feiertage zu vereinbaren oder Arbeitnehmer innerhalb eines festzulegenden Ausgleichszeitraums beschäftigungsfrei zu stellen,
   3. abweichend von § 11 Abs. 1 bis 3 in der Seeschiffahrt die den Arbeitnehmern nach diesen Vorschriften zustehenden freien Tage zusammenhängend zu geben,
   4. abweichend von § 11 Abs. 2 die Arbeitszeit in vollkontinuierlichen Schichtbetrieben an Sonn- und Feiertagen auf bis zu zwölf Stunden zu verlängern, wenn dadurch zusätzliche freie Schichten an Sonn- und Feiertagen erreicht werden.
(2) § 7 Abs. 3 bis 6 findet Anwendung.

§ 16
Aushang und Arbeitszeitnachweis

(1) Der Arbeitgeber ist verpflichtet, einen Abdruck dieses Gesetzes, der auf Grund dieses Gesetzes erlassenen, für den Betrieb geltenden Rechtsverordnungen

und der für den Betrieb geltenden Tarifverträge und Betriebs- oder Dienstvereinbarungen im Sinne des § 7 Abs. 1 bis 3, §§ 12 und 21 a Abs. 6 an geeigneter Stelle im Betrieb zur Einsichtnahme auszulegen oder auszuhängen.

(2) Der Arbeitgeber ist verpflichtet, über die werktägliche Arbeitszeit des § 3 Satz 1 hinausgehende Arbeitszeit der Arbeitnehmer aufzuzeichnen und ein Verzeichnis der Arbeitnehmer zu führen, die in eine Verlängerung der Arbeitszeit gemäß § 7 Abs. 7 eingewilligt haben. Die Nachweise sind mindestens zwei Jahre aufzubewahren.

§ 18
Nichtanwendung des Gesetzes

(1) Dieses Gesetz ist nicht anzuwenden auf
1. leitende Angestellte im Sinne des § 5 Abs. 3 des Betriebsverfassungsgesetzes sowie Chefärzte,
2. Leiter von öffentlichen Dienststellen und deren Vertreter sowie Arbeitnehmer im öffentlichen Dienst, die zu selbständigen Entscheidungen in Personalangelegenheiten befugt sind,
3. Arbeitnehmer, die in häuslicher Gemeinschaft mit den ihnen anvertrauten Personen zusammenleben und sie eigenverantwortlich erziehen, pflegen oder betreuen,
4. den liturgischen Bereich der Kirchen und der Religionsgemeinschaften.

(2) Für die Beschäftigung von Personen unter 18 Jahren gilt anstelle dieses Gesetzes das Jugendarbeitsschutzgesetz.

...

VII. Gesetz zum Schutze der erwerbstätigen Mutter (Mutterschutzgesetz – MuSchG)

– Auszug –

Erster Abschnitt
Allgemeine Vorschriften

§ 1
Geltungsbereich

Dieses Gesetz gilt
1. für Frauen, die in einem Arbeitsverhältnis stehen,
2. für weibliche in Heimarbeit Beschäftigte und ihnen Gleichgestellte (§ 1 Abs. 1 und 2 des Heimarbeitsgesetzes vom 14. März 1951 BGBl. I S. 191), soweit sie am Stück mitarbeiten.

§ 2
Gestaltung des Arbeitsplatzes

(1) Wer eine werdende oder stillende Mutter beschäftigt, hat bei der Einrichtung und der Unterhaltung des Arbeitsplatzes einschließlich der Maschinen, Werkzeuge und Geräte und bei der Regelung der Beschäftigung die erforderlichen Vorkehrungen und Maßnahmen zum Schutze von Leben und Gesundheit der werdenden oder stillenden Mutter zu treffen.

(2) Wer eine werdende oder stillende Mutter mit Arbeiten beschäftigt, bei denen sie ständig stehen oder gehen muss, hat für sie eine Sitzgelegenheit zum kurzen Ausruhen bereitzustellen.

(3) Wer eine werdende oder stillende Mutter mit Arbeiten beschäftigt, bei denen sie ständig sitzen muss, hat ihr Gelegenheit zu kurzen Unterbrechungen ihrer Arbeit zu geben.

(4) Die Bundesregierung wird ermächtigt, durch Rechtsverordnung mit Zustimmung des Bundesrates

1. den Arbeitgeber zu verpflichten, zur Vermeidung von Gesundheitsgefährdungen der werdenden oder stillenden Mütter oder ihrer Kinder Liegeräume für diese Frauen einzurichten und sonstige Maßnahmen zur Durchführung des in Absatz 1 enthaltenen Grundsatzes zu treffen,
2. nähere Einzelheiten zu regeln wegen der Verpflichtung des Arbeitsgebers zu Beurteilung einer Gefährdung für die werdenden oder stillenden Mütter, zur Durchführung der notwendigen Schutzmaßnahmen und zur Unterrichtung der betroffenen Arbeitnehmerinnen nach Maßgabe der insoweit umzusetzenden Artikel 4 bis 6 der Richtlinie 92/85/EWG des Rates von 19. Oktober 1992 über die Durchführung von Maßnahmen zur Verbesserung der Sicherheit und des Gesundheitsschutzes von schwangeren Arbeitnehmerinnen am Arbeitsplatz (ABl. EG Nr. L 348 S.1).

(5) Unabhängig von den auf Grund des Absatzes 4 erlassenen Vorschriften kann die Aufsichtsbehörde in Einzelfällen anordnen, welche Vorkehrungen und Maßnahmen zur Durchführung des Absatzes 1 zu treffen sind.

Zweiter Abschnitt
Beschäftigungsverbote

§ 3
Beschäftigungsverbote für werdende Mütter

(1) Werdende Mütter dürfen nicht beschäftigt werden, soweit nach ärztlichem Zeugnis Leben oder Gesundheit von Mutter oder Kind bei Fortdauer der Beschäftigung gefährdet ist.

(2) Werdende Mütter dürfen in den letzten sechs Wochen vor der Entbindung nicht beschäftigt werden, es sei denn, dass sie sich zur Arbeitsleistung ausdrücklich bereit erklären; die Erklärung kann jederzeit widerrufen werden.

§ 4
Weitere Beschäftigungsverbote

(1) Werdende Mütter dürfen nicht mit schweren körperlichen Arbeiten und nicht mit Arbeiten beschäftigt werden, bei denen sie schädlichen Einwirkungen von gesundheitsgefährdenden Stoffen oder Strahlen, von Staub, Gasen oder Dämpfen, von Hitze, Kälte oder Nässe, von Erschütterungen oder Lärm ausgesetzt sind.

(2) Werdende Mütter dürfen insbesondere nicht beschäftigt werden

1. mit Arbeiten, bei denen regelmäßig Lasten von mehr als fünf Kilogramm Gewicht oder gelegentlich Lasten von mehr als zehn Kilogramm Gewicht ohne mechanische Hilfsmittel von Hand gehoben, bewegt oder befördert werden. Sollen größere Lasten mit mechanischen Hilfsmitteln von Hand gehoben, bewegt oder befördert werden, so darf die körperliche Beanspruchung der werdenden Mutter nicht größer sein als bei Arbeiten nach Satz 1,
2. nach Ablauf des fünften Monats der Schwangerschaft mit Arbeiten, bei denen sie ständig stehen müssen, soweit diese Beschäftigung täglich vier Stunden überschreitet,
3. mit Arbeiten, bei denen sie sich häufig erheblich strecken oder beugen oder bei denen sie dauernd hocken oder sich gebückt halten müssen,
4. mit der Bedienung von Geräten und Maschinen aller Art mit hoher Fußbeanspruchung, insbesondere von solchen mit Fußantrieb,
5. mit dem Schälen von Holz,
6. mit Arbeiten, bei denen sie infolge ihrer Schwangerschaft in besonderem Maße der Gefahr, an einer Berufskrankheit zu erkranken, ausgesetzt sind oder bei denen durch das Risiko der Entstehung einer Berufskrankheit eine erhöhte Gefährdung für die werdende Mutter oder eine Gefahr für die Leibesfrucht besteht,
7. nach Ablauf des dritten Monats der Schwangerschaft auf Beförderungsmitteln,
8. mit Arbeiten, bei denen sie erhöhten Unfallgefahren, insbesondere der Gefahr auszugleiten, zu fallen oder abzustürzen, ausgesetzt sind.

(3) Die Beschäftigung von werdenden Müttern mit

1. Akkordarbeit und sonstigen Arbeiten, bei denen durch ein gesteigertes Arbeitstempo ein höheres Entgelt erzielt werden kann,
2. Fließarbeit mit vorgeschriebenem Arbeitstempo

ist verboten. Die Aufsichtsbehörde kann Ausnahmen bewilligen, wenn die Art der Arbeit und das Arbeitstempo eine Beeinträchtigung der Gesundheit von Mutter und Kind nicht befürchten lassen. Die Aufsichtbehörde kann die Beschäftigung für alle werdenden Mütter eines Betriebes oder einer Betriebsabteilung bewilligen, wenn die Voraussetzungen des Satzes 2 für alle im Betrieb oder in der Betriebsabteilung beschäftigten Frauen gegeben sind.

(4) Die Bundesregierung wird ermächtigt, zur Vermeidung von Gesundheitsgefährdungen der werdenden oder stillenden Mütter und ihrer Kinder durch Rechtsverordnung mit Zustimmung des Bundesrates
   1. Arbeiten zu bestimmen, die unter die Beschäftigungsverbote der Absätze 1 und 2 fallen,
   2. weitere Beschäftigungsverbote für werdende und stillende Mütter vor und nach der Entbindung zu erlassen.

(5) Die Aufsichtsbehörde kann in Einzelfällen bestimmen, ob eine Arbeit unter die Beschäftigungsverbote der Absätze 1 bis 3 oder einer von der Bundesregierung gemäß Absatz 4 erlassenen Verordnung fällt. Sie kann in Einzelfällen die Beschäftigung mit bestimmten anderen Arbeiten verbieten.

§ 5
Mitteilungspflicht, ärztliches Zeugnis

(1) Werdende Mütter sollen dem Arbeitgeber ihre Schwangerschaft und den mutmaßlichen Tag der Entbindung mitteilen, sobald ihnen ihr Zustand bekannt ist. Auf Verlangen des Arbeitgebers sollen sie das Zeugnis eines Arztes oder einer Hebamme vorlegen. Der Arbeitgeber hat die Aufsichtsbehörde unverzüglich von der Mitteilung der werdenden Mutter zu benachrichtigen. Er darf die Mitteilung der werdenden Mutter Dritten nicht unbefugt bekannt geben.

(2) Für die Berechnung der in § 3 Abs. 2 bezeichneten Zeiträume vor der Entbindung ist das Zeugnis eines Arztes oder einer Hebamme maßgebend; das Zeugnis soll den mutmaßlichen Tag der Entbindung angeben. Irrt sich der Arzt oder die Hebamme über den Zeitpunkt der Entbindung, so verkürzt oder verlängert sich diese Frist entsprechend.

(3) Die Kosten für die Zeugnisse nach den Absätzen 1 und 2 trägt der Arbeitgeber.

§ 6
Beschäftigungsverbote nach der Entbindung

(1) Mütter dürfen bis zum Ablauf von acht Wochen, bei Früh- und Mehrlingsgeburten bis zum Ablauf von zwölf Wochen nach der Entbindung nicht beschäftigt werden. Bei Frühgeburten und sonstigen vorzeitigen Entbindungen verlängern sich die Fristen nach Satz 1 zusätzlich um den Zeitraum der Schutzfrist nach § 3 Abs. 2, der nicht in Anspruch genommen werden konnte. Beim Tod ihres Kindes kann die Mutter auf ihr ausdrückliches Verlangen ausnahmsweise schon vor Ablauf dieser Fristen, aber noch nicht in den ersten zwei Wochen nach der Entbindung, wieder beschäftigt werden, wenn nach ärztlichem Zeugnis nichts dagegen spricht. Sie kann ihre Erklärung jederzeit widerrufen.

(2) Frauen, die in den ersten Monaten nach der Entbindung nach ärztlichem Zeugnis nicht voll leistungsfähig sind, dürfen nicht zu einer ihre Leistungsfähigkeit übersteigenden Arbeit herangezogen werden.

(3) Stillende Mütter dürfen mit den in § 4 Abs. 1, 2 Nr. 1, 3, 4, 5, 6 und 8 sowie Abs. 3 Satz 1 genannten Arbeiten nicht beschäftigt werden. Die Vorschriften des § 4 Abs. 3 Satz 2 und 3 sowie Abs. 5 gelten entsprechend.

§ 7
Stillzeit

(1) Stillenden Müttern ist auf ihr Verlangen die zum Stillen erforderliche Zeit, mindestens aber zweimal täglich eine Stunde freizugeben. Bei einer zusammenhängenden Arbeitszeit von mehr als acht Stunden soll auf Verlangen zweimal eine Stillzeit von mindestens 45 Minuten oder, wenn in der Nähe der Arbeitsstätte keine Stillgelegenheit vorhanden ist, einmal eine Stillzeit von mindestens 90 Minuten gewährt werden. Die Arbeitszeit gilt als zusammenhängend, soweit sie nicht durch eine Ruhepause von mindestens zwei Stunden unterbrochen wird.

(2) Durch die Gewährung der Stillzeit darf ein Verdienstausfall nicht eintreten. Die Stillzeit darf von stillenden Müttern nicht vor- oder nachgearbeitet und nicht auf die in dem Arbeitszeitgesetz oder in anderen Vorschriften festgesetzten Ruhezeiten angerechnet werden.

(3) Die Aufsichtbehörde kann in Einzelfällen nähere Bestimmungen über Zahl, Lage und Dauer der Stillzeiten treffen; sie kann die Einrichtung von Stillräumen vorschreiben.

(4) Der Auftraggeber oder Zwischenmeister hat den in Heimarbeit Beschäftigten und den ihnen Gleichgestellten für die Stillzeit ein Entgelt von 75 vom Hundert eines durchschnittlichen Stundenverdienstes, mindestens aber 0,38 Euro für jeden Werktag zu zahlen. Ist die Frau für mehrere Auftraggeber oder Zwischenmeister tätig, so haben diese das Entgelt für die Stillzeit zu gleichen Teilen zu gewähren. Auf das Entgelt finden die Vorschriften der §§ 23 bis 25 des Heimarbeitsgesetzes vom 14. März 1951 (BGBl. I S. 191) über den Entgeltschutz Anwendung.

§ 8
Mehrarbeit, Nacht- und Sonntagsarbeit

(1) Werdende und stillende Mütter dürfen nicht mit Mehrarbeit, nicht in der Nacht zwischen 20 und 6 Uhr und nicht an Sonn- und Feiertagen beschäftigt werden.

(2) Mehrarbeit im Sinne des Absatzes 1 ist jede Arbeit, die
1. von Frauen unter 18 Jahren über 8 Stunden täglich oder 80 Stunden in der Doppelwoche,
2. von sonstigen Frauen über 8 ½ Stunden täglich oder 90 Stunden in der Doppelwoche

hinaus geleistet wird. In die Doppelwochen werden die Sonntage eingerechnet.

(3) Abweichend vom Nachtarbeitsverbot des Absatzes 1 dürfen werdende Mütter in den ersten vier Monaten der Schwangerschaft und stillende Mütter beschäftigt werden
   1. in gast- und Schankwirtschaften und im übrigen Beherbergungswesen bis 22 Uhr,
   2. in der Landwirtschaft mit dem Melken von Vieh ab 5 Uhr,
   3. als Künstlerinnen bei Musikaufführungen, Theatervorstellungen und ähnlichen Aufführungen bis 23 Uhr.

(4) Im Verkehrswesen, in Gast- und Schankwirtschaften und im übrigen Beherbergungswesen, im Familienhaushalt, in Krankenpflege- und in Badeanstalten, bei Musikaufführungen, Theatervorstellungen, anderen Schaustellungen, Darbietungen oder Lustbarkeiten dürfen werdende oder stillende Mütter, abweichend von Absatz 1, an Sonn- und Feiertagen beschäftigt werden, wenn ihnen in jeder Woche einmal eine ununterbrochene Ruhezeit von mindestens 24 Stunden im Anschluss an eine Nachtruhe gewährt wird.

(5) An in Heimarbeit Beschäftigte und ihnen Gleichgestellte, die werdende oder stillende Mütter sind, darf Heimarbeit nur in solchem Umfang und mit solchen Fertigungsfristen ausgegeben werden, dass sie von der werdenden Mutter voraussichtlich während einer 8-stündigen Tagesarbeitszeit, von der stillenden Mutter voraussichtlich während einer 7¼-stündigen Tagesarbeitszeit an Werktagen ausgeführt werden kann. Die Aufsichtbehörde kann in Einzelfällen nähere Bestimmungen über die Arbeitsmenge treffen; falls ein Heimarbeitsausschuss besteht, hat sie diesen vorher zu hören.

(6) Die Aufsichtbehörde kann in begründeten Einzelfällen Ausnahmen von den vorstehenden Vorschriften zulassen.

Abschnitt 2a
Mutterschaftsurlaub

§§ 8 a bis 8 d sind weggefallen; siehe nunmehr §§ 15 ff. BEEG.

Dritter Abschnitt
Kündigung

§ 9
Kündigungsverbot

(1) Die Kündigung gegenüber einer Frau während der Schwangerschaft und bis zum Ablauf von vier Monaten nach der Entbindung ist unzulässig, wenn dem Arbeitgeber zur Zeit der Kündigung die Schwangerschaft oder Entbindung bekannt war oder innerhalb zweier Wochen nach Zugang der Kündigung mitgeteilt wird; das Überschreiten dieser Frist ist unschädlich, wenn es auf einem von der Frau nicht zu vertretenden Grund beruht und die Mitteilung unverzüglich nachgeholt wird. Die Vorschrift des Satzes 1 gilt für Frauen, die den in Heimarbeit Beschäftigten gleichgestellt sind, nur, wenn

sich die Gleichstellung auch auf den Neunten Abschnitt – Kündigung – des Heimarbeitsgesetzes vom 14. März 1951 (BGBl. I S. 191) erstreckt.

(2) Kündigt eine schwangere Frau, gilt § 5 Abs. 1 Satz 3 entsprechend.

(3) Die für den Arbeitsschutz zuständige oberste Landesbehörde oder die von ihr bestimmte Stelle kann in besonderen Fällen, die nicht mit dem Zustand einer Frau während der Schwangerschaft oder ihrer Lage bis zum Ablauf von vier Monaten nach der Entbindung in Zusammenhang stehen, ausnahmsweise die Kündigung für zulässig erklären. Die Kündigung bedarf der schriftlichen Form und sie muss den zulässigen Kündigungsgrund angeben.

(4) In Heimarbeit Beschäftigte und ihnen Gleichgestellte dürfen während der Schwangerschaft und bis zum Ablauf von vier Monaten nach der Entbindung nicht gegen ihren Willen bei der Ausgabe von Heimarbeit ausgeschlossen werden; die Vorschriften der § 3, 4, 6 und 8 Abs. 5 bleiben unberührt.

§ 9a

weggefallen; siehe nunmehr §§ 15 ff. BEEG.

§ 10
Erhaltung von Rechten

(1) Eine Frau kann während der Schwangerschaft und während der Schutzfrist nach der Entbindung (§ 6 Abs. 1) das Arbeitsverhältnis ohne Einhaltung einer Frist zum Ende der Schutzfrist nach der Entbindung kündigen.

(2) Wird das Arbeitsverhältnis nach Absatz 1 aufgelöst und wird die Frau innerhalb eines Jahres nach der Entbindung in ihrem bisherigen Betrieb wieder eingestellt, so gilt, soweit Rechte aus dem Arbeitsverhältnis von der Dauer der Betriebs- oder Berufszugehörigkeit oder von der Dauer der Beschäftigungs- oder Dienstzeit abhängen, das Arbeitsverhältnis als nicht unterbrochen. Dies gilt nicht, wenn die Frau in der Zeit von der Auflösung des Arbeitsverhältnisses bis zur Wiedereinstellung bei einem anderen Arbeitgeber beschäftigt war.

Vierter Abschnitt
Leistungen

§ 11
Arbeitsentgelt bei Beschäftigungsverboten

(1) Den unter den Geltungsbereich des § 1 fallenden Frauen ist, soweit sie nicht Mutterschaftsgeld nach den Vorschriften der Reichsversicherungsordnung beziehen können, vom Arbeitgeber mindestens der Durchschnittsverdienst der letzten 13 Wochen oder der letzten drei Monate vor Beginn des Monats, in dem die Schwangerschaft eingetreten ist, weiter zu gewähren, wenn sie wegen eines Beschäftigungsverbots nach § 3 Abs. 1, §§ 4,6 Abs. 2 oder 3 oder wegen Mehr-, Nacht- oder Sonntagsarbeitsverbots nach § 8 Abs. 1, 3 oder

5 teilweise oder völlig mit der Arbeit aussetzen. Dies gilt auch, wenn wegen dieser Verbote die Beschäftigung oder die Entlohnungsart wechselt. Wird das Arbeitsverhältnis erst nach Eintritt der Schwangerschaft begonnen, so ist der Durchschnittsverdienst aus dem Arbeitsentgelt der ersten 13 Wochen oder drei Monate der Beschäftigung zu berechnen. Hat das Arbeitsverhältnis nach Satz 1 oder 3 kürzer gedauert, so ist der kürzere Zeitraum der Berechnung zugrunde zu legen. Zeiten, in denen kein Arbeitsentgelt erzielt wurde, bleiben außer Betracht.

(2) Bei Verdiensterhöhungen nicht vorübergehender Natur, die während oder nach Ablauf des Berechnungszeitraums eintreten, ist von dem erhöhten Verdienst auszugehen. Verdienstkürzungen, die im Berechnungszeitraum infolge von Kurzarbeit, Arbeitausfällen oder unverschuldeter Arbeitsversäumnis eintreten, bleiben für die Berechnung des Durchschnittsverdienstes außer Betracht. Zu berücksichtigen sind dauerhafte Verdienstkürzungen, die während oder nach Ablauf des Berechnungszeitraums eintreten und nicht auf einem mutterschutzrechtlichen Beschäftigungsverbot beruhen.

(3) Die Bundesregierung wird ermächtigt, durch Rechtsverordnung mit Zustimmung des Bundesrates Vorschriften über die Berechnung des Durchschnittsverdienstes im Sinne der Absätze 1 und 2 zu erlassen.

§ 12

(weggefallen)

§ 13
Mutterschaftsgeld

(1) Frauen, die Mitglied einer gesetzlichen Krankenkasse sind, erhalten für die Zeit der Schutzfristen des § 3 Abs. 2 und des § 6 Abs. 1 sowie für den Entbindungstag Mutterschaftsgeld nach den Vorschriften der Reichsversicherungsordnung oder des Gesetzes über die Krankenversicherung der Landwirte über das Mutterschaftsgeld.

(2) Frauen, die nicht Mitglied einer gesetzlichen Krankenkasse sind, erhalten, wenn sie bei Beginn der Schutzfrist des § 3 Abs. 2 in einem Arbeitsverhältnis stehen oder in Heimarbeit beschäftigt sind, für die Zeit der Schutzfrist des § 3 Abs. 2 und des § 6 Abs. 1 sowie für den Entbindungstag Mutterschaftsgeld zu Lasten des Bundes in entsprechender Anwendung der Vorschriften der Reichsversicherungsordnung über das Mutterschaftsgeld, höchstens jedoch insgesamt 210 Euro. Das Mutterschaftsgeld wird diesen Frauen auf Antrag vom Bundesversicherungsamt gezahlt. Die Sätze 1 und 2 gelten für Frauen entsprechend, deren Arbeitsverhältnis während ihrer Schwangerschaft oder der Schutzfrist des § 6 Abs. 1 nach Maßgabe von § 9 Abs. 3 aufgelöst worden ist.

(3) Frauen, die während der Schutzfristen des § 3 Abs. 2 oder des § 6 Abs. 1 von einem Beamten- in ein Arbeitsverhältnis wechseln, erhalten von diesem Zeitpunkt an Mutterschaftsgeld entsprechend den Absätzen 1 und 2.

§ 14
Zuschuss zum Mutterschaftsgeld

(1) Frauen, die Anspruch auf Mutterschaftsgeld nach § 200 Abs. 1, 2 Satz 1 bis 4 und Abs. 3 der Reichsversicherungsordnung, § 29 Abs. 1, 2 und 4 des Gesetzes über die Krankenversicherung der Landwirte oder § 13 Abs. 2, 3 haben, erhalten während ihres bestehenden Arbeitsverhältnisses für die Zeit der Schutzfristen des § 3 Abs. 2 und § 6 Abs. 1 sowie für den Entbindungstag von ihrem Arbeitgeber einen Zuschuss in Höhe des Unterschiedsbetrages zwischen 13 Euro und dem um die gesetzlichen Abzüge verminderten durchschnittlichen kalendertäglichen Arbeitsentgelt. Das durchschnittliche kalendertägliche Arbeitsentgelt ist aus den letzten drei abgerechneten Kalendermonaten, bei wöchentlicher Abrechnung aus den letzten 13 abgerechneten Wochen vor Beginn der Schutzfrist nach § 3 Abs. 2 zu berechnen. Nicht nur vorübergehende Erhöhungen des Arbeitsentgeltes, die während der Schutzfristen des § 3 Abs. 2 und § 6 Abs. 1 wirksam werden, sind ab diesem Zeitpunkt in die Berechnung einzubeziehen. Einmalig gezahltes Arbeitsentgelt (§ 23 des Vierten Buches Sozialgesetzbuch) sowie Tage, an denen infolge von Kurzarbeit, Arbeitsausfällen oder unverschuldeter Arbeitsversäumnis kein oder ein vermindertes Arbeitsentgelt erzielt wurde, bleiben außer Betracht. Zu berücksichtigen sind dauerhafte Verdienstkürzungen, die während oder nach Ablauf des Berechnungszeitraums eintreten und nicht auf einem mutterschutzrechtlichen Beschäftigungsverbot beruhen. Ist danach eine Berechnung nicht möglich, so ist das durchschnittliche kalendertägliche Arbeitsentgelt einer gleichartig Beschäftigten zugrunde zu legen.

(2) Frauen, deren Arbeitsverhältnis während ihrer Schwangerschaft oder während der Schutzfrist des § 6 Abs. 1 nach Maßgabe von § 9 Abs. 3 aufgelöst worden ist, erhalten bis zum Ende dieser Schutzfrist den Zuschuss nach Absatz 1 von der für die Zahlung des Mutterschaftsgeldes zuständigen Stelle.

(3) Absatz 2 gilt entsprechend, wenn der Arbeitgeber wegen eines Insolvenzereignisses im Sinne des § 183 Abs. 1 Satz 1 des Dritten Buches Sozialgesetzbuch seinen Zuschuss nach Absatz 1 nicht zahlen kann.

(4) Der Zuschuss nach den Absätzen 1 bis 3 entfällt für die Zeit, in der Frauen die Elternzeit nach dem Bundeselterngeld- und Elternzeitgesetz in Anspruch nehmen oder in Anspruch genommen hätten, wenn deren Arbeitsverhältnis nicht während ihrer Schwangerschaft oder während der Schutzfrist des § 6 Abs. 1 vom Arbeitgeber zulässig aufgelöst worden wäre. Dies gilt nicht, soweit sie eine zulässige Teilzeitarbeit leisten.

§ 15
Sonstige Leistungen bei Schwangerschaft und Mutterschaft

Frauen, die in der gesetzlichen Krankenverssicherung versichert sind, erhalten auch die folgenden Leistungen bei Schwangerschaft und Mutterschaft nach den

Vorschriften der Reichsversicherungsordnung oder des Gesetzes über die Krankenversicherung der Landwirte:
1. ärztliche Betreuung und Hebammenhilfe,
2. Versorgung mit Arznei-, Verband- und Heilmitteln,
3. stationäre Entbindung,
4. häusliche Pflege,
5. Haushaltshilfe.

§ 16
Freistellung für Untersuchungen

Der Arbeitgeber hat die Frau für die Zeit freizustellen, die zur Durchführung der Untersuchungen im Rahmen der Leistungen der gesetzlichen Krankenversicherung bei Schwangerschaft und Mutterschaft erforderlich ist. Entsprechendes gilt zugunsten der Frau, die nicht in der gesetzlichen Krankenversicherung versichert ist. Ein Entgeltausfall darf hierdurch nicht eintreten.

§ 17
Erholungsurlaub

Für den Anspruch auf bezahlten Erholungsurlaub und dessen Dauer gelten die Ausfallzeiten wegen mutterschutzrechtlicher Beschäftigungsverbote als Beschäftigungszeiten. Hat die Frau ihren Urlaub vor Beginn der Beschäftigungsverbote nicht oder nicht vollständig erhalten, so kann sie nach Ablauf der Fristen den Resturlaub im laufenden oder im nächsten Urlaubsjahr beanspruchen.

Fünfter Abschnitt
Durchführung des Gesetzes

§ 18
Auslage des Gesetzes

(1) In Betrieben und Verwaltungen, in denen regelmäßig mehr als drei Frauen beschäftigt werden, ist ein Abdruck dieses Gesetzes an geeigneter Stelle zur Einsicht auszulegen oder auszuhängen.

(2) Wer Heimarbeit ausgibt oder abnimmt, hat in den Räumen der Ausgabe und Abnahme den Abdruck dieses Gesetzes an geeigneter Stelle zur Einsicht auszulegen oder auszuhängen.

§ 19
Auskunft

(1) Der Arbeitgeber ist verpflichtet, der Aufsichtbehörde auf Verlangen
   1. die zur Erfüllung der Aufgaben dieser Behörde erforderlichen Angaben wahrheitsgemäß und vollständig zu machen,

2. die Unterlagen, aus denen Namen, Beschäftigungsart und -zeiten der werdenden und stillenden Mütter sowie Lohn- und Gehaltszahlungen ersichtlich sind, und alle sonstigen Unterlagen, die sich auf die zu Nummer 1 zu machenden Angaben beziehen, zur Einsicht vorzulegen oder einzusenden.

(2) Die Unterlagen sind mindestens bis zum Ablauf von zwei Jahren nach der letzten Eintragung aufzubewahren.

§ 20
Aufsichtsbehörden

(1) Die Aufsicht über die Ausführung der Vorschriften dieses Gesetzes und der auf Grund dieses Gesetzes erlassenen Vorschriften obliegt den nach Landesrecht zuständigen Behörden (Aufsichtsbehörden).

(2) Die Aufsichtbehörden haben dieselben Befugnisse und Obliegenheiten wie nach § 139 b der Gewerbeordnung die dort genannten besonderen Beamten. Das Grundrecht der Unverletzlichkeit der Wohnung (Artikel 13 des Grundgesetzes) wird insoweit eingeschränkt.

VIII. Gesetz zum Elterngeld und zur Elternzeit (Bundeselterngeld – und Elternzeitgesetz – BEEG)

– Auszug –

Abschnitt 2
Elternzeit für Arbeitnehmerinnen und Arbeitnehmer

§ 15
Anspruch auf Elternzeit

(1) Arbeitnehmerinnen und Arbeitnehmer haben Anspruch auf Elternzeit, wenn sie

1. a) mit ihrem Kind,
   b) mit einem Kind, für das sie die Anspruchsvoraussetzungen nach § 1 Abs. 3 oder 4 erfüllen, oder
   c) mit einem Kind, das sie in Vollzeitpflege nach § 33 des Achten Buches Sozialgesetzbuch aufgenommen haben, in einem Haushalt leben und
2. dieses Kind selbst betreuen und erziehen.

Nicht sorgeberechtigte Elternteile und Personen, die nach Satz 1 Nr.1 Buchstabe b und c Elternzeit nehmen können, bedürfen der Zustimmung des sorgeberechtigten Elternteils.

(1a) Anspruch auf Elternzeit haben Arbeitnehmer und Arbeitnehmerinnen auch, wenn sie mit ihrem Enkelkind in einem Haushalt leben und dieses Kind selbst betreuen und erziehen und
1. ein Elternteil des Kindes minderjährig ist oder
2. ein Elternteil des Kindes sich im letzten oder vorletzten Jahr einer Ausbildung befindet, die vor Vollendung des 18. Lebensjahres begonnen wurde und die Arbeitskraft des Elternteils im Allgemeinen voll in Anspruch nimmt.

Der Anspruch besteht nur für Zeiten, in denen keiner der Elternteile des Kindes selbst Elternzeit beansprucht.

(2) Der Anspruch auf Elternzeit besteht bis zur Vollendung des dritten Lebensjahres eines Kindes. Die Zeit der Mutterschutzfrist nach § 6 Abs. 1 des Mutterschutzgesetzes wird auf die Begrenzung nach Satz 1 angerechnet. Bei mehreren Kindern besteht der Anspruch auf Elternzeit für jedes, auch wenn sich die Zeiträume im Sinne von Satz 1 überschneiden. Ein Anteil der Elternzeit von bis zu zwölf Monaten ist mit Zustimmung des Arbeitgebers auf die Zeit bis zur Vollendung des achten Lebensjahres übertragbar; dies gilt auch, wenn sich die Zeiträume im Sinne von Satz 1 bei mehreren Kindern überschneiden. Bei einem angenommenen Kind und bei einem Kind in Vollzeit- oder Adoptionspflege kann Elternzeit von insgesamt bis zu drei Jahren ab der Aufnahme bei der berechtigten Person, längstens bis zur Vollendung des achten Lebensjahres des Kindes genommen werden; die Sätze 3 und 4 sind entsprechend anwendbar, soweit sie die zeitliche Aufteilung regeln. Der Anspruch kann nicht durch Vertrag ausgeschlossen oder beschränkt werden.

(3) Die Elternzeit kann, auch anteilig, von jedem Elternteil allein oder von beiden Elterteilen gemeinsam genommen werden. Satz 1 gilt in den Fällen des Absatzes 1 Satz 1 Nr. 1 Buchstabe b und c entsprechend.

(4) Der Arbeitnehmer oder die Arbeitnehmerin darf während der Elternzeit nicht mehr als 30 Wochenstunden erwerbstätig sein. Eine im Sinne des § 23 des Achten Buches Sozialgesetzbuch geeignete Tagespflegeperson kann bis zu fünf Kinder in Tagespflege betreuen, auch wenn die wöchentliche Betreuungszeit 30 Stunden übersteigt. Teilzeitarbeit bei einem anderen Arbeitgeber oder selbständige Tätigkeit nach Satz 1 bedürfen der Zustimmung des Arbeitgebers. Dieser kann sie nur innerhalb von vier Wochen aus dringenden betrieblichen Gründen schriftlich ablehnen.

(5) Der Arbeitnehmer oder die Arbeitnehmerin kann eine Verringerung der Arbeitszeit und ihre Ausgestaltung beantragen. Über den Antrag sollen sich der Arbeitgeber und der Arbeitnehmer oder die Arbeitnehmerin innerhalb von vier Wochen einigen. Der Antrag kann mit der schriftlichen Mitteilung nach Absatz 7 Satz 1 Nr. 5 verbunden werden. Unberührt bleibt das Recht, sowohl die vor der Elternzeit bestehende Teilzeitarbeit unverändert während der Elternzeit fortzusetzen, soweit Absatz 4 beachtet ist, als auch nach der Elternzeit zu der Arbeitszeit zurückzukehren, die vor Beginn der Elternzeit vereinbart war.

(6) Der Arbeitnehmer oder die Arbeitnehmerin kann gegenüber dem Arbeitgeber, soweit eine Einigung nach Absatz 5 nicht möglich ist, unter den Voraussetzungen des Absatzes 7 während der Gesamtdauer der Elternzeit zweimal eine Verringerung seiner oder ihrer Arbeitszeit beanspruchen.

(7) Für den Anspruch auf Verringerung der Arbeitszeit gelten folgende Voraussetzungen:
1. Der Arbeitgeber beschäftigt, unabhängig von der Anzahl der Personen in Berufsbildung, in der Regel mehr als 15 Arbeitnehmer und Arbeitnehmerinnen,
2. das Arbeitsverhältnis in demselben Betrieb oder Unternehmen besteht ohne Unterbrechung länger als sechs Monate,
3. die vertraglich vereinbarte regelmäßige Arbeitszeit soll für mindestens zwei Monate auf einen Umfang zwischen 15 und 30 Wochenstunden verringert werden,
4. dem Anspruch stehen keine dringenden betrieblichen Gründe entgegen und
5. der Anspruch wurde dem Arbeitgeber sieben Wochen vor Beginn der Tätigkeit schriftlich mitgeteilt.

Der Antrag muss den Beginn und den Umfang der verringerten Arbeitszeit enthalten. Die gewünschte Verteilung der verringerten Arbeitszeit soll im Antrag angegeben werden. Falls der Arbeitgeber die beanspruchte Verringerung der Arbeitszeit ablehnen will, muss der dies innerhalb von vier Wochen mit schriftlicher Begründung tun. Soweit der Arbeitgeber der Verringerung der Arbeitszeit nicht oder nicht rechtzeitig zustimmt, kann der Arbeitnehmer oder die Arbeitnehmerin Klage vor den Gerichten für Arbeitssachen erheben.

§ 16
Inanspruchnahme der Elternzeit

(1) Wer Elternzeit beanspruchen will, muss sie spätestens sieben Wochen vor Beginn schriftlich vom Arbeitgeber verlangen und gleichzeitig erklären, für welche Zeiten innerhalb von zwei Jahren Elternzeit genommen werden soll. Bei dringenden Gründen ist ausnahmsweise eine angemessene kürzere Frist möglich. Nimmt die Mutter Elternzeit im Anschluss an die Mutterschutzfrist, wird die Zeit der Mutterschutzfrist nach § 6 Abs. 1 des Mutterschutzgesetzes auf den Zeitraum nach Satz 1 angerechnet. Nimmt die Mutter die Elternzeit im Anschluss an einen auf die Mutterschutzfrist folgenden Erholungsurlaub, werden die Zeit der Mutterschutzfrist nach § 6 Abs. 1 des Mutterschutzgesetzes und die Zeit des Erholungsurlaubs auf den Zweijahreszeitraum nach Satz 1 angerechnet. Die Elternzeit kann auf zwei Zeitabschnitte verteilt werden; eine Verteilung auf weitere Zeitabschnitte ist nur mit Zustimmung des Arbeitgebers möglich. Der Arbeitgeber hat dem Arbeitnehmer oder der Arbeitnehmerin die Elternzeit zu bescheinigen.

(2) Können Arbeitnehmerinnen und Arbeitnehmer aus einem von ihnen nicht zu vertretenden Grund eine sich unmittelbar an die Mutterschutzfrist des § 6

Abs. 1 des Mutterschutzgesetzes anschließende Elternzeit nicht rechtzeitig verlangen, können sie dies innerhalb einer Woche nach Wegfall des Grundes nachholen.

(3) Die Elternzeit kann vorzeitig beendet oder im Rahmen des § 15 Abs. 2 verlängert werden, wenn der Arbeitgeber zustimmt. Die vorzeitige Beendigung wegen der Geburt eines weiteren Kindes oder wegen eines besonderen Härtefalles im Sinne des § 7 Abs. 2 Satz 3 kann der Arbeitgeber nur innerhalb von vier Wochen aus dringenden betrieblichen Gründen schriftlich ablehnen. Die Arbeitnehmerin kann ihre Elternzeit nicht wegen der Mutterschutzfristen des § 3 Abs. 2 und § 6 Abs. 1 des Mutterschutzgesetzes vorzeitig beenden; dies gilt nicht während ihrer zulässigen Teilzeitarbeit. Eine Verlängerung kann verlangt werden, wenn ein vorgesehener Wechsel in der Anspruchsberechtigung aus einem wichtigen Grund nicht erfolgen kann.

(4) Stirbt das Kind während der Elternzeit, endet diese spätestens drei Wochen nach dem Tod des Kindes.

(5) Eine Änderung in der Anspruchsberechtigung hat der Arbeitnehmer oder die Arbeitnehmerin dem Arbeitgeber unverzüglich mitzuteilen.

§ 17
Urlaub

(1) Der Arbeitgeber kann den Erholungsurlaub, der dem Arbeitnehmer oder der Arbeitnehmerin für das Urlaubsjahr zusteht, für jeden vollen Kalendermonat der Elternzeit um ein Zwölftel kürzen. Dies gilt nicht, wenn der Arbeitnehmer oder die Arbeitnehmerin während der Elternzeit bei seinem oder ihrem Arbeitgeber Teilzeitarbeit leistet.

(2) Hat der Arbeitnehmer oder die Arbeitnehmerin den ihm oder ihr zustehenden Urlaub vor dem Beginn der Elternzeit nicht oder nicht vollständig erhalten, hat der Arbeitgeber den Resturlaub nach der Elternzeit im laufenden oder im nächsten Urlaubsjahr zu gewähren.

(3) Endet das Arbeitsverhältnis während der Elternzeit oder wird es im Anschluss an die Elternzeit nicht fortgesetzt, so hat der Arbeitgeber den nicht gewährten Urlaub abzugelten.

(4) Hat der Arbeitnehmer oder die Arbeitnehmerin vor Beginn der Elternzeit mehr Urlaub erhalten, als ihm oder ihr nach Absatz 1 zusteht, kann der Arbeitgeber den Urlaub, der dem Arbeitnehmer oder der Arbeitnehmerin nach dem Ende der Elternzeit zusteht, um die zu viel gewährten Urlaubstage kürzen.

§ 18
Kündigungsschutz

(1) Der Arbeitgeber darf das Arbeitsverhältnis ab dem Zeitpunkt, von dem an Elternzeit verlangt worden ist, höchstens jedoch acht Wochen vor Beginn der Elternzeit, und während der Elternzeit nicht kündigen. In besonderen

Fällen kann ausnahmsweise eine Kündigung für zulässig erklärt werden. Die Zulässigkeitserklärung erfolgt durch die für den Arbeitsschutz zuständige oberste Landesbehörde oder die von ihr bestimmte Stelle. Die Bundesregierung kann mit Zustimmung des Bundesrates allgemeine Verwaltungsvorschriften zur Durchführung des Satzes 2 erlassen.

(2) Absatz 1 gilt entsprechend, wenn Arbeitnehmer oder Arbeitnehmerinnen
1. während der Elternzeit bei demselben Arbeitgeber Teilzeitarbeit leisten oder
2. ohne Elternzeit in Anspruch zu nehmen, Teilzeitarbeit leisten und Anspruch auf Elterngeld nach § 1 während des Bezugszeitraums nach § 4 Abs. 1 haben.

§ 19
Kündigung zum Ende der Elternzeit

Der Arbeitnehmer oder die Arbeitnehmerin kann das Arbeitsverhältnis zum Ende der Elternzeit nur unter Einhaltung einer Kündigungsfrist von drei Monaten kündigen.

§ 20
Zur Berufsbildung Beschäftigte, in Heimarbeit Beschäftigte

(1) Die zur ihrer Berufsbildung Beschäftigten gelten als Arbeitnehmer oder Arbeitnehmerinnen im Sinne dieses Gesetzes. Die Elternzeit wird auf die Berufsbildungszeiten nicht angerechnet.

(2) Anspruch auf Elternzeit haben auch die in Heimarbeit Beschäftigten und die ihnen Gleichgestellten (§ 1 Abs. 1 und 2 des Heimarbeitsgesetzes), soweit sie am Stück mitarbeiten. Für sie tritt an die Stelle des Arbeitgebers der Auftraggeber oder Zwischenmeister und an die Stelle des Arbeitsverhältnisses das Beschäftigungsverhältnis.

§ 21
Befristete Arbeitsverträge

(1) Ein sachlicher Grund, der die Befristung eines Arbeitsverhältnisses rechtfertigt, liegt vor, wenn ein Arbeitnehmer oder eine Arbeitnehmerin zur Vertretung eines anderen Arbeitnehmers oder einer anderen Arbeitnehmerin für die Dauer eines Beschäftigungsverbotes nach dem Mutterschutzgesetz, einer Elternzeit, einer auf Tarifvertrag, Betriebsvereinbarung oder einzelvertraglicher Vereinbarung beruhenden Arbeitsfreistellung zur Betreuung eines Kindes oder für diese Zeiten zusammen oder Teile davon eingestellt wird.

(2) Über die Dauer der Vertretung nach Absatz 1 hinaus ist die Befristung für notwendige Zeiten einer Einarbeitung zulässig.

(3) Die Dauer der Befristung des Arbeitsvertrages muss kalendermäßig bestimmt oder bestimmbar oder den in den Absätzen 1 und 2 genannten Zwecken zu entnehmen sein.

(4) Der Arbeitgeber kann den befristeten Arbeitsvertrag unter Einhaltung einer Frist von mindestens drei Wochen, jedoch frühestens zum Ende der Elternzeit, kündigen, wenn die Elternzeit ohne Zustimmung des Arbeitgebers vorzeitig endet und der Arbeitnehmer oder die Arbeitnehmerin die vorzeitige Beendigung der Elternzeit mitgeteilt hat. Satz 1 gilt entsprechend, wenn der Arbeitgeber die vorzeitige Beendigung der Elternzeit in den Fällen des § 16 Abs. 3 Satz 2 nicht ablehnen darf.

(5) Das Kündigungsschutzgesetz ist im Falle des Absatzes 4 nicht anzuwenden.

(6) Absatz 4 gilt nicht, soweit seine Anwendung vertraglich ausgeschlossen ist.

(7) Wird im Rahmen arbeitsrechtlicher Gesetze oder Verordnungen auf die Zahl der beschäftigten Arbeitnehmer und Arbeitnehmerinnen abgestellt, so sind bei der Ermittlung dieser Zahl Arbeitnehmer und Arbeitnehmerinnen, die sich in der Elternzeit befinden oder zur Betreuung eines Kindes freigestellt sind, nicht mitzuzählen, solange für sie aufgrund von Absatz 1 ein Vertreter oder eine Vertreterin eingestellt ist. Dies gilt nicht, wenn der Vertreter oder die Vertreterin nicht mitzuzählen ist. Die Sätze 1 und 2 gelten entsprechend, wenn im Rahmen arbeitsrechtlicher Gesetze oder Verordnungen auf die Zahl der Arbeitsplätze abgestellt wird.

IX. Betriebsverfassungsgesetz 1972

– Auszug –

in der Fassung der Bekanntmachung vom 25.9.2001

§ 118
Geltung für Tendenzbetriebe und Religionsgemeinschaften

(1) Auf Unternehmen und Betriebe, die unmittelbar und überwiegend
   1. politischen, koalitionspolitischen, konfessionellen, karitativen, erzieherischen, wissenschaftlichen oder künstlerischen Bestimmungen oder
   2. Zwecken der Berichterstattung oder Meinungsäußerung, auf die in Artikel 5 Abs. 1 Satz 2 des Grundgesetzes Anwendung findet, dienen,

   finden die Vorschriften dieses Gesetzes keine Anwendung, soweit die Eigenart des Unternehmens oder des Betriebs dem entgegensteht. Die §§ 106 bis 110 sind nicht, die §§ 111 bis 113 nur insoweit anzuwenden, als sie den Ausgleich oder die Milderung wirtschaftlicher Nachteile für die Arbeitnehmer infolge von Betriebsänderungen regeln.

(2) Dieses Gesetz findet keine Anwendung auf Religionsgemeinschaften und ihre karitativen und erzieherischen Einrichtungen unbeschadet deren Rechtsform.

Anmerkung: Zum kirchlichen Selbstbestimmungsrecht BVerfGE 46, 73.

§ 130
Öffentlicher Dienst

Dieses Gesetz findet keine Anwendung auf Verwaltungen und Betriebe des Bundes, der Länder, der Gemeinden und sonstiger Körperschaften, Anstalten und Stiftungen des öffentlichen Rechts.

Anmerkung: Siehe auch LAG Köln, 10.10.2003 – 12 TaBV 20/03 n.v. (Metropolitankapitel Hohe Domkirche Köln).

X. Bundespersonalvertretungsgesetz

– Auszug –

§ 112
Religionsgemeinschaften

Dieses Gesetz findet keine Anwendung auf Religionsgemeinschaften und ihre karitativen und erzieherischen Einrichtungen ohne Rücksicht auf ihre Rechtsform; ihnen bleibt die selbständige Ordnung eines Personalvertretungsrechtes überlassen.

XI. Arbeitsschutzgesetz

– Auszug –

§ 1
Zielsetzung und Anwendungsbereich

(1) Dieses Gesetz dient dazu, Sicherheit und Gesundheitsschutz der Beschäftigten bei der Arbeit durch Maßnahmen des Arbeitsschutzes zu sichern und zu verbessern. Es gilt in allen Tätigkeitsbereichen und findet im Rahmen der Vorgaben des Seerechtsübereinkommens der Vereinten Nationen vom 10. Dezember 1982 (BGBl. 1994 II S. 1799) auch in der ausschließlichen Wirtschaftszone Anwendung.

(2) Dieses Gesetz gilt nicht für den Arbeitsschutz von Hausangestellten in privaten Haushalten. Es gilt nicht für den Arbeitsschutz von Beschäftigten auf Seeschiffen und in Betrieben, die dem Bundesberggesetz unterliegen, soweit dafür entsprechende Rechtsvorschriften bestehen.

(3) Pflichten, die die Arbeitgeber zur Gewährleistung von Sicherheit und Gesundheitsschutz der Beschäftigten bei der Arbeit nach sonstigen Rechtsvorschriften haben, bleiben unberührt. Satz 1 gilt entsprechend für Pflichten

und Rechte der Beschäftigten. Unberührt bleiben Gesetze, die andere Personen als Arbeitgeber zu Maßnahmen des Arbeitsschutzes verpflichten.

(4) Bei öffentlich-rechtlichen Religionsgemeinschaften treten an die Stelle der Betriebs- oder Personalräte die Mitarbeitervertretungen entsprechend dem kirchlichen Recht.

XII. Gesetz über genetische Untersuchungen bei Menschen (Gendiagnostikgesetz – GenDG)

– Auszug –

§ 1 Zweck des Gesetzes

Zweck dieses Gesetzes ist es, die Voraussetzungen für genetische Untersuchungen und im Rahmen genetischer Untersuchungen durchgeführte genetische Analysen sowie die Verwendung genetischer Proben und Daten zu bestimmen und eine Benachteiligung auf Grund genetischer Eigenschaften zu verhindern, um insbesondere die staatliche Verpflichtung zur Achtung und zum Schutz der Würde des Menschen und des Rechts auf informationelle Selbstbestimmung zu wahren.

§ 3 Begriffsbestimmungen

Im Sinne dieses Gesetzes

1. ist genetische Untersuchung eine auf den Untersuchungszweck gerichtete
   a) genetische Analyse zur Feststellung genetischer Eigenschaften oder
   b) vorgeburtliche Risikoabklärung

   einschließlich der Beurteilung der jeweiligen Ergebnisse,
2. ist genetische Analyse eine auf die Feststellung genetischer Eigenschaften gerichtete Analyse
   a) der Zahl und Struktur der Chromosomen (zytogenetische Analyse),
   b) der molekularen Struktur der Desoxyribonukleinsäure oder der Ribonukleinsäure (molekulargenetische Analyse) oder
   c) der Produkte der Nukleinsäuren (Genprduktanalyse),

...

4. sind genetische Eigenschaften ererbte oder während der Befruchtung oder bis zur Geburt erworbene, vom Menschen stammende Erbinformationen,

...

7. ist eine diagnostische genetische Untersuchung eine genetische Untersuchung mit dem Ziel
   a) der Abklärung einer bereits bestehenden Erkrankung oder gesundheitlichen Störung,

b) der Abklärung, ob genetische Eigenschaften vorliegen, die zusammen mit der Einwirkung bestimmter äußerer Faktoren oder Fremdstoffe eine Erkrankung oder gesundheitliche Störung auslösen können,
c) der Abklärung, ob genetische Eigenschaften vorliegen, die die Wirkung eines Arzneimittels beeinflussen können, oder
d) der Abklärung, ob genetische Eigenschaften vorliegen, die den Eintritt einer möglichen Erkrankung oder gesundheitlichen Störung ganz oder teilweise verhindern können,

...

12. sind Beschäftigte
    a) Arbeitnehmerinnen und Arbeitnehmer,
    b) die zu ihrer Berufsbildung Beschäftigten,
    c) Teilnehmer an Leistungen zur Teilhabe am Arbeitsleben sowie an Abklärungen der beruflichen Eignung oder Arbeitserprobung (Rehabilitanden),
    d) die in anerkannten Werkstätten für behinderte Menschen Beschäftigten,
    e) Personen, die nach dem Jugendfreiwilligendienstegesetz beschäftigt werden,
    f) Personen, die wegen ihrer wirtschaftlichen Unselbständigkeit als arbeitnehmerähnliche Personen anzusehen sind; zu diesen gehören auch die in Heimarbeit Beschäftigten und die ihnen Gleichgestellten,
    g) Bewerberinnen und Bewerber für ein Beschäftigungsverhältnis sowie Personen, deren Beschäftigungsverhältnis beendet ist,
13. sind Arbeitgeber (Arbeitgeberinnen und Arbeitgeber) natürliche oder juristische Personen oder rechtsfähige Personengesellschaften, die Personen nach Nummer 12 beschäftigen, bei in Heimarbeit Beschäftigten und den ihnen Gleichgestellten die Auftraggeber oder Zwischenmeister oder bei Beschäftigten, die einem Dritten zur Arbeitsleistung überlassen werden, auch die Dritten.

§ 4
Benachteiligungsverbot

(1) Niemand darf wegen seiner oder der genetischen Eigenschaften einer genetisch verwandten Person, die wegen der Vornahme oder Nichtvornahme einer genetischen Untersuchung oder Analyse bei sich oder einer genetisch verwandten Person oder wegen des Ergebnisses einer solchen Untersuchung oder Analyse benachteiligt werden.

(2) Die Geltung von Benachteiligungsverboten oder Geboten der Gleichbehandlung nach anderen Vorschriften und Grundsätzen wird durch dieses Gesetz nicht berührt. Dies gilt auch für öffentlich-rechtliche Vorschriften, die dem Schutz bestimmter Personengruppen dienen.

Abschnitt 5
Genetische Untersuchungen im Arbeitsleben

§ 19
Genetische Untersuchungen und Analysen vor und nach Begründung des Beschäftigungsverhältnisses

Der Arbeitgeber darf von Beschäftigten weder vor noch nach Begründung des Beschäftigungsverhältnisses

1. die Vornahme genetischer Untersuchungen oder Analysen verlangen oder
2. die Mitteilung von Ergebnissen bereits vorgenommener genetischer Untersuchungen oder Analysen verlangen, solche Ergebnisse entgegennehmen oder verwenden.

§ 20
Genetische Untersuchungen und Analysen zum Arbeitsschutz

(1) Im Rahmen arbeitsmedizinischer Vorsorgeuntersuchungen dürfen weder
   1. genetische Untersuchungen oder Analysen vorgenommen werden noch
   2. die Mitteilung von Ergebnissen bereits vorgenommener genetischer Untersuchungen oder Analysen verlangt, solche Ergebnisse entgegengenommen oder verwendet werden.

(2) Abweichend von Absatz 1 sind im Rahmen arbeitsmedizinischer Vorsorgeuntersuchungen diagnostische genetische Untersuchungen durch Genproduktanalyse zulässig, soweit sie zur Feststellung genetischer Eigenschaften erforderlich sind, die für schwerwiegende Erkrankungen oder schwerwiegende gesundheitliche Störungen, die bei einer Beschäftigung an einem bestimmten Arbeitsplatz oder mit einer bestimmten Tätigkeit entstehen können, ursächlich oder mitursächlich sind. Als Bestandteil arbeitsmedizinischer Vorsorgeuntersuchungen sind genetische Untersuchungen nachrangig zu anderen Maßnahmen des Arbeitsschutzes.

(3) Die Bundesregierung kann durch Rechtsverordnung mit Zustimmung des Bundesrates regeln, dass abweichend von den Absätzen 1 und 2 im Rahmen arbeitsmedizinischer Vorsorgeuntersuchungen diagnostische genetische Untersuchungen durch zytogenetische und molekulargenetische Analysen bei bestimmten gesundheitsgefährdenden Tätigkeiten von Beschäftigten vorgenommen werden dürfen, soweit nach dem allgemein anerkannten Stand der Wissenschaft und Technik
   1. dadurch genetische Eigenschaften festgestellt werden können, die für bestimmte, in der Rechtsverordnung zu bezeichnende schwerwiegende Erkrankungen oder schwerwiegende gesundheitliche Störungen, die bei einer Beschäftigung an einem bestimmten Arbeitsplatz oder mit einer bestimmten Tätigkeit entstehen können, ursächlich oder mitursächlich sind,

2. die Wahrscheinlichkeit, dass die Erkrankung oder gesundheitliche Störung bei der Beschäftigung an dem bestimmten Arbeitsplatz oder mit der bestimmten Tätigkeit entsteht, hoch ist und
3. die jeweilige genetische Untersuchung eine geeignete und die für die Beschäftigte oder den Beschäftigten schonendste Untersuchungsmethode ist, um die genetischen Eigenschaften festzustellen.

Absatz 2 Satz 2 gilt entsprechend.

(4) Die §§ 7 bis 16 gelten entsprechend.

§ 21
Arbeitsrechtliches Benachteiligungsverbot

(1) Der Arbeitgeber darf Beschäftigte bei einer Vereinbarung oder Maßnahme, insbesondere bei der Begründung des Beschäftigungsverhältnisses, beim beruflichen Aufstieg, bei einer Weisung oder der Beendigung des Beschäftigungsverhältnisses nicht wegen ihrer oder der genetischen Eigenschaften einer genetisch verwandten Person benachteiligen. Dies gilt auch, wenn sich Beschäftigte weigern, genetische Untersuchungen oder Analysen bei sich vornehmen zu lassen oder die Ergebnisse bereits vorgenommener genetische Untersuchungen oder Analysen zu offenbaren.

(2) Die §§ 15 und 22 des Allgemeinen Gleichbehandlungsgesetzes gelten entsprechend.

§ 22
Öffentlich-rechtliche Dienstverhältnisse

Es gelten entsprechend

1. für Beamtinnen, Beamte, Richterinnen und Richter des Bundes, Soldatinnen und Soldaten sowie Zivildienstleistende die für Beschäftigte geltenden Vorschriften,
2. für Bewerberinnen und Bewerber für ein öffentlich-rechtliches Dienstverhältnis oder Personen, deren öffentlich-rechtliches Dienstverhältnis beendet ist, die für Bewerberinnen und Bewerber für ein Beschäftigungsverhältnis oder Personen, deren Beschäftigungsverhältnis beendet ist, geltenden Vorschriften und
3. für den Bund und sonstige bundesunmittelbare Körperschaften, Anstalten und Stiftungen des öffentlichen Rechts, die Dienstherrfähigkeit besitzen, die für Arbeitgeber geltenden Vorschriften.

XIII. Sozialgesetzbuch (SGB) Zweites Buch (II) – Grundsicherung für Arbeitsuchende –

– Auszug –

Abschnitt 1
Leistungen zur Eingliederung in Arbeit – Auszug –

§ 16 d
Arbeitsgelegenheiten

Für erwerbsfähige Hilfebedürftige, die keine Arbeit finden können, sollen Arbeitsgelegenheiten geschaffen werden. Werden Gelegenheiten für im öffentlichen Interesse liegende, zusätzliche Arbeiten gefördert, ist den erwerbsfähigen Hilfebedürftigen zuzüglich zum Arbeitslosengeld II eine angemessene Entschädigung für Mehraufwendungen zu zahlen; diese Arbeiten begründen kein Arbeitsverhältnis im Sinne des Arbeitsrechts; die Vorschriften über den Arbeitsschutz und das Bundesurlaubsgesetz mit Ausnahme der Regelungen über das Urlaubsentgelt sind entsprechend anzuwenden; für Schäden bei der Ausübung ihrer Tätigkeit haften erwerbsfähige Hilfebedürftige nur wie Arbeitnehmerinnen und Arbeitnehmer.

§ 16 e
Leistungen zur Beschäftigungsförderung (Beschäftigungszuschuss an Arbeitgeber)

(1) Arbeitgeber können zur Eingliederung von erwerbsfähigen Hilfebedürftigen mit Vermittlungshemmnissen in Arbeit einen Beschäftigungszuschuss als Ausgleich der zu erwartenden Minderleistungen des Arbeitnehmers und einen Zuschuss zu sonstigen Kosten erhalten. Voraussetzung ist, dass

1. der erwerbsfähige Hilfebedürftige das 18. Lebensjahr vollendet hat, langzeitarbeitslos im Sinne des § 18 des Dritten Buches ist und in seinen Erwerbsmöglichkeiten durch mindestens zwei weitere in seiner Person liegende Vermittlungshemmnisse besonders schwer beeinträchtigt ist,
2. der erwerbsfähige Hilfebedürftige auf der Grundlage einer Eingliederungsvereinbarung für einen Zeitraum von mindestens sechs Monaten betreut wurde und Eingliederungsleistungen unter Einbeziehung der übrigen Leistungen nach diesem Buch erhalten hat,
3. eine Erwerbstätigkeit auf dem allgemeinen Arbeitsmarkt voraussichtlich innerhalb der nächsten 24 Monate ohne die Förderung nach Satz 1 nicht möglich ist und
4. zwischen dem Arbeitgeber und dem erwerbsfähigen Hilfebedürftigen ein Arbeitsverhältnis mit in der Regel voller Arbeitszeit unter Vereinbarung des tariflichen Arbeitsentgelts oder, wenn eine tarifliche Regelung keine Anwendung findet, des für vergleichbare Tätigkeiten ortsüblichen Arbeits-

entgelts begründet wird. Die vereinbarte Arbeitszeit darf die Hälfte der vollen Arbeitszeit nicht unterschreiten.

(2) Die Höhe des Beschäftigungszuschusses richtet sich nach der Leistungsfähigkeit des erwerbsfähigen Hilfebedürftigen und kann bis zu 75 Prozent des berücksichtigungsfähigen Arbeitsentgelts betragen. Berücksichtigungsfähig sind
1. das zu zahlende tarifliche Arbeitsentgelt oder, wenn eine tarifliche Regelung keine Anwendung findet, das für vergleichbare Tätigkeiten ortsübliche zu zahlende Arbeitsentgelt und
2. der pauschalierte Anteil des Arbeitgebers am Gesamtsozialversicherungsbeitrag abzüglich des Beitrags zur Arbeitsförderung.

Wird dem Arbeitgeber auf Grund eines Ausgleichssystems Arbeitsentgelt erstattet, ist für den Zeitraum der Erstattung der Beschäftigungszuschuss entsprechend zu mindern.

(3) Ein Zuschuss zu sonstigen Kosten kann erbracht werden
1. für Kosten für eine begleitende Qualifizierung in pauschalierter Form bis zu einer Höhe von 200 Euro monatlich sowie
2. in besonders begründeten Einzelfällen einmalig für weitere notwendige Kosten des Arbeitgebers für besonderen Aufwand bei Aufbau von Beschäftigungsmöglichkeiten. Die Übernahme von Investitionskosten ist ausgeschlossen.

(4) Die Förderungsdauer beträgt
1. für den Beschäftigungszuschuss bis zu 24 Monate. Der Beschäftigungszuschuss soll anschließend ohne zeitliche Unterbrechung unbefristet erbracht werden, wenn eine Erwerbsfähigkeit auf dem allgemeinen Arbeitsmarkt ohne die Förderung nach Absatz 1 Satz 1 voraussichtlich innerhalb der nächsten 24 Monate nicht möglich ist,
2. für die sonstigen Kosten nach Absatz 3 Nr. 1 bis zu zwölf Monate je Arbeitnehmer.

(5) Bei einer Fortführung der Förderung nach Absatz 4 Nr. 1 Satz 2 kann der Beschäftigungszuschuss gegenüber der bisherigen Förderhöhe um bis zu 10 Prozentpunkte vermindert werden, soweit die Leistungsfähigkeit des erwerbsfähigen Hilfebedürftigen zugenommen hat und sich die Vermittlungshemmnisse verringert haben.

(6) Wird ein erwerbsfähiger Hilfebedürftiger für die Dauer der Erbringung des Beschäftigungszuschusses eingestellt, liegt ein sachlicher Grund vor, der die Befristung des Arbeitsverhältnisses rechtfertigt.

(7) Die Förderung ist aufzuheben, wenn feststeht, dass der Arbeitnehmer in eine konkrete zumutbare Arbeit ohne eine Förderung nach Absatz 1 Satz 1 vermittelt werden kann. Die Förderung ist auch aufzuheben, wenn nach jeweils zwölf Monaten der Förderungsdauer feststeht, dass der Arbeitnehmer eine zumutbare Arbeit ohne eine Förderung nach Absatz 1 Satz 1 aufnehmen kann. Eine Förderung ist nur für die Dauer des Bestehens des Arbeitsverhältnisses möglich.

(8) Das Arbeitsverhältnis kann ohne Einhaltung einer Frist gekündigt werden
1. vom Arbeitnehmer, wenn er eine Erwerbstätigkeit auf dem allgemeinen Arbeitsmarkt aufnehmen kann,

2. vom Arbeitgeber zu dem Zeitpunkt, zu dem die Förderung nach Absatz 7 Satz 1 oder 2 aufgehoben wird.

(9) Eine Förderung ist ausgeschlossen, wenn zu vermuten ist, dass der Arbeitgeber
1. die Beendigung eines anderen Beschäftigungsverhältnisses veranlasst hat, um einen Beschäftigungszuschuss zu erhalten oder
2. eine bisher für das Beschäftigungsverhältnis erbrachte Förderung ohne besonderen Grund nicht mehr in Anspruch nimmt.

(10) Das Bundesministerium für Arbeit und Soziales untersucht die Auswirkungen auf die erwerbsfähigen Hilfebedürftigen mit besonderen Vermittlungshemmnissen, den Arbeitsmarkt und die öffentlichen Haushalte in den Jahren 2008 bis 2010 und bereichtet dem Deutschen Bundestag hierüber bis zum 31. Dezember 2011.

Anmerkung: Ein Perspektiv-Jobber, für den der Arbeitgeber einen Beschäftigungszuschuss nach § 16 e SGB II erhält, ist Mitarbeiter im Sinne der MAVO, so dass zu seiner Einstellung die Mitarbeitervertretung zu beteiligen ist (KAGH, 19.3.2010 – M 13/09 – ZMV 2010, 202).

XIV. Viertes Buch Sozialgesetzbuch – Gemeinsame Vorschriften für die Sozialversicherung – (SGB IV)

– Auszug –

§ 2 Versicherter Personenkreis

(1) Die Sozialversicherung umfasst Personen, die kraft Gesetzes oder Satzung (Versicherungspflicht) oder auf Grund freiwilligen Beitritts oder freiwilliger Fortsetzung der Versicherung (Versicherungsberechtigung) versichert sind.

(1a) …

(2) In allen Zweigen der Sozialversicherung sind nach Maßgabe der besonderen Vorschriften für die einzelnen Versicherungszweige versichert
1. Personen, die gegen Arbeitsentgelt oder zu ihrer Berufsausbildung beschäftigt sind,
2. behinderte Menschen, die in geschützten Einrichtungen beschäftigt werden,
3. Landwirte.

…

§ 7 Beschäftigung

(1) Beschäftigung ist die nichtselbständige Arbeit, insbesondere in einem Arbeitsverhältnis. Anhaltspunkte für eine Beschäftigung sind eine Tätigkeit nach

Weisungen und eine Eingliederung in die Arbeitsorganisation des Weisungsgebers.

…

(2) Als Beschäftigung gilt auch der Erwerb beruflicher Kenntnisse, Fertigkeiten oder Erfahrungen im Rahmen betrieblicher Berufsbildung.

…

§ 8
Geringfügige Beschäftigung und geringfügige selbständige Tätigkeit

(1) Eine geringfügige Beschäftigung liegt vor, wenn
1. das Arbeitsentgelt aus dieser Beschäftigung regelmäßig im Monat 400 Euro nicht übersteigt,
2. die Beschäftigung innerhalb eines Kalenderjahres auf längstens zwei Monate oder 50 Arbeitstage nach ihrer Eigenart begrenzt zu sein pflegt oder im Voraus vertraglich begrenzt ist, es sei denn, dass die Beschäftigung berufsmäßig ausgeübt wird und ihr Entgelt 400 Euro im Monat übersteigt.

(2) Bei der Anwendung des Absatzes 1 sind mehrere geringfügige Beschäftigungen nach Nummer 1 oder Nummer 2 sowie geringfügige Beschäftigungen nach Nummer 1 mit Ausnahme einer geringfügigen Beschäftigung nach Nummer 1 und nicht geringfügige Beschäftigungen zusammenzurechnen. Eine geringfügige Beschäftigung liegt nicht mehr vor, sobald die Voraussetzungen des Absatzes 1 entfallen. Wird bei der Zusammenrechnung nach Satz 1 festgestellt, dass die Voraussetzungen einer geringfügigen Beschäftigung nicht mehr vorliegen, tritt die Versicherungspflicht erst mit dem Tage der Bekanntgabe der Feststellung durch die Einzugsstelle oder einen Träger der Rentenversicherung ein. Dies gilt nicht, wenn der Arbeitgeber vorsätzlich oder grob fahrlässig versäumt hat, den Sachverhalt für die versicherungsrechtliche Beurteilung der Beschäftigung aufzuklären.

… §§ 28a ff. Meldepflichten des Arbeitgebers

XV. Sozialgesetzbuch (SGB) Fünftes Buch (V) – Gesetzliche Krankenversicherung –

– Auszug –

§ 5
Versicherungspflicht

Versicherungspflichtig sind
1. Arbeiter, Angestellte und zu ihrer Berufsausbildung Beschäftigte, die gegen Arbeitsentgelt beschäftigt sind,

…

7. behinderte Menschen, die in anerkannten Werkstätten für behinderte Menschen oder in Blindenwerkstätten im Sinne des § 143 des Neunten Buches oder für diese Einrichtungen in Heimarbeit tätig sind,

...

§ 6
Versicherungsfreiheit

(1) Versicherungsfrei sind

1. Arbeiter und Angestellte, deren regelmäßiges Jahresarbeitsentgelt die Jahresarbeitsentgeltgrenze nach den Absätzen 6 oder 7 übersteigt; Zuschläge, die mit Rücksicht auf den Familienstand gezahlt werden, bleiben unberücksichtigt.
2. Beamte, Richter, Soldaten auf Zeit sowie Berufssoldaten der Bundeswehr und sonstige Beschäftigte des Bundes, eines Landes, eines Gemeindeverbandes, einer Gemeinde, von öffentlich-rechtlichen Körperschaften, Anstalten, Stiftungen oder Verbänden öffentlich-rechtlicher Körperschaften oder deren Spitzenverbänden, wenn sie nach beamtenrechtlichen Vorschriften oder Grundsätzen bei Krankheit Anspruch auf Fortzahlung der Bezüge und auf Beihilfe oder Heilfürsorge haben,
3. Personen, die während der Dauer ihres Studiums als ordentliche Studierende einer Hochschule oder einer der fachlichen Ausbildung dienenden Schule gegen Arbeitsentgelt beschäftigt sind,
4. Geistliche der als öffentlich-rechtliche Körperschaften anerkannten Religionsgesellschaften, wenn sie nach beamtenrechtlichen Vorschriften oder Grundsätzen bei Krankheit Anspruch auf Fortzahlung der Bezüge und Beihilfe haben,
5. Lehrer, die an privaten genehmigten Ersatzschule hauptamtlich beschäftigt sind, wenn sie nach beamtenrechtlichen Vorschriften oder Grundsätzen bei Krankheit Anspruch auf Fortzahlung der Bezüge und auf Beihilfe haben,
6. Die in den Nummern 2, 4 und 5 genannten Personen, wenn ihnen ein Anspruch auf Ruhegehalt oder ähnliche Bezüge zuerkannt ist und sie Anspruch auf Beihilfe im Krankheitsfalle nach beamtenrechtlichen Vorschriften oder Grundsätzen haben,
7. satzungsmäßige Mitglieder geistlicher Genossenschaften, Diakonissen und ähnliche Personen, wenn sie sich aus überwiegend religiösen oder sittlichen Beweggründen mit Krankenpflege, Unterricht oder anderen gemeinnützigen Tätigkeiten beschäftigen und nicht mehr als freien Unterhalt oder ein geringes Entgelt beziehen, das nur zur Beschaffung der unmittelbaren Lebensbedürfnisse an Wohnung, Verpflegung, Kleidung und dergleichen ausreicht,

...

§ 7
Versicherungsfreiheit bei geringfügiger Beschäftigung

(1) Wer eine geringfügige Beschäftigung nach §§ 8, 8 a des Vierten Buches ausübt, ist in dieser Beschäftigung versicherungsfrei; dies gilt nicht für eine Beschäftigung
   1. im Rahmen betrieblicher Berufsbildung,
   2. nach dem Jugendfreiwilligendienstegesetz.

   § 8 Abs. 2 des Vierten Buches ist mit der Maßgabe anzuwenden, dass eine Zusammenrechung mit einer nicht geringfügigen Beschäftigung nur erfolgt, wenn diese Versicherungspflicht begründet.

...

§ 45
Krankengeld bei Erkrankung des Kindes

(1) Versicherte haben Anspruch auf Krankengeld, wenn es nach ärztlichem Zeugnis erforderlich ist, daß sie zur Beaufsichtigung, Betreuung oder Pflege ihres erkrankten und versicherten Kindes der Arbeit fernbleiben, eine andere in ihrem Haushalt lebende Person das Kind nicht beaufsichtigen, betreuen oder pflegen kann und das Kind das zwölfte Lebensjahr noch nicht vollendet hat oder behindert und auf Hilfe angewiesen ist. § 10 Abs. 4 und § 44 Absatz 2 gelten.

(2) Anspruch auf Krankengeld nach Absatz 1 besteht in jedem Kalenderjahr für jedes Kind längstens für 10 Arbeitstage, für alleinerziehende Versicherte längstens für 20 Arbeitstage. Der Anspruch nach Satz 1 besteht für Versicherte für nicht mehr als 25 Arbeitstage, für alleinerziehende Versicherte für nicht mehr als 50 Arbeitstage je Kalenderjahr.

(3) Versicherte mit Anspruch auf Krankengeld nach Absatz 1 haben für die Dauer dieses Anspruchs gegen ihren Arbeitgeber Anspruch auf unbezahlte Freistellung von der Arbeitsleistung, soweit nicht aus dem gleichen Grund Anspruch auf bezahlte Freistellung besteht. Wird der Freistellungsanspruch nach Satz 1 geltend gemacht, bevor die Krankenkasse ihre Leistungsverpflichtung nach Absatz 1 anerkannt hat, und sind die Voraussetzungen dafür nicht erfüllt, ist der Arbeitgeber berechtigt, die gewährte Freistellung von der Arbeitsleistung auf einen späteren Freistellungsanspruch zur Beaufsichtigung, Betreuung oder Pflege eines erkrankten Kindes anzurechnen. Der Freistellungsanspruch nach Satz 1 kann nicht durch Vertrag ausgeschlossen oder beschränkt werden.

(4) Versicherte haben ferner Anspruch auf Krankengeld, wenn sie zur Beaufsichtigung, Betreuung oder Pflege ihres erkrankten und versicherten Kindes der Arbeit fernbleiben, sofern das Kind das zwölfte Lebensjahr noch nicht vollendet hat oder behindert und auf Hilfe angewiesen ist und nach ärztlichem Zeugnis an einer Erkrankung leidet,
   a) die progredient verläuft und bereits ein weit fortgeschrittenes Stadium erreicht hat,

b) bei der eine Heilung ausgeschlossen und eine palliativmedizinische Behandlung notwendig oder von einem Elternteil erwünscht ist und
c) die lediglich eine begrenzte Lebenserwartung von Wochen oder wenigen Monaten erwarten lässt.

Der Anspruch besteht nur für ein Elternteil. Absatz 1 Satz 2 und Absatz 3 gelten entsprechend.

(5) Anspruch auf unbezahlte Freistellung nach den Absätzen 3 und 4 haben auch Arbeitnehmer, die nicht Versicherte mit Anspruch auf Krankengeld nach Absatz 1 sind.

§ 74
Stufenweise Wiedereingliederung

Können arbeitsunfähige Versicherte nach ärztlicher Feststellung ihre bisherige Tätigkeit teilweise verrichten und können sie durch eine stufenweise Wiederaufnahme ihrer Tätigkeit voraussichtlich besser wieder in das Erwerbsleben eingegliedert werden, soll der Arzt auf der Bescheinigung über die Arbeitsunfähigkeit Art und Umfang der möglichen Tätigkeiten angeben und dabei in geeigneten Fällen die Stellungnahme des Betriebsarztes oder mit Zustimmung der Krankenkasse die Stellungnahme des Medizinischen Dienstes (§ 275) einholen.

XVI. Sozialgesetzbuch (SGB) Sechstes Buch (VI) – Gesetzliche Rentenversicherung –

– Auszug –

§ 1
Beschäftigte

Versicherungspflichtig sind

1. Personen, die gegen Arbeitsentgelt oder zu ihrer Berufsausbildung beschäftigt sind; während des Bezugs von Kurzarbeitergeld nach dem Dritten Buch besteht die Versicherungspflicht fort,
2. Behinderte Menschen, die
   a) in anerkannten Werkstätten für behinderte Menschen oder in Blindenwerkstätten im Sinne des § 143 des Neunten Buches oder für diese Einrichtungen in Heimarbeit tätig sind,
   b) in Anstalten, Heimen oder gleichartigen Einrichtungen in gewisser Regelmäßigkeit eine Leistung erbringen, die einem Fünftel der Leistung eines voll erwerbsfähigen Beschäftigten in gleichartiger Beschäftigung entspricht; hierzu zählen auch Dienstleistungen für den Träger der Einrichtung,
3. Personen, die in Einrichtungen der Jugendhilfe oder in Berufsbildungswerken oder ähnlichen Einrichtungen für behinderte Menschen für eine Erwerbstätigkeit befähigt werden sollen; dies gilt auch für Personen während der

individuellen betrieblichen Qualifizierung im Rahmen der Unterstützten Beschäftigung nach § 38 a des Neunten Buches,

3a. Auszubildende, die in einer außerbetrieblichen Einrichtung im Rahmen eines Berufsausbildungsvertrages nach dem Berufsbildungsgesetz ausgebildet werden,

4. Mitglieder geistlicher Genossenschaften, Diakonissen und Angehörige ähnlicher Gemeinschaften während ihres Dienstes für die Gemeinschaft und während der Zeit ihrer außerschulischen Ausbildung.

...

§ 5
Versicherungsfreiheit

(1) Versicherungsfrei sind

1. Beamte und Richter auf Lebenszeit, auf Zeit oder auf Probe, Berufssoldaten und Soldaten auf Zeit sowie Beamte auf Widerruf im Vorbereitungsdienst,
2. sonstige Beschäftigte von Körperschaften, Anstalten oder Stiftungen des öffentlichen Rechts, deren Verbänden einschließlich der Spitzenverbände oder ihrer Arbeitsgemeinschaften, wenn ihnen nach beamtenrechtlichen Vorschriften oder Grundsätzen Anwartschaft auf Versorgung bei verminderter Erwerbsfähigkeit und im Alter sowie auf Hinterbliebenenversorgung gewährleistet und die Erfüllung der Gewährleistung gesichert ist,
3. Beschäftigte im Sinne von Nummer 2, wenn ihnen nach kirchenrechtlichen Regelungen eine Anwartschaft im Sinne von Nummer 2 gewährleistet ist, sowie satzungsmäßige Mitglieder geistlicher Genossenschaften, Diakonissen und Angehörige ähnlicher Gemeinschaften, wenn ihnen nach den Regeln der Gemeinschaft Anwartschaft auf die in der Gemeinschaft übliche Versorgung bei verminderter Erwerbsfähigkeit und im Alter gewährleistet und die Erfüllung der Gewährleistung gesichert ist,

in dieser Beschäftigung und in weiteren Beschäftigungen, auf die die Gewährleistung einer Versorgungsanwartschaft erstreckt wird. Für Personen nach Satz 1 Nr. 2 gilt dies nur, wenn sie

1. nach beamtenrechtlichen Vorschriften oder Grundsätzen Anspruch auf Vergütung und bei Krankheit auf Fortzahlung der Bezüge haben oder
2. nach beamtenrechtlichen Vorschriften oder Grundsätzen bei Krankheit Anspruch auf Beihilfe oder Heilfürsorge haben oder
3. innerhalb von zwei Jahren nach Beginn des Beschäftigungsverhältnisses in ein Rechtsverhältnis nach Nummer 1 berufen werden sollen oder
4. in einem öffentlich-rechtlichen Ausbildungsverhältnis stehen.

...

§ 6
Befreiung von der Versicherungspflicht

(1) Von der Versicherungspflicht werden befreit
1. …
2. Lehrer oder Erzieher, die an nicht-öffentlichen Schulen oder Anstalten beschäftigt sind, wenn ihnen nach beamtenrechtlichen Grundsätzen oder entsprechenden kirchenrechtlichen Regelungen Anwartschaft auf Versorgung bei verminderter Erwerbsfähigkeit und im Alter sowie auf Hinterbliebenenversorgung gewährleistet und die Erfüllung der Gewährleistung gesichert ist und wenn diese Personen die Voraussetzungen nach § 5 Abs. 1 Satz 2 Nr. 1 und 2 erfüllen,

…

§ 8
Nachversicherung, Versorgungsausgleich und Rentensplitting

(1) Versichert sind auch Personen,
1. die nachversichert sind oder
2. für die aufgrund eines Versorgungsausgleichs oder eines Rentensplittings Rentenanwartschaften übertragen oder begründet sind.

Nachversicherte stehen den Personen gleich, die versicherungspflichtig sind.

(2) Nachversichert werden Personen, die als
1. Beamte oder Richter auf Lebenszeit, auf Zeit oder auf Probe, Berufssoldaten und Soldaten auf Zeit sowie Beamte auf Widerruf im Vorbereitungsdienst,
2. sonstige Beschäftigte von Körperschaften, Anstalten oder Stiftungen des öffentlichen Rechts, deren Verbänden einschließlich der Spitzenverbände oder ihrer Arbeitsgemeinschaften,
3. satzungsmäßige Mitglieder geistlicher Genossenschaften, Diakonissen oder Angehörige ähnlicher Gemeinschaften oder
4. Lehrer oder Erzieher an nicht-öffentlichen Schulen oder Anstalten

versicherungsfrei waren oder von der Versicherungspflicht befreit worden sind, wenn sie ohne Anspruch oder Anwartschaft auf Versorgung aus der Beschäftigung ausgeschieden sind oder ihren Anspruch auf Versorgung verloren haben und Gründe für einen Aufschub der Beitragszahlung (§ 184 Abs. 2) nicht gegeben sind. Die Nachversicherung erstreckt sich auf den Zeitraum, in dem die Versicherungsfreiheit oder die Befreiung von der Versicherungspflicht vorgelegen hat (Nachversicherungszeitraum). Bei einem Ausscheiden durch Tod erfolgt eine Nachversicherung nur, wenn ein Anspruch auf Hinterbliebenenrente geltend gemacht werden kann.

XVII. Siebtes Buch Sozialgesetzbuch – Gesetzliche Unfallversicherung –

– Auszug –

§ 2
Versicherung kraft Gesetzes

(1) Kraft Gesetzes sind versichert

1. Beschäftigte,
2. Lernende während der beruflichen Aus- und Fortbildung in Betriebsstätten, Lehrwerkstätten, Schulungskursen und ähnlichen Einrichtungen,
3. Personen, die sich Untersuchungen, Prüfungen oder ähnlichen Maßnahmen unterziehen, die aufgrund von Rechtsvorschriften zur Aufnahme einer versicherten Tätigkeit oder infolge einer abgeschlossenen versicherten Tätigkeit erforderlich sind, soweit diese Maßnahmen vom Unternehmen oder einer Behörde veranlasst worden sind,
4. behinderte Menschen, die in anerkannten Werkstätten für behinderte Menschen oder in Blindenwerkstätten im Sinne des § 143 des Neunten Buches oder für diese Einrichtungen in Heimarbeit tätig sind,
5. …
9. Personen, die selbständig oder unentgeltlich, insbesondere ehrenamtlich im Gesundheitswesen oder in der Wohlfahrtspflege tätig sind,
10. Personen, die
    a) für Körperschaften, Anstalten oder Stiftungen des öffentlichen Rechts oder deren Verbände oder Arbeitsgemeinschaften, für die in den Nummern 2 und 8 genannten Einrichtungen oder für privatrechtliche Organisationen im Auftrag oder mit ausdrücklicher Einwilligung, in besonderen Fällen mit schriftlicher Genehmigung von Gebietskörperschaften ehrenamtlich tätig sind oder an Ausbildungsveranstaltungen für diese Tätigkeit teilnehmen,
    b) für öffentlich-rechtliche Religionsgemeinschaften und deren Einrichtungen oder für privatrechtliche Organisationen im Auftrag oder mit ausdrücklicher Einwilligung, in besonderen Fällen mit schriftlicher Genehmigung von öffentlich-rechtlichen Religionsgemeinschaften ehrenamtlich tätig sind oder an Ausbildungsveranstaltungen für diese Tätigkeit teilnehmen,

…

§ 4
Versicherungsfreiheit

(1) Versicherungsfrei sind
   1. Personen, soweit für sie beamtenrechtliche Unfallfürsorgevorschriften oder entsprechende Grundsätze gelten; ausgenommen sind Ehrenbeamte und ehrenamtliche Richter,
   2. …
   3. satzungsmäßige Mitglieder geistlicher Genossenschaften, Diakonissen und Angehörige ähnlicher Gemeinschaften, wenn ihnen nach den Regeln der Gemeinschaft Anwartschaft auf die in der Gemeinschaft übliche Versorgung gewährleistet und die Erfüllung der Gewährleistung gesichert ist.

…

§ 7
Begriff

(1) Versicherungsfälle sind Arbeitsunfälle und Berufskrankheiten.
(2) Verbotswidriges Handeln schließt einen Versicherungsfall nicht aus.

§ 8
Arbeitsunfall

(1) Arbeitsunfälle sind Unfälle von Versicherten infolge einer den Versicherungsschutz nach §§ 2, 3 oder 6 begründenden Tätigkeit (versicherte Tätigkeit). Unfälle sind zeitlich begrenzte, von außen auf den Körper einwirkende Ereignisse, die zu einem Gesundheitsschaden oder zum Tod führen.
(2) Versicherte Tätigkeiten sind auch
   1. das Zurücklegen des mit der versicherten Tätigkeit zusammenhängenden unmittelbaren Weges nach und von dem Ort der Tätigkeit,
   2. das Zurücklegen des von einem unmittelbaren Weg nach und von dem Ort der Tätigkeit abweichenden Weges, um
      a) Kinder von Versicherten (§ 56 des Ersten Buches), die mit ihnen in einem gemeinsamen Haushalt leben, wegen ihrer, ihrer Ehegatten oder ihrer Lebenspartner beruflichen Tätigkeit fremder Obhut anzuvertrauen oder
      b) mit anderen Berufstätigen oder Versicherten gemeinsam ein Fahrzeug zu benutzen,
   3. das Zurücklegen des von einem unmittelbaren Weg nach und von dem Ort der Tätigkeit abweichenden Weges der Kinder von Personen (§ 56 des Ersten Buches), die mit ihnen in einem gemeinsamen Haushalt leben, wenn die Abweichung darauf beruht, dass die Kinder wegen der beruflichen Tätigkeit dieser Personen oder deren Ehegatten oder deren Lebenspartner fremder Obhut anvertraut werden,

4. das Zurücklegen des mit der versicherten Tätigkeit zusammenhängenden Weges von und nach der ständigen Familienwohnung, wenn die Versicherten wegen der Entfernung ihrer Familienwohnung von dem Ort der Tätigkeit an diesem oder in dessen Nähe eine Unterkunft haben,
5. das mit einer versicherten Tätigkeit zusammenhängende Verwahren, Befördern, Instandhalten und Erneuern eines Arbeitsgeräts oder einer Schutzausrüstung sowie deren Erstbeschaffung, wenn dies auf Veranlassung der Unternehmer erfolgt.

(3) Als Gesundheitsschaden gilt auch die Beschädigung oder der Verlust eines Hilfsmittels.

Zur Prävention siehe §§ 14 ff. SGB VII; § 26 Abs. 3 Nr. 7, § 36 Abs. 1 Nr. 10, § 37 Abs. 1 Nr. 10, § 38 Abs. 1 Nr. 12 MAVO.

XVIII. Sozialgesetzbuch (SGB) Achtes Buch (VIII) – Kinder- und Jugendhilfe –

– Auszug –

§ 48
Tätigkeitsuntersagung

Die zuständige Behörde kann dem Träger einer erlaubnispflichtigen Einrichtung die weitere Beschäftigung des Leiters, eines Beschäftigten oder sonstigen Mitarbeiters ganz oder für bestimmte Funktionen oder Tätigkeiten untersagen, wenn Tatsachen die Annahme rechtfertigen, dass er die für seine Tätigkeit erforderliche Eignung nicht besitzt.

Zum Schutz von Sozialdaten siehe §§ 61 ff. SGB VIII.

§ 72 a
Persönliche Eignung

Die Träger den öffentlichen Jugendhilfe dürfen für die Wahrnehmung der Aufgaben in der Kinder- und Jugendhilfe keine Person beschäftigen oder vermitteln, die rechtskräftig wegen einer Straftat nach den §§ 171, 174 bis 174 c, 176 bis 180 a, 181 a, 182 bis 184 f, 225, 232 bis 233 a, 234, 235 oder 236 des Strafgesetzbuchs verurteilt worden ist. Zu diesem Zweck sollen sie sich bei der Einstellung oder Vermittlung und in regelmäßigen Abständen von den betroffenen Personen ein Führungszeugnis nach § 30 Abs. 5 des Bundeszentralregistergesetzes vorlegen lassen. Durch Vereinbarungen mit den Trägern von Einrichtungen und Diensten sollen die Träger der öffentlichen Jugendhilfe auch sicherstellen, dass diese keine Personen nach Satz 1 beschäftigen.

Anmerkung: Die Deutsche Bischofskonferenz hat eine Rahmenordnung zur Prävention von sexuellem Missbrauch an Minderjährigen im Bereich der Deutschen Bischofskonferenz beschlossen, abgedruckt u.a. in: Amtsblatt des Erzbistums Köln 2010 Nr. 209 S. 227; Amtsblatt für das Erzbistum München und Freising 2010 Nr. 179 S. 364; Kirchliches Amtsblatt für das Bistum Trier 2010 Nr. 191 S. 225. Außerdem bestehen »Leitlinien für den Umgang mit sexuellem Missbrauch Minderjähriger durch Kleriker, Ordensangehörige und andere Mitarbeiterinnen und Mitarbeiter im Bereich der Deutschen Bischofskonferenz« (u.a. Amtsblatt des Erzbistums Köln 2010 Nr. 186 S. 197).

XIX. Sozialgesetzbuch (SGB) Neuntes Buch (IX) – Rehabilitation und Teilhabe behinderter Menschen –

– Auszug –

§ 94

Wahl und Amtszeit der Schwerbehindertenvertretung

(1) In Betrieben und Dienststellen, in denen wenigstens fünf schwerbehinderte Menschen nicht nur vorübergehend beschäftigt sind, werden eine Vertrauensperson und wenigstens ein stellvertretendes Mitglied gewählt, das die Vertrauensperson im Falle der Verhinderung durch Abwesenheit oder Wahrnehmung anderer Aufgaben vertritt. …

(2) Wahlberechtigt sind alle in dem Betrieb oder der Dienststelle beschäftigten schwerbehinderten Menschen.

(3) Wählbar sind alle in dem Betrieb oder der Dienststelle nicht nur vorübergehend Beschäftigten, die am Wahltage das 18. Lebensjahr vollendet haben und dem Betrieb oder der Dienststelle seit sechs Monaten angehören; besteht der Betrieb oder die Dienststelle weniger als ein Jahr, so bedarf es für die Wählbarkeit nicht der sechsmonatigen Zugehörigkeit. Nicht wählbar ist, wer kraft Gesetzes dem Betriebs-, Personal-, Richter- Staatsanwalts- oder Präsidialrat nicht angehören kann.

(4) …

(5) Die regelmäßigen Wahlen finden alle vier Jahre in der Zeit vom 1. Oktober bis 30. November statt. Außerhalb dieser Zeit finden Wahlen statt, wenn

1. das Amt der Schwerbehindertenvertretung vorzeitig erlischt und ein stellvertretendes Mitglied nicht nachrückt,
2. die Wahl mit Erfolg angefochten worden ist oder
3. eine Schwerbehindertenvertretung noch nicht gewählt ist.

Hat außerhalb des für die regelmäßigen Wahlen festgelegten Zeitraumes eine Wahl der Schwerbehindertenvertretung stattgefunden, wird die Schwerbehindertenvertretung in dem auf die Wahl folgenden nächsten Zeitraum der regelmäßigen Wahlen neu gewählt. Hat die Amtszeit der

Schwerbehindertenvertretung zum Beginn des für die regelmäßigen Wahlen festgelegten Zeitraums noch nicht ein Jahr betragen, wird die Schwerbehindertenvertretung im übernächsten Zeitraum für regelmäßige Wahlen neu gewählt.

(6) Die Vertrauensperson und das stellvertretende Mitglied werden in geheimer und unmittelbarer Wahl nach den Grundsätzen der Mehrheitswahl gewählt. Im Übrigen sind die Vorschriften über die Wahlanfechtung, den Wahlschutz und die Wahlkosten bei der Wahl des Betriebs-, Personal-, Richter-, Staatsanwalts- oder Präsidialrates sinngemäß anzuwenden. In Betrieben und Dienststellen mit weniger als 50 wahlberechtigten schwerbehinderten Menschen wird die Vertrauensperson und das stellvertretende Mitglied im vereinfachten Wahlverfahren gewählt, sofern der Betrieb oder die Dienststelle nicht aus räumlich weit auseinander liegenden Teilen besteht. Ist in einem Betrieb oder einer Dienststelle eine Schwerbehindertenvertretung nicht gewählt, so kann das für den Betrieb oder die Dienststelle zuständige Integrationsamt zu einer Versammlung schwerbehinderter Menschen zum Zwecke der Wahl eines Wahlvorstandes einladen.

(7) Die Amtszeit der Schwerbehindertenvertretung beträgt vier Jahre. Sie beginnt mit der Bekanntgabe des Wahlergebnisses oder, wenn die Amtszeit der bisherigen Schwerbehindertenvertretung noch nicht beendet ist, mit deren Ablauf. Das Amt erlischt vorzeitig, wenn die Vertrauensperson es niederlegt, aus dem Arbeits-, Dienst- oder Richterverhältnis ausscheidet oder die Wählbarkeit verliert. Scheidet die Vertrauensperson vorzeitig aus dem Amt aus, rückt das mit der höchsten Stimmenzahl gewählte stellvertretende Mitglied für den Rest der Amtszeit nach; dies gilt für das stellvertretende Mitglied entsprechend. Auf Antrag eines Viertels der wahlberechtigten schwerbehinderten Menschen kann der Widerspruchsausschuss bei dem Integrationsamt (§ 119) das Erlöschen des Amtes einer Vertrauensperson wegen grober Verletzung ihrer Pflichten beschließen.

§ 95
Aufgaben der Schwerbehindertenvertretung

(1) Die Schwerbehindertenvertretung fördert die Eingliederung schwerbehinderter Menschen in den Betrieb oder die Dienststelle, vertritt ihre Interessen in dem Betrieb oder der Dienststelle und steht ihnen beratend und helfend zur Seite. Sie erfüllt ihre Aufgaben insbesondere dadurch, dass sie

1. darüber wacht, dass die zugunsten schwerbehinderter Menschen geltenden Gesetze, Verordnungen, Tarifverträge, Betriebs- oder Dienstvereinbarungen und Verwaltungsanordnungen durchgeführt, insbesondere auch die dem Arbeitgeber nach den §§ 71, 72 und 81 bis 84 obliegenden Verpflichtungen erfüllt werden,
2. Maßnahmen, die den schwerbehinderten Menschen dienen, insbesondere auch präventive Maßnahmen, bei den zuständigen Stellen beantragt,

3. Anregungen und Beschwerden von schwerbehinderten Menschen entgegennimmt und, falls sie berechtigt erscheinen, durch Verhandlung mit dem Arbeitgeber auf eine Erledigung hinwirkt; sie unterrichtet die schwerbehinderten Menschen über den Stand und das Ergebnis der Verhandlungen.

Die Schwerbehindertenvertretung unterstützt Beschäftigte auch bei Anträgen an die nach § 69 Abs. 1 zuständigen Behörden auf Feststellung einer Behinderung, ihres Grades und einer Schwerbehinderung sowie bei Anträgen auf Gleichstellung an die Agentur für Arbeit. In Betrieben und Dienststellen mit in der Regel mehr als 100 schwerbehinderten Menschen kann sie nach Unterrichtung des Arbeitgebers das mit der höchsten Stimmenzahl gewählt stellvertretende Mitglied zu bestimmten Aufgaben heranziehen, in Betrieben und Dienststellen mit mehr als 200 schwerbehinderten Menschen, das mit der nächsthöchsten Stimmenzahl gewählte weitere stellvertretende Mitglied. Die Heranziehung zu bestimmten Aufgaben schließt die Abstimmung untereinander ein.

(2) Der Arbeitgeber hat die Schwerbehindertenvertretung in allen Angelegenheiten, die einen einzelnen oder die schwerbehinderten Menschen als Gruppe berühren, unverzüglich und umfassend zu unterrichten und vor einer Entscheidung anzuhören; er hat ihr die getroffene Entscheidung unverzüglich mitzuteilen. Die Durchführung oder Vollziehung einer ohne Beteiligung nach Satz 1 getroffenen Entscheidung ist auszusetzen, die Beteiligung ist innerhalb von sieben Tagen nachzuholen; sodann ist endgültig zu entscheiden. Die Schwerbehindertenvertretung hat das Recht auf Beteiligung am Verfahren nach § 81 Abs. 1 und beim Vorliegen von Vermittlungsvorschlägen der Bundesagentur für Arbeit nach § 81 Abs. 1 oder von Bewerbungen schwerbehinderter Menschen das Recht auf Einsicht in die entscheidungsrelevanten Teile der Bewerbungsunterlagen und Teilnahme an Vorstellungsgesprächen.

(3) Der schwerbehinderte Mensch hat das Recht, bei Einsicht in die über ihn geführte Personalakte oder ihn betreffende Daten des Arbeitgebers die Schwerbehindertenvertretung hinzuzuziehen. Die Schwerbehindertenvertretung bewahrt über den Inhalt der Daten Stillschweigen, soweit sie der schwerbehinderte Mensch nicht von dieser Verpflichtung entbunden hat.

(4) und (5) *nicht abgedruckt; auf § 52 MAVO wird verwiesen.*

(6) Die Schwerbehindertenvertretung hat das Recht, mindestens einmal im Kalenderjahr eine Versammlung schwerbehinderter Menschen im Betrieb oder in der Dienststelle durchzuführen. Die für Betriebs- und Personalversammlungen geltenden Vorschriften finden entsprechende Anwendung.

...

§ 96
Persönliche Rechte und Pflichten der Vertrauensperson der schwerbehinderten Menschen

Hier nicht abgedruckt; auf § 52 MAVO wird verwiesen.

§ 98
Beauftragter des Arbeitgebers

Der Arbeitgeber bestellt einen Beauftragten, der ihn in Angelegenheiten schwerbehinderter Menschen verantwortlich vertritt; falls erforderlich, können mehrere Beauftragte bestellt werden. Der Beauftragte soll nach Möglichkeit selbst ein schwerbehinderter Mensch sein. Der Beauftragte achtet vor allem darauf, dass dem Arbeitgeber obliegende Verpflichtungen erfüllt werden.

Siehe weiter: §§ 26 Abs. 3, 28 a, 34, 52 MAVO.

§ 136
Begriff und Aufgaben der Werkstatt für behinderte Menschen

(1) Die Werkstatt für behinderte Menschen ist eine Einrichtung zur Teilhabe behinderter Menschen am Arbeitsleben im Sinne des Kapitels 5 des Teils 1 und zur Eingliederung in das Arbeitsleben. Sie hat denjenigen behinderten Menschen, die wegen Art oder Schwere der Behinderung nicht, noch nicht oder noch nicht wieder auf dem allgemeinen Arbeitsmarkt beschäftigt werden können,

1. eine angemessene berufliche Bildung und eine Beschäftigung zu einem ihrer Leistung angemessenen Arbeitsentgelt aus dem Arbeitsergebnis anzubieten und
2. zu ermöglichen, ihre Leistungs- und Erwerbsfähigkeit zu erhalten, zu entwickeln, zu erhöhen oder wiederzugewinnen und dabei ihre Persönlichkeit weiterzuentwickeln.

Sie fördert den Übergang geeigneter Personen auf den allgemeinen Arbeitsmarkt durch geeignete Maßnahmen. Sie verfügt über ein möglichst breites Angebot an Berufsbildungs- und Arbeitsplätzen sowie über qualifiziertes Personal und einen begleitenden Dienst. Zum Angebot an Berufsbildungs- und Arbeitsplätzen gehören ausgelagerte Plätze auf dem allgemeinen Arbeitsmarkt. Die ausgelagerten Arbeitsplätze werden zum Zwecke des Übergangs und als dauerhaft ausgelagerte Plätze angeboten.

…

§ 138
Rechtsstellung und Arbeitsentgelt behinderter Menschen

(1) Behinderte Menschen im Arbeitsbereich anerkannter Werkstätten stehen, wenn sie nicht Arbeitnehmer sind, zu den Werkstätten in einem arbeitnehmerähnlichen Rechtsverhältnis, soweit sich aus dem zugrunde liegenden Sozialleistungsverhältnis nichts anderes ergibt.

…

§ 139
Mitwirkung

(1) Die in § 138 Abs. 1 genannten behinderten Menschen wirken unabhängig von ihrer Geschäftsfähigkeit durch Werkstatträte in den ihre Interessen berührenden Angelegenheiten der Werkstatt mit. Die Werkstatträte berücksichtigen die Interessen der im Eingangsverfahren und im Berufsbildungsbereich der Werkstätten tätigen behinderten Menschen in angemessener und geeigneter Weise, solange für diese ein Vertretung nach § 36 nicht besteht.

(2) Ein Werkstattrat wird in Werkstätten gewählt; er setzt sich aus mindestens drei Mitgliedern zusammen.

(3) Wahlberechtigt zum Werkstattrat sind alle in § 138 Abs. 1 genannten behinderten Menschen; von ihnen sind die behinderten Menschen wählbar, die am Wahltag seit mindestens sechs Monaten in der Werkstatt beschäftigt sind.

...

§ 144
Verordnungsermächtigungen

(1) Die Bundesregierung bestimmt durch Rechtsverordnung mit Zustimmung des Bundesrates das Nähere über den Begriff und die Aufgaben der Werkstatt für behinderte Menschen, die Aufnahmevoraussetzungen, die fachlichen Anforderungen, insbesondere hinsichtlich der Wirtschaftsführung sowie des Begriffs und der Verwendung des Arbeitsergebnisses sowie das Verfahren zur Anerkennung als Werkstatt für behinderte Menschen.

(2) Das Bundesministerium für Arbeit und Soziales bestimmt durch Rechtsverordnung mit Zustimmung des Bundesrates im Einzelnen die Errichtung, Zusammensetzung und Aufgaben des Werkstattrats, die Fragen, auf die sich die Mitwirkung erstreckt, einschließlich Art und Umfang der Mitwirkung, die Vorbereitung und Durchführung der Wahl, einschließlich der Wahlberechtigung und der Wählbarkeit, die Amtszeit sowie die Geschäftsführung des Werkstattrats einschließlich des Erlasses einer Geschäftsordnung und der Kostentragung. Die Rechtsverordnung kann darüber hinaus bestimmen, dass die in ihr getroffenen Regelungen keine Anwendung auf Religionsgemeinschaften und ihre Einrichtungen finden, soweit sie eigene gleichwertige Regelungen getroffen haben.

Anmerkung: Auf die Caritas-Werkstätten-Mitwirkungsordnung (CWMO) auf S. 170 ff. wird hingewiesen.

XX. Europarecht

1. Vertrag über die Europäische Union

- Auszug-

in der Fassung vom 12.12.2007 (EUV), in Kraft seit dem 1.12.2009 gemäß Art. 1 Vertrag von Lissabon vom 13.12.2007

Art. 6 (Grundrechte-Charta und EMRK)

(1) Die Union erkennt die Rechte, Freiheiten und Grundsätze an, die in der Charta der Grundrechte der Europäischen Union vom 7. Dezember 2000 in der am 12. Dezember 2007 in Straßburg angepassten Fassung niedergelegt sind; die Charta der Grundrechte und die Verträge sind rechtlich gleichrangig. Durch die Bestimmungen der Charta werden die in den Verträgen festgelegten Zuständigkeiten der Union in keiner Weise erweitert.
Die in der Charta niedergelegten Rechte, Freiheiten und Grundsätze werden gemäß den allgemeinen Bestimmungen des Titels VII der Charta, der ihre Auslegung und Anwendung regelt, und unter gebührender Berücksichtigung der in der Charta angeführten Erläuterungen, in denen die Quellen dieser Bestimmungen angegeben sind, ausgelegt.

(2) Die Union tritt der Europäischen Konvention zum Schutz der Menschenrechte und Grundfreiheiten bei. Dieser Beitritt ändert nicht die in den Verträgen festgelegten Zuständigkeiten der Union.

(3) Die Grundrechte, wie sie in der Europäischen Konvention zum Schutz der Menschenrechte und Grundfreiheiten gewährleistet sind und wie sie sich aus den gemeinsamen Verfassungsüberlieferungen der Mitgliedstaaten ergeben, sind als allgemeine Grundsätze Teil des Unionsrechts.

Art. 39 (Datenschutz)

Gemäß Artikel 16 des Vertrags über die Arbeitsweise der Europäischen Union und abweichend von Absatz 2 des genannten Artikels erlässt der Rat einen Beschluss zur Festlegung von Vorschriften über den Schutz natürlicher Personen bei der Verarbeitung personenbezogener Daten durch die Mitgliedstaaten im Rahmen der Ausübung von Tätigkeiten, die in den Anwendungsbereich dieses Kapitels fallen, und über den freien Datenverkehr. Die Einhaltung dieser Vorschriften wird von unabhängigen Behörden überwacht.

2. Vertrag über die Arbeitsweise der Europäischen Union (AEUV)

– Auszug –

in der Fassung vom 13.12.2007, in Kraft seit dem 1.12.2009 gemäß Art. 2 Vertrag von Lissabon vom 13.12.2007 zur Änderung des EGV

Art. 16 (Datenschutz)

(1) Jede Person hat das Recht auf Schutz der sie betreffenden personenbezogenen Daten.

(2) Das Europäische Parlament und der Rat erlassen gemäß dem ordentlichen Gesetzgebungsverfahren Vorschriften über den Schutz natürlicher Personen bei der Verarbeitung personenbezogener Daten durch die Organe, Einrichtungen und sonstigen Stellen der Union sowie durch die Mitgliedstaaten im Rahmen der Ausübung von Tätigkeiten, die in den Anwendungsbereich des Unionsrechts fallen, und über den freien Datenverkehr. Die Einhaltung dieser Vorschriften wird von unabhängigen Behörden überwacht.
Die auf der Grundlage dieses Artikels erlassenen Vorschriften lassen die spezifischen Bestimmungen des Artikels 39 des Vertrags über die Europäische Union unberührt.

Art. 17 (Religiöse und weltanschauliche Gemeinschaften)

(1) Die Union achtet den Status, den Kirchen und religiöse Vereinigungen oder Gemeinschaften in den Mitgliedstaaten nach deren Rechtsvorschriften genießen, und beeinträchtigt ihn nicht.

(2) Die Union achtet in gleicher Weise den Status, den weltanschauliche Gemeinschaften nach den einzelstaatlichen Rechtsvorschriften genießen.

(3) Die Union pflegt mit diesen Kirchen und Gemeinschaften in Anerkennung ihrer Identität und ihres besonderen Beitrags einen offenen, transparenten und regelmäßigen Dialog.

Art. 45 (Freizügigkeit der Arbeitnehmer)

(1) Innerhalb der Union ist die Freizügigkeit der Arbeitnehmer gewährleistet.

(2) Sie umfasst die Abschaffung jeder auf der Staatsangehörigkeit beruhenden unterschiedlichen Behandlung der Arbeitnehmer der Mitgliedstaaten in Bezug auf Beschäftigung, Entlohnung und sonstige Arbeitsbedingungen.

(3) Sie gibt – vorbehaltlich der aus Gründen der öffentlichen Ordnung, Sicherheit und Gesundheit gerechtfertigten Beschränkungen – den Arbeitnehmern das Recht,
   a) sich um tatsächlich angebotene Stellen zu bewerben;
   b) sich zu diesem Zweck im Hoheitsgebiet der Mitgliedstaaten frei zu bewegen;

c) sich in einem Mitgliedstaat aufzuhalten, um dort nach den für die Arbeitnehmer dieses Staates geltenden Rechts- und Verwaltungsvorschriften eine Beschäftigung auszuüben;
d) nach Beendigung einer Beschäftigung im Hoheitsgebiet eines Mitgliedstaats unter Bedingungen zu verbleiben, welche die Kommission durch Verordnung festlegt.

(4) Dieser Artikel findet keine Anwendung auf die Beschäftigung in der öffentlichen Verwaltung.

Art. 152 (Rolle der Sozialpartner; Sozialer Dialog; Sozialgipfel)

Die Union anerkennt und fördert die Rolle der Sozialpartner auf Ebene der Union unter Berücksichtigung der Unterschiedlichkeit der nationalen Systeme. Sie fördert den sozialen Dialog und achtet dabei die Autonomie der Sozialpartner. Der Dreigliedrige Sozialgipfel für Wachstum und Beschäftigung trägt zum sozialen Dialog bei.

Art. 153 (Unionskompetenzen)

(1) Zur Verwirklichung der Ziele des Artikels 151 unterstützt und ergänzt die Union die Tätigkeit der Mitgliedstaaten auf folgenden Gebieten:
a) Verbesserung insbesondere der Arbeitsumwelt zum Schutz der Gesundheit und der Sicherheit der Arbeitnehmer,
b) Arbeitsbedingungen,
c) Soziale Sicherheit und sozialer Schutz der Arbeitnehmer,
d) Schutz der Arbeitnehmer bei Beendigung des Arbeitsvertrags,
e) Unterrichtung und Anhörung der Arbeitnehmer,
f) Vertretung und kollektive Wahrnehmung der Arbeitnehmer- und Arbeitgeberinteressen, einschließlich der Mitbestimmung, vorbehaltlich des Absatzes 5,
g) Beschäftigungsbedingungen der Staatsangehörigen dritter Länder, die sich rechtmäßig im Gebiet der Union aufhalten,
h) berufliche Eingliederung der aus dem Arbeitsmarkt ausgegrenzten Personen, unbeschadet des Artikels 166,
i) Chancengleichheit von Männern und Frauen auf dem Arbeitsmarkt und Gleichbehandlung am Arbeitsplatz,
j) Bekämpfung der sozialen Ausgrenzung,
k) Modernisierung der Systeme sozialen Schutzes, unbeschadet des Buchstabens c.

…

(5) Dieser Artikel gilt nicht für das Arbeitsentgelt, das Koalitionsrecht, das Streikrecht sowie das Aussperrungsrecht.

Art. 155 (Dialog zwischen den Sozialpartnern)

(1) Der Dialog zwischen den Sozialpartnern auf Unionsebene kann, falls sie es wünschen, zur Herstellung vertraglicher Beziehungen einschließlich des Abschlusses von Vereinbarungen führen.

(2) Die Durchführung der auf Unionsebene geschlossenen Vereinbarungen erfolgt entweder nach den jeweiligen Verfahren und Gepflogenheiten der Sozialpartner und der Mitgliedstaaten oder – in den durch Artikel 153 erfassten Bereichen – auf gemeinsamen Antrag der Unterzeichnerparteien durch einen Beschluss des Rates auf Vorschlag der Kommission. Das Europäische Parlament wird unterrichtet.
Der Rat beschließt einstimmig, sofern die betreffende Vereinbarung eine oder mehrere Bestimmungen betreffend einen der Bereiche enthält, für die nach Artikel 153 Absatz 2 Einstimmigkeit erforderlich ist.

Art. 267 (Vorabentscheidungsverfahren)

Der Gerichtshof der Europäischen Union entscheidet im Wege der Vorabentscheidung

a) über die Auslegung der Verträge,
b) über die Gültigkeit und die Auslegung der Handlungen der Organe, Einrichtungen oder sonstigen Stellen der Union.

Wird eine derartige Frage einem Gericht eines Mitgliedstaats gestellt und hält dieses Gericht eine Entscheidung darüber zum Erlass seines Urteils für erforderlich, so kann es diese Frage dem Gerichtshof zur Entscheidung vorlegen.
Wird eine derartige Frage in einem schwebenden Verfahren bei einem einzelstaatlichen Gericht gestellt, dessen Entscheidungen selbst nicht mehr mit Rechtsmitteln des innerstaatlichen Rechts angefochten werden können, so ist dieses Gericht zur Anrufung des Gerichtshofs verpflichtet.
Wird eine derartige Frage in einem schwebenden Verfahren, das eine inhaftierte Person betrifft, bei einem einzelstaatlichen Gericht gestellt, so entscheidet der Gerichtshof innerhalb kürzester Zeit.

3. Charta der Grundrechte der Europäischen Union

– Auszug –

in der Fassung vom 12.12.2007

Art. 8
Schutz personenbezogener Daten

(1) Jede Person hat das Recht auf Schutz der sie betreffenden personenbezogenen Daten.

(2) Diese Daten dürfen nur nach Treu und Glauben für festgelegte Zwecke und mit Einwilligung der betroffenen Person oder auf einer sonstigen gesetzlich geregelten legitimen Grundlage verarbeitet werden. Jede Person hat das Recht, Auskunft über die sie betreffenden erhobenen Daten zu erhalten und die Berichtigung der Daten zu erwirken.
(3) Die Einhaltung dieser Vorschriften wird von einer unabhängigen Stelle überwacht.

Art. 10
Gedanken-, Gewissens- und Religionsfreiheit

(1) Jede Person hat das Recht auf Gedanken-, Gewissens- und Religionsfreiheit. Dieses Recht umfasst die Freiheit, die Religion oder Weltanschauung zu wechseln, und die Freiheit, seine Religion oder Weltanschauung einzeln oder gemeinsam mit anderen öffentlich oder privat durch Gottesdienst, Unterricht, Bräuche und Riten zu bekennen.
(2) Das Recht auf Wehrdienstverweigerung aus Gewissensgründen wird nach den einzelstaatlichen Gesetzen anerkannt, welche die Ausübung dieses Rechts regeln.

Art. 15
Berufsfreiheit und Recht zu arbeiten

(1) Jede Person hat das Recht, zu arbeiten und einen frei gewählten oder angenommenen Beruf auszuüben.
(2) Alle Unionsbürgerinnen und Unionsbürger haben die Freiheit, in jedem Mitgliedstaat Arbeit zu suchen, zu arbeiten, sich niederzulassen oder Dienstleistungen zu erbringen.
(3) Die Staatsangehörigen dritter Länder, die im Hoheitsgebiet der Mitgliedstaaten arbeiten dürfen, haben Anspruch auf Arbeitsbedingungen, die denen der Unionsbürgerinnen und Unionsbürger entsprechen.

Art. 20
Gleichheit vor dem Gesetz

Alle Personen sind vor dem Gesetz gleich.

Art. 21
Nichtdiskriminierung

(1) Diskriminierungen insbesondere wegen des Geschlechts, der Rasse, der Hautfarbe, der ethnischen oder sozialen Herkunft, der genetischen Merkmale, der Sprache, der Religion oder der Weltanschauung, der politischen oder sonstigen Anschauung, der Zugehörigkeit zu einer nationalen Minderheit, des Vermögens, der Geburt, einer Behinderung, des Alters oder der sexuellen Ausrichtung sind verboten.

(2) Unbeschadet besonderer Bestimmungen der Verträge ist in ihrem Anwendungsbereich jede Diskriminierung aus Gründen der Staatsangehörigkeit verboten.

Art. 22
Vielfalt der Kulturen, Religionen und Sprachen

Die Union achtet die Vielfalt der Kulturen, Religionen und Sprachen.

Art. 23
Gleichheit von Frauen und Männern

Die Gleichheit von Frauen und Männern ist in allen Bereichen, einschließlich der Beschäftigung, der Arbeit und des Arbeitsentgelts, sicherzustellen.
Der Grundsatz der Gleichheit steht der Beibehaltung oder der Einführung spezifischer Vergünstigungen für das unterrepräsentierte Geschlecht nicht entgegen.

Art. 27
Recht auf Unterrichtung und Anhörung der Arbeitnehmerinnen und Arbeitnehmer im Unternehmen

Für die Arbeitnehmerinnen und Arbeitnehmer oder ihre Vertreter muss auf den geeigneten Ebenen eine rechtzeitige Unterrichtung und Anhörung in den Fällen und unter den Voraussetzungen gewährleistet sein, die nach dem Unionsrecht und den einzelstaatlichen Rechtsvorschriften und Gepflogenheiten vorgesehen sind.

Art. 28
Recht auf Kollektivverhandlungen und Kollektivmaßnahmen

Die Arbeitnehmerinnen und Arbeitnehmer sowie die Arbeitgeberinnen und Arbeitgeber oder ihre jeweiligen Organisationen haben nach dem Unionsrecht und den einzelstaatlichen Rechtsvorschriften und Gepflogenheiten das Recht, Tarifverträge auf den geeigneten Ebenen auszuhandeln und zu schließen sowie bei Interessenkonflikten kollektive Maßnahmen zur Verteidigung ihrer Interessen, einschließlich Streiks, zu ergreifen.

Art. 30
Schutz bei ungerechtfertigter Entlassung

Jede Arbeitnehmerin und jeder Arbeitnehmer hat nach dem Gemeinschaftsrecht und den einzelstaatlichen Rechtsvorschriften und Gepflogenheiten Anspruch auf Schutz vor ungerechtfertigter Entlassung.

Art. 31
Gerechte und angemessene Arbeitsbedingungen

(1) Jede Arbeitnehmerin und jeder Arbeitnehmer hat das Recht auf gesunde, sichere und würdige Arbeitsbedingungen.

(2) Jede Arbeitnehmerin und jeder Arbeitnehmer hat das Recht auf eine Begrenzung der Höchstarbeitszeit, auf tägliche und wöchentliche Ruhezeiten sowie auf bezahlten Jahresurlaub.

4. Richtlinie 2000/78/EG des Rates vom 27.11.2000 zur Festlegung eines allgemeinen Rahmens für die Verwirklichung der Gleichbehandlung in Beschäftigung und Beruf

– Auszug –

Art. 1
Zweck

Zweck dieser Richtlinie ist die Schaffung eines allgemeinen Rahmens zur Bekämpfung der Diskriminierung wegen der Religion oder der Weltanschauung, einer Behinderung, des Alters oder der sexuellen Ausrichtung in Beschäftigung und Beruf im Hinblick auf die Verwirklichung des Grundsatzes der Gleichbehandlung in den Mitgliedstaaten.

Art. 2
Der Begriff »Diskriminierung«

(1) Im Sinne dieser Richtlinie bedeutet »Gleichbehandlungsgrundsatz«, dass es keine unmittelbare oder mittelbare Diskriminierung wegen eines der in Artikel 1 genannten Gründe geben darf.

…

Art. 4
Berufliche Anforderungen

(1) Ungeachtet des Artikels 2 Absätze 1 und 2 können die Mitgliedstaaten vorsehen, dass eine Ungleichbehandlung wegen eines Merkmals, das im Zusammenhang mit einem der in Artikel 1 genannten Diskriminierungsgründe steht, keine Diskriminierung darstellt, wenn das betreffende Merkmal aufgrund der Art einer bestimmten beruflichen Tätigkeit oder der Bedingungen ihrer Ausübung eine wesentliche und entscheidende berufliche Anforderung darstellt, sofern es sich um einen rechtmäßigen Zweck und eine angemessene Anforderung handelt.

(2) Die Mitgliedstaaten können in Bezug auf berufliche Tätigkeiten innerhalb von Kirchen und anderen öffentlichen oder privaten Organisationen, deren Ethos auf religiösen Grundsätzen oder Weltanschauungen beruht, Bestimmungen in ihren zum Zeitpunkt der Annahme dieser Richtlinie geltenden Rechtsvorschriften beibehalten oder in künftigen Rechtsvorschriften Bestimmungen vorsehen, die zum Zeitpunkt der Annahme dieser Richtlinie bestehende einzelstaatliche Gepflogenheiten widerspiegeln und wonach eine Ungleichbehandlung wegen der Religion oder Weltanschauung einer Person keine Diskriminierung

darstellt, wenn die Religion oder die Weltanschauung dieser Person nach der Art dieser Tätigkeiten oder der Umstände ihrer Ausübung eine wesentliche, rechtmäßige und gerechtfertigte berufliche Anforderung angesichts des Ethos der Organisation darstellt. Eine solche Ungleichbehandlung muss die verfassungsrechtlichen Bestimmungen und Grundsätze der Mitgliedstaaten sowie der allgemeinen Grundsätze des Gemeinschaftsrechts beachten und rechtfertigt keine Diskriminierung aus einem anderen Grund.

Sofern die Bestimmungen dieser Richtlinie im übrigen eingehalten werden, können die Kirchen und anderen öffentlichen oder privaten Organisationen, deren Ethos auf religiösen Grundsätzen oder Weltanschauungen beruht, im Einklang mit den einzelstaatlichen verfassungsrechtlichen Bestimmungen und Rechtsvorschriften von den für sie arbeitenden Personen verlangen, dass sie sich loyal und aufrichtig im Sinne des Ethos der Organisation verhalten.

5. Konvention zum Schutz der Menschenrechte und Grundfreiheiten (EMRK) vom 4.11.1950

– Auszug –

in der Fassung der Bekanntmachung vom 22.10.2010

Art. 8
Recht auf Achtung des Privat- und Familienlebens

(1) Jede Person hat das Recht auf Achtung ihres Privat- und Familienlebens, ihrer Wohnung und ihrer Korrespondenz.

…

Art. 9
Gedanken-, Gewissens- und Religionsfreiheit

(1) Jede Person hat das Recht auf Gedanken-, Gewissens- und Religionsfreiheit; dieses Recht umfasst die Freiheit, seine Religion oder Weltanschauung zu wechseln, und die Freiheit, seine Religion oder Weltanschauung einzeln oder gemeinsam mit anderen öffentlich oder privat durch Gottesdienst, Unterricht oder Praktizieren von Bräuchen und Riten zu bekennen.

(2) Die Freiheit, seine Religion oder Weltanschauung zu bekennen, darf nur Einschränkungen unterworfen werden, die gesetzlich vorgesehen und in einer demokratischen Gesellschaft notwendig sind für die öffentliche Sicherheit, zum Schutz der öffentlichen Ordnung, Gesundheit oder Moral oder zum Schutz der Rechte und Freiheiten anderer.

Anmerkung: Zur Entlassung einer (katholischen) Erzieherin durch die evangelische Kirche wegen Sektenangehörigkeit siehe EGMR (V. Sektion), 3.2.2011 – 18136/02,

Art. 10
Freiheit der Meinungsäußerung

(1) Jede Person hat das Recht auf freie Meinungsäußerung. Dieses Recht schließt die Meinungsfreiheit und die Freiheit ein, Informationen und Ideen ohne behördliche Eingriffe und ohne Rücksicht auf Staatsgrenzen zu empfangen und weiterzugeben. Dieser Artikel hindert die Staaten nicht, für Hörfunk-, Fernseh- oder Kinounternehmen eine Genehmigung vorzuschreiben.

... Art. 11 Art. 12

Art. 19
Errichtung des Gerichtshofs

Um die Einhaltung der Verpflichtungen sicherzustellen, welche die Hohen Vertragsparteien in dieser Konvention und den Protokollen dazu übernommen haben, wird ein Europäischer Gerichtshof für Menschenrechte, im folgenden als »Gerichtshof« bezeichnet, errichtet. Er nimmt seine Aufgaben als ständiger Gerichtshof wahr.

Art. 41
Gerechte Entschädigung

Stellt der Gerichtshof fest, dass diese Konvention oder die Protokolle dazu verletzt worden sind, und gestattet das innerstaatliche Recht der Hohen Vertragspartei nur eine unvollkommene Wiedergutmachung für die Folgen dieser Verletzung, so spricht der Gerichtshof der verletzten Partei eine gerechte Entschädigung zu, wenn dies notwendig ist.

NZA 2012, 199: Die Auffassung des BVerfG und der Arbeitsgerichte, dass die tragenden Grundsätze der Glaubens- und Sittenlehre kirchlicher Arbeitgeber berücksichtigt werden müssen, soweit sie den Grundsätzen der verfassten Kirchen entsprechen, Grundsätzen der Rechtsordnung nicht widersprechen und den Arbeitnehmern keine unangemessenen Loyalitätspflichten auferlegen, verstößt nicht gegen Art. 9 EMRK.

Europäische Sozialcharta

Art. 5

Art. 6

D. Allgemeines Kirchenrecht

Codex Iuris Canonici (Codex des kanonischen Rechtes) des Jahres 1983 (CIC)

– Auszug –

I. Vorbemerkung

Der Codex Iuris Canonici ist päpstliches Gesetz und das vorrangige gesetzgebende Dokument der römisch-katholischen Kirche. Er ist unerlässliches Instrument, mit dessen Hilfe die erforderliche Ordnung sowohl im persönlichen als auch im gesellschaftlichen Leben der Kirche gewahrt wird. U.a. weist der Codex auf die Lehre der Kirche als Communio hin, wonach die gegenseitigen Beziehungen bestimmt werden, die zwischen Teilkirchen und Gesamtkirche sowie zwischen Kollegialität und Primat bestehen müssen; ebenso auf die Lehre, nach der alle Glieder des Volkes Gottes, jedes auf seine Weise, an dem dreifachen – dem priesterlichen, prophetischen und königlichem – Amt Christi teilhaben; mit dieser Lehre ist auch diejenige verbunden, welche die Pflichten und Rechte der Gläubigen und namentlich der Laien betrifft.

Die nachstehend wiedergegebenen Gesetzesbestimmungen sollen den Bezug zum partikularen Recht, aber auch zum staatlichen Recht verdeutlichen helfen.

II. Texte aus dem CIC

Can. 1 – Die Canones dieses Codex betreffen allein die lateinische Kirche.

Can. 7 – Ein Gesetz tritt ins Dasein, indem es promulgiert wird.

Can. 8. – § 1. Allgemeine kirchliche Gesetze werden durch Veröffentlichung im offiziellen Publikationsorgan Acta Apostolicae Sedis promulgiert, wenn nicht in einzelnen Fällen eine andere Promulgationsweise vorgeschrieben ist; sie erlangen ihre Rechtskraft erst nach Ablauf von drei Monaten, von dem Tag an gerechnet, der auf der betreffenden Nummer der Acta Apostolicae Sedis angegeben ist, wenn sie nicht aus der Natur der Sache sogleich verpflichten oder im Gesetz selbst eine kürzere oder längere Gesetzesschwebe besonders oder ausdrücklich festgesetzt ist.

§ 2. Partikulare Gesetze werden auf die vom Gesetzgeber bestimmte Weise promulgiert, und ihre Verpflichtungskraft beginnt einen Monat nach dem Tag der Promulgation, wenn nicht ein anderer Termin im Gesetz selbst festgesetzt wird.

Can. 11 – Durch rein kirchliche Gesetze werden diejenigen verpflichtet, die in der katholischen Kirche getauft oder in diese aufgenommen worden sind, hinreichenden Vernunftgebrauch besitzen und, falls nicht ausdrücklich etwas anderes im Recht vorgesehen ist, das siebente Lebensjahr vollendet haben.

Can. 12 – § 1. Allgemeine Gesetze verpflichten überall alle, für die sie erlassen worden sind.

Can. 13 – § 1 Partikulare Gesetze werden nicht als personale, sondern als territoriale Gesetze vermutet, wenn nicht etwas anderes feststeht.

Can. 16 – § 1 Gesetze interpretiert authentisch der Gesetzgeber und derjenige, dem von diesem die Vollmacht zur authentischen Auslegung übertragen worden ist.

§ 2. Die nach Art eines Gesetzes erfolgte authentische Auslegung hat dieselbe Rechtskraft wie das Gesetz selbst und muss promulgiert werden; wenn sie nur in sich klare Worte eines Gesetzes erläutert, gilt sie rückwirkend; wenn sie ein Gesetz einschränkt oder erweitert oder ein zweifelhaftes Gesetz erklärt, gilt sie nicht rückwirkend.

§ 3. Eine Auslegung aber nach Art eines Gerichtsurteils oder eines Verwaltungsaktes in einem Einzelfall hat nicht die Kraft eines Gesetzes und bindet nur die Personen und betrifft nur die Sachen, für die sie gegeben worden ist.

Anmerkung: Auf Art. 154 bis 158 (Päpstlicher Rat für die Interpretation von Gesetzestexten) der Apostolischen Konstitution über die Römische Kurie („Pastor Bonus") wird hingewiesen. Auf Antrag der Betroffenen entscheidet der Päpstliche Rat darüber, ob partikulare Gesetze und allgemeine Dekrete, die von Gesetzgebern unterhalb der höchsten Autorität erlassen wurden, mit den gesamtkirchlichen Gesetzen übereinstimmen oder nicht (Art. 158 Pastor Bonus).

Can. 17 – Kirchliche Gesetze sind zu verstehen gemäß der im Text und im Kontext wohl erwogenen eigenen Wortbedeutung; wenn sie zweifelhaft und dunkel bleibt, ist zurückzugreifen auf Parallelstellen, wenn es solche gibt, auf Zweck und Umstände des Gesetzes und auf die Absicht des Gesetzgebers.

Can. 20 – Ein späteres Gesetz hebt ein früheres ganz oder teilweise auf, wenn es dies ausdrücklich sagt oder ihm unmittelbar entgegengesetzt ist oder die ganze Materie des früheren Gesetzes umfassend ordnet; ein allgemeines Gesetz hebt aber nicht im geringsten partikulares oder besonderes Recht auf, wenn nicht etwas anderes im Recht ausdrücklich vorgesehen ist.

Can. 22 – Weltliche Gesetze, auf die das Recht der Kirche verweist, sind im kanonischen Recht mit denselben Wirkungen einzuhalten, soweit sie nicht dem göttlichen Recht zuwiderlaufen und wenn nicht etwas anderes im kanonischen Recht vorgesehen ist.

Allgemeine Dekrete und Instruktionen

Can. 29 – Allgemeine Dekrete, durch die vom zuständigen Gesetzgeber für eine passiv gesetzesfähige Gemeinschaft gemeinsame Vorschriften erlassen werden, sind im eigentlichen Sinn Gesetze und unterliegen den Vorschriften der Canones über die Gesetze.

Die Gläubigen

Can. 204 – § 1. Gläubige sind jene, die durch die Taufe Christus eingegliedert, zum Volke Gottes gemacht und dadurch auf ihre Weise des priesterlichen, prophetischen und königlichen Amtes Christi teilhaft geworden sind; sie sind gemäß ihrer je eigenen Stellung zur Ausübung der Sendung berufen, die Gott der Kirche zur Erfüllung in der Welt anvertraut hat.

§ 2. Diese Kirche, in dieser Welt als Gesellschaft verfasst und geordnet, ist in der katholischen Kirche verwirklicht, die von dem Nachfolger Petri und den Bischöfen in Gemeinschaft mit ihm geleitet wird.

Can. 205 – Voll in der Gemeinschaft der katholischen Kirche in dieser Welt stehen jene Getauften, die in ihrem sichtbaren Verband mit Christus verbunden sind, und zwar durch die Bande des Glaubensbekenntnisses, der Sakramente und der kirchlichen Leitung.

Can. 207 – § 1. Kraft göttlicher Weisung gibt es in der Kirche unter den Gläubigen geistliche Amtsträger, die im Recht auch Kleriker genannt werden; die übrigen dagegen heißen auch Laien.

Can. 208 – Unter allen Gläubigen besteht, und zwar aufgrund ihrer Wiedergeburt in Christus, eine wahre Gleichheit in ihrer Würde und Tätigkeit, kraft der alle je nach ihrer eigenen Stellung und Aufgabe am Aufbau des Leibes Christi mitwirken.

Can. 209 – § 1. Die Gläubigen sind verpflichtet, auch in ihrem eigenen Verhalten, immer die Gemeinschaft mit der Kirche zu wahren.

§ 2. Mit großer Sorgfalt haben sie ihre Pflichten zu erfüllen, die ihnen gegenüber der Gesamtkirche wie gegenüber der Teilkirche obliegen, zu der sie gemäß den Rechtsvorschriften gehören.

Can. 215 – Den Gläubigen ist es unbenommen, Vereinigungen für Zwecke der Caritas oder der Frömmigkeit oder zur Förderung der christlichen Berufung in der Welt frei zu gründen und zu leiten und Versammlungen abzuhalten, um diese Zwecke gemeinsam zu verfolgen.

Anmerkung: Auf das Wort der Bischöfe zur Stellung der Verbände in der Kirche (Amtsblatt des Erzbistums Köln 1990 Nr. 57 S. 62) wird hingewiesen.

Durch das Motu proprio Benedikts XVI. Papst vom 11. 11. 2012 wird der CIC mit Blick auf den Dienst der Liebe am Nächsten ergänzt. Dabei geht es um x

Can. 216 – Da alle Gläubigen an der Sendung der Kirche teilhaben, haben sie das Recht, auch durch eigene Unternehmungen je nach ihrem Stand und ihrer Stellung eine apostolische Tätigkeit in Gang zu setzen oder zu unterhalten; keine Unternehmung darf sich jedoch ohne Zustimmung der zuständigen kirchlichen Autorität katholisch nennen.

Can. 220 – Niemand darf den guten Ruf, den jemand hat, rechtswidrig schädigen und das Recht einer jeden Person auf den Schutz der eigenen Intimsphäre verletzen.

Can. 223 – § 1. Bei der Ausübung ihrer Rechte müssen die Gläubigen sowohl als einzelne wie auch in Vereinigungen auf das Gemeinwohl der Kirche, die Rechte anderer und ihre eigenen Pflichten gegenüber anderen Rücksicht nehmen.

§ 2. Der kirchlichen Autorität steht es zu, im Hinblick auf das Gemeinwohl die Ausübung der Rechte, die den Gläubigen eigen sind, zu regeln.

Pflichten und Rechte der Laien

Can. 230 – § 1. Männliche Laien, die das Alter und die Begabung haben, die durch Dekret der Bischofskonferenz dafür bestimmt sind, können durch den vorgeschriebenen liturgischen Ritus für die Dienste des Lektors und des Akolythen auf Dauer bestellt werden; die Übertragung dieser Dienste gewährt ihnen jedoch nicht das Recht auf Unterhalt oder Vergütung von seiten der Kirche.

§ 2. Laien können aufgrund einer zeitlich begrenzten Beauftragung bei liturgischen Handlungen die Aufgabe des Lektors erfüllen; ebenso können alle Laien die Aufgaben des Kommentators, des Kantors oder andere Aufgaben nach Maßgabe des Rechtes wahrnehmen.

§ 3. Wo es infolge des Fehlens von Amtsträgern eine Notwendigkeit der Kirche nahelegt, können auch Laien, selbst wenn sie nicht Lektoren oder Akolythen sind, bestimmte Aufgaben derselben erfüllen, nämlich nach Maßgabe der Rechtsvorschriften den Dienst am Wort ausüben, liturgische Gebete leiten, die Taufe spenden und die heilige Kommunion austeilen.

Can. 231 – § 1. Laien, die auf Dauer oder auf Zeit für einen besonderen Dienst der Kirche bestellt werden, sind verpflichtet, die zur gebührenden Erfüllung ihrer Aufgabe erforderliche Bildung sich anzueignen und diese Aufgabe gewissenhaft, eifrig und sorgfältig zu erfüllen.

§ 2. Unbeschadet der Vorschrift des can. 230, § 1 haben sie das Recht auf eine angemessene Vergütung, die ihrer Stellung entspricht und mit der sie, auch unter Beachtung des weltlichen Rechts, für die eigenen Erfordernisse und für die ihrer Familie in geziemender Weise sorgen können; ebenso steht ihnen das Recht zu, dass für ihre soziale Vorsorge und Sicherheit sowie ihre Gesundheitsfürsorge, wie man sagt, gebührend vorgesehen wird.

Kleriker

Can. 266 – § 1. Durch den Empfang der Diakonenweihe wird jemand Kleriker und der Teilkirche bzw. Personalprälatur inkardiniert, für deren Dienst er geweiht ist.

Can. 274 – § 1. Allein Kleriker können Ämter erhalten, zu deren Ausübung Weihegewalt oder kirchliche Leitungsgewalt erforderlich ist.

Can. 281 – § 1. Wenn die Kleriker sich dem kirchlichen Dienst widmen, verdienen sie eine Vergütung, die ihrer Stellung angemessen ist, dabei sind die Natur ihrer Aufgabe und die Umstände des Ortes und der Zeit zu berücksichtigen, damit sie mit ihr für die Erfordernisse ihres Lebens und auch für eine angemessene Entlohnung derer sorgen können, deren Dienste sie bedürfen.

§ 2. Ebenso ist Vorsorge zu treffen, dass sie jene soziale Hilfe erfahren, durch die für ihre Erfordernisse bei Krankheit, Arbeitsunfähigkeit oder im Alter angemessen gesorgt ist.

§ 3. Verheiratete Diakone, die sich ganz dem kirchlichen Dienst widmen, haben Anspruch auf Vergütung, mit der sie für ihren und ihrer Familie Lebensunterhalt sorgen können; wer aber wegen eines Zivilberufes, den er ausübt oder ausgeübt hat, Vergütung erhält, hat aus diesen Einkünften für sich und die Erfordernisse seiner Familie zu sorgen.

Vereine von Gläubigen

Can. 298 – § 1. In der Kirche gibt es Vereine, die sich von den Instituten des geweihten Lebens und den Gesellschaften apostolischen Lebens unterscheiden; in ihnen sind Gläubige, seien es Kleriker oder Laien, seien es Kleriker und Laien zusammen, in gemeinsamem Mühen bestrebt, ein Leben höherer Vollkommenheit zu pflegen oder den amtlichen Gottesdienst bzw. die christliche Lehre zu fördern oder andere Apostolatswerke, das heißt Vorhaben zur Evangelisierung, Werke der Frömmigkeit oder Caritas, zu betreiben und die weltliche Ordnung mit christlichem Geist zu beleben.

§ 2. Die Gläubigen sollen bevorzugt den Vereinen beitreten, die von der zuständigen kirchlichen Autorität errichtet, belobigt oder empfohlen sind.

Can. 299 – § 1. Den Gläubigen ist es, unbeschadet der Bestimmung des can. 301, § 1, unbenommen, durch miteinander getroffene Privatvereinbarung Vereine zu gründen, um die in can. 298, § 1 genannten Ziele zu verfolgen.

§ 2. Vereine dieser Art werden private Vereine genannt, auch wenn sie von der kirchlichen Autorität belobigt oder empfohlen werden.

§ 3. Kein privater Verein von Gläubigen wird in der Kirche anerkannt, wenn seine Statuten nicht von der zuständigen Autorität überprüft sind.

Can. 300 – Kein Verein darf sich ohne die Zustimmung der gemäß can. 312 zuständigen kirchlichen Autorität die Bezeichnung »katholisch« zulegen.

Can. 301 – § 1. Ausschließlich der zuständigen kirchlichen Autorität kommt die Errichtung solcher Vereine von Gläubigen zu, die sich der Vermittlung der christlichen Lehre im Namen der Kirche oder der Förderung des amtlichen Gottesdienstes widmen oder die sich anderen Zielen zuwenden wollen, deren Verfolgung ihrer Natur nach der kirchlichen Autorität vorbehalten wird.

§ 2. Die zuständige kirchliche Autorität kann auch, wenn sie es für förderlich erachtet, Vereine von Gläubigen errichten, die direkt oder indirekt andere geistliche Zwecke erstreben sollen, deren Erreichung durch private Unternehmungen nicht genügend gesichert ist.

§ 3. Vereine von Gläubigen, die von der zuständigen kirchlichen Autorität errichtet werden, werden öffentliche Vereine genannt.

Can. 304 – § 1. Alle öffentlichen und privaten Vereine von Gläubigen, welche Bezeichnung oder welchen Namen sie auch führen mögen, müssen Statuten haben, in denen Zweck bzw. soziales Programm, Sitz, Leitung und erforderliche Mitgliedschaftsbedingungen zu regeln sind und in welchen unter Beachtung des Erfordernisses oder der Nützlichkeit von Zeit und Ort die Vorgehensweise zu bestimmen ist.

§ 2. Ihre Bezeichnung oder ihren Namen haben sie sich entsprechend den zeitlichen oder örtlichen Gebräuchen, vorzüglich in Ableitung von dem angestrebten Ziel selbst, auszuwählen.

Can. 305 – § 1. Alle Vereine von Gläubigen unterliegen der Aufsicht der zuständigen kirchlichen Autorität, die dafür zu sorgen hat, dass in ihnen die Unversehrtheit von Glaube und Sitte bewahrt wird, und die darüber zu wachen hat, dass sich keine Missbräuche in die kirchliche Disziplin einschleichen; deshalb hat sie die Pflicht und das Recht, diese nach Maßgabe des Rechtes und der Statuten zu beaufsichtigen; sie unterstehen auch der Leitung eben dieser Autorität gemäß den Bestimmungen der folgenden Canones.

§ 2. Der Aufsicht des Heiligen Stuhls unterliegen Vereine jedweder Art; der Aufsicht des Ortsordinarius unterstehen die diözesanen Vereine sowie andere Vereine, insofern sie in der Diözese tätig sind.

Can. 312 – § 1. Zuständige Autorität zur Errichtung von öffentlichen Vereinen ist:
1° für gesamtkirchliche und internationale Vereine der Heilige Stuhl;
2° für nationale Vereine, das heißt solche, deren Tätigkeit aufgrund der Errichtung selbst auf eine ganze Nation bezogen ist, die Bischofskonferenz in ihrem Gebiet;
3° für diözesane Vereine der Diözesanbischof in seinem jeweiligen Gebiet, nicht aber der Diözesanadministrator; ausgenommen bleiben jedoch die Vereine, für die das Errichtungsrecht aufgrund eines apostolischen Privilegs anderen vorbehalten ist.

Can. 313 – Ein öffentlicher Verein und ebenso der Zusammenschluss öffentlicher Vereine werden durch dasselbe Dekret, durch das sie von der nach Maßgabe des can. 312 zuständigen kirchlichen Autorität errichtet werden, als juristische

Personen begründet und erhalten, soweit erforderlich, einen Sendungsauftrag für die Ziele, die sie selbst im Namen der Kirche zu verwirklichen vorhaben.

Can. 321 – Private Vereine führen und leiten Gläubige gemäß den Bestimmungen der Statuten.

Can. 322 – § 1. Ein privater Verein von Gläubigen kann durch förmliches Dekret der in can. 312 genannten zuständigen kirchlichen Autorität Rechtspersönlichkeit erwerben.

§ 2. Kein privater Verein von Gläubigen kann Rechtspersönlichkeit erwerben, wenn nicht seine Statuten von der in can. 312, § 1 genannten kirchlichen Autorität gebilligt sind; die Billigung der Statuten verändert den privaten Charakter des Vereins nicht.

Can. 323 – § 1. Wenn auch private Vereine von Gläubigen gemäß can. 321 Autonomie genießen, unterliegen sie gleichwohl der Aufsicht der kirchlichen Autorität.

§ 2. Der kirchlichen Autorität steht es auch zu, unter Wahrung der den privaten Vereinen eigenen Autonomie darauf zu achten und dafür zu sorgen, dass eine Zersplitterung der Kräfte vermieden und die Ausübung ihres Apostolats auf das Gemeinwohl hingeordnet wird.

Can. 324 – § 1. Ein privater Verein von Gläubigen bestellt sich frei den Vorsitzenden und die Amtsträger nach Maßgabe der Statuten.

§ 2. Ein privater Verein von Gläubigen kann sich nach Wunsch frei unter den Priestern, die rechtmäßig in der Diözese ihren Dienst ausüben, einen geistlichen Berater wählen; dieser bedarf jedoch der Bestätigung des Ortsordinarius.

Can. 325 – § 1. Ein privater Verein von Gläubigen verwaltet sein Vermögen frei gemäß den Vorschriften der Statuten; davon bleibt das Recht der zuständigen kirchlichen Autorität unberührt, darüber zu wachen, dass das Vermögen zu den Vereinszwecken verwendet wird.

§ 2. Derselbe untersteht der Autorität des Ortsordinarius nach Maßgabe von can. 1301 hinsichtlich der Verwaltung und Verwendung des Vermögens, das ihm zu frommen Zwecken geschenkt oder hinterlassen worden ist.

Can. 326 – § 1. Ein privater Verein von Gläubigen erlischt nach Maßgabe der Statuten; er kann auch von der zuständigen Autorität aufgelöst werden, wenn seine Tätigkeit zu einem schweren Schaden für die kirchliche Lehre bzw. Disziplin wird oder den Gläubigen zum Ärgernis gereicht.

§ 2. Über das Vermögen eines erloschenen Vereins ist nach Maßgabe der Statuten unter Wahrung wohlerworbener Rechte und des Willens der Spender zu verfügen.

Diözesanbischöfe

Can. 381 – § 1. Dem Diözesanbischof kommt in der ihm anvertrauten Diözese alle ordentliche, eigenberechtigte und unmittelbare Gewalt zu, die zur Ausübung eines Hirtendienstes erforderlich ist; ausgenommen ist, was von Rechts wegen oder aufgrund einer Anordnung des Papstes der höchsten oder einer anderen kirchlichen Autorität vorbehalten ist.

Can. 391 – § 1. Es ist Sache des Diözesanbischofs, die ihm anvertraute Teilkirche nach Maßgabe des Rechts mit gesetzgebender, ausführender und richterlicher Gewalt zu leiten.

§ 2. Die gesetzgebende Gewalt übt der Bischof selbst aus, die ausführende Gewalt selbst oder nach Maßgabe des Rechts durch die Generalvikare bzw. die Bischofsvikare, die richterliche Gewalt selbst oder nach Maßgabe des Rechts durch den Gerichtsvikar und die Richter.

Anmerkung: Gemäß Apostolischer Konstitution über die Römische Kurie (Pastor Bonus) besteht ein Päpstlicher Rat für die Interpretation von Gesetzestexten (Art. 154). Gemäß Art. 158 entscheidet er auf Antrag der Betroffenen darüber, ob partikulare Gesetze und allgemeine Dekrete, die von Gesetzgebern unterhalb der höchsten Autorität erlassen wurden, mit den gesamtkirchlichen Gesetzen übereinstimmen oder nicht.

Bischofskonferenzen

Can. 455 – § 1. Die Bischofskonferenz kann nur in den Angelegenheiten allgemeine Dekrete erlassen, in denen das allgemeine Recht es vorschreibt oder eine besondere Anordnung dies bestimmt, die der Apostolische Stuhl aus eigenem Antrieb oder auf Bitten der Konferenz selbst erlassen hat.

§ 2. Die in § 1 genannten Dekrete müssen, um gültig in der Vollversammlung erlassen werden zu können, von wenigstens zwei Dritteln der Stimmen jener Vorsteher, die mit entscheidendem Stimmrecht der Konferenz angehören, getragen werden; sie erhalten erst dann Rechtskraft, wenn sie nach Überprüfung durch den Apostolischen Stuhl rechtmäßig promulgiert worden sind.

§ 3. Die Promulgationsweise und der Zeitpunkt, von dem an die Dekrete Rechtskraft erlangen, werden von der Bischofskonferenz selbst festgelegt.

§ 4. In den Fällen, in denen weder das allgemeine Recht noch eine besondere Anordnung des Apostolischen Stuhls der Bischofskonferenz die in § 1 genannte Vollmacht einräumt, bleibt die Zuständigkeit des einzelnen Diözesanbischofs ungeschmälert erhalten, und weder die Konferenz noch ihr Vorsitzender kann im Namen aller Bischöfe handeln, wenn nicht alle Bischöfe einzeln ihre Zustimmung gegeben haben.

Anmerkung: Die KAGO beruht auf einem Mandat gemäß § 1

Pfarreien, Pfarrer und Pfarrvikare

Can. 517 – § 2. Wenn der Diözesanbischof wegen Priestermangels glaubt, einen Diakon oder eine andere Person, die nicht die Priesterweihe empfangen hat, oder eine Gemeinschaft von Personen an der Ausübung der Hirtensorge einer Pfarrei beteiligen zu müssen, hat er einen Priester zu bestimmen, der, mit den Vollmachten und Befugnissen eines Pfarrers ausgestattet, die Hirtensorge leitet.

Verkündigungsdienst der Kirche

Can. 750 – § 1. Kraft göttlichen und katholischen Glaubens ist das zu glauben, was im geschriebenen oder im überlieferten Wort Gottes als dem einen der Kirche anvertrauten Glaubensgut enthalten ist und zugleich als von Gott geoffenbart vorgelegt wird, sei es vom feierlichen Lehramt der Kirche, sei es von ihrem ordentlichen und allgemeinen Lehramt; das wird ja auch durch das gemeinsame Festhalten der Gläubigen unter der Führung des heiligen Lehramtes offenkundig gemacht; daher sind alle gehalten, diesen Glaubenswahrheiten entgegenstehende Lehren jedweder Art zu meiden.

Can. 751 – Häresie nennt man die nach Empfang der Taufe erfolgte beharrliche Leugnung einer kraft göttlichen und katholischen Glaubens zu glaubenden Wahrheit oder einen beharrlichen Zweifel an einer solchen Glaubenswahrheit; Apostasie nennt man die Ablehnung des christlichen Glaubens im ganzen; Schisma nennt man die Verweigerung der Unterordnung unter den Papst oder der Gemeinschaft mit den diesem untergebenen Gliedern der Kirche.

Can. 752 – Nicht Glaubenszustimmung, wohl aber religiöser Verstandes und Willensgehorsam ist einer Lehre entgegenzubringen, die der Papst oder das Bischofskollegium in Glaubens- oder Sittenfragen verkündigen, wann immer sie ihr authentisches Lehramt ausüben, auch wenn sie diese Lehre nicht definitiv als verpflichtend zu verkünden beabsichtigen; die Gläubigen müssen also sorgsam meiden, was ihr nicht entspricht.

Can. 754 – Alle Gläubigen sind verpflichtet, die Konstitutionen und Dekrete zu befolgen, welche die rechtmäßige Autorität der Kirche zur Vorlage einer Lehre und zur Verwerfung irriger Auffassungen erlässt, vor allem aber solche des Papstes oder des Bischofskollegiums.

Can. 755 – § 1. Aufgabe des ganzen Bischofskollegiums und besonders des Apostolischen Stuhles ist es, die ökumenische Bewegung bei den Katholiken zu pflegen und zu leiten; Ziel der ökumenischen Bewegung ist die Wiederherstellung der Einheit unter allen Christen; sie zu fördern, ist die Kirche kraft des Willens Christi gehalten.

§ 2. Ebenso ist es Aufgabe der Bischöfe und, nach Maßgabe des Rechts, der Bischofskonferenzen, diese Einheit zu fördern und je nach Notwenigkeit oder Lage der Dinge, unter Beachtung der Vorschriften der höchsten Autorität der Kirche, praktische Normen zu erlassen.

Schulen

Can. 800 – § 1. Die Kirche hat das Recht, Schulen jedweden Wissenszweiges, jedweder Art und Stufe zu gründen und zu leiten.

§ 2. Die Gläubigen haben die katholischen Schulen zu fördern, indem sie nach Kräften zu ihrer Gründung und Erhaltung beitragen.

Can. 803 – § 1. Als katholische Schule versteht man jene Schule, welche die zuständige kirchliche Autorität oder eine kirchliche öffentliche juristische Person führt oder welche die kirchliche Autorität durch ein schriftliches Dokument als solche anerkennt.

§ 2. In der katholischen Schule müssen Unterricht und Erziehung von Grundsätzen der katholischen Lehre geprägt sein; die Lehrer haben sich durch Rechtgläubigkeit und rechtschaffenen Lebenswandel auszuzeichnen.

§ 3. Keine Schule, selbst wenn sie tatsächlich katholisch ist, darf die Bezeichnung Katholische Schule führen, es sei denn mit Zustimmung der zuständigen kirchlichen Autorität.

Can. 804 – § 1. Der kirchlichen Autorität unterstehen der katholische Religionsunterricht und die katholische religiöse Erziehung, die in den Schulen jeglicher Art vermittelt oder in den verschiedenen sozialen Kommunikationsmitteln geleistet werden; Aufgabe der Bischofskonferenz ist es, für dieses Tätigkeitsfeld allgemeine Normen zu erlassen, und Aufgabe des Diözesanbischofs ist es, diesen Bereich zu regeln und zu überwachen.

§ 2. Der Ortsordinarius hat darum bemüht zu sein, dass sich diejenigen, die zu Religionslehrern in den Schulen, auch den nichtkatholischen, bestellt werden sollen, durch Rechtgläubigkeit, durch das Zeugnis christlichen Lebens und durch pädagogisches Geschick auszeichnen.

Anmerkung: Siehe dazu z.B. Richtlinien für die Erteilung der Vorläufigen Unterrichtserlaubnis und für die Verleihung der Missio canonica für Lehrkräfte mit Staatsexamen im Fach »Katholische Religionslehre« in den bayerischen (Erz-)Diözesen, Amtsblatt für das Erzbistum München und Freising 2011 Nr. 57 S. 126.

Can. 805 – Der Ortsordinarius hat für seine Diözese das Recht, die Religionslehrer zu ernennen bzw. zu approbieren und sie, wenn es aus religiösen oder sittlichen Gründen erforderlich ist, abzuberufen bzw. ihre Abberufung zu fordern.

Can. 806 – § 1. Dem Diözesanbischof steht das Aufsichts- und das Visitationsrecht über die in seiner Diözese befindlichen katholischen Schulen zu, auch über die von Mitgliedern von Ordensinstituten gegründeten oder geleiteten Schulen; ihm steht es ferner zu, Vorschriften zur allgemeinen Ordnung der katholischen Schulen zu erlassen; diese Vorschriften gelten auch für die von den genannten Institutsmitgliedern geleiteten Schulen, unbeschadet der Autonomie hinsichtlich der inneren Leitung ihrer Schulen.

§ 2. Die Leiter der katholischen Schulen haben unter der Aufsicht des Ortsordinarius dafür zu sorgen, dass die Ausbildung, die in ihnen, wenigstens auf gleicher Höhe wie in den anderen Schulen der Region, vermittelt wird, in wissenschaftlicher Hinsicht hervorragend ist.

Anmerkung: Siehe zu can. 806 CIC u.a. Kirchlicher Anzeiger für das Bistum Hildesheim 2004 S. 342; Amtsblatt des Erzbistums Köln 2006 Nr. 166 S. 134.;
2011 Nr. 110 S. 201

Katholische Universitäten und andere Hochschuleinrichtungen

Can. 807 – Die Kirche hat das Recht, Universitäten zu errichten und zu führen; denn sie tragen bei zur höheren Kultur der Menschen und zur volleren Entfaltung der menschlichen Person wie auch zur Erfüllung des Verkündigungsdienstes der Kirche.

Can. 808 – Keine Universität, selbst wenn sie tatsächlich katholisch ist, darf die Bezeichnung Katholische Universität führen, es sei denn mit Zustimmung der zuständigen kirchlichen Autorität.

Can. 810 – § 1. Aufgabe der nach den Statuten zuständigen Autorität ist es, dafür zu sorgen, dass in katholischen Universitäten Dozenten berufen werden, die sich, außer durch wissenschaftliche und pädagogische Eignung, durch Rechtgläubigkeit und untadeliges Leben auszeichnen, und dass sie unter Einhaltung des in den Statuten festgelegten Verfahrens aus ihrem Amt abberufen werden, wenn die geforderten Voraussetzungen nicht mehr gegeben sind.

§ 2. Die Bischofskonferenzen und die beteiligten Diözesanbischöfe haben die Pflicht und das Recht, darüber zu wachen, dass in diesen Universitäten die Grundsätze der katholischen Lehre getreu beachtet werden.

Can. 812 – Wer an einer Hochschule eine theologische Disziplin vertritt, muss einen Auftrag der zuständigen kirchlichen Autorität haben.

Anmerkung: Siehe dazu Normen zur Erteilung des Nihil obstat bei der Berufung von Professoren der Katholischen Theologie an den staatlichen Universitäten im Bereich der Deutschen Bischofskonferenz, Kirchliches Amtsblatt Bistum Essen 2010 Nr. 55 S. 79.

Can. 813 – Der Diözesanbischof hat angelegentlich für die Seelsorge der Studenten zu sorgen, auch durch Errichtung einer Pfarrei oder wenigstens durch auf Dauer dazu bestellte Priester, und er hat dafür zu sorgen, dass bei den Universitäten, auch den nichtkatholischen, katholische Universitätszentren bestehen, die den Studenten Hilfe, vor allem geistliche, bieten.

Can. 814 – Die Vorschriften über die Universitäten sind in gleicher Weise auf andere Hochschuleinrichtungen anzuwenden. Anmerkung: siehe u.a. x

Can. 818 – Die Vorschriften der cann. 810, 812 und 813 für die katholischen Universitäten gelten auch für die kirchlichen Universitäten und Fakultäten.

Anmerkung: Zur Hochschulpastoral im Erzbistum Köln: Amtsblatt des Erzb. Köln 2011 Nr. 111 S. 201

Teilnahme an der heiligsten Eucharistie

Can. 915 – Zur heiligen Kommunion dürfen nicht zugelassen werden Exkommunizierte und Interdizierte nach Verhängung oder Feststellung der Strafe sowie andere, die hartnäckig in einer offenkundigen schweren Sünde verharren.

x Verfassung der Katholischen Hochschule für Sozialwesen Berlin, Anlage zum Amtsblatt 04/2012 Erzbistum Berlin

Weihe

Can. 1008 – Durch das Sakrament der Weihe werden kraft göttlicher Weisung aus dem Kreis der Gläubigen einige mittels eines untilgbaren Prägemals, mit dem sie gezeichnet werden, zu geistlichen Amtsträgern bestellt; sie werden ja dazu geweiht und bestimmt, entsprechend ihrer jeweiligen Weihestufe unter einem neuen und besonderen Titel dem Volk Gottes zu dienen.

Can. 1009 – § 1. Die Weihen sind Episkopat, Presbyterat und Diakonat.

§ 2. Sie werden erteilt durch die Handauflegung und das Weihegebet, welches die liturgischen Bücher für die einzelnen Weihestufen vorschreiben.

§ 3. Die die Bischofsweihe oder die Priesterweihe empfangen haben, erhalten die Sendung und die Vollmacht, in der Person Christi, des Hauptes, zu handeln; die Diakone hingegen die Kraft, dem Volk Gottes in der Diakonie der Liturgie, des Wortes und der Liebe zu dienen.

Ehe

Can. 1055 – § 1. Der Ehebund, durch den Mann und Frau unter sich die Gemeinschaft des ganzen Lebens begründen, welche durch ihre natürliche Eigenart auf das Wohl der Ehegatten und auf die Zeugung und die Erziehung von Nachkommenschaft hingeordnet ist, wurde zwischen Getauften von Christus dem Herrn zur Würde eines Sakramentes erhoben.

§ 2. Deshalb kann es zwischen Getauften keinen gültigen Ehevertrag geben, ohne daß er zugleich Sakrament ist.

Can. 1056 – Die Wesenseigenschaften der Ehe sind die Einheit und die Unauflöslichkeit, die in der christlichen Ehe im Hinblick auf das Sakrament eine besondere Festigkeit erlangen.

Eheschließungsform

Can. 1112 – § 1. Wo Priester und Diakone fehlen, kann der Diözesanbischof, aufgrund einer vorgängigen empfehlenden Stellungsnahme der Bischofskonferenz und nach Erhalt der Erlaubnis des Heiligen Stuhles, Laien zur Eheschließungsassistenz delegieren.

§ 2. Es ist ein geeigneter Laie auszuwählen, der in der Lage ist, die Brautbelehrung zu halten und die Liturgie der Eheschließung in rechter Weise zu feiern.

Trennung der Ehegatten

Can. 1141 – Die gültige und vollzogene Ehe kann durch keine menschliche Gewalt und aus keinem Grunde, außer durch den Tod, aufgelöst werden.

Kirchenvermögen

Can. 1254 – § 1. Die katholische Kirche hat das angeborene Recht, unabhängig von der weltlichen Gewalt, Vermögen zur Verwirklichung der ihr eigenen Zwecke zu erwerben, zu besitzen, zu verwalten und zu veräußern.

§ 2. Die eigenen Zwecke aber sind vor allem: die geordnete Durchführung des Gottesdienstes, die Sicherstellung des angemessenen Unterhalts des Klerus und anderer Kirchenbediensteter, die Ausübung der Werke des Apostolats und der Caritas, vor allem gegenüber den Armen.

Vermögensverwaltung

Can. 1274 – § 1. In den einzelnen Diözesen hat es eine besondere Einrichtung zu geben, die Vermögen oder Gaben zu dem Zweck sammelt, dass der Unterhalt der Kleriker, die für die Diözese Dienst tun, gemäß can. 281 gewährleistet ist, falls nicht anders für sie vorgesorgt ist.

…

§ 3. In den einzelnen Diözesen ist, soweit erforderlich, ein allgemeiner Vermögensfonds einzurichten, durch den die Bischöfe in die Lage versetzt werden, den Verpflichtungen gegenüber den anderen Kirchenbediensteten Genüge zu leisten und den verschiedenen Erfordernissen der Diözese nachzukommen, und durch den auch die reicheren Diözesen die ärmeren unterstützen können.

§ 4. Je nach den örtlichen Umständen können die in den §§ 2 und 3 genannten Zwecke geeigneter durch einen Verbund diözesaner Einrichtungen erreicht werden oder durch Kooperation oder auch durch geeigneten Zusammenschluss für verschiedene Diözesen, ja sogar für das ganze Gebiet einer Bischofskonferenz.

§ 5. Diese Einrichtungen sollen, soweit möglich, so verfasst werden, dass sie auch nach weltlichem Recht Wirksamkeit erhalten.

Can. 1286 – Die Vermögensverwalter haben:
1° bei der Beschäftigung von Arbeitskräften auch das weltliche Arbeits- und Sozialrecht genauestens gemäß den von der Kirche überlieferten Grundsätzen zu beachten;
2° denjenigen, die aufgrund eines Vertrages Arbeit leisten, einen gerechten und angemessenen Lohn zu zahlen, so dass sie in der Lange sind, für ihre und ihrer Angehörigen Bedürfnisse angemessen aufzukommen.

Verträge

Can. 1290 – Was das weltliche Recht in einem Gebiet über die Verträge im allgemeinen und im besonderen und über deren Erfüllung bestimmt hat, das ist im kanonischen Recht mit denselben Wirkungen hinsichtlich der der Leitungsgewalt der Kirche unterworfenen Angelegenheiten zu beachten, wenn das nicht dem göttlichen Recht widerspricht oder das kanonische Recht nicht eine andere Bestimmung trifft und unter Wahrung der Vorschrift von can. 1547.

Straftaten gegen die Religion und die Einheit der Kirche

Can. 1364 – § 1. Der Apostat, der Häretiker oder der Schismatiker ziehen sich die Exkommunikation als Tatstrafe zu, unbeschadet der Vorschrift des can. 194, § 1 n. 2; ein Kleriker kann außerdem mit den Strafen gemäß can. 1336, § 1 nn. 1, 2 und 3 belegt werden.

Can. 1367 – Wer die eucharistischen Gestalten wegwirft oder in sakrilegischer Absicht entwendet oder zurückbehält, zieht sich die dem Apostolischen Stuhl vorbehaltene Exkommunikation als Tatstrafe zu; ein Kleriker kann außerdem mit einer weiteren Strafe belegt werden, die Entlassung aus dem Klerikerstand nicht ausgenommen.

Can. 1369 – Wer in einer öffentlichen Aufführung oder Versammlung oder durch öffentliche schriftliche Verbreitung oder sonst unter Benutzung von sozialen Kommunikationsmitteln eine Gotteslästerung zum Ausdruck bringt, die guten Sitten schwer verletzt, gegen die Religion oder die Kirche Beleidigungen ausspricht oder Hass und Verachtung hervorruft, soll mit einer gerechten Strafe belegt werden.

Can. 1373 – Wer öffentlich wegen irgendeiner Maßnahme der kirchlichen Gewalt oder eines kirchlichen Amtes Streit der Untergebenen oder Hass gegen den Apostolischen Stuhl oder den Ordinarius hervorruft oder die Untergebenen zum Ungehorsam gegen diese auffordert, soll mit dem Interdikt oder anderen gerechten Strafen belegt werden.

Can. 1374 – Wer einer Vereinigung beitritt, die gegen die Kirche Machenschaften betreibt, soll mit einer gerechten Strafe belegt werden; wer aber eine solche Vereinigung fördert oder leitet, soll mit dem Interdikt bestraft werden.

Can. 1398 – Wer eine Abtreibung vornimmt, zieht sich mit erfolgter Ausführung die Tatstrafe der Exkommunikation zu.

Die verschiedenen Instanzen und Arten der Gerichte

Can. 1417 – § 1. Aufgrund des Primates des Papstes steht es jedem Gläubigen frei, seine Streit- oder Strafsache in jeder Gerichtsinstanz und in jedem Prozessabschnitt dem Heiligen Stuhl zur Entscheidung zu übergeben oder bei ihm einzubringen.

§ 2. Die Anrufung des Apostolischen Stuhles unterbricht, außer im Fall der Berufung, jedoch nicht die Ausübung der Jurisdiktion des Richters, der die Sache schon in Angriff genommen hat; er kann deshalb das Verfahren bis zum Endurteil fortsetzen, außer der Apostolische Stuhl hat dem Richter zu erkennen gegeben, dass er die Sache an sich gezogen hat.

Abwendung von Gerichtsverfahren

Can. 1713 – Zur Vermeidung gerichtlicher Streitigkeiten ist es zweckmäßig, einen Vergleich, d.h. eine gütliche Beilegung herbeizuführen; der Rechtsstreit kann auch einem oder mehreren Schiedsrichtern übertragen werden.

Can. 1714 – Für den Vergleich, den Schiedsvertrag und das Schiedsverfahren gelten die Regeln, die die Parteien vereinbart haben, oder, wenn solche Regeln nicht bestehen, das etwa von der Bischofskonferenz erlassene Gesetz oder das am Ort der Vereinbarung geltende weltliche Recht.

Anmerkung: In kirchlichen diözesanen Arbeitsvertragsordnungen ist bestimmt, dass bei Meinungsverschiedenheiten, die sich aus dem Arbeitsverhältnis ergeben, zunächst die zuständige Schlichtungsstelle, der zuständige Schlichtungsausschuss oder die Schieds- und Einigungsstelle für arbeitsrechtliche Individualstreitigkeiten zur gütlichen Beilegung der Streitfälle anzurufen ist (z.B. § 22 AVR). Allerdings schließt die Behandlung eines Streitfalles vor dem Schlichtungsgremium die fristgerechte Anrufung des staatlichen Arbeitsgerichts – z.B. zur Wahrung der Frist für eine Kündigungsschutzklage – nicht aus. Diözesane Verfahrensordnungen für das Schlichtungsverfahren sind erlassen, in denen auch die Zusammensetzung des Schlichtungsgremiums geregelt ist. Die staatliche Arbeitsgerichtsbarkeit wird durch die Schlichtungsgremien nicht verdrängt.

I a) Strafgesetz und Strafgebot
1314
can. 1315
1316
1317
1318

b) gegen die

E. Entscheidungen des Kirchlichen Arbeitsgerichtshofs

– Auswahl –

I. Begriff Mitarbeiter

30.11.2006 – M 01/06: Ein-Euro-Jobber, ZMV 2007, 79

27.11.2009 – M 06/09: Leiharbeitnehmer, ZMV 2010, 37

19.3.2010 – M 13/09: Perspektiv-Jobber i.S. von § 16 e SGB II, ZMV 2010, 202

25.6.2010 – M 07/10: Leitender Mitarbeiter oder Mitarbeiter; §§ 3 Abs. 2, 29 Abs. 1 Nr. 18 MAVO, ZMV 2010, 261 (Leitsätze)

II. Eingruppierung von Mitarbeitern – Zustimmungsverweigerung der Mitarbeitervertretung

30.11.2006 – M 02/06: bei fehlender Anwendung einer Regelung i.S. von Art. 7 Abs. 1 GrO (Dritter Weg), ZMV 2007, 81

12.10.2007 – M 03/07: Arbeitsvertrag mit beamtenähnlicher Anstellung und Wechsel der Vergütungsordnung – keine Mitbestimmung der MAV zum Inhalt des Arbeitsvertrages, ZMV 2008, 29

7.11.2008 – M 09/08 und

M 10/08: ZMV 2009, 105

19.3.2010 – M 16/09: Zuordnung zur Stufe einer Entgeltgruppe, ZMV 2010, 200

III. Verzicht auf Vergütungsbestandteile

26.4.2007 – M 04/06: Urlaubsgeld, Verzicht entgegen kirchlicher Ordnung

2.3.2007 – K 01/06: Dienstvereinbarung als Rechtsgrundlage für den Ausschluss des Anspruchs auf Urlaubsgeld gemäß entsprechender Öffnungsklausel im KODA-Beschluss

IV. Presseerklärungen der Diözesanen Arbeitsgemeinschaft der Mitarbeitervertretungen

3.8.2007 – M 04/07: Unzulässigkeit einer Presseerklärung der DiAG-MAV, ZMV 2007, 311

V. Geltungsbereich der Grundordnung des kirchlichen Dienstes im Rahmen kirchlicher Arbeitsverhältnisse (GrO) bzw. der MAVO

12.12.2008 – M 04/08 bis M 07/08: Zuordnung einer Stiftung zur Kirche, Zuordnung einer GmbH der Stiftung, Stifterwille

27.2.2009 – M 13/08: Kolping-Bildungswerk GmbH, ZMV 2009, 153; aufgehoben durch Delegiertes Gericht der Apostolischen Signatur mit Urteil vom 31.3.2010, ZMV 2010, 145

26.6.2009 – M 16/08: Dritter Weg, KODA-Regelungen, Orden päpstlichen Rechts als Gesellschafter einer GmbH, ZMV 2009, 212

27.11. 2009 – M 04/09: Assoziiertes Mitglied eines Diözesancaritasverbandes, ZMV 2010, 94

19.3.2010 – M 11/09: Orden, ZMV 2010, 153

25.6.2010 – M 06/10: Anwendung der MAVO bei einem Rechtsträger, der Mitglied des Diözesancaritasverbandes ist; Klagerecht der Diözesanen Arbeitsgemeinschaft der Mitarbeitervertretungen (DiAG-MAV), ZMV 2010, 262

VI. Anfechtung der Wahl einer Mitarbeitervertretung

3.2.2007 – M 03/06: Nichtigkeit – Unwirksamkeit der Wahl, ZMV 2007, 136

VII. Vorlage von Unterlagen des Dienstgebers

2.3.2007 – M 06/06: Vorlage des Stellenplans (Ist-Stellenplan, Unterlagen), ZMV 2007, 195

27.2.2009 – M 14/08: Verzeichnis der schwerbehinderten Mitarbeiter

VIII. Einstellung im Sinne von § 34 MAVO

Zum Begriff Mitarbeiter siehe oben zu Nr. I

12.10.2007 – M 03/07: Kein Mitbestimmungsrecht zum Inhalt des Arbeitsvertrages

8.11.2008 – M 12/08: Einstellung bei Erhöhung des Beschäftigungsumfangs, ZMV 2009, 33

IX. Zuständigkeit der kirchlichen Gerichte für Arbeitssachen

28.8.2009 – M 02/09: Unzulässigkeit der Normenkontrolle durch die kirchlichen Gerichte für Arbeitssachen; Ordnung der Arbeitsrechtlichen Kommission des Deutschen Caritasverbandes und kirchengesetzlich erlassener KODA-Ordnungen – kein Rechtsweg zur kirchlichen Arbeitsgerichtsbarkeit zur Überprüfung der Normen (§ 2 Abs. 4 KAGO), ZMV 2009, 322

19.3.2010 – M 11/09: Ordenseigene MAVO – Keine Zuständigkeit kirchlicher Arbeitsgerichtsbarkeit, ZMV 2010, 153

.2012 – M 08/11

in Geltung der MAVO kommt nur in Betracht, wenn der Rechtsträger einer kirchlichen Einrichtung entweder unter die Gesetzgebungsbefugnis des Diözesanbischofs fällt oder die Geltung der kirchlichen MAVO verbindlich übernommen hat (§ 1 Abs. 1 bzw. Abs. 2 MAVO).